“互联网+”环境下湘鄂赣皖图书馆创新服务与管理

李耀华 主编

国家图书馆出版社

图书在版编目(CIP)数据

“互联网+”环境下湘鄂赣皖图书馆创新服务与管理/李耀华主编. --北京:国家图书馆出版社,2018.11

ISBN 978-7-5013-6646-0

Ⅰ.①互… Ⅱ.①李… Ⅲ.①互联网络—应用—图书馆服务—研究—中国②互联网络—应用—图书馆管理—研究—中国 Ⅳ.①G252-39②G251-39

中国版本图书馆 CIP 数据核字(2018)第 271394 号

书　　名	“互联网+”环境下湘鄂赣皖图书馆创新服务与管理
著　　者	李耀华　主编
责任编辑	张　颀　王炳乾　高　爽　唐　澈
封面设计	麒麟轩设计
出　　版	国家图书馆出版社(100034　北京市西城区文津街7号) (原书目文献出版社　北京图书馆出版社)
发　　行	010-66114536　66126153　66151313　66175620 66121706(传真)　66126156(门市部)
E-mail	nlcpress@nlc.cn(邮购)
Website	www.nlcpress.com ——→投稿中心
经　　销	新华书店
印　　装	北京鲁汇荣彩印刷有限公司
版　　次	2018年11月第1版　2018年11月第1次印刷
开　　本	787×1092(毫米)　1/16
印　　张	24.5
字　　数	612千字
书　　号	ISBN 978-7-5013-6646-0
定　　价	180.00元

总　序

湖北地处长江中游，位居华中腹地，是中华民族灿烂文化的重要发祥地之一。以“楚辞”为代表的楚文化历史悠久，源远流长，在中华五千年的文化史中有着极其重要的地位。“楚地自古多豪杰”，湖北人民一向具有勇于开拓、敢为人先的进取精神和创新品格，湖北也是“敢为天下先”的首义精神诞生地。正是基于深厚的文化积淀和宝贵的“敢为人先”精神，早在1904年，湖北就开风气之先，建立了全国最早的省级公共图书馆之一——湖北省图书馆。1920年，又开办了我国第一个专门的图书馆学教育机构——武昌文华图专。这些创举不仅奠定了湖北图书馆事业的深厚根基，更重要的是，在湖北图书馆界形成了学术与实践紧密结合的优良传统和自觉意识。

中华人民共和国成立以来，特别是改革开放后，湖北图书馆事业取得了长足发展，建立了较为完善的公共图书馆服务体系，颁布了《湖北省公共图书馆条例》，建设了丰富的馆藏资源，培养了高素质的图书馆馆员队伍，为社会提供了多种形式的图书馆服务。刚落成的湖北省图书馆新馆，不仅建筑面积达十万平方米，而且馆内布局与设施凸显了现代化图书馆管理理念，成为满足读者文化休闲、信息交流、学习阅读等文化需求的崭新阵地。

当前，在党中央、国务院关于“逐步建立和完善覆盖城乡、结构合理、网络健全、运营有效、惠及全民的公共文化服务体系”的战略部署下，公共图书馆作为公共文化服务体系的重要组成部分，迎来了一个新的发展机遇期。为了抢抓发展机遇，谋求湖北省公共图书馆事业的科学发展、跨越发展，湖北省文化厅与湖北省图书馆经过充分酝酿和精心筹划，着手编纂《楚天智海丛书》《精神家园丛刊》和《长江文库》三套丛书，分别着眼于图书馆事业发展研究、读者服务工作研究和文献研究，以此期望促进湖北公共图书馆领域学术研究和事业建设的协同发展。

希望湖北省图书馆能够以新馆建设为契机，进一步提高服务水平，提升服务能力，在完善覆盖全省的公共图书馆服务体系中发挥龙头作用，为湖北由文化大省向文化强省的跨越发展做出新的更大贡献。

周和平

2012年10月于北京

深入学习贯彻习近平文化思想
更好肩负起新时代文化使命

（代序）

党的十九大是中国共产党历史上具有里程碑意义的重要会议。习近平新时代中国特色社会主义思想把文化的地位和作用提升到前所未有的高度，对坚定文化自信、推动社会主义文化繁荣兴盛提出一系列重大观点、重大论断，做出重大部署，是指导新时代中国特色社会主义文化建设的根本遵循和行动指南。湖北省文化部门正按照中央和湖北省委的统一部署，在全面学的基础上重点学，在深刻领悟的基础上把握精髓，做到学而思、学而信、学而用，担负起新时代推动湖北文化繁荣兴盛、努力建设文化强省的使命。

一是把坚定文化自信、铸就强大精神力量作为总体要求。习近平总书记指出，文化兴国运兴，文化强民族强。文化自信是一个国家、一个民族发展中更基本、更深沉、更持久的力量。文化自信不仅是对中华民族厚重历史文化和已有文化成就的自我肯定和价值认同，更是面向未来文化建设的光荣责任和使命担当。我们要将学习领会习近平总书记关于“坚定文化自信”的重要论述作为主线，深刻把握文化自信与道路自信、理论自信、制度自信的内在逻辑和辩证关系，深刻把握文化建设在中国特色社会主义“五位一体”总体布局中的重要地位，深刻把握文化建设的总要求和基本内容，深刻把握文化建设的目标任务，深刻把握建设现代化强国对文化工作的战略部署，深刻把握总书记关于湖北“建成支点、走在前列”战略定位的文化使命，为实现伟大梦想、推进伟大事业铸就强大精神力量。

二是把提供丰富的精神食粮、满足人民过上美好生活的新期待作为重要任务。让人民过上美好生活，必须提供丰富的精神食粮。我们要坚持以人民为中心的工作导向，充分挖掘荆楚文化资源，实施文艺精品创作工程，推出更多有筋骨、有道德、有温度的优秀文艺作品，以此引领社会风尚，弘扬社会主义核心价值观；大力实施公共文化服务效能提升工程，为人民群众开展文化活动提供更多的场馆设施和经费、人才保障；大力实施优秀传统文化保护传承工程，推进区域性戏曲文化中心建设，振兴武汉戏曲大码头，加快建设湖北国家考古遗址公园体系，加强文化生态保护试验区建设，实施湖北传统工艺振兴计划；大力实施文化产业倍增工程，促进文化产业转型升级，提升文化产品和服务供给质量，增强人民群众的文化获得感。

三是把解决好文化发展不平衡不充分的问题，抓重点、补短板、强弱项作为突出课题。要紧紧围绕新时代文化建设的“五项重点任务”，以强烈的使命担当抓落实、见成效。要抓住文化投入总体不足的问题，建立健全文化建设考核评价机制，推动加大投入力度，引导社会资金和金融资本进入文化领域；抓住贫困地区文化发展相对落后的问题，加大对全省 37 个贫困县的文化精准扶贫力度，将更多的人力、物力、财力向贫困地区倾斜；抓住文化产业实力不强的问题，加大文化产业发展力度，积极培育新型文化业态，壮大文化市场主体，抓好建设一批文化产业示范园区，扩大文化消费试点，促进文化产业转型升级；抓住农村基层文化建设相对薄弱的问题，加强乡村文化综合服务中心、文化礼堂、文化广场的平台与内涵建设，组织开展丰富多彩的文化活动，提升基层群众文化生活质量；抓住文化人才队伍建设薄弱的问题，坚持培养与引进相结合，突出舞台艺术编导人才、文化领域经营管理人才、基层文化骨干人才的培养，配齐、配强乡镇综合文化站公益性服务岗位人员。

四是把激发文化创新创造活力作为根本途径。坚持创造性转化、创新性发展是党的十九大提出的文化建设的重大方针。要叫响湖北品牌，围绕湖北优秀传统文化、革命文化和社会主义先进文化进行系统梳理提炼，提升炎帝文化、武当道教文化、"四祖五祖"佛教文化、编钟文化等文化品牌的国际影响力，继续实施"荆楚文化走世界""荆楚文化丝路行"对外文化交流品牌。要打造湖北特色，紧扣推进新型城市化、实施乡村振兴战略等重大部署，推动更多文化元素融入城乡建设，扶持建设一批城市文化综合体、文化主题特色小镇和特色文化村，营造人文气息浓郁深厚、文化产业特色鲜明、文化生态优美精致的生活空间。要主动对接武汉长江新城、东湖绿道等重点区块建设，推动将文化基因注入新区发展，传承城市文脉、注入文化活力、提高城市品位。要实现融合发展，适应当今跨界融合发展的新趋势，加大文化与教育、旅游、体育、科技等融合发展力度，不断拓宽文化发展空间，在实践创造中进行文化创造，在历史进步中实现文化进步。

五是把推进全面从严治党作为根本保证。要严格按照新时代党的建设总要求，认真学习贯彻新党章，坚持党要管党、全面从严治党，把主体责任压得更实，把管党治党的螺丝拧得更紧，把思路举措搞得更加严密有效，推进党风廉政建设和反腐斗争向纵深发展，为文化改革发展营造风清气正的政治生态。

湖北省文化厅党组书记、厅长　雷文洁

（本文原载《中国文化报》2017 年 12 月 6 日）

目　录

公共图书馆业务创新

阅读推广与服务创新

移动图书馆与数字图书馆

未成年人与弱势群体服务

智库服务与知识服务

公共图书馆特色文献建设

特　稿

茶　谱

深刻把握习近平总书记关于文化建设重要论述的内涵精髓

雷文洁(湖北省文化厅)

党的十八大以来,习近平总书记站在实现中华民族伟大复兴的战略和历史高度,不断深化对新时代中国特色社会主义文化建设规律的认识,提出一系列重大观点、重大论断、重大部署,形成了主旨鲜明、系统完备、逻辑严密、意蕴深邃的科学思想理论体系。习近平总书记关于文化建设重要论述博大精深、内涵丰富,是习近平新时代中国特色社会主义思想的重要组成部分,是党的文化理论创新的最新成果,是坚定文化自信、推动社会主义文化繁荣兴盛的根本遵循。深刻把握习近平总书记关于文化建设重要论述的内涵精髓,对于准确把握中国特色社会主义文化发展的根本方向、更好地担当起社会主义文化强国建设的历史使命,对于激发全党全国各族人民奋勇前进的强大精神力量、实现中华民族伟大复兴的中国梦都具有十分重大的意义。本文试图从以下几个方面择要论述。

一、为实现中华民族伟大复兴汇聚磅礴力量,是习近平总书记关于文化建设重要论述的宏大主题

党的十八大闭幕不久,习近平总书记带领中央政治局常委参观《复兴之路》展览时指出"实现中华民族伟大复兴,就是中华民族近代以来的最伟大梦想",并坚信"梦想一定能够实现"①;党的十九大报告在阐述大会的主题和新时代中国共产党的历史使命时,再次掷地有声地提出"为实现中华民族伟大复兴的中国梦不懈奋斗"②。习近平总书记以一个政治家的远见卓识和大国领袖的历史担当,自上任之日起,就将实现中华民族伟大复兴作为治国理政的目标追求和历史使命。可以说,党的十八大以来,所有战略谋划都围绕这一目标布局,所有工作逻辑都围绕这一主题展开。

实现中国梦必须走中国道路,必须弘扬中国精神,必须凝聚中国力量。说到底,必须依靠强大的精神文化力量支撑。马克思主义经典作家认为,人类社会发展中存在着两种生产力:一种是物质生产力,一种是精神生产力,文化是一种深深熔铸在民族生命力、创造力、凝聚力中的力量,对于民族精神的培育和促进人的全面发展具有特殊的、不可替代的作用③。文化产生精神,确立信仰,支撑理念,铸就信念。党的十八大以来,习近平总书记以宽广的全球视野和深邃

---

① 习近平. 习近平谈治国理政[M]. 北京:外文出版社,2014:36.

② 习近平. 决胜全面建成小康社会 夺取新时代中国特色社会主义伟大胜利——在中国共产党第十九次全国代表大会上的报告(2017年10月18日)[N]. 人民日报,2017-10-28(1).

③ 董学文. 经典作家关于文化问题的重要论述[N]. 人民日报,2011-11-03(7).

的历史眼光，把文化的地位和作用"放在我国和世界发展大势中来审视"①、"放到世界和我国发展大历史中去看"②，纵横中外，贯通古今，追思怀远，从"人类社会每一次跃进，人类文明每一次升华，无不伴随着文化的历史性进步"③的社会发展客观规律中把握文化发展规律，从"中华民族生生不息绵延发展、饱受挫折又不断浴火重生，都离不开中华文化的有力支撑"④的历史画卷中汲取经验智慧，从"提高国家文化软实力，不仅关系我国在世界文化格局中的定位，而且关系我国国际地位和国际影响力"⑤的世界大势中进行战略思考，运用辩证唯物主义和历史唯物主义的世界观方法论，把文化发展繁荣提升到事关国运兴衰、民族强弱的崭新高度，做出"没有中华文化繁荣兴盛，就没有中华民族伟大复兴"⑥的重大战略判断，明确"实现中华民族伟大复兴，需要物质文明极大发展，也需要精神文明极大发展"⑦的重大战略定位，深刻揭示了文化建设担负什么样的历史使命、实现什么样的奋斗目标，标注了文化繁荣兴盛既是引领中华民族伟大复兴的重要支撑和必要条件，更是实现中华民族伟大复兴宏伟目标的题中应有之义和重要组成部分，承载着中华民族伟大复兴的宏大叙事。

关于文化繁荣兴盛对于实现中华民族伟大复兴的战略意义，习近平总书记从其在坚持和发展中国特色社会主义、协调推进"四个全面"战略布局、提高国家文化软实力等方面的独特价值和重要作用多个维度进行深度分析阐述，将核心主旨归集到为实现中华民族伟大复兴汇聚磅礴力量这个根本问题上，体现了对文化本质性力量的深刻洞察。"一个没有精神力量的民族难以自立自强，一项没有文化支撑的事业难以持续长久"⑧，文化是一个国家、一个民族的灵魂，文化的力量总是"润物细无声"地融入经济力量、政治力量、社会力量之中，成为经济发展的"助推器"、政治文明的"导航灯"、社会和谐的"黏合剂"⑨，文化繁荣发展最为深刻的意义和价值在于弘扬中国精神、凝聚中国力量，为全党全国各族人民朝着实现中华民族伟大复兴的宏伟目标不断前进提供坚强的思想保证、强大的精神力量和丰润的道德滋养，以文化复兴引领民族复兴。

二、坚定文化自信，是习近平总书记关于文化建设重要论述的鲜明主线

文化自信是一个民族、一个国家和一个政党对自身文化价值的强烈认同与自豪感，是对自身文化生命力的坚定信念，是应对外来文化冲击与侵蚀的自强态度。自古以来，中华民族始终都是满怀自信、追求自尊自强自立的伟大民族。只是到了近代，随着中国封建社会的没落以及西方列强的入侵，中国进入半殖民地半封建社会，国家积贫积弱，人民水深火热，一次次抗争和自救的失败，导致很多人逐渐失去了文化自信。中国共产党团结带领中国人民战胜千难万险，

①③ 中共中央宣传部. 习近平总书记在文艺工作座谈会上的重要讲话学习读本[M]. 北京：学习出版社，2015：2.

②④ 习近平. 在中国文联十大、中国作协九大开幕式上的讲话[N]. 人民日报，2016-12-01(2).

⑤ 中共中央文献研究室. 习近平关于社会主义文化建设论述摘编[M]. 北京：中央文献出版社，2017：198.

⑥ 中共中央文献研究室. 习近平关于社会主义文化建设论述摘编[M]. 北京：中央文献出版社，2017：14.

⑦ 中共中央文献研究室. 习近平关于社会主义文化建设论述摘编[M]. 北京：中央文献出版社，2017：7.

⑧ 中共中央文献研究室. 习近平关于社会主义文化建设论述摘编[M]. 北京：中央文献出版社，2017：3.

⑨ 习近平. 之江新语[M]. 浙江：浙江人民出版社，2013：149.

取得革命、建设和改革的一个又一个伟大胜利。当前,中国已成为世界第二大经济体,中国道路、中国制度、中国价值已为世界各国越来越认同,我们比历史上任何时期都更接近中华民族伟大复兴的目标,这是坚定文化自信最充沛的底气。

有自信才能有定力,文化自信是民族自信的源头。党的十八大以来,习近平总书记多次从不同角度、不同层面深刻阐述文化自信的基本内涵、时代价值和重大意义,并将文化自信提升为中国特色社会主义的"第四个自信",强调文化自信是更基础、更广泛、更深厚的自信,是更基本、更深沉、更持久的力量,由此中国特色社会主义文化不仅是中国特色社会主义事业"五位一体"总体布局的重要内容,而且与道路、理论、制度一道进一步深化丰富了中国特色社会主义基本内涵,特别是对文化本源性、基础性作用的认识和把握达到了新的境界,大大拓展了中国特色社会主义四个自信的深度和广度,具有重要的理论创新意义。文化自信集中反映了我们党对文化发展规律的新认识,蕴含在习近平总书记关于文化建设重要论述的底蕴源流、根本目的、评价标准和贯彻落实的要求之中,是贯穿习近平总书记关于文化建设重要论述始终的一条红线。

坚定文化自信,不仅仅停留在文化理论和价值导向的层面,而且还是一个重大的政治性、现实性、实践性问题。习近平总书记站在坚持和发展中国特色社会主义、实现中华民族伟大复兴的高度,把坚定文化自信作为最基本力量,运用在新时代治国理政的全过程和各方面,展现出高度的文化自信和强烈的文化担当,是把握习近平总书记关于文化建设重要论述的灵魂和主线。"中国特色社会主义植根于中华文化沃土"①,中华民族创造出世界上唯一没有断流的中华文明,中国特色社会主义是中华民族悠久历史的延续,文化自信是道路自信、理论自信、制度自信的精神基因和根脉,是对"中国特色"的最好诠释,坚定文化自信增强了坚持和发展新时代中国特色社会主义的骨气和底气。"没有中华优秀传统文化、革命文化、社会主义先进文化的底蕴和滋养,信仰信念就难以深沉而执着"②,文化自信是理想信念之本,依靠文化自信坚定理想信念,推进党内政治文化建设,为构筑长期执政条件下共产党人的"心学"、增强政治定力确立了定盘星。"一个国家的治理体系和治理能力是与这个国家的历史传承和文化传统密切相关的"③,在漫长的历史进程中,中华民族创造了独树一帜的灿烂文化,积累了丰富的治国理政经验,要治理好今天的中国,需要对我国历史和传统文化有深入了解,也需要对我国古代治国理政的探索和智慧进行积极总结。"坚定文化自信,是事关国运兴衰、事关文化安全、事关民族精神独立性的大问题"④,只有树立高度的文化自信,才能够凝聚中国人民胜利前行的强大精神力量,才能够坚守中华文化立场应对外来文化的冲击与侵蚀,才能够在激烈的国际竞争中站稳脚跟。

---

① 习近平. 习近平谈治国理政[M]. 北京:外文出版社,2014:156.

② 姜洁. 全面贯彻落实党的十八届六中全会精神　增强全面从严治党系统性创造性实效性[N]. 人民日报,2017-01-07(1).

③ 新华社. 习近平在中共中央政治局第十八次集体学习时强调　牢记历史经验历史教训历史警示　为国家治理能力现代化提供有益借鉴[N]. 人民日报,2014-10-14(1).

④ 中共中央文献研究室. 习近平关于社会主义文化建设论述摘编[M]. 北京:中央文献出版社,2017:3.

三、坚持以人民为中心的工作导向，是习近平总书记关于文化建设重要论述的价值归依

党的十八大闭幕后，习近平同志在与中外记者见面时就明确指出："人民对美好生活的向往，就是我们的奋斗目标。"①党的十八届五中全会首次提出"坚持以人民为中心的发展思想"，也是贯穿党的十九大报告的一条主线。坚持以人民为中心的发展思想，既是我们党全心全意为人民服务根本宗旨一脉相承、一以贯之的体现，也彰显了习近平总书记不忘初心的政治品格和真挚深厚的为民情怀，成为以习近平同志为核心的党中央在新时代执政为民的一面鲜亮旗帜。

党的十八大以来，习近平总书记丰富和发展中国共产党一脉相承的政治主张，鲜明提出宣传思想文化工作要"坚持以人民为中心的工作导向"，深刻阐明了文化建设"为了谁、依靠谁"这个根本问题，是坚持以人民为中心的发展思想在文化领域的具体运用，是党在领导文化改革发展的实践中不断深化对文化发展特点和规律认识的最新成果，为推动社会主义文化繁荣兴盛提供了基本遵循。党的十九大做出我国社会主要矛盾已经转化为人民日益增长的美好生活需要和不平衡不充分的发展之间的矛盾的重大判断。"满足人民过上美好生活的新期待，必须提供丰富的精神食粮"②，人民对美好生活的需求是多方面的，精神文化需求是构成美好生活需要的重要组成部分，随着人民对美好生活的向往越来越强烈，对精神文化生活需求也越来越突出，必须以满足人民过上美好生活的新期待为出发点和落脚点，大力提升文化产品和服务供给质量，努力增强人民群众的文化获得感、生活幸福感。

人民是社会生活的主体、历史舞台的主角、推动历史的主力，也是文化工作必须突出的主题、贯穿的主线。习近平总书记关于宣传思想文化工作坚持以人民为中心的工作导向的一系列重要论述，蕴含着丰富的思想方法和工作方法。他指出"社会主义文艺是人民的文艺，必须坚持以人民为中心的创作导向"③，深刻阐明了社会主义文艺的根本方向，把人民作为文艺创作的源头活水，将人民的需要作为文艺存在的根本价值所在，将接受人民的评价作为检验作品的重要标准。强调"把服务群众同教育引导群众结合起来，把满足需求同提高素养结合起来，丰富人民精神世界，增强人民精神力量，满足人民精神需求"④，是坚持以人民为中心工作导向的具体内涵，也是落实以人民为中心工作导向的根本要求。以文化人、以文育人，促进人的全面发展，是文化工作的根本目的，上述"两个结合""三种精神"体现了对"以人民为中心"的全面理解和完整把握，具有很强的现实针对性。文化既是凝聚人心的精神纽带，又是增进民生福祉的关键因素，既具有教化的功能，又具有满足需求的功能，两者是辩证统一的关系，任何时候都不可偏废。服务群众是文化工作的根本宗旨，推出更多更好的文化产品、文化服务，满足人民多方面、多层次和多样性的精神文化需求，让人民文化获得感、幸福感更充实，是一切工作的

---

① 习近平. 习近平谈治国理政[M]. 北京：外文出版社，2014：3.

② 中共中央文献研究室. 习近平关于社会主义文化建设论述摘编[M]. 北京：中央文献出版社，2017：26.

③ 中共中央宣传部. 习近平总书记在文艺工作座谈会上的重要讲话学习读本[M]. 北京：学习出版社，2015：14.

④ 中共中央文献研究室. 习近平关于社会主义文化建设论述摘编[M]. 北京：中央文献出版社，2017：106.

出发点和落脚点。在满足需求的同时，教育引导群众的责任不能丢，必须发挥好文化教育人、鼓舞人、激励人的基本功能，推动人民综合素质和社会文明程度达到新高度，不断巩固党和人民团结奋斗的共同思想基础，真正把丰富人民精神世界、增强人民精神力量、满足人民精神需求统一起来，这样才体现出党性和人民性的高度一致与统一，才抓到了问题的根本和关键。"坚持人民性，就是要把实现好、维护好、发展好最广大人民根本利益作为出发点和落脚点，坚持以民为本、以人为本"①，习近平总书记继承中华优秀传统政治文化的民本理念，同时提出坚持"以民为本""以人为本"，含义十分丰富和深刻，充分体现了人民至上的鲜明政治态度。文化建设只有植根人民、造福人民，才能更好地发挥文化引领风尚、教育人民、服务社会、推动发展的作用，才有更强的生命力和实效性。要把为民服务当作文化工作的天职，把人民作为文化建设的主体，把人民满意作为检验文化工作的第一标准，推进全民共享文化改革发展成果，形成"人人参与、人人尽力、人人都有成就感"的生动局面。

四、坚持社会主义核心价值体系，是习近平总书记关于文化建设重要论述的重要基石

社会主义核心价值体系是兴国之魂，决定着中国特色社会主义发展方向。党的十九大把"坚持社会主义核心价值体系"作为新时代坚持和发展中国特色社会主义的基本方略之一，树起了新时代中国特色社会主义的精神旗帜。核心价值体系是文化最本质的规定性，社会主义核心价值体系是社会主义意识形态的本质体现，决定着中国特色社会主义文化的性质和发展方向，也是推动社会主义文化繁荣兴盛的精神纽带和力量源泉，坚持社会主义核心价值体系，在习近平总书记关于文化建设重要论述中居于主导性的统领地位和决定性的支配地位。

以"富强、民主、文明、和谐，自由、平等、公正、法治，爱国、敬业、诚信、友善"为基本内容的社会主义核心价值观，是社会主义核心价值体系的高度凝练和集中表达，科学回答了要建设什么样的国家、建设什么样的社会、培育什么样的公民的重大问题，是当代中国精神的集中体现，凝结着全体人民共同的价值追求。"培育和弘扬核心价值观，有效整合社会意识，是社会系统得以正常运转、社会秩序得以有效维护的重要途径，也是国家治理体系和治理能力的重要方面"②，党的十八大以来，习近平总书记多次论述培育和弘扬社会主义核心价值观，将其作为凝神聚气、强基固本的基础工程，作为一项根本任务来抓，大大增强了人们的价值观自信，凝聚了团结奋进的强大力量。

社会主义核心价值观是中国特色社会主义的价值表达，也是中国特色社会主义的"铸魂工程"，坚定自觉地以习近平新时代中国特色社会主义思想为指导，是培育和践行社会主义核心价值观的根本遵循。要把习近平新时代中国特色社会主义思想作为主心骨、定盘星、度量衡，贯彻到培育和践行社会主义核心价值观全过程、各方面，切实增强干部群众的政治认同、思想认同、情感认同。"价值观念在一定社会的文化中是起中轴作用的，文化的影响力首先是价值观念的影响力"③，一个国家文化软实力，从根本上取决于其核心价值观的生命力、凝聚力、

① 习近平. 习近平谈治国理政[M]. 北京：外文出版社，2014：154.

② 中共中央文献研究室. 习近平关于社会主义文化建设论述摘编[M]. 北京：中央文献出版社，2017：106.

③ 中共中央文献研究室. 习近平关于社会主义文化建设论述摘编[M]. 北京：中央文献出版社，2017：105.

感召力，推动社会主义文化繁荣兴盛，建设社会主义文化强国，最根本的任务就是大力培育和践行社会主义核心价值观，更好地构筑中国精神、中国价值、中国力量，为中国特色社会主义事业提供源源不断的精神动力。培养什么样人的问题，是社会主义核心价值观建设的根本问题。党的十九大提出“培养担当民族复兴大任的时代新人”这一重大命题，进一步明确了社会主义核心价值观建设的出发点和落脚点。要围绕“立德树人”根本任务，准确把握担当民族复兴大任时代新人的标准和要求，充分发挥社会主义核心价值观的引领作用，培养造就具有正确世界观人生观价值观的社会主义建设者。“培育和弘扬社会主义核心价值观必须立足中华优秀传统文化”①，中华优秀传统文化已经成为中华民族的基因，根植在中国人内心，潜移默化影响着中国人的思想方式和行为方式。要深入挖掘中华优秀传统文化蕴含的思想观念、人文精神、道德规范，结合时代要求继承创新，为社会主义核心价值观建设提供丰厚滋养。

五、繁荣发展社会主义文艺，是习近平总书记关于文化建设重要论述的深厚情怀

文运同国运相牵，文脉同国脉相连。党的十八大以来，习近平总书记亲自主持召开文艺工作座谈会和出席中国文联十大、中国作协九大并发表重要讲话，创造性地回答了事关文艺繁荣发展的一系列带有根本性、方向性的重大问题，对文艺创作和文艺工作者提出了殷切希望和要求，为推进文艺事业的新发展指明了方向、奠定了基础。在习近平文艺思想的感召下、激励下、指导下，各级党委政府对文艺工作空前重视，文艺政策利好频出，文艺精品不断涌现，文艺创作生产展现出新的气象和风貌，健步走入繁荣发展的“黄金时代”。

“文艺是时代前进的号角，最能代表一个时代的风貌，最能引领一个时代的风气”②，习近平总书记着眼于中华民族伟大复兴中国梦的高度，深刻阐述了文艺的重要地位和作用，繁荣发展社会主义文艺，在习近平总书记关于文化建设重要论述中具有特殊重要的地位。从习近平总书记在河北正定工作时与当地作家贾大山的交往情谊，到两次就文艺工作发表的重要讲话，从对广大文艺工作者的殷殷嘱托，到对不断推出无愧于时代的精品力作的殷切期待，都深刻反映出对繁荣社会主义文艺的厚重情怀。

“举精神之旗、立精神支柱、建精神家园，都离不开文艺”③，要改造国人的精神世界，首推文艺，文艺作品对弘扬、塑造、培养人的精神世界发挥着不可估量的重要作用，用文艺高擎民族精神的火炬、吹响时代前进的号角，凝聚起实现中华民族伟大复兴的强大精神力量，是文艺工作者神圣的职责使命。“坚持以人民为中心的创作导向，在深入生活、扎根人民中进行无愧于时代的文艺创造”④，“以人民为中心”“无愧于时代”，定位了文艺发展的坐标。要坚持与人民共命运、与时代同进步，把满足人民精神文化需求作为文艺和文艺工作的出发点和落脚点，把

---

① 中共中央文献研究室．习近平关于社会主义文化建设论述摘编[M]．北京：中央文献出版社，2017：107.

② 中共中央宣传部．习近平总书记在文艺工作座谈会上的重要讲话学习读本[M]．北京：学习出版社，2015：6.

③ 中共中央宣传部．习近平总书记在文艺工作座谈会上的重要讲话学习读本[M]．北京：学习出版社，2015：7.

④ 习近平．决胜全面建成小康社会　夺取新时代中国特色社会主义伟大胜利——在中国共产党第十九次全国代表大会上的报告[N]．人民日报，2017－10－28(1).

人民作为文艺表现的主体，把扎根人民、扎根生活作为文艺创作的根本方法，把人民作为文艺审美的鉴赏家和评判者，努力创作更多反映当代主流价值观和社会生活风貌、人民群众喜闻乐见的优秀作品，促进人的全面发展。“推动文艺繁荣发展，最根本的是要创作生产出无愧于我们这个伟大民族、伟大时代的优秀作品。”①出精品、攀高峰，是文艺工作的中心任务，这既是作家艺术家的立身之本，也是衡量一个时代文艺成就的根本标尺，反映着一个国家、一个民族文化创造能力和水平。“坚持思想精深、艺术精湛、制作精良相统一”②，为什么样的作品能称之为优秀作品提供了根本标准，也为创作生产优秀作品提供了重要原则，要把讴歌党、讴歌祖国、讴歌人民、讴歌英雄作为创作的永恒主题，把讲品位、讲格调、讲责任和抵制低俗、庸俗、媚俗作为创作的根本态度，把提升文艺原创力作为创作的不竭动力，努力打造精品力作。“文艺要塑造人心，创作者首先要塑造自己。养德和修艺是分不开的”③，德艺双馨是文艺工作者的人格之本、事业之基，培养和造就一支德艺双馨的文艺队伍，也是文艺工作的一项重大任务。

六、坚持“双创”方针，是习近平总书记关于文化建设重要论述的创新原点

创新创造是文化的生命所在，是文化的本质特征。党的十八大以来，习近平总书记多次阐述中华优秀传统文化的思想内涵、历史影响与时代价值，反复强调要努力实现传统文化的创造性转化、创新性发展，使之与现实文化相融相通，共同服务以文化人的时代任务，以马克思主义的立场观点方法把对中华优秀传统文化的认知推向新的高度。中华优秀传统文化宝贵的精神财富深深地融入习近平总书记关于文化建设重要论述之中，是习近平总书记关于文化建设重要论述的重要来源，坚持创造性转化、创新性发展，为习近平总书记关于文化建设重要论述注入了新的科学内涵和时代特征，是推动社会主义文化繁荣兴盛的深层动力。党的十九大把坚持创造性转化、创新性发展与坚持“二为”方向、“双百”方针并列提出，作为新时代文化建设的基本方针，必将对激发全民族文化创新创造活力、不断铸就中华文化新辉煌产生巨大的推动作用。

如何处理好保护传承与创新发展的关系，是一个国家和民族文化发展必须解决好的重大问题。“要善于把弘扬优秀传统文化和发展现实文化有机统一起来，紧密结合起来，在继承中发展，在发展中继承”④，文化是历史的血脉，联结着过去、现在和未来，凡是源远流长、历久弥新的文化，既渗透着历史基因又浸润着时代精神，既延续着本土文化的血脉又吸纳着外来文明的精华，坚持创造性转化、创新性发展，是中华文脉得以延续并在新的时代条件下发挥积极作用的根本保证。“不忘本来才能开辟未来，善于继承才能更好创新”⑤，中华优秀传统文化是中华民族的“根”和“魂”，坚持创造性转化、创新性发展，必须牢牢地扎根于传统文化的土壤，坚

---

① 中共中央宣传部. 习近平总书记在文艺工作座谈会上的重要讲话学习读本[M]. 北京：学习出版社，2015：8.

② 习近平. 决胜全面建成小康社会　夺取新时代中国特色社会主义伟大胜利——在中国共产党第十九次全国代表大会上的报告[N]. 人民日报，2017-10-28(1).

③ 习近平. 在中国文联十大、中国作协九大开幕式上的讲话[N]. 人民日报，2016-12-01(2).

④⑤ 习近平. 习近平谈治国理政：第二卷[M]. 北京：外文出版社，2017：313.

持古为今用、推陈出新，有鉴别地加以对待，有扬弃地予以继承，坚守中华文化立场，立足当代中国现实，结合新的时代条件和实践要求对其内涵和表现形式加以补充、拓展、完善，赋予其新的时代内涵和现代表现形式，让收藏在禁宫里的文物、陈列在广阔大地上的遗产、书写在古籍里的文字都活起来，充分展示中华文化独特魅力和时代价值。

随着当今世界多极化、经济全球化、社会信息化、文化多样化深入发展，不同文化之间的交流碰撞是文化发展进步的重要途径。“文明因交流而多彩，文明因互鉴而丰富”①，中华文明之所以经久不息、绵延长存，就在于其有海纳百川的文化胸襟，有兼收并蓄的开放传统，坚持创造性转化、创新性发展，必须以我为主、兼收并蓄，广泛参与世界文明对话，积极借鉴吸收世界优秀文化成果，增强中华文化的吸引力和影响力，做到不忘本来、吸收外来、面向外来。

七、提高国家文化软实力，是习近平总书记关于文化建设重要论述的站高谋远

文化软实力是国家综合实力的核心。党的十八大以来，习近平总书记面对当今世界综合国力竞争的新态势，面对我国经济社会和文化发展的新特征，站在全局和战略高度把建设社会主义文化强国、提高国家文化软实力放到更加突出的位置，做出“提高国家文化软实力，关系‘两个一百年’奋斗目标和中华民族伟大复兴中国梦的实现”②的重大论断，亲自主持中央政治局集体学习提高国家文化软实力，多次在不同的场合做出一系列重要论述，形成了国家文化软实力战略发展的大思路，是习近平总书记关于文化建设重要论述体系中的一个重要内容。

文化软实力集中体现了一个国家基于文化而具有的凝聚力和生命力，以及由此而产生的吸引力和影响力。“古往今来，任何一个大国的发展进程，既是经济总量、军事力量等硬实力提高的进程，也是价值观念、思想文化等软实力提高的进程”③，历史和现实表明，世界上任何一个国家，如果只是经济发达和武力强盛，而文化影响力不够，就算不上世界强国。当今时代，国家核心竞争力中的文化因素越来越突出，谁拥有了强大文化软实力，谁就能在激烈的国家竞争中赢得主动。

“提高国家文化软实力要‘形于中’而‘发于外’”④。国家文化软实力表现为一种对内的向心力、凝聚力、动员力和对外的感召力、影响力、竞争力，提高国家文化软实力，首先要把我们自身的文化建设好，坚持中国特色社会主义文化发展道路，推动社会主义文化繁荣兴盛，朝着建设社会主义文化强国的目标不断前进，努力夯实国家文化软实力的根基。同时，要大力推进国际传播能力建设，讲好中国故事，传播好中国声音，增强在国际上的话语权，向世界展现一个真实、立体、全面的中国。“我国要提高国家文化软实力，就必须使当代中国价值观念走向世界”⑤，当代中国价值观念，就是中国特色社会主义价值观念。中国特色社会主义是适合中国国情、符合中国特点、顺应时代发展要求的理论和实践，不仅在中国取得历史性成就、焕发出强

---

① 习近平. 习近平谈治国理政[M]. 北京：外文出版社，2014：258.

② 习近平. 习近平谈治国理政[M]. 北京：外文出版社，2014：160.

③ 中共中央文献研究室. 习近平关于社会主义文化建设论述摘编[M]. 北京：中央文献出版社，2017：198.

④ 中共中央文献研究室. 习近平关于社会主义文化建设论述摘编[M]. 北京：中央文献出版社，2017：199.

⑤ 中共中央文献研究室. 习近平关于社会主义文化建设论述摘编[M]. 北京：中央文献出版社，2017：200.

大生机和活力，也为解决人类问题贡献了中国智慧、提供了中国方案。党的十九大做出“中国特色社会主义进入了新时代”的重大政治判断，这是我国日益走近世界舞台中央、不断为人类做出更大贡献的时代，必须把当代中国价值观念贯穿于国际交流和传播方方面面，阐释好中国特色，加深国际社会对中国特色社会主义的认识和了解。“中华文化是我们提高国家文化软实力最深厚的源泉，是我们提高国家文化软实力的重要途径”①，要把跨越时空、超越国度、富有永恒魅力、具有当代价值的文化精神弘扬起来，把继承传统优秀文化又弘扬时代精神、立足本国又面向世界的当代中国文化创新成果传播出去，努力展示中华文化独特魅力。“国际话语权是国家文化软实力的重要组成部分”②，要加强国际传播能力建设，精心构建对外话语体系，发挥好新媒体作用，大音希声、大象无形，潜移默化、滴水穿石，让全世界都能听到和听清中国声音，让正确的声音先入为主、盖过别有用心的人散布的政治谣言和奇谈怪论，让当代中国形象在世界上不断树立和亮丽起来。

（本文节选自中央党校《理论动态》2018 年 1 月 10 日）

---

① 中共中央文献研究室. 习近平关于社会主义文化建设论述摘编[M]. 北京：中央文献出版社，2017：201.

② 中共中央文献研究室. 习近平关于社会主义文化建设论述摘编[M]. 北京：中央文献出版社，2017：203.

勇于担当，切实担负新时代公共文化和非遗保护职责使命

李耀华（湖北省文化厅）*

一、坚定自信，充分认识“十三五”以来全省公共文化和非遗保护工作成效

近年来，在省委、省政府的坚强领导下，全省各级文化部门紧紧围绕厅党组确定的“中部领先、全国一流、湖北特色、世界影响”的总目标，着力推进公共文化和非遗保护工作，取得了显著成效。主要表现在以下几个方面：

1. 政策环境不断优化

经过积极争取，近年来，全省公共文化和非遗保护政策环境不断优化。省委将公共文化服务体系建设纳入党政领导班子考核。省人大常委会对公共文化服务体系建设情况进行专题审议，将《湖北省公共文化服务保障条例》纳入了2018年立法计划。省政府多次召开公共文化建设现场会，并将“公共文化服务建设”纳入2018年重点督办项目。省政协召开以“非遗保护利用”为主题的月度协商座谈会。省委办公厅、省政府办公厅相继出台《关于加快构建现代公共文化服务体系的实施意见》《关于做好政府向社会力量购买公共文化服务工作的意见》《关于推进基层综合性文化服务中心建设的实施意见》。省文化厅联合省发改委制定《湖北省“十三五”时期文化事业发展规划》，推动省政府修订《湖北省非物质文化遗产保护工作联席会议制度》，公布首批湖北省珍贵古籍名录和古籍重点保护单位。争取省人大支持，开展了《湖北省非物质文化遗产条例》执法检查。

2. 财政投入不断加大

“十三五”以来，我省文化投入保持突破性增长态势。2016年全省文化事业费29.04亿元，较上年净增5.48亿元，增长23.26%，较全国平均增长率高出近11个百分点。投入总额居全国第8位，在中部六省排名第一。同年，对下转移支付资金12亿元，较“十二五”中期净增6.58亿元，年均增幅30.5%。在经费投入的有力保障下，全省实施了“四馆三场”建设等一系列打基础、利长远、惠民生的文化工程，进一步提升了基层设施水平。2016年全省公共图书馆、文化馆、非遗展示馆和文化站总建筑面积227.3万平方米，较上年增加44.1万平方米，增长约24.1%。每万人拥有公共图书馆建筑面积118.9平方米，较上年增加27平方米，增幅达29.4%；每万人拥有群众文化设施建筑面积251.1平方米，较上年增加45平方米，增幅达

---

* 李耀华，湖北省文化厅副厅长，党组成员。

21.8%;两项指标在全国排名双双上升6个位次。2017年开展的全国第六次公共图书馆评估,全省参评率达100%,参评馆申报上等级率95.3%,较上轮提高9个百分点,创历史最高纪录。评估数据显示,我省公共图书馆实际使用房屋建筑面积70万平方米,居全国第5、中部第1;财政拨款5.09亿元,居全国第9、中部第1。

3. 改革推进不断深入

坚持用改革的办法解决问题,促进发展。先后实施了基本公共文化服务标准化均等化、基层综合文化服务中心建设等改革项目。印发《湖北省基本公共文化服务实施标准》,带动所有市州和82%的县(市、区)制定贯彻文件,以全省第三的优异成绩通过省改革办验收,改革成果获《新闻联播》报道。出台《全省基层综合文化服务中心建设三年行动计划(2017—2019)》《湖北省基层综合文化服务中心标准化建设方案》《湖北省基层综合文化服务中心建设考核评价标准》,与省广电网络、长江电影集团、省新华书店签订共建协议,提升乡镇和村两级公共文化服务能力。推进两批21个省级公共文化服务体系示范区创建,成为提升区域公共文化水平的有力抓手。首次向社会力量购买977场公益性演出,推动社会力量参与基层文化服务,把政府“独唱”变为政府与社会的“合唱”。在全国率先开展非遗分类保护规范研究、非遗保护融合发展。制定《湖北省非物质文化遗产保护“十个一”行动计划》,召开全省文化生态保护区建设工作会议,编制完成《武陵山区(鄂西南)土家族苗族文化生态保护实验区总体规划》,争取文化部在荆州挂牌全国仅8个的传统工艺工作站,为城镇化进程中的非遗保护探索路径。

4. 品牌影响不断扩大

深耕厚植“听、读、演、展”一系列文化品牌,获得文化部、省委省政府的高度肯定,赢得广大人民群众的高度赞誉。“长江讲坛”每年举办90多场,累计服务群众6000多万人次,已通过手机APP点播、市(州)馆远程直播、湖北电视台转播深入生活、走向全国。“长江读书节”,每届举办活动3000多场,参与群众600多万人次,荣获全国“阅读推广优秀项目”。“文化力量·民间精彩”展演常办常新,每届参与团队1.6万余支,参演群众40多万人次,观众300多万人次,入选文化部2017年“百姓大舞台”十大品牌项目。“屈原故里端午文化节”成为文化部唯一保留的部省合办大型活动。“长江非物质文化遗产大展”“湘赣鄂皖四省非物质文化遗产联展”是全国少有的非遗跨区域重大活动,影响力愈发扩大。去年举办的第二届“长江非物质文化遗产大展”,带动长江流域15省市的1000余个项目参展,约20万人次观展。

5. 运行机制不断完善

建立督察问效常态机制。制定《全省公共文化服务体系建设绩效评价工作实施方案》和评价指标。每年由厅领导班子分别带队,对重要工作落实情况进行多轮督查。2017年共派出督查组37个,参与督查人员100多人次。建立全省落实“十个一”行动计划年报制度,每年开展市县级非遗保护经费纳入预算情况通报。建立群星奖优秀作品巡演长效机制,年均组织参与巡演300多场,被文化部表彰为全国优秀组织单位。健全文化队伍培育机制。两年来共举办全省性培训71次、参训人员7400余人次;加大对口帮扶力度,通过“三区”文化人才计划、“三支一扶”计划,选派1385名文化工作者和105名高校毕业生赴基层服务;加大“种文化”力度，推进文化志愿服务试点单位、网络服务平台建设，实施农村文化志愿服务行动计划，每年资助表彰“百佳”社会文艺团队。建立对口脱贫攻坚机制。召开全省文化扶贫工作推进会，印发《“十三五”时期加快贫困地区公共文化服务体系建设工作方案》《省文化厅2017—2019年脱贫攻坚行动方案》《扶贫攻坚重点任务责任分工方案》，启动“特色文化村”建设、村级综合文化服务中心设备配置、数字文化驿站升级等项目。文化部部长雒树刚在全国文化精准扶贫会议上，对我省做法给予肯定。

在回顾成绩的同时，我们应该清醒地认识到，与党的十九大提出的要求相比，与广大群众对美好生活的需要相比，与“十三五”时期发展目标相比，我省公共文化与非遗保护仍存在一些发展不平衡不充分的问题。部分地区文化投入少，政策文件落实不到位，建设项目推进缓慢。部分地区文化部门没有充分履行职责，存在文化站设施闲置、没有正常开放、缺少阵地服务项目，图书馆、文化馆等公共文化设施服务效能不高等问题。

二、勇于担当，切实担负新时代公共文化和非遗保护职责使命

党的十九大报告指出“经过长期努力，中国特色社会主义进入了新时代，这是我国发展新的历史方位。”面对这样大有可为的历史机遇期，我们必须勇担使命、大有作为，以无愧于历史、无愧于时代的业绩，向中国共产党成立100周年献礼，为实现第二个一百年奋斗目标奠基！

1. 总体要求

根据党的十九大精神和文化建设总体目标，今后三年，全省公共文化与非遗保护工作总的要求是：以习近平新时代中国特色社会主义思想为指导，全面贯彻落实党的十九大精神，深入推进省委省政府关于加快文化强省建设的重大部署，紧紧围绕人民日益增长的美好生活需要，坚持以“完善公共文化服务体系，深入实施文化惠民工程，丰富群众性文化生活”为主线，以乡村文化振兴为重点，以全面落实《关于加快构建现代公共文化服务体系的实施意见》为抓手，以改革创新、融合发展为动力，统筹推动全省工作填平补齐，效能提升，位次前移，不断提高全省群众对公共文化与非遗保护工作的获得感和满意度。

2. 主要目标

全省公共文化与非遗保护工作主要目标是：到2020年，基本建成现代公共文化服务体系和较为完备的非遗传承体系。具体要实现以下重点指标：即通过三年的持续努力，逐步实现全省人均公共文化财政支出达到250元以上，所有市州县超过150元以上；全省“三馆一站一中心”覆盖率达到1.3以上，县级及以上公共图书馆、文化馆达到国家二级以上标准，30%的市县建有非遗展示馆，乡镇（街道）综合文化站达到国家三级以上标准，村（社区）综合文化服务中心及与之相配套的文化广场建设实现全覆盖；“县聘乡用”改革基本实现全覆盖；文化部门指导的社会文艺团队和文化志愿服务队伍翻一番；到2020年，基本建成现代公共文化服务体系和较为完备的非遗传承体系，全面实现文化小康有关指标，为加快文化强省建设、推动荆楚文化繁荣兴盛打下坚实基础。

3. 重点任务

全省各地要牢牢把握总体要求和主要目标，紧随工作“指挥棒”，抓好以下10个方面的重

点任务：

(1)加强政策法规贯彻执行

13个地级市(州)全部完成公共文化服务保障、非遗保护地方立法工作，不断加大学习宣传和执法检查力度。全面落实省委、省政府《关于加快构建现代公共文化服务体系的实施意见》《关于推进基层综合性文化服务中心建设的实施意见》《湖北省传统工艺振兴计划》等重要文件精神，细化完善配套政策，打通政策落实的“最后一公里”。

(2)建立对标对表督查机制

狠抓《湖北省基本公共文化服务实施标准》和人均公共文化财政支出、“三馆一站一中心”覆盖率指标的提升，确保2020年结账。推动市县非遗保护工作经费、本级代表性传承人补助经费纳入当地财政预算，地市级非遗保护中心专职工作人员达到3—5人，县级中心达到1—3人。市县文化部门每年要对照上述标准进行自查和对下督查，找准差距和短板，制定分年度推进措施。省政府将每年度组织督查，2020年组织考核验收。

(3)推动文化设施提档升级

全面完成纳入中央、省级财政补助建设的基础设施项目，实现全省基层综合文化服务中心建设目标。着力解决“两馆一站”不达标和空白点问题，实现乡、村文体广场全覆盖。省级每年支持建设20个县级公共文化场馆、100个乡镇综合文化站和一批基层文体广场。试点建设20个智慧图书馆和20个数字文化馆。

(4)深入实施文化惠民工程

制定乡村文化振兴实施意见，推动每个市县谋划实施10个乡村文化振兴项目，总结推广先进经验。进一步加大文化精准扶贫项目实施力度。适应数字化、网络化、智能化发展趋势，推动公共文化单位提供更多互联网+公共文化服务，启动“湖北公共文化云”建设。

(5)强化公共文化服务绩效考评

每年度实施全省公共文化服务体系建设绩效评价，发布绩效榜单，将评价结果与市州党政领导班子考核分值挂钩。省图书馆、省群艺馆牵头建立实施“两馆一站”运行管理的绩效评价机制。开展省级以上非遗项目保护成效评估，各市州合格率不低于80%。全国第五次文化馆评估上等级率达95%、第二次文化站评估上等级率达80%。

(6)推进公共文化服务机制创新

建立健全省级公共文化服务体系示范区双年评估、退出递补机制，提升引领示范作用。所有县(市、区)建立公共文化服务体系建设协调领导小组和非遗保护部门联席会议制度，落实文化站人员“县聘乡用”政策。启动图书馆、文化馆总分馆“双千计划”，逐步在全省建成1000个分馆和1000个基层服务点。县级以上文化部门建立“合格供应主体”目录，开展政府向社会购买公共文化服务。省、市公共文化机构全部建立理事会工作机制。

(7)围绕重大主题开展活动和创作

在全省公共文化设施开展持久深入的十九大精神学习宣传活动。紧扣改革开放40周年、中华人民共和国成立70周年、全面建成小康社会和中国共产党成立100周年等重大时间节点，策划组织一系列重大群众文化活动，创作生产100个现实题材优秀群众文艺作品。实施“百人百艺”群众文艺创作扶持工程，冲刺国家、省级重大奖项，确保中国艺术节群星奖赛事我省获奖数全国领先。

(8)丰富群众性文化活动

突出价值引领、机制创新,继续扩大“长江讲坛”“长江读书节”“长江非物质文化遗产大展”等活动影响,引导更多群众参与。逐年举办全省社会文艺团队展演、全省群众广场舞展演、湖北艺术节“楚天群星奖”展演,三年一轮回,带动群众性文化活动开展。全面推进公共文化单位“一馆一品”建设,打造更多“省内站得住,全国叫得响”的文化品牌。实施“百团千队万能人”民间队伍扶持工程,各公共文化单位分解承担培训任务。逐年试点推进60个社会文艺团队培育基地,完善社会文艺团队扶持机制。实现文化志愿服务全省联网管理,推动志愿服务队伍数量翻一番。

(9)加快完善非遗传承体系

实施《武陵山区(鄂西南)土家族苗族文化生态保护实验区总体规划》,编制完成省级总体规划。推动非遗项目培训和进校园、进社区、进网络规范化、常态化。新命名一批示范传承基地和传承骨干。完成国家级代表性传承人和70岁以上省级代表性传承人抢救性记录。以荆州传统工艺工作站等为示范,推动漆艺、汉绣、剪纸等形成传承创新机制。

(10)提升古籍保护工作制度化水平

制定珍贵古籍名录和古籍重点保护单位管理办法,落实保护责任,改善保护条件。对珍贵古籍名录保护责任单位实行年度考核通报。启动新一批国家级、省级珍贵古籍名录和古籍重点保护单位申报、推荐工作。实施全省古籍保护专业人才跟踪成长计划。到2020年,基本完成全省公藏单位古籍普查工作。省图书馆典籍博物馆、徐行可纪念馆宣传展示活动常态化、多样化。组织全省性古籍保护宣传活动,探索古籍文创产品开发,让古籍文献走近生活。

三、狠抓落实,确保顺利完成各项目标任务

习近平总书记指出“抓落实,是党的政治路线、思想路线、群众路线的根本要求,也是衡量领导干部党性和政绩观的重要标志”。蓝图已经绘就,关键在于落实。从全省的具体工作来说,要抓好四个方面落实:

1. 争取领导抓落实

公共文化建设和非遗保护都是系统工程,面广线长,必须依靠党委政府的坚强领导。今后三年又是实现宏伟蓝图的“施工高峰期”,需要党委政府的重视和支持。文化工作者在争取重视上要有文化特色。首先要把台子搭好,充分发挥领导小组在争取领导支持、协调有关部门、形成工作合力上的重要作用,做到“抓领导、领导抓”。其次要把谱子唱对,《公共文化服务保障法》《非物质文化遗产法》以及中央、省委的重要文件就是“主旋律乐谱”,文化工作者自己把精神吃透后,要把法规政策要求、落实打算、存在问题、工作建议及时准确向领导汇报到,做到依法治理、尽职尽责。最后还要把步子踩准,要与党委政府同频共振,使公共文化、非遗保护工作融入地方经济社会发展全局,努力促进党委政府各项决策部署的落实,做到在围绕中心中定位,在服务大局中尽责。舞台、乐谱、舞步都有了,一台戏就精彩了。

2. 突出实效抓落实

“干部干部,先干一步”,不想干事、不敢干事、不会干事就当不好干部。如果在一个地方、

一个岗位上工作几年下来还是山河依旧、面貌不改，怎么对得起组织的培养，怎么对得起群众的信任！这两年，湖北经济总量全国排名在“十二五”前进3位的基础上，又进1位，已经居全国第七，充分展现出“建设支点，走在前列”的新作为。文化系统也有典型，恩施土家族苗族自治州目前的文化事业费较“十二五”中期相比，年均增长33%，在全省排名上升3位，提前三年达到了文化小康财政投入指标。这说明还是事在人为，要敢于领责，勇于担难，不把原因推给历史，不把问题留给未来。各地、各有关单位要保持积极进取的状态，发扬“钉钉子”精神，一个目标一个目标分解，一件任务一件任务落实，一个节点一个节点推进，取得实实在在的成效。

3. 创新举措抓落实

创新是习近平总书记治国理政的核心理念之一，更是五大发展理念中的首位理念。总书记在这次的全国人大会议广东代表团审议上再次强调“创新是第一动力”。培训班专门邀请国家专家介绍创新案例，目的就是要推动各级学习新理念，启发新思路，谋划新招数，扎实推进工作理念创新、政策制度创新和服务手段创新。部分地区探索出来并被上升为中央、省委决策部署的综合文化服务中心建设、总分馆制、“县聘乡用”办法、政府购买机制、互联网＋服务等创新举措，都是破解服务效能不高、文化队伍不强等突出问题的“关键一招”。大家要牢固树立“唯改革者进，唯创新者强，唯改革创新者胜”的理念，真正做到以创新之策破解万事之难。

4. 围绕督查抓落实

习近平总书记指出“在一定意义上说，没有督查就没有落实，没有督查就没有深化”。越是在决战决胜的关键时期，越要发挥督查作用。这方面，宜昌市开了个好头。“十三五”以来，宜昌市政府每年对县（市、区）公共设施达标和人员配备情况进行通报。去年，宜昌市公共文化服务体系建设领导小组协调27个部门对全市工作进行了大督查。这两年，省厅也把督查结果跟项目资金、奖惩考核逐步挂钩。2018年起，省级将建立每年度督查通报制度，按照十九届中央纪委二次全会要求，对表态多调门高、行动少落实差的严肃问责。各地要依托领导小组这个平台，运用好督查武器。督查要快，重要工作一旦部署，相应的督查工作就要跟进。督查要准，始终坚持问题导向，做到见人见事。督查要严，动员千遍，不如问责一次，使督查工作成为抓落实的一把利剑。

同志们，2020年基本建成现代公共文化服务体系和较为完备的非遗传承体系、决胜全面建成文化小康，是省委、省政府对全省人民的庄严承诺，让我们以习近平新时代中国特色社会主义思想为指导，不驰于空想、不骛于虚声，把宏伟的蓝图化为生动实践，为加快“建成支点、走在前列”进程、全面建设社会主义现代化强省提供强大文化力量！

（本文节选自李耀华2018年3月22日在全省公共文化及非遗保护培训班上的讲话）

“湖北文化云”建设构想

贺定安(湖北省图书馆)

随着信息技术、网络技术、数字技术的快速发展和广泛应用,数字化服务已成为当前文化服务的主要形式。深入学习贯彻习近平新时代中国特色社会主义思想和党的十九大精神,深刻领会治国理政新理念、新思想、新战略,加快构建现代公共文化服务体系,是当前湖北文化建设的重要内容。数字文化服务在拓展公共文化服务能力和传播范围、满足民众日益增长的文化需求、构建社会主义核心价值观中发挥着越来越重要的作用。

一、构建“湖北文化云”的意义

1. 建设“湖北文化云”,是推动发展和提升文化服务均等化的需要

当前全国正在认真学习贯彻党的十九大精神,提高思想站位,坚持文化自信,把人民对美好生活的向往,作为我们的奋斗目标。我们文化工作者要围绕满足人民群众日益增长的美好生活需要,树立目标导向、问题导向、需求导向、实践导向、效能导向,着力破解文化发展不平衡不充分的问题,切实增强人民群众文化“获得感”。

推进公共文化建设是提高人民群众文明素质的重要举措,是提升全民思想道德素质和科学文化素质的一项公益事业,其首要建设目标是充分保障人民群众享有基本文化权利。由于区域经济发展不均衡、城乡二元结构等多种原因,城市和乡村在文化需求与供给、文化服务能力与水平等方面还存在较大差异,极大制约了文化服务的均等性。因此建设湖北文化云,坚持服务群众、以群众需求为导向,丰富数字文化产品和服务内容,为人民群众提供集成化、“一站式”数字文化服务,是促进供需有效对接,提升文化服务效能的重要工作内容。

2. 建设“湖北文化云”,是实现数字文化资源跨区域跨部门整合的需要

信息技术、数字技术和网络技术的快速发展推动了文化服务向数字化方向发展。国家对数字文化建设也高度重视,提出了“构建现代公共文化服务体系”。一方面,各文化机构积极开展数字文化建设和服务;另一方面,数字文化建设是项复杂的社会系统工程,涉及跨区域跨部门多主体多要素的协同,而当前各文化机构在数字资源建设、管理及服务方面各自为政、分散多头,缺乏有效的管理体制模式,导致出现“信息孤岛”“重复建设”等问题。尽管各文化机构的服务内容和服务重点具有较大差异,但同时又具有一定交叉。由于各服务机构在物理空间上相互独立,尚未进行资源的有效整合,使得资源利用率、服务效率和便捷性都还有待提升。“湖北文化云”通过“基础设施即服务、平台即服务、软件即服务”的理念,附以虚拟化技术、服务化技术等关键技术,可有效解决数字文化资源跨区域跨部的整合、集成、共享等问题,可有效

提升数字文化服务效能。

3. 建设“湖北文化云”，是推进数字文化服务创新的需要

数字文化服务，是指为了满足人民群众的文化需求，保障人民群众的基本文化权利，利用信息技术、数字化技术等技术手段，以网络为传播载体，向公众提供各类数字文化产品和服务。信息技术和数字化技术的深度应用，使得数字文化资源得到了极大丰富，并表现出海量、异构、分散等典型特征；社会经济的快速发展和人民生活水平的提高，使得人民群众的文化需求呈现出阶层性、动态多样性、个体差异性、多资源协同性等特点，年龄结构、知识结构、社会环境的差异，使得用户对数字文化服务的需求也不尽相同；移动互联网、手机、平板电脑、智能终端等新兴信息资源获取手段和信息传递载体的出现与普及，极大改变了服务提供方和需求方的信息行为方式。因此需要在服务理念、服务模式、服务内容、服务方式及服务手段等方面进行全方位全要素的创新，通过将信息技术与云计算、大数据、智能科学等新兴信息技术的融合，对分散异构的公有或私有数字文化资源进行有效整合，在对数字文化资源和能力数字化、共享化、服务化的基础上，对云资源进行统一、集中管理，并进行优化配置，用户只要通过云端就能随时随地按需获取文化云资源服务。

4. 建设“湖北文化云”，是湖北实现“文化惠民”、建设文化强省的必然要求

当前是湖北省实现跨越式发展、构建促进中部地区崛起重要战略支点的关键时期，是文化建设大有作为的重要战略机遇期。衡量一个地区现代化水平的一个重要标志，就是这个地区的信息化发展水平和文化数字化的开发利用程度。数字文化建设是推进跨区域跨部门多主体多要素的协同，全面整合多部门文化资源，利用移动互联网，实现优质资源的共享和协同服务，加快构建现代公共文化服务体系，落实数字文化惠民的重要工作。建设“湖北文化云”，是贯彻落实省委省政府重要部署，积极推进文化现代化、建设文化强省的必然要求。

二、“湖北文化云”建设目标和任务

“湖北文化云”建设包括数字化平台、数字化资源、数字化服务等基本内容，通过云端化技术、数字化技术、服务化技术等，将分散异构现有数字图书馆、数字博物馆、数字文化馆、数字大剧院、数字非物质文化遗产传承等资源等数字文化资源和能力进行有效聚合，利用云服务平台对这些资源和能力进行统一管理和优化配置，实现了跨区域跨部门跨主体的数字文化资源和能力的共享。

通过云服务平台，各云服务提供方进行信息资源的分享和提供多层次多样化服务，而用户则可以通过手机、电脑、智能终端等实现信息资源的查询和接受各类服务。数字文化资源和能力的共享化是实现服务均等化的基础，可促进资源增效，是解决现有数字文化建设中“信息孤岛”“信息失衡”的有效方式和手段。

创新数字文化服务方式。依托数字文化服务管理系统，探索建立文化云平台，形成与设施阵地服务、流动服务有机结合的数字文化服务体系。广泛采用“订单式”“菜单式”“预约式”服务模式，实现数字文化资源订单式配送、场地网上预订、活动网上预约、网上评价反馈等功能，形成线上线下有机结合的服务模式，加强基本文化服务供给精准度。

1. 基础建设方面

湖北省文化厅牵头制定建设方案与相关的扶持政策，湖北省图书馆负责平台的建设工作，在现有平台建设基础上，继续完善平台功能，并搭建"湖北文化云"服务，打造一个覆盖全省的综合文化服务云平台，提供诸如文化志愿者服务、文化资源信息共享、网上文化办事大厅、数字阅读服务等基础服务。另外整合各厅直单位数字资源，对现有的基层文化服务设施进行数字化改造和升级，搭建基层文化数字服务平台，让百姓体验便捷的"互联网 + 文化阅读 + 公益服务"内容，让"文化惠民"的政策得以真正落地。

（1）以省文化厅为牵头单位，以省文化厅下辖纪念馆、图书馆、博物馆、艺术馆等文化机构为切入点，整合湖北省博物馆、湖北省图书馆以及相关纪念馆等现有的数字化资源，设立文化资源共享的模式，把湖北省优秀的文化资源更方便、更有效、更及时地传递给百姓群众，从基础上推动湖北省文化发展，文化繁荣的建设工作。

建设移动平台，通过移动端提供关注用户图书阅读、活动提醒、服务预订等文化类服务。将省直文化单位，图书馆、博物馆等文化服务接入"湖北文化云"。

（2）整合全省市县公共文化资源，推动文化信息资源共建共享和一体化服务模式，以社区、街道，部分企事业单位为重点服务对象，提供数字图书馆、数字文化馆和数字博物馆等公共数字文化服务内容。在全省范围内选取基础设施较好，文化、信息资讯电子化程度较高的政府机构、重点街道、特色社区，打造"互联网 + 公益服务"的文化惠民服务模式。同时出台政策引导区政府、社区、街道等部门，通过互联网进行对外文化资源服务，以主题或者专题活动的形式，结合"湖北文化云"开展数字文化资源服务活动，增强地方社区、企事业单位的群众学习能力以及思想文化素质建设。力争基本实现基层综合性文化服务的地、市一级的文化单位、公共文化服务场所的覆盖，并具有提供数字阅读、公共政务信息查询、相关文化资讯档案查阅等基础文化性服务的能力，惠及全省 35% 以上人群。

（3）全面开展基层综合性文化服务中心建设，依托现有的村（社区）党组织活动场所、城乡社区综合服务设施、文化活动室以及其他城乡综合公共服务设施，推进公共文化资源共建共享和一体化服务，加强村（社区）及薄弱区域的公共文化服务，通过平板、手机等手持阅读类终端以及全民阅读机大屏阅读，创新文化内容资源服务的方式和方法。通过整合各级各类面向基层的优秀公共文化资源，完善基层公共文化设施网络，补齐文化发展短板，打通公共文化服务的"最后一公里"，让互联网思维促进湖北省基层文化服务平台的尽快建成。实现湖北省全省范围内所有文化服务场所全部接入"湖北文化云"，具有提供全方位的数字化文化服务的能力，提供相关文化服务数据支撑。

2. 平台建设方面

为进一步推进公共数字文化服务平台正常运行，需要继续完成以下工作：

（1）继续完善省级"湖北文化云"平台。依托省级公共服务支撑平台，实现省直文化单位、市县级文化单位、基层文化网点的统一管理。

（2）继续建设"湖北文化云"基础数据库。基于"公共文化服务门户内容支撑云平台"，整合各省直单位数字资源，建设图书、报刊、考试、视频、音乐、资料、展览、展馆、演出等资源库，形成数字特色资源库群。

(3)统筹规划，在“湖北文化云”之上，建设并整合地区公共文化数字资源服务门户。

(4)整合各地区办事服务资源，接入公共文化地图，以办事地图的方式，建设统一的办事服务窗口。

(5)基于“湖北文化云”，建立公共文化服务供需服务平台，对需求方基础资料分类存储，将对接的文化服务特征要素进行标注并存入基础数据库，实行动态管理。根据系统的数据输出，管理人员可以直观地分析出各网点的受众层次和文化需求特征，可以较精确地评估出文化服务对接合理化程度，从而更好地指导文化服务，提高文化服务利用率。

(6)基于“湖北文化云”，完成新媒体移动服务平台建设。

三、“湖北文化云”建设的特色

“湖北文化云”需要构建一个新的创新机制匹配文化产业发展的培育需求，即文化服务要“接地气”，实现文化服务入基层。通过服务创新形成政府、市场和社会组织的三方有机协调，提供文化云服务，培育的民众的精神文化需求，释放文化产业发展的潜力。

“湖北文化云”在对市场的文化资源进行数字化、共享化的基础上，通过数字服务化技术将云资源池中的各种虚拟资源进行一系列服务化封装，组合成不同粒度的服务，并以云服务的形式发布到云服务平台上，以此满足用户的各种服务需求。与传统的文化数字服务相比，数字文化云服务能实现按需协同、智能个性化服务，主要表现在以下几个方面：

(1)用户需求为导向，针对用户的差异化需求，可随时随地提供个性化的数字文化资源服务；

(2)主动的智能化服务模式，可在大数据的支持下，对用户需求进行智能识别，并主动为用户提供全方位与综合化的服务；

(3)敏捷化的服务模式，可快速实现用户需求与所需服务资源间的动态匹配与组合优化，可提升服务质量水平和精度；

(4)多主体多资源协同的服务模式，数字文化服务链上的任何参与主体(文化机构、第三方组织和个体)都可以随时贡献、分享以及使用云服务平台中的资源、能力和知识。

通过“湖北文化云”的建设，实现有竞争力的现代公共文化服务体系。现代公共文化服务体系不仅要保障居民享有基本的公共文化服务权利，而且还是实现“文化强省”战略的重要机制。现代公共文化服务体系不仅应在市场导向下推动公共文化服务保障基本民生需求，更重要的是在激烈的市场竞争中提升文化产品的质量。

四、“湖北文化云”需求分析

“湖北文化云”的实质是将分散在不同物理空间的数字文化资源集中起来，为分布在不同地理位置的用户提供更加便捷和精准的服务，其核心思想是“分散资源集中管理，集中资源分散使用，协同按需智能个性化服务”，其最终目标是提高数字文化资源的利用率和服务效能，快速精准地满足用户的多样化、个性化需求。

1.“湖北文化云”平台服务需求

“湖北文化云”的服务过程可以看作是根据用户需求来驱动资源形成共享服务链，并实现云资源优化配置和服务增效的过程，整个资源优化配置或者说供需匹配过程需经历数据化、服务化、组合优化等渐进阶段，并最终实现创新性服务。其中，数据化是指对分散异构的数字文化云资源进行标准化建模，形成云资源池，以便实现资源的有效聚合和共享；服务化是指在对云资源聚合的基础上，构建云资源服务链，以便实现云资源服务的按需匹配，“湖北文化云”的服务机制如图1所示：

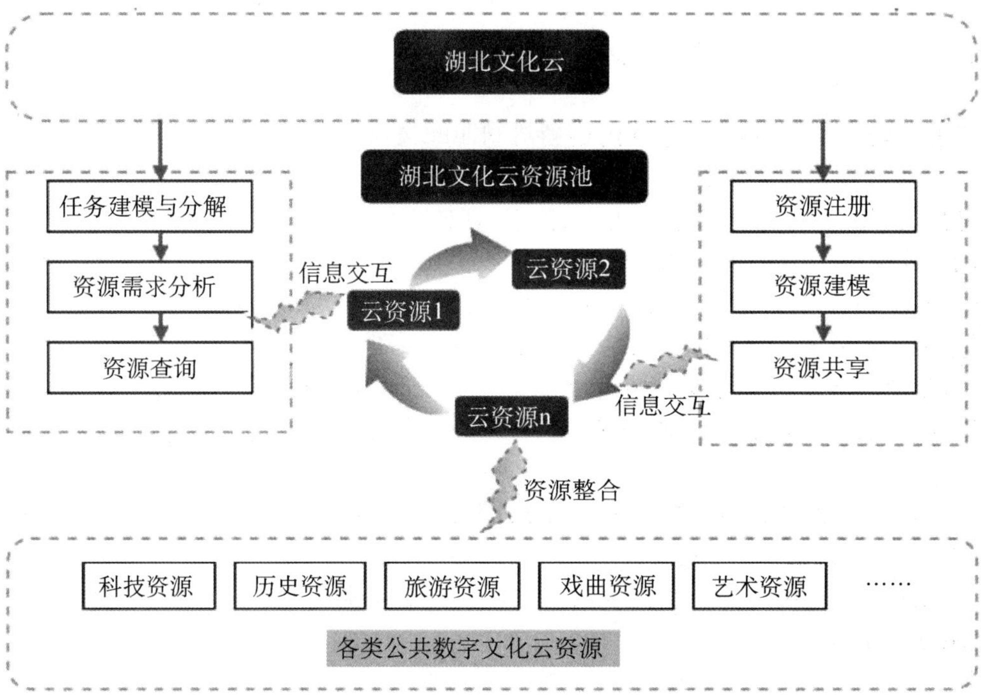

图1　“湖北文化云”的服务机制示意图

2.“湖北文化云”数据资源需求

随着各类数字化文化资源信息的不断产生，各类数字化文化资源库的不断建立与完善，在客观上为我们建立了一个庞大的、具有大数据特征的数据库和资源库。这就为我们进一步利用大数据分析等先进的信息技术手段，实现对这些文化资源信息的整合、梳理、分析和凝练提供了前所未有的基础和条件。

文化资源数据在总体上可分为两类，即新生文化资源大数据和基于数字化的历史文化资源大数据。从文化资源管理角度看，这两类大数据都存在并具有很大的利用价值。

互联网上用户的大量网络搜索、下载、点击、上传等随机产生的大量多形态数据，可称为非结构化数据或随机大数据。对这些数据进行挖掘分析的一个重要目的就是对文化消费行为的分析。通过对不同互联网用户群体的文化消费特点和偏好的分析，将有利于更全面地了解各类文化产品、文化活动的市场需求，更有针对性地开发和创作相关内容、形式的文化产品，以满足各类消费者的需要，这对于提高文化产业的生产效率是具有重要意义的。

数字化技术在文化资源管理中的应用，博物馆、图书馆以及其他社会组织，都在对各类物质与非物质文化遗产开展数字化保护工作，以便更好地实现对历史文化资源的保护、保存和利用。

为建立开放共享的数据交汇中心，需要建立的文化数据系统如图 2 所示。其中需要解决的主要技术问题，一是建立可行的数字化标准；二是实现高效的数据共享。

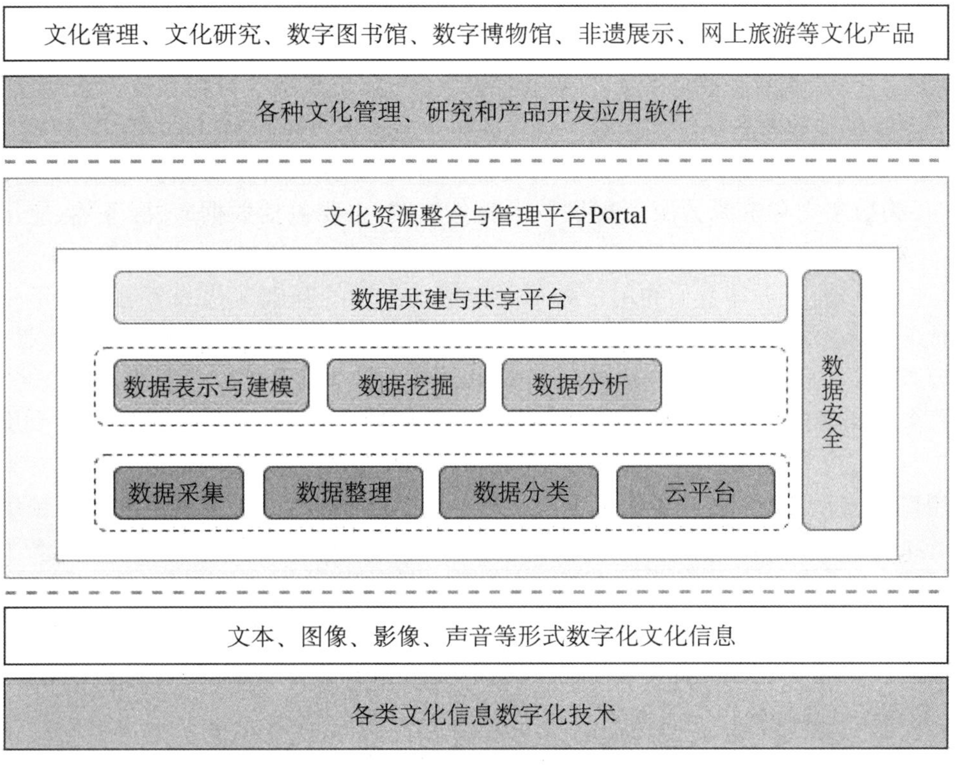

图 2 “湖北文化云”数据系统示意图

3.“湖北文化云”技术需求

通过“湖北文化云”建设需求分析，平台技术需求，除分布式系统外、成员管理等通用技术外，门户是集中的信息展示平台，是所有用户访问的入口。通过这个入口，用户可以访问权限范围内的信息等资源。

平台要基于 J2EE 的技术，基于本项目采购的基础技术平台中间件产品，结合 SOA 理念，为用户提供一个高性能、高安全、良好可扩展能力和极强可伸缩性的平台。在平台上，用户可以集成并管理其他已有的业务应用。同时平台应提供一些标准的功能构件，便于用户基于平台进行二次开发和定制个性化功能。支持多种数据库，如 Oracle、MySql、DB2、Informix、Sybase 等数据库，并对数据库的访问效率提供优化。支持多种中间件应用服务器软件环境：Weblogic、Websphere、JBoss、Tomcat、GlassFish 等。

平台应遵循业界主流标准，采用开放式（J2EE 技术标准、B/S 多层架构、MVC、面向对象数据库技术等）的体系结构，内嵌公用模块，如用户管理、权限管理、资源管理等。可以在工作流引擎的支持下开发、连接其他服务,可与不同的技术平台实现业务流和数据流的关联;同时,对于不同的业务模块,细分成多个服务组件,快速组装成不同的业务功能、实现松耦合的业务组合。

基础平台的构建要充分利用已有资源,在网络硬件平台的基础上,形成统一的权限管理、资源管理;实现网上各应用系统的统一授权、安全控制、信息交换共享;实现单点登录和管理;具备良好的扩展性和兼容性,能够支持各种复杂业务应用系统的开发和运行;依托本项目的安全子系统的身份认证、系统审计等功能,重点进行应用访问控制、运行监控以及数据备份等方面的建设,实现网上信息的安全保密。

"湖北文化云"资源服务链主要由云服务提供方、云服务需求方构成。其中,云服务提供方包括资源提供方和服务提供方。资源提供方位于服务链上游,包括图书馆、博物馆、档案馆、美术馆、艺术馆、科技馆等机构以及其他组织和个体;服务提供方主要指为云服务提供软硬件支持平台,为数字文化资源云服务提供技术服务支撑,主要包括数据库、服务器、应用服务平台等。

"湖北文化云"服务环境下的用户需求既包括单一性的基础文化服务也包括了一些专业性综合性的服务需求,且用户需求呈现出多样性、非结构性、多层次性、多资源协作性等特点,这就需要首先对其深入挖掘,将半结构化和非结构化的任务转化成结构化形式的任务,并对一些复杂任务进行逐层分解直至原子级任务,然后可从数据层、语义层、逻辑层等三个层次对这些任务进行标准化建模,以此实现任务与前述云资源之间在描述和表达方式上的一致性。为了实现用户需求和云资源描述的语义匹配,还需要设计多用户需求驱动下的云资源语义检索与匹配算法,实现用户需求与云资源在服务链上的模糊匹配,从而形成面向任务的若干候选资源对象集。

由于文化资源采集的种类多样,采集的时间跨度大,因此需要一个统一的跨平台中间件。这个跨平台中间件采用多层次服务模式:架构即服务(IaaS)、平台即服务(PaaS)和软件即服务(SaaS),利用云计算环境提供服务。

作为数字信息和知识的保存及服务中心,"湖北文化云"本身就拥有大量的数据库、电子书以及各种音、视频等数字文化资源,且随着平台建设的进一步开展,将会生产和保存更多的数据。这些资源涉及城市文化、历史文化、戏曲、舞蹈、旅游等,包括图书、期刊、图片、视频、三维数字资源等多种类型。平台搜索引擎可以支持各种不同类型的文化资源元数据,按照分布式集群架构搭建系统运行环境,根据元数据的数量实现系统规模的动态伸缩,从而实现对文化资源的统一展示和服务。不同类型的文化资源元数据可以根据语义、分类、主题等进行数据关联和调用,打通不同类型数字资源的信息孤岛,实现文化资源的深度揭示。通过平台导引系统的调度功能,对分布在不同物理区域的文化资源数字对象进行展示。依托数字文化资源统一揭示与服务平台,将建立贯通各类文化机构的多种类型文化资源的数字化应用示范,打造基于互联网、移动终端的数字文化资源应用展示,实现各类文化资源的集中管理、深度揭示、统一检索和联合展示,为用户获取各类文化资源提供新的服务模式。

文化资源的数据种类丰富、类型繁多,是典型的多源异构性数据。通过主动机器学习和群体计算多种数据处理方法的有效交互、融合与归纳是提高数据挖掘效率的重要方法。虽然当前湖北省的数字文化建设已初见成效,但依然面临着资源分散、协同不足、利用率低、个性化与便捷性差等诸多问题,极大制约了文化事业的繁荣发展。另一方面,以云计算、虚拟化、面向服务技术等为代表的新兴技术的发展，为推动数字文化资源的跨区域跨部门跨主体协同，促进数字文化资源的协同按需、智能化、个性化服务提供了重要的使能技术，并催生了数字文化服务的新模式——数字文化云服务。因此，以重点数字文化惠民工程为抓手，以资源建设和服务推广为重点，进一步丰富服务资源，提升服务效能，全面提高文化管理和服务的信息化、网络化水平，促进基本文化服务标准化、均等化，更好地满足广大人民群众快速增长的数字文化需求，在这样的形式下，加快建立数字文化服务平台建设迫在眉睫。

"互联网 +"条件下馆藏、出版与学术三位一体琐谈

——以《荆楚文库・方志编》的编纂实践为例

刘杰民(湖北省图书馆)

为推广宣传图书馆馆藏文献、服务公众,湖北省图书馆以馆藏为基础,承担了《荆楚文库・方志编》的编纂工程项目,并组织开展了相关的学术出版工作。

众所周知,"互联网 +"(Internet +)概念是在 2012 年 11 月第五届移动互联网博览会中首次提出。这一概念认为"所有传统和服务都应该被互联网改变",以互联网为驱动,鼓励产业创新,促进跨界融合,惠及社会民生。馆藏资源是图书馆服务的基础,除读者根据需要对图书馆资源进行选择性利用外,图书馆积极主动地全方位推介馆藏资源和开展学术出版也是向公众宣传馆藏资源的途径之一。

一、基于馆藏资源参与《荆楚文库・方志编》的编纂,提升馆藏文献的利用率

1. 湖北省图书馆馆藏概况

湖北省图书馆始建于 1904 年,是中国近代最早成立的省级公共图书馆。历经百余年文化积累与传承,现馆藏总量达 800 余万册(件)。作为重点、特色收藏之一,现有各类方志(1949 年前)3300 余种 5500 余部,位居全国前列,其中历代湖北方志收藏较为完备。鉴于方志文献的重要性与其纂修方式、内容沿革及书版流传使用等方面的复杂性,湖北图书馆自 20 世纪 50 年代起,就将其作为重点补充、整理与研究对象,并陆续推出《中国地方志联合目录》(湖北省部分)、《湖北省地方志考略》《中国地方志总目提要》(湖北省部分)、《湖北艺文志资料选辑》《湖北艺文志附补遗》《湖北省图书馆藏稀见方志提要》等研究成果。同时,在参与或主持国家或省部重点古籍整理出版项目的过程中,湖北省图书馆培养了一支具有较高水平的古籍整理研究队伍,积累了大型学术文献编纂项目的运作经验并建立了相应的管理规范,从而为确保这一项目的编纂质量奠定了坚实的基础。

2. 参与《荆楚文库・方志编》编纂的背景

据初步统计,1949 年以前湖北各地所修方志逾 600 种,因历史久远,迭经各种自然及人为之祸,散佚损毁十分严重,现今尚存者不及 400 种。由于诸种原因,今存湖北各地历代方志传本甚少、庋藏分散,且相当一部分已成"珍本",欲为一睹,实属不易。20 世纪 60 至 80 年代,台湾成文出版社汇辑《中国方志丛书》,影印湖北方志 52 种;90 年代,江苏古籍出版社选刊《中国地方志集成》,影印湖北方志 113 种,对抢救整理、研究利用湖北方志做出积极贡献,居功至伟。但限于条件或理念殊异,二书颇有重复,且不同程度地存在底本不善、残缺漫漶、著录失误等问

题，读者称憾。21 世纪以来，特别是“中华古籍保护计划”启动以后，国家图书馆出版社在重点推出《中华再造善本》等项目的同时，加大了既有选题“著名图书馆藏稀见方志丛刊”的编辑力度，其陆续发掘面世者，湖北志书之孤本秘籍时有所见，对促使其化身千百，起到不可替代的重要作用。

对历史文化研究来说，片言只字莫不是可资利用的资料，而不称“珍稀”但仍需“再生性保护”的湖北方志就具有这样的功用。因此，立足于优秀文化遗产的安全传承、久远流播和充分利用，由以荆楚地方文献为重点收藏与研究对象的湖北图书馆承担收集、整理、编纂之纲，以影印的方式，将现存湖北历代方志汇为一编，即成为时代赋予的历史使命。

二、湖北省图书馆开展《荆楚文库·方志编》编纂情况

1. 从论证抢救保护的紧迫性、必要性到实施

为使全面整理、影印汇编历代湖北方志之课题得以立项实施，数年前，湖北省图书馆即与有关出版社多次会商，并组织有关专家进行论证，就现存历代湖北方志文献的重要性、抢救保护的紧迫性与集中影印的必要性，以及整理出版的可能性等问题达成共识；另就拟收方志的品种确定、版本采访、底本选择、缺卷补配、错乱整饬、叶面调换、目录编制、著录考订、提要撰写以及数字文件的审校、编次等技术问题进行调研，并草订了俾便实施的整理方案。

该项目初名《湖北历代方志集成》，原拟与有关出版社合作申请立项、择机编纂出版。2015 年，适逢湖北省大型丛书“荆楚文库”上马，审该选题恰与其编纂宗旨及收录范围相合，故与有关出版社联合申报。经该文库编委会审核论证，改名为《荆楚文库·方志编》，2016 年正式委托湖北省图书馆负责编纂工作。

遵照文库编委会的要求，湖北省图书馆成立专门机构组织项目实施。所定编纂方案、操作流程及试编样稿等专门提请国家古籍保护中心有关专家评审，并根据专家意见进一步完善，以确保切实可行。

2. 编纂过程中，每一环节均秉持科学严谨的精神，不惮烦劳，贯穿始终

如[正德]《湖广图经志书》二十卷，明薛纲纂修，吴廷举续修，明嘉靖元年刻本。此本今知仅存二部：一部分别藏于天一阁和南京图书馆，天一阁存卷一（缺吴廷举《序》《凡例》《目录》《卷目》《司志总图》及卷一首二叶），南京图书馆存卷二至二十（缺赵迁《后序》之二至三叶、吴廷举《书后》）。另一部藏于日本尊经阁，为全帙，1991 年书目文献出版社据以影印。经比勘：天一阁、南京馆藏本为初印且书品相对较好，而尊经阁藏本有大量铲板与部分换板、增刻等，故以天一阁与南京馆藏本用作底本，所缺部分系“附件”，因以尊经阁藏本附补。

又如[万历]《湖广总志》九十八卷，明徐学谟纂修，明万历十九年刻本。据有关书目著录，此本在国家图书馆、上海图书馆、南京图书馆、福建省图书馆、石家庄市图书馆、河南博物院、湖南图书馆、傅斯年图书馆有完帙，湖北省图书馆有抄本（缺卷七十六、七十七）。《四库全书存目丛书》据福建省图书馆藏本影印，称“原缺卷四十七”，经目验，实为该馆所藏残，非“原缺”；另该本卷二十六、三十二、四十七、七十五、七十六尚有 7 叶佚失。经检索、走访与函（电）询，知傅斯年图书馆外，各家所藏均残本。因傅斯年图书馆藏本检阅不便，而福建省图书馆藏本卷数最多且书品尚可，故商借取用，其所缺卷四十七以国家图书馆藏本补足，所缺之叶以国家图

书馆、湖南图书馆馆藏本配全。复经逐叶检核，见福建省图书馆藏本有16叶装订错乱，故依例予以调整；399叶模沕蠹蚀字有残损，遂以国家图书馆、上海图书馆与湖南图书馆所藏调换。目前，方志影印整理出版工作已经取得一定进展，已完成69种7万拍方志的扫描工作。一年多的工作实践表明，编纂工作的复杂程度与实际困难远比当初预想得多。在认真总结、吸取经验教训的基础上，湖北省图书馆谨慎从事、善始善终，保证全书的编纂质量。

三、经世致用，开创典藏工作新局面

1. 图书馆具有收集整理、保存文献信息、提供查询借阅、进行知识交流及相关服务的职能

在信息爆炸的现代社会条件下，以“互联网+”为驱动，具有特色馆藏资源或者能够提供深度信息咨询服务的图书馆应该成为知识的出版者和发布者。在“出版即服务”的新理念下，我国省级图书馆扮演着行业引领者角色，可在充分利用丰富的馆藏资源基础上，与出版社、作家、学者等社会力量合作，大力挖掘馆藏资源，拓展出版工作。进一步揭示馆藏文献，使图书馆的出版服务能让普通民众受益，不断提升图书馆馆藏文献的利用率。

2. 建成开放“湖北典籍博物馆”

目前，湖北省图书馆已成功举办了“荆楚宝典——湖北珍贵古籍展”，共展出宋元明清珍贵古籍60部，以刻本为主，辅以写本、钤印本、活字本等，全方位向大众展示不同版本形态的古籍。同时，古籍普查工作成效显著，还与中国古籍保护协会联合开展“中华古籍保护志愿服务宣传推广·湖北行”活动，普查全省古籍15891部约10万册，完成了著录11273部66881册。《荆楚文库·方志编》编纂取得阶段性成果，完成约40种底本的核对、补配、扫描任务。特别是成立湖北家谱收藏中心，成功举办了“第九届湖北晒谱节暨谱牒工作研讨会”，有来自湖北各姓氏代表、江西、安徽、河南、湖南等省的谱牒文化专家和谱牒文化爱好者、民间家谱收藏爱好者400余人与会，展出2000余部家谱。

当前，我国正在推进“伟大事业”，中国特色社会主义已经进入新时代，在新的时代条件下，我国正在进行伟大工程建设、推进伟大事业、实现伟大梦想，我们要保持和发扬与时俱进的思想品格，勇于推进实践基础上的理论创新，不断满足广大人民群众对美好生活的追求和向往。我们图书馆事业发展的最终目的，是造福人民和造福子孙后代，这是我们图书馆一切工作的出发点和落脚点。坚守“以人民为中心”这个根本思想，就是要将中华民族几千年灿烂辉煌的文明历史通过图书馆人的创造性劳动和努力，让她重新焕发出新的强大生命力。

提升图书馆公共数字文化服务效能的思考
——以湖北省数字图书馆为例

王　涛　王　莉　刘利军(湖北省图书馆)

2017年3月我国开始施行《中华人民共和国公共文化服务保障法》(以下简称《保障法》)。《保障法》指出国家支持开发数字文化产品,推动利用宽带互联网、移动互联网、广播电视网和卫星网络提供公共文化服务。地方各级人民政府应当加强基层公共文化设施的数字化和网络建设,提高数字化和网络服务能力。《文化部公共数字文化工程管理办法》要求公共数字文化工程,即是指文化部、财政部组织实施的全国文化信息资源共享工程、数字图书馆推广工程、公共电子阅览室建设计划等,承担优秀公共数字文化资源的征集、建设与使用;推进公共图书馆、文化馆等公共文化机构数字化服务;推进乡镇(街道)、村(社区)公共数字文化服务;公共数字文化服务标准体系建设;公共数字文化服务平台建设。

一、公共数字文化建设的现状

1. 国家公共文化云

2017年11月29日,"国家公共文化云"在安徽省马鞍山市举行了开通仪式,"国家公共文化服务云"是由文化部主导打造、文化部全国公共文化发展中心具体建设的公共数字文化服务总平台、主阵地,旨在面向基层提高供给效率,打通公共数字文化服务最后一公里,实现公共文化服务"政府端菜"与"群众点菜"相结合,提高公共数字文化服务在基层的丰富性、便利性和可选择性,是着力解决新时代人民群众日益增长的公共文化需求同公共文化资源配置不平衡、服务效能发挥不充分的矛盾的重要举措[1]。

"国家公共文化云"运用云计算、大数据等技术,通过部署云管理系统、资源共享系统、应用集成系统、网络分发系统、评估管理系统,统筹全国各省份特色文化应用系统的开发等工作,如:湖北省图书馆开发的"长江讲坛"移动微门户、"楚天智海"网络学习中心等特色应用系统。提供一站式服务,一个账号登录便可访问各类文体场馆,参加各种文体培训及文体活动,还可以阅读欣赏各类文化资源,统筹整合公共数字文化三大惠民工程,包括国家公共文化云网站(www.culturedc.cn)、微信号、移动客户端,突出手机端服务功能定制。具有精彩推荐、共享直播、资源点播、视听空间、活动预约、场馆导航、服务点单、特色应用、大数据分析等核心功能。

2. 国家数字图书馆

2011年,文化部、财政部共同推出"数字图书馆推广工程"。这是继全国文化信息资源共享工程、公共电子阅览室建设计划后,启动的又一个重要的数字文化建设工程。几年来,数字图书馆推广工程以国家图书馆为龙头,联合全国各级各类图书馆建设地方文献数字化、图书馆公开课、元数据仓储、唯一标识符、网事典藏、政府公开信息和各类专题数字资源库，到“十二五”末，达到“11134”的资源建设目标，工程数字资源总量达到10000TB；国家图书馆数字资源总量达到1000TB，每个省级数字图书馆可用数字资源量达100TB，每个市级数字图书馆可用数字资源量达30TB，每个县级数字图书馆可用数字资源量达4TB，形成海量分布式公共文化数字资源库群。数字图书馆推广工程搭建以各级各类公共图书馆的数字图书馆为节点的国家、省、市、县级数字图书馆网络，现已基本实现全国各级各类公共数字图书馆网络互联互通，建立全国数字图书馆推广工程网络体系。已形成相对完备的数字图书馆标准规范体系；建设了优秀中华文化集中展示平台、数字图书馆业务工作平台、开放式信息服务平台和国际文化交流平台，打造基于新媒体的公共文化服务新业态。切实保障公共文化服务的公益性、基本性、均等性、便利性，最大限度地发挥数字图书馆在文化建设中引导社会、教育人民和推动发展的功能。

3. 省级图书馆公共数字文化建设

全国各省公共图书馆的数字文化建设也得到了各地政府的大力支持，均在数字图书馆推广工程和全国文化信息资源共享工程的数字服务体系总框架下，开展了各具特色的地方数字文化体系建设。江苏省财政厅、文化厅下达了全省公共数字文化建设任务及省级专项建设经费的通知，要求有关市、县有关单位贯彻落实三大公共数字文化工程的建设要求，开展江苏少儿数字图书馆数字资源体系，深入推进全省公共图书馆数字图书馆建设，基本实现全省数字图书馆服务全覆盖；开展江苏省文化数字化管理服务平台建设；继续更新和完善公共数字文化省级中心基础设施建设等[2]。东莞市图书馆也完成了图书馆总分馆集群管理体系建设，全市公共电子阅览室、数字资源平台和新新媒体服务渠道等具地方特色的公共数字服务体系建设[3]。

湖北数字图书馆同步纳入新馆建设，财政投入专项经费1.13亿元，打造全省数字图书馆龙头，努力跻身全国领先水平。全省18家市馆也实施了数字图书馆推广工程。省馆已实现了与国家馆的IPSEC VPN虚拟网及专网连接，市级数字图书馆也已与省馆实现了虚拟网连接，初步建成了数字图书馆虚拟网络。另外省馆和部分市级馆已完成政府公开信息整合服务平台、统一用户认证、唯一标识符系统平台部署。目前，全省各级图书馆自建突出地方特色数据库70余个，总量达41TB，逐步形成分级分布式数字资源库群。

二、公共数字文化服务中存在的问题

全国公共数字文化服务取得了全方位的丰硕成果，但在服务成果的推广应用上还有很大提升空间，有些开发的应用成果交付后没有进行深度应用，很多数字资源建成后没有与用户进行良好对接，公共数字文化服务中还存在一些问题。

1. 图书馆传统服务与数字化服务融合不够

公共数字文化建设飞速发展，公共图书馆需全面推动传统图书馆与数字图书馆的业务融合，并在业务及服务上进行创新与发展，“采、编、阅、藏”4个字涵盖了传统图书馆的文献入藏到服务全流程，公共图书馆秉承图书馆“为人找书，为书找人”的服务理念，需更多考虑如何将传统的“采”发展成为实体纸质资源和数字资源的统采，做好纸质文献与数字资源同步发展。如何将传统的“编”，发展成为联合编目，解决各图书馆编目业务孤岛状态，实现“一次输入、多次使用，一家编目、大家利用”。如何将“阅”从为到馆读者提供阅读服务发展到为广大读者提供互联网服务、移动服务、数字电视服务。“藏”的范围从纸质文献延伸到数字资源的保存，通过各类信息技术应用创新改善读者服务模式，拓展和深化线上线下相结合服务方式。

2. 缺乏面向特色数字资源内容的资源定制服务

公共数字文化建设实现了数字资源生产、组织、保存以及发布服务的生命周期进行全流程管理，可实现对优质馆藏资源的数字化加工，从被动地资源收集者成为主动的资源生产者。有些省图书馆，其网站上虽然有特色数字资源的介绍，但只是对资源的一般性简介，并没有形成系统化的特色数据库群，没有特色资源统一检索平台。此外，有些省公共图书馆的特色数字资源并未进行互联网的发布，而只是馆内或局域网发布，这些都充分说明我国省级公共图书馆特色数字资源共享程度不高[4]。湖北、西藏、青海、河北、河南、海南、宁夏、安徽、云南、山西省等全国很多省级公共馆都花了大量人力、财力、物力、技术等建设特色数字资源，但开展专门针对资源内容的宣传推广力度不够。

3. 公共数字文化开发的特色应用推广力度不够

共享工程、数图推广工程以及全国各地的数字图书馆建设都根据用户的需求开发了很多特色应用，如：中国文化网络电视直播，公共电子阅览室管理软件，国家图书馆公开课直播，国家图书馆网络书香讲坛等[5]。湖北省图书馆开发的“长江讲坛”移动微门户和“楚天智海”学习中心等特色应用，并对接到国家公共文化云上开展服务。由于现在各项应用开发的经费招标采购执行周期较长，再加上新技术应用的开发实现也需要时间，开发完成的各项应用需要在使用中不断完善，以及公共图书馆人员技术水平有限等因素的影响，导致从业人员的工作重点都放在特色应用的需求设计和开发任务完成上，对完成后的应用是不是有人在用关注不够，使得有些应用使用效率不高。

三、提升公共数字文化服务效能的举措

创新图书馆服务模式，是做好公共数字文化服务的关键，也是现代图书馆发展的客观要求。公共图书馆定期开展各种活动，如资源推介、阅读推广、展览讲座、体验交流等，吸引广大读者充分利用公共数字文化建设成果。

1. 开展数字资源推介，提高资源利用率

通过举办各类数字资源推介活动，宣传馆藏数字资源以及解答读者使用中遇到的问题，帮助图书馆突破数字资源服务的瓶颈，进一步提升资源的利用率。湖北省图书馆为了推广国家公共文化服务云平台“心声 · 音频馆”资源，联合湖北省广播电台“爱心有约”节目组在省图书馆盲人阅览室举办“心声 · 音频馆”资源推介读者活动，邀请盲人读者通过网页、APP 的形式体验“心声 · 音频馆”资源。

在湖北数字图书馆服务专区和影视观摩厅举办自主拍摄的系列专题片《荆楚名胜》欣赏

活动。专题片以独特的视角、精彩的画面，明快的节奏，多维度、全方位地记录了湖北历史文化、风景名胜。将湖北省图馆自主建设的汉剧专题数据库、问道武当多媒体资源库、湖北获奖少儿文艺作品多媒体资源库等接入国家云平台应用集市，向全国用户推送地方特色文化资源。全省各基层图书馆也依托共享工程云平台资源，开展各具特色的服务活动，充分展示了公共文化服务云共享的魅力。

2. 组织数字文化项目，丰富群众文化生活

2018年春节，湖北省图书馆举办了“红色文艺轻骑兵”迎新春文化惠民活动，知名书法家在省图书馆挥毫泼墨，为广大读者送福写春联；“红色文艺轻骑兵”走进乡村，向广大读者推介养殖、种植等技术资源，等深受农民朋友欢迎。元宵佳节，湖北省图书馆在猜灯谜、花灯制作比赛、有奖竞猜答题等系列文化活动的基础上，组织“福随春至·戊狗迎新”虚拟现实体验活动，借助于VR设备，将土楼、雪夜、春联、爆竹、烟花等传统节日重要元素融入可交互的三维环境中，让读者体验到了眼见不为实的“真实”，在数字文化活动中弘扬优秀传统文化。湖北省图书馆依托数字图书馆微信平台，举办“九州圆梦·美好生活”在线摄影征集活动，鼓励公众用镜头记录时代、传承记忆，弘扬中华优秀传统文化，坚定文化自信，征集了4337幅包括节日民俗、家风传承、文化惠民等内容的精彩作品。丰富多彩的活动，让广大读者全方位地体验和享受公共数字文化建设成果。

3. 举办数字文化活动，拓展服务职能

作为重要的公共文化场所，公共图书馆通过开展讲座、展览、读书会、科普等各种类型的活动，全面提升综合服务能力，不仅满足了读者需求，也大大提高了公共数字文化资源的使用效率。

湖北省图书馆网上展厅，是专门为本馆公益展览开发的数字应用，举办线上线下各类专题展览，读者不仅能到馆参观实体展览，还可以在手机上享受展览资源库。为贯彻落实“一带一路”和中华文化走出去战略部署，提升荆楚文化海外影响力，湖北省图书馆组织“放飞梦想——湖北法国·意大利国际少年画展”活动，向全省广大少年儿童征集画展作品，优秀作品将参加在法国阿基坦大区波尔多市、意大利阿布鲁佐大区拉奎拉市的展览。数字图书馆区“梨园贺岁·百戏昇平”戏曲文化主题展用灵动新颖的画面，展示了中国戏曲鲜明的表演特色和美学魅力，吸引了众多读者。拓展服务职能，充分实现资源优势向文化优势的转化，使文化共享越来越便捷高效。

4. 利用新媒体技术，推广全民阅读服务

利用新媒体技术，开展移动图书馆、电子阅览室等服务，使用户能够通过移动终端设备，实时掌握图书馆的服务动态，了解各种活动，阅读电子资源，集成多媒体技术的阅读，给读者带来无限的乐趣。

湖北省图书馆利用直播平台对“长江读书节”各项活动方案讨论进行全程直播，让线上与线下参与者能够直接对话，数十个基层图书馆和60多支领读者队伍参与讨论，百余条关于读书节资源云服务建言献策的弹幕点燃了思想的火花。

为推广全民阅读，湖北省图书馆以馆藏电子资源为基础，借助新媒体技术，通过微信、APP

等方式向大众推送阅读活动,如“读具匠心”阅读大赛,向参与活动的读者征集书评、心得等作品;联合相关单位组织以“文化中国”为主题的微视频大赛,活动聚焦湖北文化风貌,面向社会广泛征集反映湖北群众文化生活、地域特色文化的微视频和图片作品;线上知识竞赛和资源检索大赛,宣传推介本馆数字资源,更有效地推广和利用图书馆的网络资源。

下一步,湖北省馆将在基层建设一批推广点,举办更多公共数字文化服务推广活动,以点带面推动公共文化云平台的应用推广,并针对性培养用户群体,培育湖北特色数字活动品牌,提升公共数字文化服务效能。

四、结论

当前,我国公共数字文化建设无论是软硬件平台,还是数字资源内容以及多媒体服务方式等方面都取得了显著成绩,但无论是全国范围的公共数字文化三大工程,还是全国各省份公共图书馆的数字文化建设,整体来说,在新技术的开发应用推广上,在数字文化资源内容的宣传上,由于多方面主观和客观的因素的影响,存在使用效率不高、投入产出比不高的问题。重视公共数字文化建设开发的应用推广,引导社会公众利用地方特色数字资源,策划针对各项应用系统和地方特色数字资源开展丰富多彩的推介宣传活动,宣传公共数字文化建设成果,让社会公众了解数字文化建设的特色应用,利用公共数字文化建设的特色数字资源,是提升公共数字文化服务效能的有效手段。

参考文献

[1] 国家数字图书馆——公共数字文化服务新业态[N].中国文化报,2013-08-01(4).

[2] 关于下达2016年全省公共数字文化建设任务及省级专项建设经费的通知[EB/OL].[2018-03-01]. http://wht.jiangsu.gov.cn/art/2016/11/22/art_779_2857228.html.

[3] 麦志杰.东莞城市图书馆公共数字文化服务体系建设研究[D].武汉:华中科技大学,2016.

[4] 张昭.论省级公共图书馆数字资源建设[J].河南图书馆学刊,2010(6):66-67.

[5] 肖希明,郑燃.公共数字文化服务需求的调查分析——以图书馆博物馆为例[J].图书馆,2013(6):41-43.

公共图书馆发展趋势及对馆员的新要求

谢春枝(湖北省图书馆)

图书馆在英语中为“library”,来源于拉丁语“libraria”,意为“藏书的地方”。“图书”和“馆”字,汉籍古已有之。作为专业术语的“图书馆”一词为日本借鉴汉字所创,是由日本人贞吉翻译并传入中国的。近代中国图书馆发展受日本和欧美图书馆的影响。在近代中国文化中,“藏书楼”“藏书院”“书馆”“图书院”和“图书馆”为“Library”一词之汉译名。我国正式使用这个名称的是1904年建立的湖北省图书馆和湖南省图书馆。

公共图书馆是为市民服务的图书馆,一般由政府税收来支持。与专业图书馆不同,公共图书馆的服务对象可以针对儿童到成人,即所有的普通居民。提供非专业的图书(包括通俗读物、期刊和参考书籍)、公共信息、互联网的连接及图书馆教育。同时也会收集与当地地方特色有关的书籍和资讯,并提供社区活动的场所。

《图书馆学五定律》(*The Five Laws of Library Science*)是阮冈纳赞于1931年撰写的一本享誉世界的图书馆学名著,其图书馆学五个定律被国际图书馆界誉为“我们职业最简明的表述”:书是为了用的;每个读者有其书;每本书有其读者;节省读者的时间;图书馆是一个生长着的有机体。阮冈纳赞指出,我们无法完全预料图书馆这个生长着的有机体的发展还将经历哪些阶段,也无法预言图书馆传播知识这一重要功能是否能通过印刷图书以外的手段来实现,但至少我们已经看到了各种不同类型的图书馆从图书馆这个有机体中分化出来了,而且我们也有理由相信,作为全球性知识传播工具的图书馆的基本原则将一定会贯穿于图书馆未来的发展过程中。公共图书馆的每一个趋势都离不开这五条定律的演变。

一、转型办馆理念

1. 宏观政策法规要求

(1)《关于加快构建现代公共文化服务体系的意见》(简称《意见》)

2015年1月14日中共中央办公厅、国务院办公厅发布。该《意见》对加快构建现代公共文化服务体系,推进基本公共文化服务标准化均等化,保障人民群众基本文化权益做了全面部署。与《意见》一同印发的《国家基本公共文化服务指导标准(2015—2020年)》(简称《标准》),对各级政府应向人民群众提供的基本公共文化服务项目和硬件设施条件、人员配备等做出了明确规定;在此之前,各地的基本公共文化服务没有全国统一的标准,服务什么、服务多少,各地标准不一。该《标准》是促进基本公共文化服务均等化的重要举措,体现了“国家标准兜底线,地方标准促特色”的分级保障思路。

(2)《中华人民共和国公共文化服务保障法》

2016 年 12 月 27 日颁布。该法是文化领域的一部保障公民基本文化权益的基本法，涉及公共文化设施的建设、公共文化服务的提供等，促进公共图书馆建设发展也是该法律所涉及的一个重要内容，作为公共文化法律体系中的基本法律，对文化行业其他专门法的制定起到重要的指导和推动作用。

第十五条指出，县级以上地方人民政府应当将公共文化设施建设纳入本级城乡规划，根据国家基本公共文化服务指导标准、省级基本公共文化服务实施标准，结合当地经济社会发展水平、人口状况、环境条件、文化特色，合理确定公共文化设施的种类、数量、规模以及布局，形成场馆服务、流动服务和数字服务相结合的公共文化设施网络。

(3)《中华人民共和国公共图书馆法》

2017 年 11 月 4 日，第十二届全国人民代表大会常务委员会第三十次会议通过，2018 年 1 月 1 日正式实施。明确指出，公共图书馆，是指向社会公众免费开放，收集、整理、保存文献信息并提供查询、借阅及相关服务，开展社会教育的公共文化设施。前款规定的文献信息包括图书报刊、音像制品、缩微制品、数字资源等。

第四条，县级以上人民政府应当将公共图书馆事业纳入本级国民经济和社会发展规划，将公共图书馆建设纳入城乡规划和土地利用总体规划，加大对政府设立的公共图书馆的投入，将所需经费列入本级政府预算，并及时、足额拨付。

第一次提出国家鼓励公民、法人和其他组织自筹资金设立公共图书馆。县级以上人民政府应当积极调动社会力量参与公共图书馆建设，并按照国家有关规定给予政策扶持。

(4)中国社会的主要矛盾发生重大变化

早在 1956 年，党的八大提出了社会主要矛盾是人民对于经济文化迅速发展的需要同当前经济文化不能满足人民需要的状况之间的矛盾；1981 年党的十一届六中全会，将社会主义初级阶段的主要矛盾确定为“人民日益增长的物质文化需要同落后的社会生产之间的矛盾”。

十九大报告提出，我国社会主要矛盾已经转化为人民日益增长的美好生活需要和不平衡不充分的发展之间的矛盾：人民群众对获得感、幸福感、安全感以及尊严、权利、当家做主等更具主观色彩的“软需要”，正是作为公共文化服务体系的各级公共图书馆需要提供和营造的。

2. 图书馆业态发生变化

(1)图书馆业态变化的因素和趋势

如果将图书馆置于历史和现实两种坐标上考察，我们会发现，在一定时期里图书馆运行呈现不同的状态。我们将这种状态称之为图书馆业态。图书馆业态是指图书馆事业的整体为满足不同的读者的需求进行相应的要素组合而形成的运行形态[1]。图书馆业态趋势有：图书馆日益嵌入社会；对读者需求的满足程度是评价图书馆的最重要指标，图书馆已经真正成为读者中心；实现数字化获取，复合型图书馆将在相当长一段时间内成为图书馆的服务态势；资源需要对各种来源、各种类型的资源进行整合；没有一个图书馆仅靠一己之力能够满足读者的全部需求，越来越多的图书馆开始选择各种形式的馆际联盟；图书馆信息服务日益体现其权威服务并回归其教育和文化价值。

(2)开创公共图书馆发展新业态

未来图书馆将通过与传统图书馆进行全流程业务整合，包括馆藏统筹建设、资源一体化揭示、服务整合，实现实体文献与数字文献资源之间的无缝连接，实现到馆服务与网络服务的互补，打破地域和行业的限制。建设跨行业、互联互通、共建共享的图书馆服务体系。将致力于构建数字图书馆一体化网络；建设标准化图书馆业务系统；丰富公共图书馆服务内容；创新公共图书馆服务形式和营造公共图书馆发展良好氛围。

3. 作为现代化城市发展的标志

20 世纪 80 年代以来，我国政治稳定，经济繁荣，国家对公共文化大规模投入推动着公共图书馆事业的发展。县级图书馆的修缮和新建、全国文化信息资源共享工程、中华古籍保护计划、农家书屋、数字图书馆推广工程、公共电子阅览室建设计划、乡镇综合文化站建设等重点文化工程的实施，加强了公共图书馆服务设施和服务网络建设，改善了公共图书馆的服务环境，提升了整体质量，提高了服务能力，增强了公共图书馆服务的社会效益，覆盖全社会的公共图书馆服务网络正在形成，各项指标不断提高，折射出公共图书馆良好发展态势。

截至 2014 年底，我国共有地区公共图书馆 3117 个，人均藏书 0. 58 册，平均每万人建筑面积达 90 平方米，总流通 53036 万人次，书刊文献外借 46734 万册次，较 2006 年分别提高 12. 6%、52. 6%、64. 5%、110. 3%、122. 1%[2]。城市公共图书馆集知识资源集约化和学习文化氛围浓厚化于一体，是文化建设的重要标志，是城市文明程度的重要影响因素。

很多公共图书馆通过举办巡回展览、专题讲座，宣传优秀传统地域文化和精神，培育文化归属感、自豪感和荣耀感，广泛尊崇、维护和坚守本地域优秀文化精神；开展各类主题文化活动，营造城市文化氛围，提供积极健康和高雅文化休闲方式，提升文化生活品位；设立各种专题图书馆，细分资源和受众；建立信息共享群或平台，编织信息服务网络，为广大市民、社会团体提供文化资讯服务，帮助企业和商家获得图书馆的专业文化服务；编制国内外文化与产业发展最新资讯，为政府提供决策资讯服务。目前不少城市公共图书馆已成为城市文明标志、信息检索和服务中心、市民阅读和公共文化的传播中心，被誉为“市民阅读的第二起居室”和“人民终身学习的学校”。

二、再造公共文化发展空间

图书馆建筑作为一座城市或一所学校的文化景观，不仅承载愉悦身心、满足审美需求的重任，还是传承历史文化与人文精神的载体，其设计理念体现了时代对文化建筑的客观诉求与主观阐释。随着人类社会的不断发展和进步，特别是进入 21 世纪以来，以人为本、人与自然和谐发展的科学理念逐渐渗透到建筑领域，图书馆建筑越来越关注人、自然环境、科学管理及未来发展等因素，在设计时充分体现了人性化生态化、开放化、智能化和标志化等理念。

1. 图书馆建筑空间的演变

欧洲的公共图书馆大多是由皇家图书馆改革形成，建筑风格繁复、高贵，带有明显的宫廷色彩。我国的公共图书馆最早出现在 20 世纪初期，1902 年绍兴古越藏书楼成为我国历史上首个对公众免费开放具备图书馆性质的建筑，其建筑风格体现了中式园林和楼阁风格。

20 世纪 90 年代以来，国内专家学者根据基本国情和国际形势提出了模数式图书馆的概念，其设计理念和建筑原则是从图书馆的功能和空间上进行整体划分和规划，并根据实际案例列举了模数式图书馆设计方案的科学性和高效性，是我国现代化进程中满足公共图书馆实际需要的核心建筑原则。

20 世纪初期，美国艾奥瓦州立大学图书馆被称为第一座模数式的现代图书馆，其普遍运用了人工采光和大空间的设计方式，将承重功能集中支柱部分，减少隔墙的使用频率的同时用书架作为分割房间的主要手段。模数式的设计理念让图书馆在布局上和空间上具备了一定的灵活性，包括柱网、层高以及建筑的承载能力上都满足需要的同时得到了发展的机会。模数式设计固定包含有藏书、外接、阅览、管理四大功能，除了楼梯、洗手间、风道等固定设施位置不轻易变更外，读者和藏书空间的分布及开架图书的增减都是可以通过区域性政策进行调整。

2. 现代图书馆的人文情怀

模数式设计的图书馆受到人们普遍欢迎，随着在很多大型图书馆建设中的推广应用，其设计中单调和耗费的弊端渐渐显露出来，过于追求空间和强调自由的建筑原则也降低了图书馆的人文情怀，留下人工泛滥的痕迹。公共图书馆开始随着时代的变化加入了越来越多的现代元素，包括中厅概念、流通概念、科技产品、运输装置等，公共图书馆在具备实用效应的同时呈现出更多姿多彩的风格。

新近改造和新建的图书馆在空间布局上开始主动吸收其他行业的人文因素，如像谷歌各城市办公室在设计时，紧扣本土特色，善于将当地的材质、风格和个性应用到每个新的办公室；注重营造个人的私密空间，并与公共区域有效分割；强调环境的舒适性；适当运用一些魔幻手法，并有一些有趣和古怪的创意；家具和空间布局旨在激发员工的灵感，充满学习和工作的乐趣；等等。

荷兰阿尔梅勒(Almere)新图书馆：面积达 5000 平方米，设计前对目标群体进行了广泛调查分析，引入店铺的概念和商业模式；图书馆分类非常清晰，可以让“购物者”直接找到自己想要的书，也能让“漫步者”在书架中慢慢地随意发现书籍，探索不同的世界或在任意地方坐下来；长长的蜿蜒书架组成了一副不同寻常的景象：上网区、阅读咖啡馆、研究部、多媒体区中集成了许多功能；座椅，工作场所，信息终端，柜台，沙发，书柜照明，共同组成了一个完整和谐的图书馆；游戏和多媒体区在四楼一个圆形的区域，而游戏的内容可以被实事播放到建筑外面向城市广场的大显示屏上，使图书馆显得更有活力。

天津滨海图书馆：由荷兰 MVRDV 与天津市城市规划设计研究院建筑分院合作设计，面积 33700 平方米，立意“滨海之眼”和“书山”。

“滨海之眼”是一个位于建筑中庭直径为 21 米的球体，表皮布满了发光措施，成为滨海文化中心非常醒目的标志；内部是可以容纳 100 多人的多功能厅，也是该区文化活动的标志性场所；“书山”是滨海文化中心图书馆的另一个重要概念，高高的台阶被设计成一个流动的、曲线的空间，供读者休息、阅览、交流、活动等。

三联书店海边公益图书馆：这座面朝大海的图书馆，位于沿中国渤海湾海岸线上。被称为“中国最孤独图书馆”，设计的主要理念在于探索空间的界限，身体的活动，光氛围的变化，空气的流通以及海洋的景致之间共存关系。图书馆东侧面朝大海，在春、夏、秋三季服务于西侧居住区的社区居民，同时免费向社会开放；约 450 平方米，共三层。由阅读空间、冥想空间、活动室和一个小的水吧休息空间构成。依据每个空间功能需求的不同，来设定空间和海的具体关系以及光和风进入空间的方式。

三、拓宽文化资源的供给侧

传统的图书馆提供的文献资源主要包括图书、期刊和音视频文件等。现代图书馆从关注资源到关注读者，从资源建设到支持创新学习，尝试从展览、讲座、真人图书、读书研讨、交流和空间再造等方面拓宽资源的获得面。

1. 公益讲座

2006 年文化部发布《文化部办公厅关于深入开展公共图书馆讲座工作的通知》，全国各大公共图书馆争相开展公益讲座服务工作，公共图书馆公益讲座开展模式日渐成熟，依托着图书馆宏富的馆藏和丰厚的专家资源，讲座从图书馆的延伸服务渐渐成为核心业务之一。

2010 年成立的中国公共图书馆讲座联盟，标志着以国图为首的 66 家公共图书馆将秉承共建共享的原则，携手同行，促进讲座事业的繁荣和发展[4]。除了与国图渊源颇深的“文津讲坛”、具有领头羊特色的“部级领导干部历史文化讲座”“文津读书沙龙”外，各图书馆也不甘落后，打造了一批有社会影响力的讲座品牌，譬如首都图书馆的“首图讲坛”、上海图书馆的“上图讲坛”、山西省图书馆的“文源讲坛”、黑龙江省图书馆的“龙江讲坛”、广西壮族自治区图书馆的“八桂讲坛”、武汉市图书馆的“名家论坛”及宁波市图书馆的“天一讲坛”等。而长江讲坛已经成为湖北省图书馆的一张闪亮名片，从 2013 年到 2016 年，举办的公益讲座次数逐年上升，分别为 63、86、89、96 场；余秋雨、易中天、王蒙、郦波、于丹、孙立群、周国平、勒克莱齐奥等，都是讲坛的座上嘉宾。

2. 真人图书馆

真人图书馆（Living Library）是一种阅读理念，通过读者“借”一个活生生的人交谈，获得更多的见识。理念源于丹麦哥本哈根，最早的活动源于丹麦哥本哈根 5 位年轻人创立的“停止暴力组织”。在国外“真人图书馆”活动已举办了数百场，我国的“真人书”阅读活动起步于 2008 年底，2012 年迅速在上海、北京、广州、成都、苏州等一些城市依托学校、书店、咖啡馆、图书馆等平台开展起来。

2008 年 12 月 16 日，上海交通大学首次尝试真人图书馆，译为“鲜悦”；2012 年 3 月 17 日，成都首家“真人图书馆”正式开放，6 本真人书被阅读，由红星路 35 号创意产业园区的一家公司开发制作；2012 年 4 月，重庆图书馆开展了一场“真人图书馆”活动，开创了中国公共图书馆参与该领域的先例。

公共图书馆相较高校图书馆，更适合开办“真人图书馆”，因为公共图书馆有更公开的社会交流平台，不论是被借的真人还是借真人的读者，来源都是最广泛的，涉及的主题也可以更多元化、多层次。真人现身说法、与借阅者直面的思维碰撞，是公共图书馆充分发挥社会教育职能的有益形式。

2017 年 6 月 11 日，“行走半夏碧云天”真人图书活动在湖北省图书馆悠然书咖举办。6 本真人图书全部由武汉大学图书馆提供，来自不同行业和背景，有签约作家、旅行协会负责人、诗词大赛冠军及外籍学子等。本着“每个人的经历都是一本书”理念，真人图书馆寻找各种有趣有阅历的人进行归纳馆藏，以人为载体，通过平等交互的形式，实现“读者”和“书本”双向阅读。

四、创新图书馆服务方式

突破传统的管理与服务的疆域，公共图书馆一直在创造新的服务方式和服务形态：

1. PDA 采购模式

Patron-Driven Acquisition，即读者主导式采购，是基于读者需求的全新采购模式。它的实质是让读者直接参与图书馆的图书采购工作，成为图书采购行为的主要决策人，充分表达了以读者为中心的现代图书馆服务理念。

（1）数字资源的 PDA 模式

将数字资源的采购权很大程度上赋予了广大读者。用户在访问时没有限制，包括无并发用户限制，可以同时多人浏览和下载；无 DRM（Digital Rights Management）限制，可以下载和打印；可以远程访问，无后续平台费；提供 MARC 数据，提供使用统计，通过 PORTICO 和 CLOCKSS 长期保存。费用并不是基于一个图书馆历史花费，而是基于潜在的用量，图书馆得到所付费用的产品产权，到年底可以用所付费用买断如电子书和回溯期刊等一次性的资源。

目前，多所美国知名大学图书馆都已采用这一资源采购模式。以读者为中心的资源采购模式正在逐渐被欧美、亚太地区的学术图书馆所采纳。2015 年初，中国社会科学院图书馆携手德国德古意特出版社，率先将 PDA 这一文献信息资源采购新模式引入中国，成为我国首家采用 PDA 模式的国家级图书馆[5]。

（2）纸本图书的 PDA 模式

2016 年 6 月 27 日，美国图书馆协会授予中国内蒙古图书馆"彩云服务"项目"美国图书馆主席国际创新奖"，成为 2016 年该协会评选出的五个获奖项目之一[6]。称赞其针对图书馆图书流通率趋低的状况，采用高度创新、彰显读者决策采购的采访流程；与书店及读者社区建立战略合作关系，创多方共赢：增加书店的售书额；彻底改变图书馆服务模式；增强图书使用率并最大限度地提高读者满意度；利用云服务和移动技术打造实体与虚拟共享空间，集成整合网络资源从而推动阅读及图书馆馆藏的使用；构建可仿效的服务模式为在全国营造以读者为主的阅读氛围做出贡献。

2. 图书馆 + 智能技术

全媒体智能系统对现有的图书馆信息咨询服务功能与技术进行升级改造，开发构建图书馆智能化机器人服务平台，实现全天候机器人实时咨询服务，使读者能以最快的速度和最优的方式获取优质图书资源。它可以缓解重复性、简单性的繁重劳动，自动发掘用户常问问题，辅助咨询图书馆人员回答。全媒体智能系统在微信公众号的对接主要体现在读者绑定微信账号之后，就能享有个性化智能服务，除了咨询常见问题、馆藏书目信息和活动信息外，还能享受个性化的新书和热门图书推荐，甚至可进行语音续借。

现阶段应用较为成熟的主要包括深圳盐田区图书馆的中智科创安保服务机器人"欢欢"和清华大学图书馆的"小图"机器人[7]。"欢欢"具备图书信息查询，自主借书服务、个性化的人机交互等功能，同时还兼具 24 小时移动安保监控、异常报警系统，可谓"文武全能"；"小图"则具有学习与记忆的功能，能够实现智能人机交互，甚至无障碍交流。从未来发展看，作为实现图书馆服务自动化及智能化良好载体的智能服务机器人在图书馆的渗透率将不断上升。

3. 图书馆＋社区

可以拓展图书馆的公共服务半径，满足大众对阅读空间和阅读指导的要求，最终实现图书馆的全民均等化的服务。

公共图书馆服务点的设置必须尽可能方便社区的居民，如果可能的话，它应当位于交通网络中心点附近和靠近社区活动的地方；在比较发达的市区和郊区，如《联合国公共图书馆服务发展指南》就指出，公共图书馆应设置在15分钟车程之内[8]。从而催生出许多社区图书馆和服务网点。

4. 图书馆＋交通工具

包括汽车图书馆、流动图书馆和地铁图书馆等，作为公共图书馆在空间上的延伸，不仅是公共图书馆的一扇新窗口，而且是最直接的晴雨表，其服务均等化贡献不容忽视。

1981年，加拿大蒙特利尔市创建了世界上第一个地铁图书馆。2008年8月中国第一个地铁图书馆在上海地铁9号线诞生。随后，南京、深圳、苏州、北京等7座城市分别在2010年至2015年期间陆续建设并运营地铁图书馆，逐渐形成全国地铁图书馆蓬勃发展的态势。

“M地铁·图书馆”是由国家图书馆和北京京港地铁有限公司共同合作开展的公益性阅读推广项目圈。该项目的推广主体是国家图书馆和京港地铁，主要依托地铁这一公众交通平台推送国家图书馆的优质图书资源，自2015年1月起开始运营。据相关数据显示。“M地铁·图书馆”推广活动已为十余万人提供了高品质的阅读资源，在推进全民阅读方面起到积极作用[9]。

5. 图书馆＋物联网

图书馆与物联网的合作，打通了从图书馆到读者的最后“神经末梢”，出现滴滴借书、手机订书、物流送书上门、面向个体读者的“点对点”通借通还服务等形式。杭州图书馆可以用支付宝借书还书，三块钱送书上门。2017年4月25日，杭州图书馆宣布，读者可以不用押金，也不用办卡，只要芝麻信用分在600分以上，都可以通过支付宝借书还书。杭州是首批开放线上借书服务的城市，以下两类用户均可通过支付宝借书[10]：

①芝麻信用分600分以上，有机会享受免押金，免办卡线上借书服务。

②拥有杭州市市民卡，或者拥有杭州地区公共图书馆借书证的用户，可享受线上借书服务。

快递可以送书上门。读者需支付3—5元的快递费用（1—3本内3元，每增加1本，增加1元，每笔订单上限5本。超过5本系统自动拆分包裹，借阅上限为读者当前可借阅数），借阅、归还快递费用相同。配送范围目前包括上城区等六个城区。

6. 图书馆＋大数据

随着读者借阅和参加活动次数的增多，必然形成一定的可参考性数据。图书馆若善于挖掘并利用这些数据，就可以勾勒出读者的阅读偏好和基础形象，建立更为合理的馆藏资源体系，推断读者未来可能的服务需求倾向，从而有利于向读者进行个性化的活动内容推送，逐步实现精准服务，并采用积分奖惩机制回馈与约束读者，发布公共图书馆年度阅读报告。通过嵌入手机或任何随身携带的“数字或基因身份证”，读者使用信息的场景位置被接收，基于大数据分析的信息使用场景帮助图书馆精准分析信息使用规律，并形成相同场景的信息推送服务。

7. 图书馆 + 移动终端

目前最广泛的移动终端运用就是图书馆微信公众号和开发的 APP 功能。除常规的信息发布、资源利用、“我的图书馆”外，还提供有很多特殊服务。浙江图书馆的微信公众号开通了自修室预约、微图书馆、停车位查询等功能以及即将上线机器人服务参考咨询；陕西省图书馆在官方网站、晋图动态中的大部分服务内容均与其官方网页链接。此外，各级公共图书馆充分利用了微信强大的互动功能开设了表单荐书和扫码荐书的服务，如天津图书馆的“百姓选书我买单”、江西省图书馆的荐购图书、山东省图书馆的图书投票、湖北省图书馆的下单评价图书和馆长荐书、广东省立中山图书馆的“你悦读 · 微采购”等。

五、感知用户需求

《公共图书馆法》第三十三条规定，公共图书馆应当按照平等、开放、共享的要求向社会公众提供服务。所以说，公共图书馆面对的用户群最为广泛，应该遵循普遍、均等的服务原则。

1. 少儿及中小学生

除传统的阵地服务外，很多公共图书馆还向青少年开展了“互联网 + 服务”，主要采用信息素养教育培训班或夏令营的形式：如广西壮族自治区少年儿童图书馆开设的“五彩遐想”电子书创作班，浙江省图书馆举办的“玩转鼠标乐享暑假——‘网聚少年’暑期网络夏令营”活动，内蒙古自治区图书馆开展的全国中小学生电脑小报设计比赛活动、新疆维吾尔自治区图书馆开展的全疆中小学生电脑小报活动，甘肃省图书馆开展的中小学生电脑小报设计培训活动，桂林百姓文化大讲坛在广西壮族自治区桂林图书馆举办“青少年暑期网络安全”讲座，湖北省图书馆举办“童之趣”少儿读书节，等。

2. 老年读者

目前，省级公共图书馆针对老年人的创新服务大多为数字产品的使用培训，包括本馆数字资源的使用、登录 QQ、传送照片等网络操作。

首都图书馆启动了老年读者数码产品使用培训讲座。浙江图书馆“常青 E 计划 · 老年人电脑培训——常用数字资源查询、Lightroom 图片处理培训、Word2010 基础”培训。广东省立中山图书馆乐龄俱乐部开设了“乐龄学习 e 起来”——老年人免费电脑基础知识培训班。贵州省图书馆开展“走进电子阅览室，畅游网络我先行”，“敬老月”老年读者电脑知识公益培训班和 4 期老年电脑初级培训班等活动。湖北省图书馆在总服务台设立临时救助站，提供创可贴和救心丸等常备药物，电子血压计、血糖仪、轮椅和拐杖等简单医疗器械；为武昌区康怡老年公寓送饮食养生、卫生护理、文学类期刊，并将该公寓纳入中文报刊部流通点。

3. 进城务工人员

甘肃省图书馆举行农民工电脑培训。宁夏图书馆开展“文化年货带回家”为农民工网上订车票活动。广西壮族自治区图书馆开设了农民进城务工专题资源。江西省图书馆联合各市县图书馆在公共阅览室设立“春运网购火车票专座”,并为滞留城市的务工人员与家人实现“网上团聚”。湖北省图书馆在农民工子弟小学增设流通点,捐赠图书期刊等。

4. 残障人士

省级公共图书馆针对残障人士的创新服务多为引进相关无障碍产品或开展线上答题互动活动:首都图书馆网页右上角设置有转换为信息无障碍弱视语音版网页的按钮;上海图书馆网页上方设置了无障碍辅助工具条并且建立了专门的无障碍数字图书馆;陕西省图书馆开展“全国盲人知识百科知识竞赛”活动;浙江图书馆开展了浙江省视障信息无障碍服务中心电脑基础操作培训活动以及举办了“我为盲人捐声”心愿书单活动;安徽省图书馆举办网络答题活动,邀请中国科学技术大学志愿者举办残障读者网络知识讲座;福建省图书馆建立残疾人无障碍数字图书馆分馆;云南省图书馆开设了盲人电脑培训班、新疆图书馆开通试用博看期刊数据库“听世界”盲人语音产品。

湖北省图书馆盲人图书馆拥有盲文图书和期刊2000多册,大字版图书2000多册,并配备了一键式智能阅读器、台式电子助视器、刻印机、盲文点显器、读书机、手持电子助视器等先进的盲文设备,供残疾朋友阅读使用。对于行动困难的读者,盲文书籍可以电话预约或者送书到家;通过特殊的扫描仪,可以将湖北省图书馆600多万册普通的印刷出版物转化为相应的有声读物,盲人戴上耳机就可以听到他所要阅读的内容;与湖北省残联和湖北资讯广播共同打造“光明直播室”,定期将推荐的文献录播成音频文件和节目,成为新的盲文资源。

5. 创客空间

2014年9月夏季达沃斯论坛上,李克强总理首次在公开场合吹响了“大众创业、万众创新”的号角,并在2015年将该理念写入了《政府工作报告》;国务院相继出台了《关于大力推进大众创业万众创新若干政策措施的意见》《关于进一步做好新形势下就业创业工作的通知》,工作重点中就包括构建一批低成本、便利化、全要素、开放式的众创空间。

“创客”一词来源于英文hacker或者maker,指一类不以营利为目标,努力把创意转变为现实的人,他们坚持分享和传播知识的崇高信仰,追求为全人类创造美好生活的人生价值。创客空间(Maker Space)是为创客们提供实现创意、交流创意思路以及实现产品线下和线上相结合、创新和交友相结合的社区平台。据hackerspace. org统计,全球已有近1200家创客空间正在运营,并且数量还在不断增加[11]。

依据不同运营主体,创客空间形成图书馆、学校等公共文化教育机构设置和企业、私人建构并存的局面。公共机构设置的创客空间多以社会公益为目的。而私人创办的创客空间也可分为社区型和商业型。典型的有美国费耶特维尔公共图书馆、新加坡UnLibrary项目、澳大利亚昆士兰州立图书馆的Edge数字媒体实验室等。国内运行较好的有北京创客空间、深圳柴火创客空间、杭州洋葱胶囊、上海新车间等。公共图书馆界引入创客空间比较晚,发展也相对滞后,其中付诸实践、投入运作的只有上海图书馆的“创・新空间”、长沙图书馆的新三角创客空间、成都图书馆的阅创空间、深圳图书馆的创客空间、广州越秀区图书馆的“互联网+”创客空间、广州图书馆的创客空间等数家。

六、变革管理体制：法人治理

公共图书馆建立法人治理结构、实行理事会制度，从本质上说是管理体制和运行机制的变革，目标是通过体现现代治理理念的共同治理，更好地实现公共图书馆的目标宗旨，完成职能使命，实现公共图书馆服务的最佳秩序和最佳效能。

图书馆理事会在特征上对应于企业的董事会，图书馆通过建立理事会，形成一个对社会和政府负责、同时又对读者和自身发展负责的组织，成为联结图书馆各利益相关方，实现对图书馆整体化系统管理的稳定机构；

《中华人民共和国国民经济和社会发展第十三个五年规划纲要》第六十一章第三节中指出，创新从事公益服务事业单位体制机制，健全法人治理结构，推动从事生产经营活动事业单位转制为企业。

《公共文化服务保障法》和《公共图书馆法》也把如何在法律中规范公共图书馆等文化事业单位的法人治理结构、理事会制度纳入研究其中，如第二十三条"国家推动公共图书馆建立健全法人治理结构，吸收有关方面代表、专业人士和社会公众参与管理"。

2009 年，无锡市图书馆理事会的成立标志着我国公共图书馆法人治理结构建设开始实施。2011 年，中共中央、国务院颁布了《关于分类推进事业单位改革的指导意见》及《关于建立和完善事业单位法人治理结构的意见》，特别是 2015 年中办、国办印发了《关于加快构建现代公共文化服务体系的意见》后，推动了公共图书馆理事会建设的快速发展。

成立理事会的公共图书馆涵盖了省级图书馆到县区图书馆，在地区分布上以大中城市和中东部图书馆事业发展较快的地区为主。成立的图书馆理事会有决策型、咨询型、决策监督型、议事与决策型等几种模式。少数大型图书馆（如南京图书馆）同时成立了理事会和监事会，多数中小规模图书馆只成立了理事会。

七、激发运维潜能：政府购买

2015 年 5 月 11 日，国务院办公厅转发文化部等部门起草的《关于做好政府向社会力量购买公共文化服务工作的意见》，对政府向社会力量购买公共文化服务工作给出了指导思想、基本原则和目标任务，并要求积极有序推进政府向社会力量购买公共文化服务工作，营造向社会力量购买公共文化服务的良好环境。提出"到 2020 年，在全国基本建立比较完善的政府向社会力量购买公共文化服务体系"。同时印发的还有《政府向社会力量购买公共文化服务指导性目录》，其中就包括政府向社会力量购买公共图书馆（室）、农家书屋的运营和管理。

2016 年 3 月 17 日，两会发布的《中华人民共和国国民经济和社会发展第十三个五年规划纲要》中指出，要创新公共服务提供方式，推动供给方式多元化，能由政府购买服务提供的，政府不再直接承办；能由政府和社会资本合作提供的，广泛吸引社会资本参与。制定发布购买公共服务目录，推行特许经营、定向委托、战略合作、竞争性评审等方式，引入竞争机制。创新从事公益服务事业单位体制机制，健全法人治理结构，推动从事生产经营活动事业单位转制为企业。

目前一些新近制定的地方法规也适时跟进，对为满足社会公共需要、政府以公共财政投入图书馆建设提供法律支持。如 2015 年 1 月颁布实施的《广州市公共图书馆条例》第 51 条规定，公共图书馆可以向社会组织购买服务，吸纳社会组织参与公共图书馆的运营与管理。由此带动了我国各级政府向社会购买公共图书馆服务的尝试及创新；图书馆领域向社会力量购买服务始于上世纪末，很多图书馆早已开始尝试将图书馆的采编、流通、物流等业务环节外包给相关承接方，以缓解图书馆人力物力的不足。近年来，随着国家政策的鼓励以及公众对图书馆需求服务的多样化，许多地区公共图书馆的管理模式及人员结构受到挑战，很难适应新技术环境的需求。因此，也有一些政府部门尝试向社会购买图书馆的整体运营。

2013 年，芜湖市镜湖区图书馆面临着缺乏专业人员的窘境，镜湖区文广新局与安徽儒林图书馆咨询服务有限公司签订图书馆服务外包合同。广州市南沙区图书馆外包前只配备了 1 名人员编制，无法满足业务需要和市民的阅读需求，2011 年，南沙区政府经过审慎考虑和考察，对已运行两年的南沙区图书馆选择服务外包。2016 年 1 月 18 日，国内首家书店与图书馆结合体亮相铜陵，图书馆是在原设计规划的学校图书馆基础上兴建而成，形成了铜陵市图书馆、新华书店和铜陵职业技术学院图书馆三馆合一的全新模式[12]。

八、提升品牌价值：文创社会化

文化创意是指以文化生产和文化服务为专门对象的思维创新和观念创新活动，以某些文化产品、文化服务、文化创新为指向的创意行为，就是为了满足人们的精神需求，对各种文化产品、文化服务及文化活动进行改进和更新时所想到的积极对策。任何一种文化创意活动都是在一定背景下进行的，绝不是对传统文化简单复制，而是依靠人的灵感和想象力，借助传统文化资源实现的再提升。

2016 年 5 月 17 日，国务院办公厅转发文化部、国家发展改革委、财政部、国家文物局等部门《关于推动文化文物单位文化创意产品开发的若干意见》，指出要充分调动文化文物单位积极性，发挥各类市场主体作用，加强文化资源梳理与共享，提升文化创意产品的研发能力，构建文化创意产品营销体系，增强文化创意品牌建设和保护以及促进文化创意产品开发的跨界融合，力争到 2020 年，逐步形成形式多样、特色鲜明、富有创意、竞争力强的文化创意产品体系，满足广大人民群众日益增长、不断升级和个性化的物质和精神文化需求。2017 年 1 月 9 日，文化部和国家文物局再次下文对该《意见》进行阶段性总结，确定 154 家文化文物单位为文化创意产品开发的试点单位，包括博物馆、美术馆、图书馆、文化馆等，并做出鼓励创新、大胆探索、经验推广、资金支持和成效监督等规定。

在联合国贸易和发展会议（UNCTAD）提供的《2010 年度创意经济报告》中，图书馆和博物馆分别在文化创意产业发展框架中占据重要的一环。从文创产品的最终形态分析，包括相互依存的两方面——产品物质载体和文化创意内容，而后者是文化创意产品的核心价值；文化创意内容需要创意设计师的创造性投入，表达了人类精神活动的内涵及影响；能够满足人们精神文化的需要。如纽约市公共图书馆文创产品商店提供的图书馆门口的石狮大理石挡书板、圣地亚哥公共图书馆文创产品约翰·济慈的花手提袋，即是以 19 世纪英国著名的浪漫主义诗人 John Keats（约翰. 济慈）代表作《明亮的星》中的诗句“Not in lone splendor hung aloft the light（不愿高悬夜空，独自辉映）”为创意点，结合绚烂的鲜花为主题设计的。洛杉矶公共图书馆将一辆邮政卡车改造成蓝色图书馆文创产品商店专车，使商店整理和运输成本减少，服务面积扩大，成为“车轮上的图书馆商店”，深受读者喜爱[13]。

2017年9月12日，“全国图书馆文化创意产品开发联盟”成立大会在国家图书馆举行。联盟是由文化部推动成立并指导工作开展，全国图书馆文创试点单位自愿参加组成的非营利性行业组织。国家图书馆以通过研究我国京剧早期行头与脸谱的珍贵馆藏古籍《庆赏昇平》，贡献了一整套彩绘戏曲人物图谱，设计者以此为创意原型创造了状元、公主、哪吒等卡通形象，并衍生出公交卡、书签等数十类文化创意产品，十块钱一对的小门神常常卖断货。

国家图书馆又联合阿里巴巴推出了一款智能书法文具——“翰墨书香”便携式书法文具盒。字帖上所有字都选自馆藏，只要下载软件扫描字帖，就可看到书法名家讲解该字并示范书写的短视频。这款文创产品相当于一个传统文化的智能教育平台，从馆藏的书法碑帖入手后，未来平台还将把馆藏的琴谱和画作纳入资料库中。

参考文献

[1] 陈传夫，吴钢. 图书馆业态的变化与发展趋势[J]. 中国图书馆学报，2007(3)：5-14.

[2] 文化部财务司. 中华人民共和国2014年文化发展统计公报[EB/OL]. [2018-01-24]. http://zwgk.mcprc.gov.cn/auto255/201505/t20150525_474763.html.

[3] Business Insider. 18 Of The World's Greatest Libraries. [EB/OL]. [2018-01-24]. http://www.businessinsider.com/18-of-the-worlds-greatest-libraries-2014-12.

[4] 刘婵. 全国公共图书馆讲座联盟成立，让更多的人享受同样的精彩[N]. 中国文化报，2010-12-21(6).

[5] 中国社会科学院图书馆. 科院图书馆首次将PDA模式引入中国[EB/OL]. [2018-01-24]. http://www.cssn.cn/sjxz/gzdt/zxdt/201501/t20150123_1490645.shtml.

[6] 内蒙古图书馆学会. 内蒙古图书馆“彩云服务”荣获2016年美国图书馆协会国际图书馆创新项目主席大奖[J]. 内蒙古图书馆工作，2016(3)：49.

[7] 服务机器人“上岗”，图书馆“智慧”提速[EB/OL]. [2018-01-24]. http://www.50cnnet.com/show-63-142896.html.

[8] 公共图书馆专业委员会，林祖藻. 公共图书馆服务发展指南[M]. 上海：上海科学技术文献出版社，2002.

[9] 李奕. 传播学视角下的地铁图书馆阅读推广研究——以“M地铁·图书馆”为例[J]. 图书馆研究，2016，46(4)：38-41.

[10] 杭州图书馆可支付宝借书还书[EB/OL]. [2018-01-24]. http://www.techweb.com.cn/internet/2017-04-25/2516918.shtml.

[11] 温雯. “创客文化”的历史图景与未来路径[J]. 福建论坛(人文社会科学版)，2015(8)：55-61.

[12] 易斌，郭华，易艳. 政府购买公共图书馆运营服务的内涵、模式及其发展趋向[J]. 图书馆，2016(1)：19-24.

[13] 王毅，柯平. 美国公共图书馆文化创意产品开发实践研究[J]. 图书馆建设，2017(9)：69-77.

公共图书馆营建与治理

“互联网+”背景下公共图书馆供给侧改革服务转型的思考与实践

——以宜昌市图书馆为例

江世华(宜昌市图书馆)

供给侧改革是当前中国社会改革的热门话题,也是“新常态”下各行各业转型升级的方向和必由之路。公共图书馆作为公共文化服务体系的重要组成部分,担负着中国社会主义文化建设的重要任务。如何运用供给侧改革理念,创新服务方式,提升服务品质,不断满足社会和读者对精神文化产品的多元化需求?宜昌市图书馆在实践中进行了积极的探索。

一、供给侧改革的背景

所谓供给侧改革,全称为“供给侧结构性改革”,就是从供给、生产端入手,通过解放生产力,提升竞争力,促进经济发展。供给侧改革是一种寻求经济新增长、新动力的新思路,主要强调通过提高社会供给来促进经济增长,即市场可以自动调节使实际产出回归潜在产出,不需要所谓的“刺激政策”来调节总需求,拉动经济增长需要提高生产能力,即提高潜在生产水平。供给侧改革是在没有排斥总需求的同时,着眼于结构的调整,创造新的供给。

国外供给侧改革的理论源自经济学界的供给学派。最典型的供给学派理论是萨伊定律,它认为供给会创造自己的需求,例如人们生产商品后会消费一部分,剩余的部分拿到市场上与他人进行交换,所以不会存在生产过剩。因此供给学派认为宏观调控政策的重点应该放在刺激生产上。“里根经济学”(Reaganomics)和“撒切尔主义”(Thatcherism)是对供给学派观点的典型实践。减税和减少政府对经济生产的干预是国外供给侧改革的典型做法。而与之相对立的是凯恩斯主义。

国内关于供给侧改革的论述比较权威的是吴敬琏、厉以宁、林毅夫等经济学家合编著作《供给侧改革引领“十三五”》,此书对供给侧改革有比较系统、全面的论述[1]。

2015年11月10日,习近平总书记在中央财经领导小组第十一次会议上,首次提出供给侧结构性改革概念,“要在适度扩大总需求的同时,着力加强供给侧结构性改革,着力提高供给体系质量和效率,增强经济持续增长动力,推动我国社会生产力水平实现整体跃升”。此后的G20峰会和APEC会议,习主席强调要“重视供给端和需求端协同发力”“供给侧改革”。2015年12月,中央经济工作会议对“十三五”进行布局,得到了“新常态”的共识,明确了供给侧结构性改革的方向,通过“五大任务”的部署让改革落到实处,提出了经济发展、稳定增长、宏观调控、产业结构、城镇化、区域发展、生态环境、民生、资源配置、对外开放10个方面的“更加注重”,明确了新常态下工作的重点转向,指明了新常态下供给侧改革具体要“怎么干”。2016年1月26日,中央财经领导小组第十二次会议专题研究供给侧结构性改革方案。习近平总书记发表重要讲话并强调,供给侧结构性改革的根本目的是提高社会生产力水平，落实好以人民为中心的发展思想。要在适度扩大总需求的同时，去产能、去库存、去杠杆、降成本、补短板，从生产领域加强优质供给，减少无效供给，扩大有效供给，提高供给结构适应性和灵活性，提高全要素生产率，使供给体系更好地适应需求结构的变化。2016 年 3 月，全国“两会”召开期间，供给侧改革成为出现频率最高的热门词，《政府工作报告》、各行各业代表提案、议案都热议供给侧改革，探讨各行业如何实施供给侧改革，激发并释放市场活力。

二、供给侧改革背景下公共图书馆面临的机遇和挑战

1. 供给侧改革为公共图书馆服务带来的机遇

（1）缓解经费短缺，激发办馆活力

在供给侧改革理念下，政府简政放权，图书馆拥有一定的自由，公共图书馆可以拓宽资源引进途径，通过与民间机构合作，弥补事业发展资金的不足。图书馆资源、服务、模式的重建会激发馆员工作热情，提高馆藏利用率，从而激发图书馆办馆活力。

（2）更新供需观念，增强图书馆竞争力

供给侧改革的核心在于改变人们的传统供需观念，从扩大内需转变为拼质量、拼效率。因此，图书馆服务和自身建设，一方面需要加强自身资源、人才和技术方面的优势，另一方面又要不断查找制约事业发展、核心竞争力形成的短板所在，寻找转型突破口，增强自身竞争力，既提高图书馆馆藏资源硬实力，又加强图书馆服务建设的软实力[2]。

2. 供给侧改革背景下公共图书馆面临的挑战

（1）民办机构的兴起

供给侧改革浪潮席卷整个社会，一些民办机构受此政策鼓励，从 2015 年到 2016 年上半年，各级各类民办机构数量大幅增加。公共图书馆迎来了强有力的竞争对手——民办图书馆。对于自身欠缺活力与灵活性的公共图书馆而言，这无疑是一项艰巨的挑战[3]。

（2）资源建设的挑战

馆藏资源是图书馆安身立命之本，也是其价值的集中体现。以往的馆藏建设往往遵循需求带动供给的资源建设模式，即根据上一年度的阅读情况调查统计作为下一年度的采访依据。供给侧改革的供给带动需求理念，则要求公共图书馆不追求资源数量多，而力求馆藏质量高。因此，公共图书馆要重新建立图书采访模式和阅读反馈机制，加强对图书质量和资源建设的跟踪监管，用高质量的图书馆馆藏提供优质的图书馆服务。

三、宜昌市图书馆运用供给侧改革理念转型服务的相关举措

1. 用“加法”补短板，服务向精准高效升级

（1）数字阅读的转型升级

宜昌市数字图书馆自 2010 年 3 月建成投入以来，不断完善阅读平台，大力推广数字阅读。2014 年移动图书馆、微信公众号也投入使用。持证读者均可体验“一证在手、全家拥有”，实现了“海量资源、尽在掌握”，使读者随时随地想读就读。多种服务平台的融合，20T 的数字资源

极大方便了读者。宜昌市图书馆还结合社区网格管理丰硕成果推广全民阅读，发挥“格格”们的亲民优势，调动他们参与数字文化阅读推广的积极性，成为社区居民与图书馆间的纽带，使数字阅读植入社区、扎根网格。宜昌市图书馆独创的这种新型数字阅读推广方式于2015年12月入选了2015年广州中国图书馆年会经典案例。目前数字阅读在宜昌市已形成一定规模，2016年以来宜昌市图书馆移动图书馆APP月点击量不断攀升，由年初的2万人次、年中的5万人次至年终突破10万人次。三个数字平台的总点击率2016年已突破二百万人次，产生的社会效益不亚于再造一所实体图书馆。在中国新闻出版研究院发布的居民阅读指数排行榜中，宜昌连续两届名列全省地级市第一，仅次于武汉。11月21日，由中国新闻出版研究院和龙源期刊网络传播研究院举办的“全民阅读嘉年华”在浙江宁波举行，其发布“2016数字阅读TOP100城市排行榜”，湖北省武汉、宜昌、襄阳榜上有名，武汉位列第9，宜昌排名62位。其中2016年数字阅读城市TOP100的IP渗透率，宜昌为6.49%，居全国第8位。该排名是基于各城市IP地址，通过大数据得出大众数字阅读的时间、地点、内容、时长等数据。数字图书馆向移动图书馆、微信公众号、数字阅读机的服务转型，体现了供给侧改革的创新发展理念[4]。

(2)讲座由单一模式向系列化、精品化升级

图书馆作为集阅、展、讲、映于一体的多功能文化中心，举办展览、讲座等是常规功能，如何将其打造成多功能文化空间和读者交流体验空间，宜昌市图书馆在实践中进行了积极探索。2009年6月，三峡文化讲坛面世，通过举办荟萃地方文化、凝练历史精粹、兼容百家杂谈的公益讲座，截至目前，已办讲座近200期，成为名副其实的宜昌版“百家讲坛”。

三峡文化讲坛也经历了一个不断升级的过程。最初老师和主题都由图书馆工作人员主观指定，经过一段时间的摸索，结合读者意愿望，向系列化发展，逐步推出了老宜昌、本土作家谈读书、摄影、亲子阅读学堂等系列，深受听众喜欢。近年来，宜昌市图书馆通过与社会力量和湖北省图书馆合作，将山东大学马瑞芳教授、北京大学王守常教授、省文联主席熊召政、国家图书馆原馆长詹福瑞等重量级嘉宾先后邀请担任三峡文化讲坛主讲，不断提升讲坛的品位和水准。同时还把讲坛推送到校园、社区，如在学校举办“悦读成长”系列，推广阅读方法，推荐优秀书目，取得了很好效果。

2. 用“减法”排障碍，服务由单纯强调内容向注重用户体验升级

(1)“快乐小屋”故事会，让“阅读”变“悦读”

为帮助幼儿克服不识字的障碍进行阅读，宜昌市图书馆2011年3月启动的一项旨在指导幼儿阅读、培养儿童早期阅读兴趣的阅读服务项目——“快乐小屋”故事会。活动以讲绘本故事为主，以开发智力的音乐欣赏、美术欣赏、儿歌唱读、手工制作等为辅，定期开展活动，打造一个低幼儿童的学习乐园。

“快乐小屋”至今已举办了154期，活动参与人次5万余人，得到了广大家长、小读者们的热情支持和积极参与，深受他们的喜爱，并获一致好评。在世界读书日、六一儿童节、圣诞节等节假日，故事会还邀请一些社会知名文化教育人士、资深幼师参加，举行节日主题故事会、教育专家专题讲座、绘本剧表演等。新颖的活动形式，吸引了广大市民的关注和参与。“快乐小屋”故事会受到中国图书馆年会邀请，参加中国图书馆展览会未成年人服务展区案例展示，并在东莞市作现场演示。

(2)为留守儿童和盲人读者等弱势群体提供贴心服务

宜昌市图书馆流动图书车每年深入山区县市学校，捐赠图书并设立漂流书屋，帮助留守儿童开展阅读分享、故事会等有益于身心健康的活动，并免费赠送图书馆数字阅读卡，手把手教会他们使用方法。除在城区宝塔河小学、宜化小学开展阅读活动外，还向五峰、兴山、秭归、远安、长阳等边远山区辐射，给山区留守儿童送温暖，深受欢迎和好评。

宜昌市图书馆一楼专门开辟了盲人阅读室，购置了近两千册盲文书刊，4 台盲人专用电脑。为盲人读者专门建设了“有声图书馆”，盲人可在线听读，也可下载在移动设备上随时“阅读”。宜昌市图书馆还在土街头、隆康路、北宛桥等社区建了盲文图书流动点，方便盲人就近借阅。2016 年我们又尝试一种新的服务方式——闭上眼睛听电影，这种放映 + 讲解的贴心服务，深受盲人朋友欢迎。“以前从来没看过电影，现在志愿者‘讲’电影等于给我装上了一双眼睛，我也能‘看’电影了，而且就在家门口，心里真高兴！”不少盲人朋友说。部分居民也戴上眼罩体验无光影的电影，从而以发自内心的真诚关注盲人的世界。《三峡晚报》首先对此进行了报道，引起了社会舆论的高度关注。三峡电视台拍摄了专题片，长江云、荆楚网、湖北省省文化厅官网等媒体也进行了报道。这个活动在 2016 年全国少年儿童阅读年系列活动——“我是你的眼”——为特殊儿童阅读服务行动案例评选中荣获二等奖。

3. 用“乘法”创新发展理念，达到 1 +1 >2 的乘法效应

供给侧改革的“乘法”是指挖掘经济发展新动力，开拓新空间，培育经济增长的“乘数因子”，以新产业的“几何式增长”推动经济发展[5]。对图书馆而言，供给侧改革的“乘法”就是要以创新管理、创新服务的发展理念，充分调动图书馆馆员、读者、服务商、信息资源、技术等相关要素的潜能和主动性，协调发展，相互促进，培育核心竞争力，达到“1 +1 >2”的乘法效应[6]。

(1)实施总分馆制，确保市民获得均等、便捷服务

为方便读者就近借阅，享受便捷服务，真正落实文化惠民政策，宜昌市图书馆于 2016 年初确定了总分馆实施方案，目前以市馆为中心、区馆和社区分馆为节点，统一采购、统一业务平台、统一分编、统一配送、全市流转、通借通还的公共图书馆服务网络正在分步建设中。2016 年年底前配有数字阅读机的 30 家社区图书馆分馆已正式挂牌，全部配备数字阅读设备，既能实现传统阅读服务也能实现互联网 + 阅读服务。2017 年，第二批 30 家分馆也将在现有基础上，有序推进。总分馆制度将从根本上解决市民就近阅读的问题。

(2)成立宜荆荆图书馆联盟，实现跨区域协作共享

加强跨区域公共图书馆协作，成立了宜荆荆图书馆联盟。2010 年 5 月，联盟成立。六年来，宜昌市图书馆、荆门市图书馆、荆州市图书馆共建文献资源，开展文献传递和馆际互借，互相开放数字资源管理权限和网站资源互联互通，开展联合网上咨询，提高服务读者的能力和水平，使全民阅读在更大范围内和谐共振。2012 年 4 月 23 世界读书日，宜荆荆图书馆联盟与《三峡晚报》《荆州日报》《荆门晚报》联办“我的读书故事”有奖征文，也是三市首次跨地域大型读书活动，历时半年，读者响应热烈，应征作品达 1500 多篇，其中不乏《把爱写在大地上》《充满温情的绝望世界》等才情俱佳的作品。去年又举办了《书写心中的经典》第二届征文活动。

(3)三地专家互访，举办联盟论坛

长江大学教授徐文武作客宜昌三峡文化讲坛，为听众揭开浪漫楚文化的神秘面纱。三峡

大学教授彭红卫受邀登上荆州楚都讲坛、荆门象山讲坛，阐发文化长江与诗意三峡之美，解析作为世界文化遗产的端午以及与端午相关联的悠远历史与人文精神。其间宜昌市图书馆还编印出版了《宜荆荆图书馆馆藏地方文献联合目录》《宜荆荆图书馆联盟五年历程》。宜昌市图书馆与荆门市图书馆、荆州市图书馆联合开发的《宜荆荆地方文献数据库》建库工作也已接近尾声，实现三地书目资源共享。

4.“你看书，我买单”，建立新型图书采访模式

宜昌市图书馆专门购买了 Interlib 图书馆集群管理系统中的读者荐书子系统，供读者线上推荐书籍。2016 年 4 月 23 至 30 日，宜昌市图书馆联手市新华书店，开通试运行“你读书、我买单”活动，凭借阅证和身份证，办了借书证的读者可在书店挑选图书，在收银台办理登记、免费借阅手续，限借 1 册，图书财产转移、书刊入藏等后续操作由宜昌市图书馆图书采访部门与市新华书店接洽完成。读书节当天，读者踊跃参加，共成功办理业务 80 单。鉴于读者要求延长活动时间，宜昌市馆将长期坚持这种方便读者的服务活动。这种新型的图书采访模式和阅读反馈机制，正是从供给侧进行改革，对丰富馆藏资源、提供精准化服务起到重要的作用。《三峡晚报》称“宜昌市图书馆这招好诱人”。

5. 用“除法”清除、淘汰过时思路和传统项目

供给侧改革的“除法”主要是指清除产能过剩及经济发展前行障碍，而淘汰过剩产能是供给侧改革“除法”的重点之一。对于图书馆而言，就是采取相应措施，清除、淘汰过时思路和传统项目，更快更好地适应现代化的发展。

宜昌市馆原有 40 家馆外流通点，但由于体制和机制的影响，存在资产、管理及服务目标失控等问题，运行和服务情况不尽如人意。投入的书如石沉大海，沉淀下来的又无法运转，甚至无法收回；开放时间、管理人员、服务质量、业务统计等都处于无序状态；只有权利没有义务、监管难等问题使流通点沦为社区或一些单位的达标工具，徒有其表，根本不能满足读者的阅读需求。对于这种流通点宜昌市馆采取的办法就是如果符合分馆办馆条件，就升级为图书馆分馆，否则就逐步淘汰。

四、结论

图书馆的工作服务没有止境，服务创新永远在路上。如何深刻领会供给侧改革理念，紧贴社会和公众需求，并根据各个图书馆实际情况，运用供给侧“加减乘除”四则混合运算，重新调整好图书馆的服务与建设策略，以资源节约式、定位精准式的运营模式和服务结构，实现真正的转型升级，充分发挥图书馆社会主义文化主阵地作用，更好地满足人民群众日益增长的多元化的文化需求，满足公共文化服务供给的新要求，是每一位图书馆人都需要认真思考的课题。

参考文献

[1] 吴敬琏，厉以宁，林毅夫，等. 供给侧改革引领“十三五”[M]. 北京：中信出版社，2016.

[2] 陆仁艳，李明，刘晶晶. 供给侧改革导向下的图书馆服务创新研究[J]. 农业图书情报学刊，2016(12)：181－184.

[3] 刘晓琳.以供给侧改革引领图书馆发展[J].读天下,2016(23):218.
[4] 曾建勋."供给侧改革"的启迪[J].数字图书馆论坛,2016(4):1.
[5] 鲁元珍.文化产业:供给侧改革将带来什么[N].光明日报,2016-01-21(14).
[6] 马云超.供给侧改革背景下公共图书馆服务转型与建设策略研究[J].河南图书馆学刊,2016(9):6-8.

互联网时代图书馆空间设计原则和实践
——以新疆维吾尔自治区图书馆二期改扩建工程为例

骆卫东（新疆维吾尔自治区图书馆）

随着我国社会经济的快速发展，“互联网 +”信息时代已经到来，突出表现在人们对资讯和精神文化的需求日益增长，与此同时，大众还有交流思想、缓解压力、放松身心的要求，以图书馆为典型代表的公共文化建筑，在城市中发挥越来越重要的社会公共服务功能作用。随着信息共享空间、学习共享空间及城市“第三空间”理论的兴起，图书馆公共空间的价值不断彰显，人们对公共服务空间的需求，呈现出开放化、多元化、个性化、社交化的趋势，并不断地被越来越多的需求所强化[1][2]。

一、图书馆空间设计应遵循的原则

1. 新图工程概况

新疆维吾尔自治区图书馆（下文简称新图）总建筑面积为56355.6平方米，是由阅览楼（地下一层，地上四层，局部五层）、原有书库区（地下一层，地上十一层）、业务用房区（地下二层，地上六层）组成。作为改扩建工程，新的阅览区域是在原有五层图书馆建筑基础上搭建而成，新建部分位于建筑南部，作为入口门厅和多功能厅、多媒体阅览、少儿阅览、休闲阅览等特色功能空间，原有阅览用房则作为传统阅览空间，如读者服务中心、外借阅览区、民文阅览区、古籍阅览区等，原有书库区和业务用房区位于建筑北侧，保持功能不变。就此，本文结合新疆维吾尔自治区图书馆二期改扩建工程的实践，对现代公共图书馆空间设计进行研究和探索，提出部分实践经验的分享。

2. 空间设计原则

现代图书馆已经从传统意义上的“藏书楼”转变成为“消遣的地方”，从“学习的场所”转变成为“使人享受并乐于学习的场所”，从“以书为中心”转变成为“以人为中心”。现代图书馆空间由传统图书馆服务空间（藏书、展示、技术设备、办公空间等）和基于创新服务的新空间（学习、交流、休闲、创客、体验空间）组成[3]。与传统图书馆空间设计围绕传统知识载体，如图书、期刊、报纸等展开不同，现代公共图书馆在信息化浪潮影响下，各种类型的电子、视听、多媒体阅览室成为图书馆主要的服务场所。因此，在互联网日益变成人们生活的一部分新形势下，图书馆规划功能布局和空间设计应遵循以下原则：

（1）综合利用原则

图书馆空间的建设和整合需遵循综合利用原则，要淡化藏、借、阅服务空间概念是指利用信息化数字化手段整合空间，实现传统服务空间和创新服务空间的交叠和综合利用，强化主流服务空间的同时确保文献的保存和利用。

以新图工程为例，在考虑机构设置时创新理念，满足公共图书馆的不同社会服务功能的需求。如设置丝路主题展厅、少儿体验阅览区、民族音乐图书馆、文化沙龙讨论区、多功能学术交流区等等。同时，运用新媒体实现图书馆系统及自动化、馆际互借、资源共享、图书馆联盟、外加工、电子数据库、电子书和电子期刊、电子邮件参考咨询服务、在线咨询服务、数字图书馆等功能。

(2)拓展服务原则

加强图书馆的数字服务能力的同时要注意不削减传统服务的空间，因为人文社科类图书和部分基础自然科学类图书的纸质资源外借数量受数字化的影响并不明显，所以要适当平衡传统服务和拓展创新服务的空间比例[4]。

在新图工程建设过程中，图书馆充分拓展利用阅览空间功能布局时，采用了电子阅览和普通阅览交叉布置的原则，局部阅览桌设电脑等硬件设备，每个公共阅览座位上都安装有电源插口，局部设有内部查询网络接口，无线网络覆盖全馆；利用网络资源将目录检索和开架借阅结合，实行藏阅合一、借阅合一、管阅合一的现代开放型的功能模式，使读者不受空间的局限，形成读者活动区这一新的功能分区。

(3)“三分开”原则

传统的图书馆空间“三分开”，是指办公区和服务区分开、不同用户功能区分开、动静分开。“三分开”原则可有效抑制图书馆办公人流、物流、读者流之间的相互干扰。但随着用户需求的变化和服务功能的延伸，“动静分开”原则并不适用于所有类型阅读空间，如青少年阅览区、多媒体阅览区等；在用户功能区的划分上，考虑读者需求的多样性和随机性，过分细分空间可能会降低用户的融入感。

在新图工程建设中，行政办公和书库属于原有老建筑部分，位于图书馆北侧有单独出入口，与主体建筑通过连廊和楼梯间等公共空间相连，有效地区分了办公人流和物流及读者流，符合“三分开”原则的要求。

在青少年儿童阅览区设计中，图书馆考虑孩子活泼好动的天性，按照年龄大小分为青少年区和低幼区，并通过不同楼层使其自然分隔开来，两层阅览区通过一个巨大的坡道连接。从空间上青少年儿童阅览区是联通、一体的，体验、阅读、手工、视听混合布局，鼓励孩子们在玩乐中吸收到知识的营养。

外借阅览区是通过立体交通在空间上将分布在不同楼层的四个外借阅览室贯穿到一起，书架区、阅读区、研讨区、自助服务区交叉布置。我们希望阅览区的设计是独一无二、舒适便利的，读者取书可信手拈来，阅读能随意而坐，因此空间排布开放、流动，具有可调节的灵活性。

(4)最优服务原则

图书馆建筑空间体量庞大，服务距离、阅览效果、活动空间等诸多因素在设计中都要加以考虑，即要融合新的服务理念和服务元素，以满足不同用户的需求而达到最优服务效果。

在新图工程建设过程中，各主要功能区既要保证相对独立，又紧密相连。读者服务中心和开敞临时展厅属于人流聚集区，是整个图书馆的交通中枢，因此设置在一层，与主入口门厅无缝相连。报告厅的人流也相对独立，因此和其配套的水吧、接待空间、书店等布置在入口门厅西侧，目标人群便利可达。考虑少年儿童活泼好动的特点，将其功能区设置在图书馆东南角，并设置了独立的出入口，使其对其他阅览区产生干扰降到最低。外借阅览区位于建筑东侧一至四层，内部设有独立交通联结各层阅览空间，在各层都有出入口，通过公共空间与其他阅览区相接。多媒体阅览、电子阅览、丝路主题展厅等受众群为较为年轻的读者,因此设置在楼层较高的三层至四层。培训、学术交流空间则置于四、五层,减少与其他阅览人流的相互干扰。

(5)模块式设计原则

模块式设计是指在图书馆的空间设计过程中,充分考虑空间的开放性和灵活性,在拟定基本使用功能的基础上,保留转换为其他空间的可能性。这种"模块式"的设计是建立在适当分区的基础上,设计荷载、柱网、层高,既保证了空间使用率,也可以满足灵活性、自主性要求[5]。

在新图工程建设过程中,在设计各个传统阅览区的平面布局时,主要以非固定式家具来分隔空间,顶面和地面也以同样的材料和模块化样式进行设计,这为图书馆内部功能区块的调整互换提供了可能。

(6)读者特殊性原则

现代图书馆空间的具体设计要考虑年龄分区、低楼层、同类相近等多种特殊性原则。对公共图书馆而言,其用户类型众多,空间设计要考虑不同年龄层的读者的身体特征及阅读习惯、兴趣、需求,科学合理地进行设计。

在新图工程建设过程中,在新馆主入口东西两侧都设有无障碍坡道,东侧的坡道通过地面的不锈钢盲道、无障碍入口连接至一层的无障碍阅览室。二至四层外借阅览室的南侧阶梯作为休闲沙龙区,为有需求的读者提供了一个较为轻松舒适的休闲交流空间。

二、地域文化与艺术审美理念

1. 新疆图书馆所处地域特色

(1)所处地域气候特殊、地产富饶

新疆远离海洋,深居内陆,气温变化大,日照时间长,降水量少,空气干燥,属于温带大陆性气候。境内有冰川、湖泊、河流等丰富的水资源,崇山峻岭、绿洲戈壁之间,有着数不尽的"粮仓""肉库""油盆""煤海"。

(2)周边地缘辽阔、地貌复杂多样、旅游资源丰富

新疆维吾尔自治区是举世闻名的歌舞之乡、瓜果之乡、黄金玉石之邦。新疆地域辽阔,地大物博,山川壮丽,瀚海无垠,古迹遍地,民俗奇异,旅游资源极为丰富,占全国旅游资源类型的83%。新疆是古丝绸之路的重要通道,现成为第二座"亚欧大陆桥"必经之地。

(3)多民族聚集,语言、文字、宗教种类众多

新疆是一个多民族聚居的地区,共有47个民族,其中世居民族有维吾尔族、汉族、哈萨克族、回族、柯尔克孜族、蒙古族、塔吉克族、锡伯族、满族、乌孜别克族、俄罗斯族、达斡尔族、塔塔尔族13个民族。特别是伊斯兰教在新疆人民的生活中有着较大的影响,这些是在图书馆建设中应该充分考虑的因素。

2. 新图工程建设中的特色概念

新疆独特的自然人文环境为我们在新馆的整体规划设计时提供了许多灵感和依据,主要体现在以下几个方面:

(1)机构设置

以"丝路主题展馆""民族音乐图书馆"等馆中馆为设计特色,通过馆中馆来体现新疆的人

文历史、多民族融合的地方文化、结合旅游、美食、摄影等表现手法，充分体现新疆的地域色彩。

（2）设计风格

设计风格上，采用后现代的手法，把新疆的多民族建筑符号，建筑材料特点和民族工艺美术元素融合在建筑内部空间中，增加室内空间的新疆地方文脉性，使新疆图书馆具有自身的艺术特点。

（3）元素提炼

我们认为书籍、书架、多民族的文字形态是最好的设计语言，把这些元素融合在整个室内设计中，特别是多民族文字的运用，较好地营造出一个多民族文化融合、别具特色的室内装饰环境。

（4）旧馆传承

新图工程建设作为一个改扩建项目，保留了部分原馆独有的建筑结构体，如四层顶楼的圆形水泥装饰构建、建筑立面的花格装饰体等。在传承旧馆文化上，将原馆的历史壁画、大型灯具、部分花格构件给予翻新再利用，结合在新馆的室内空间中，体现新旧馆的文化传承。

三、图书馆功能分区要求

1. 咨询服务区

咨询服务区即图书馆的服务大厅，由入口门厅和读者服务中心组成。入口门厅是进入室内的第一空间，起着内外过渡的作用，设计上要求与建筑外立面互为表里、内外呼应，产生延续性。空间上要求开阔明亮，避免拥挤感。新图工程建设设计整合了门厅中庭一层至四层的立柱，形成与建筑外立面围廊相呼应的连续门洞。读者服务中心与一层入口门厅相连，为两层高的中庭空间，设置总服务台、自助查询区、休息等候区、员工办公室和存衣间等。总服务台兼顾咨询、办证等多种功能。服务台两侧通过镂空民族纹样的铁艺隔断，分隔功能空间，引导人流走向。左侧为开敞展厅，右侧为自动扶梯和休息等候区。不同空间，既视觉连通，又互不影响。隔断前放置自助查询机，方便来宾自主查询相关信息。

2. 公共活动及辅助服务区

包括了寄存饮水处、读者休息处、展览厅、报告厅、培训教室、卫生间等。这些功能的设置要以方便读者为原则。

新图工程在读者服务中心设寄存处，方便人工管理；门厅和各层的阅览区旁公共空间都设有沙发座椅等，可供读者休憩；各层卫生间配备一个无障碍卫生间和饮水机。

一层读者服务中心旁设800平方米临时展厅，西侧有独立的出入口。展厅一侧靠窗的墙面设置沙发、落地灯具及插座电源，形成展厅的休息区域，方便参观者就近歇息浏览。展厅顶面安装可调节角度的轨道射灯，并预留临时展板的固定轨道，满足不同临展需求。另外在四层设置了丝路主题艺术展馆，做新疆当地艺术画及艺术品的展览展示。顶面利用建筑原有镂空结构，引入自然光照，局部预留移动展板轨道及移动玻璃展柜，方便展品调整，满足不同布展要求。艺术展馆配有专业储藏室，并靠近出口。

报告厅位于一层西北侧，配有音控放映室、同声翻译室、更衣室、水吧休闲区、贵宾室、书吧，并有独立的出入口，满足流线与其他人流不互相干扰。主要功能定位为会议、报告，兼顾电影放映及小型汇报演出使用。

培训教室共有五间，分设在四层和五层的西侧和北侧临窗位置，与各阅览区都有较远距离，可通过建筑西侧的电梯直接可达，人员进出和使用时不影响其他空间的读者阅读。

3. 读者借阅区

根据受众群体和文献资料的不同，把新馆借阅区分为青少年儿童阅览区、外借阅览区、少数民族图书阅览区、古籍阅览区、报刊期刊阅览区、民族音乐图书馆（视听阅览区）、休闲阅览区、多媒体阅览区、自习区九个部分。

青少年儿童阅览区设置于一层和地下一层东南角，有独立出入口且对其他阅览区交叉影响最小[6]。外借阅览区因为藏书量较大，读者较多，布置在建筑东侧的一至四层，内部有独立扶梯可上下通行，休闲阅览区与外借阅览室相邻，位于二至四层。少数民族阅览区和自习室设置在二层西北侧，古籍阅览区、报刊期刊阅览区设置在三层西北侧，民族音乐图书馆（视听阅览区）设置在三层西南侧，各主题阅览区间都设独立出入口和服务台、新书区、电子阅览区（提供电子设备和强弱电接口）、研讨室等。古籍阅览区配备了古籍展示和珍藏阅览区，民族音乐馆设置 HIFI 视听室等特殊空间，满足不同读者的需求。

阅览室布局原则为靠窗自然采光较好的位置为阅读区，设置阅览桌（带光源）、吧台、软体沙发等，靠服务台设置新书展示区，主要以人工采光为主的区域作为书架区，书架自带感应光源，书架间穿插布置软体矮凳，方便读者临时取阅。考虑读者阅读需求的多样性和多变性，在全馆各楼层、阅览区分散布置了检索设备及电子阅读设备。

4. 文献收藏区

包括基本书库、密集书库、特藏书库（古籍书库和视听影像资料库）和流通站库房。基本书库由于利用率较低，层高等空间要求也较低，所以利用原有书库楼翻新改造而成，有独立出入口，不影响其他空间人流。密集书库、视听影像资料库、古籍书库由于对建筑结构承重和恒温、恒湿、精密设备等的要求较高，因此设置在地下一层。流通站库房由于经常进行图书流通，因此设置在书库楼一层。

5. 行政、业务工作区

新馆的行政和业务办公区在建筑东北角的辅楼一层、四层至六层，有独立出入口和通行电梯，与读者服务区完全分开。一层设收发室、员工餐厅、消控室等，四至六层各办公室临窗而设，保证了自然通风和采光的基本需求。业务用房符合业务工作流程，保持各工作环节畅通。如档案库房、档案查询与档案办公室依次相连，方便管理。另在各层阅览区和书库、辅楼相连部位，都设置了大小不一的员工休息区，提供更衣室、水吧和休息桌椅等，主楼五层配备了员工活动中心，提供健身设备等，为馆内工作人员提供了人性化的服务。

6. 技术设备区

包括智能化机房、中心机房、资源共享中心、数字加工中心、少数民族语言译制中心等。智能化机房和中心机房位于辅楼二层，内设监控报警设备，实现无人值守。由于机房会产生噪音和辐射，应尽量远离读者和工作人员。资源共享中心、数字加工中心、少数民族语言译制中心都需要利用机房设备，因此布置位于辅楼三层，与机房达到最近距离又能最大程度减少辐射和噪音的影响。

四、结语

公共图书馆不仅是地区文化中心、知识超市，也日益成为地区经济发展不可或缺的重要组成部分，为社会不同群体搭起了桥梁。在互联网日益发展的今天，维持日常公共服务秩序，引导和鼓励公众积极参与阅读、传播知识、传授技能；使得各个年龄层次，不同文化背景的人有一种身份、社团和地域的认同感。新图工程在规划设计一座现代化的图书馆时，根据用户的需求变化与社会发展来重新审视现代图书馆的空间设计，运用视线图书馆空间结构的多元化，在满足用户多样化空间需求的同时，着力构建现代图书馆空间的精神属性和文化属性，将新图工程建设成为一座名副其实的现代化的读者精神家园和社会的文化传承地。

参考文献

[1] 杨文建. 现代图书馆空间设计的原则、理论与趋势[J]. 国家图书馆学刊,2015(5):91－97.

[2] 张汉强,刘元珺,郑强. 面向多元化需求的服务反馈机制研究[J]. 现代情报,2014(11):99－103.

[3] 赵志光. 信息时代图书馆新型空间的变革和发展[J]. 图书馆界,2015(4):4－7.

[4] 肖珑. 后数图时代的图书馆空间功能及其布局设计[J]. 图书馆情报工作,2013(20):5－10.

[5] 朱学昭. 现代公共图书馆设计趋向研究[D]. 哈尔滨:哈尔滨工业大学,2009.

[6] 陈海钦. 少儿图书馆装修改造的探索和实践——以温州市少年儿童图书馆为例[J]. 图书馆研究与工作,2015(1):7－9.

“互联网+”背景下新疆公共图书馆服务与地方政府决策能力再造的路径与对策

巴特尔(博尔塔拉蒙古自治州图书馆)

近年来,新疆各地公共图书馆纷纷成立面向地方经济社会发展、面向政府决策咨询研究的参考咨询部门(简称公共图书馆智库),已成为当今新疆决策咨询工作中一支不可忽视的重要力量。据初步统计,新疆地区公共图书馆设立的各种基地、参考咨询部门就有近30家,那么,新疆公共图书馆智库如何确定自己的发展定位?如何利用公共图书馆咨询更好地服务地方政府决策?未来新疆公共图书馆智库发展的空间和路径何在?本文以新疆公共图书馆为例,对上述问题作一些初步的探讨。

一、新疆公共图书馆服务地方政府决策的基本定位

1. 新疆区域发展的特点和优势

公共图书馆是由国家中央或地方政府管理、资助和支持的、免费为社会公众服务的图书馆,具有明确的服务需求指向。新疆公共图书馆数量较多,经费均来源于地方行政机构的税收,担负着为科学研究服务和为大众服务的双重任务,也承载着服务地方社会经济发展的功能。公共图书馆的环境建设、办馆环境、人员编制管理、经费供给等都由地方政府提供,地方社会经济发展决定了公共图书馆的发展程度。新疆地域广大,南北疆各地经济社会水平不同,对公共图书馆的发展需求也有不同,随着改革发展的深入,新疆各地区经济社会发展的优势和特色,必定逐步转换成公共图书馆的优势与特色,这是新疆地方公共图书馆的生存源泉。

2. 公共图书馆智库必须以服务地方经济社会发展为主要任务

为大众服务和科学研究服务是公共图书馆的两大基本任务,两者相辅相成。智库是现代决策体制的产物,在政策决策咨询体系中发挥着重要作用,对于推动地方政府决策科学化、民主化具有重要作用[1][2]。新疆经过近20年改革深化的发展,整体智库系统在组织形式上日趋多样,形成了包括党政系统直属智库、社科研究系统智库、党校智库、高校智库、公共图书馆智库、传媒智库等多种类型智库,建设了包括新疆公共图书馆决策咨询研究部门、决策咨询专家库等一大批决策咨询平台,初步形成了新疆地区智库的组织体系。从长远来看,公共图书馆基础理论研究和应用研究应该并重,因为基础研究最终的目的是为了应用,在这种情况,新疆公共图书馆智库部门必须迎头赶上,把为地方政府的决策咨询研究作为发展的重点,充分发挥新疆公共图书馆智库的参与地方政府政策制定、启发决策需求、促进政策执行、加强政策评估的作用[3]。

3. 公共图书馆的根本宗旨在于为社会政治、经济发展服务,促进社会发展和人民生活水平的提高

“十三五”时期是全面建成小康社会决胜阶段,也是党中央在新疆“全面推进法治中国建设”战略目标的具体部署的重要时期,新疆公共图书馆在其中承担着义不容辞的社会责任。这种责任主要表现在为地方政府决策提供文献信息支撑和保障,以实现科学立法和民主决策的时代要求。目前新疆公共图书馆智库以不同方式开展工作实践,一方面是开展政府决策咨询服务、“两会”服务;另一方面还表现在向社会公众开展法治宣传和教育,如举办法治文化教育专题讲座和展览等。这些努力在提高政府和社会对图书馆认知的同时,也是公共图书馆为法治新疆建设积极发挥主观能动性的最好实践。

二、新疆公共图书馆智库系统服务地方政府决策的实践与探索

1. 新疆各级公共图书馆面对本级政府机构开展形式多样的智库服务

根据调查问卷,全疆有26家学校和地市级图书馆设立了具有参考决策职能的部门,其中新疆维吾尔自治区图书馆、乌鲁木齐市图书馆、克拉玛依图书馆和吐鲁番市图书馆等4家图书馆设立了参考决策独立部门;伊犁哈萨克自治州图书馆、博尔塔拉蒙古自治州图书馆、昌吉回族自治州图书馆、巴音郭楞蒙古自治州图书馆、哈密市图书馆、阿勒泰地区图书馆等多家图书馆均开展了不同形式的面向自治区、地州市人大、政协会议的“两会”服务,取得一定的成效;许多图书馆针对当地政府文献信息需求的特点,开展专题咨询、信息专报以及文献综述和战略情报分析服务,实现服务的专业化和个性化;一些图书馆开发了拥有特定用户群组的立法决策服务产品,如编制《决策内参》《决策信息参考》《图书馆信息服务》《阅读推广服务》等,提供及时、准确的立法决策参考信息;有的图书馆开发了专为参考决策服务的数字化信息服务平台,利用现代化信息手段开展服务,提高立法决策服务的效率;还有一些图书馆通过讲座展览和业务培训拓展立法决策服务内容。这些做法彰显了公共图书馆的职能,为当地政府科学民主立法、不断提高政府立法质量做出了贡献,也为进一步深化立法决策服务打下了良好的基础。

从全疆各地州参考咨询决策服务项目上看,分专题/课题咨询、信息专报/通讯、文献综述、二次文献阅读、讲座展览、科研项目、业务培训及战略情报分析等多个方面。其中,各地级公共图书馆的参考咨询决策服务项目中“专题咨询”和“信息专报”占了很大的比例,是目前全疆各地级公共图书馆为地方立法决策用户服务的主要方式。“文献综述”和“战略情报分析”已经达到一定比例,说明目前新疆地级公共图书馆的立法决策服务已经开始向深层次纵向发展,而“讲座展览”和“业务培训”等也体现了全疆各级公共图书馆参考咨询决策服务的广度。

2. 新疆公共图书馆决策参考服务存在的困难和不足

众所周知,近年来,在党和政府的重视下,新疆的公共图书馆事业取得了很大的发展。但是,图书馆事业的发展仍面临着新的问题和新的挑战,特别是在利用智库开展立法决策服务方面仍存在着许多困难和不足。表现在:①全疆地级公共图书馆立法决策服务文献保障能力分布不均。自治区内公共图书馆的中文文献收藏情况在总馆藏中的比重很大,平均比率约为83%,而民文文献馆藏则比率很低,平均比率仅为7%,特别是与立法决策服务紧密相关的法

律文献馆藏仅占1%左右。这样的文献收藏情况，较难满足涉及民文或者法律专业文献的信息服务需求。②全疆公共图书馆从事立法决策服务人员情况存在不足。目前全疆各公共图书馆从事立法决策服务人员的数量约为80余人，且从业人员学历结构和专业结构不尽合理，拥有较高学历和法律专业的从业人员的比例过低，限制了开展参考决策服务的深度与广度。③疆内地市级公共图书馆参考咨询决策服务产品虽然品种繁多，但有待整合，迫切需要共同开发一种或多种服务产品，扩大立法决策服务范围，更好地开展具有深度、广度和专业度的决策参考咨询服务。④在全疆公共图书馆中，缺乏专项财政经费的支持和保障。目前，只有新疆维吾尔自治区图书馆、克拉玛依市图书馆拥有一定专项经费支撑。这些问题的存在，制约着新疆公共图书馆参考咨询决策服务的发展，因此，全疆范围内大部分公共图书馆希望建立全疆公共图书馆参考咨询决策服务馆际协作关系，定期开展相关业务培训，提供参考咨询决策服务帮助和支持，加强信息沟通、横向交流和经验推广等，推动全疆公共图书馆参考咨询决策服务的深入发展。

三、加强新疆公共图书馆新型智库建设的建议和对策

1. 必须明确目标定位，牢牢把握新疆新型智库建设的正确方向

2016年以来，新疆公共图书馆依据新疆新型智库的特色和所承载的“服务读者”的使命，围绕社会稳定和长治久安总目标，以推进新疆治理体系和治理能力现代化为引领，强调要以推进新疆经济社会文化健康发展，服务政府决策作为工作突破口，新疆公共图书馆新型智库的发展目标可定位为：对事关新疆发展的有关经济社会现实总是进行前瞻性研究并提出对策建议，争取在重点领域拥有一定的话语权和影响力，成为政府倚重、社会认可的专业智库。这个定位，一方面可以彰显公共图书馆作为新疆新型智库在科研、人才和信息资源上的特色，另一方面也可根据新疆地方特点确定具有本地特色的办馆路径，为新疆公共图书馆今后的新型智库建设打下良好的基础。在具体做法上，新疆公共图书馆可根据新疆各地区经济社会发展的热点、难点和地方政府的工作重点确定研究方向和选题，并根据现实情况的实际变化，对选题进行调整。同时，在认真开展调研、形成数据充分的基础上，再重点抓牢形成的参考决策咨询报告的质量，提出客观理性有效的对策建议。

2. 加快建立服务地方政府决策的支撑平台

搭建服务地方政府决策的参考咨询平台即是推动新疆公共图书馆工作的需要，也是地方政策决策的需要。新疆公共图书馆在社会各界的支持下，可建立三个规范化、制度化的工作平台：一是编辑出版《决策与参考》，作为向各级政府部门及领导报送新型智库研究信息的平台。二是推出具有较强现实针对性和实际操作性及开放性的信息数据平台。三是创办社会发展论坛，构建开放的，以研究新疆经济社会现实问题为主的学术平台，形成研究报告。四是邀请国内外专家、各行业学者、精英举办专题讲座，针对社会公众开办展览等。

3. 优化人才资源配置，全力推动新疆新型智库协作联盟发展

公共图书馆新型智库人才是服务地方政府决策的基础。在新疆公共图书馆人员编制相对紧缺、新型智库研究人才不足的情况下，新疆公共图书馆可采取人才整合措施，吸纳馆外智库

高端人才加盟。首先,可通过邀请国内外社会精英代表加盟,加强对外交流,建立互动合作机制,让这些专业人员为新疆经济社会各界应用决策提供高端的咨询;其次,在地方政府的支持下,图书馆可聘任多名有应用研究经验的人士和有长年机关工作经验的人士担任“特邀顾问”;同时为促进参考决策研究的最终应用,建议制定具有一定特色的课题研究管理制度,即把参考咨询课题做到定人、定指标,把责任分解到个人,专业人员能长期跟踪服务课题,并制定奖励规定,鼓励研究人员完成有效的课题任务。最后为尽快整合新疆地方智库资源,建议由地方政府有关部门和图书馆智库组织牵头,筹建“新疆地区智库咨询联盟”,强化综合协调机制,建立互动合作机制,完善对外交流机制[4]。

4. 加大扶持力度,积极营造有利于新型智库建设的外部环境

目前,新疆地区新型图书馆智库多集中在高校,公共图书馆新型智库发展水平仍处于起步阶段,其症结在于公共图书馆重文献服务而轻应用决策研究,使得图书馆新型智库的文献资源应用与社会需求还存在较大的差距[5][6]。因此,推动新疆公共图书馆新型智库的发展方向,需要从政府层面加大扶持力度,创新图书馆新型智库应用的评价机制,树立主动服务地方决策的理念,地方政府在政策、人才、经费、鼓励等多方面加大扶持,推动公共图书馆将文献保存、读者服务与智库应用研究三者并行推进,积极营造有利于新型智库建设的外部环境,实现新疆经济社会文化的可持续发展。

参考文献

[1] 薛澜. 智库热的冷思考:破解中国特色智库发展之道[J]. 中国行政管理,2014(5):6 – 10.

[2] 朱旭峰,王倩茹. 政府决策者能力与专家咨询选择:基于天津市政府官员的实证研究[J]. 公共行政评论,2010(4):47 – 67.

[3] 钱再见. 新型智库参与公共政策制定的制度化路径研究:以公共权力为视角[J]. 智库理论与实践,2016(1):52 – 61.

[4] 段柯. 新型智库体系建设的区域互动研究:以江苏为例[J]. 领导参考,2016(1):54 – 56.

[5] 王臻. 我国公共图书馆立法决策服务研究[J]. 图书馆学刊,2013(4):87 – 89.

[6] 任福兵,白宇涵,李丹再. 当代中国智库研究现状、存在问题及路径选择[J]. 经济与社会发展,2015(5):26 – 32.

公共图书馆法人治理结构中建立监事会机制的探讨

周 钦 李良军(湖北省图书馆)

公共图书馆法人治理结构一般是指公共图书馆利益各方共同参与治理的组织架构和运行机制。法人治理结构的核心是“决策、执行和监督”三权分立,三权独立又相互促进,体现在组织结构上就是搭建理事会、管理层、和监事会。最终形成公益性文化事业单位独立运作、自主发展、自我约束、自我管理的新机制。

笔者通过中国知网输入主题“图书馆”并含“法人治理”+“理事会”作为检索词,时间界定2007年1月1日到2017年1月1日可以查找到相关文章162篇,但输入主题“图书馆”并含“法人治理”+“监事会”,时间同样界定为2007年1月1日到2017年1月1日却只找到相关文章17篇,而专门探讨监事会的文章一篇没有,可以说目前这方面的探讨几乎是个空白地带,为此,笔者抛砖引玉对这一问题作初步探讨,望方家不吝赐教。

一、公共图书馆法人治理结构中建立监事会的必要性与重要意义

监事会也称监察委员会,起源于西方公司治理。是指由全体监事组成的、对公司业务活动及会计事务等进行监督的机构。监事会最初的设立目的是由于公司股东分散,专业知识和能力差别很大,为了防止董事会、经理滥用职权,损害公司和股东利益,就需要在股东大会上选出这种专门监督机关,代表股东大会行使监督职能。监事会是股份公司法定的必备监督机关,是在股东大会领导下,与理事会并列设置,对理事会和总经理行政管理系统行使监督的内部组织。

随着法人治理结构理事会制度被引入图书馆领域,建立与之配套的监督机制(监督层)对图书馆理事会(决策层)与管理层(执行者)的业务工作及会计事务等进行监督活动,可以说是图书馆法人治理的应有之意。他也体现了法人治理结构中分权制衡,“决策、执行和监督”三权分立,三权独立又相互促进的精神[1]。

从目前我国已建立公共图书馆法人治理结构组织框架的图书馆情况来看,大多是以单层制的理事会为主,一般不采取既设理事会又设监事会的双层制模式,在单层制的理事会中,理事大多为非图书馆从业的利益相关者,在某种程度上也能够起到双层制中监事会的监督作用。但这种单层制有着先天的不足,理事会对图书馆的监督是属于典型的内部监督,因为理事会作为图书馆工作的决策机构,决策的质量直接影响到图书馆的工作质量[2]。理事会作为图书馆的利益共同体同时又要成为图书馆工作的监督者,要全面监督图书馆的制度建设、人力资源建设、文献信息资源建设、服务工作等各个方面,很明显,这种内部监督的体制设计自身便存在着悖论和矛盾,仍然没有脱离左手监督右手的窠臼。

加之将理事会决策和监督集于一身,使之权力过大,而制约因素较小。而这种由理事会行

使监事会的职责的情况，有如运动场上即是运动员又是裁判员的现象，实际上是混淆了决策与监督的权属关系，是与现代公共图书馆的治理理念是背道而驰的。

因此，在图书馆法人治理机构中建立监事会制度，由以往行政监督为主变为多渠道、多层次内外相结合的监督机制，能有效加强图书馆的管理与监督的透明度。通过引入外部力量社会贤达、热心公益人士、专家、学者或专业机构的参与，由他们负责收集、整理、发布公共图书馆的运行信息，并运用收集的信息和建立的监督指标对图书馆的服务绩效进行评价，由于他们与图书馆不存在利益的关系，他们更容易公平客观地评价图书馆服务的得失，所给出的监督结果和建议往往会更专业、客观，同时也能在一定程度上对可能发生的错误进行纠偏，从而真正实现监督的初衷与目标，达到监督主体多元化，监督手段多样化，最终形成公益性文化事业单位独立运作、自主发展、自我约束、自我管理的新机制。

而从国外的情况来看，没有设置监事会的图书馆在理事会下一般也设立有相应的监督委员会来对决策层和管理层进行监督（如英国）。从而达到决策、监督制衡作用，使得管理更合理更科学更有效。

所以笔者认为在图书馆的法人治理结构改革中为保证图书馆工作正常有序地开展，保证图书馆理事会、管理层正确决策、执行公务，防止滥用职权，危害图书馆利益，在图书馆建立理事会的同时应尽可能地创造条件设立监事会，特别是大型省市级公共图书馆监事会制度的建立工作是必不可少的，要有序推进。至于一些小型县区图书馆在法人治理结构改革中（如设立监事会条件不成熟）也应该在理事会下设立独立监事或监督委员会，只有这样建立了决策、管理、监督三位一体法人治理结构，三者互相独立又相互促进，才能高速有效推动图书馆事业的管理与发展。

二、公共图书馆法人治理结构中监事会的职责作用

根据我国公共图书馆管理工作的特点，参照我国《公司法》的有关规定，笔者认为公共图书馆法人治理结构中建立的监事会应是由全体监事组成的、对图书馆理事会（决策层）与管理层（执行者）的业务活动及会计事务等进行监督的机构。它与理事会并列设置，对图书馆的法人治理结构的举办者与全体图书馆工作者负责，是图书馆法人治理结构中的必备机构之一。它一般需具备以下职责作用。

（1）检查图书馆理事会与图书馆的业务工作活动、财务状况，查阅账簿和其他会计资料，并有权要求图书馆理事会与管理者报告和公开理事会的决策与管理者业务执行情况，做到信息公平公开。

（2）对图书馆理事会理事、管理层馆长及相关负责人的职务活动，违反法律、法规或图书馆章程的行为进行监督。当理事和管理者的行为造成图书馆的利益与损失时，有权要求理事和管理者予以纠正。对违反法律、行政法规、图书馆章程或者理事会决议的理事、管理者提出罢免的建议。

（3）负责对图书馆重大事项及方案的检查、监督。如核对理事会大会拟提交的决策报告、会计报告、与管理者的执行计划等，发现疑问可以委托注册会计师、执行审计师帮助复审，以完善理事会决策计划与管理者的执行措施。

（4）监事会有权代表管理层处理图书馆相关法律事务。在某些情况下，除法律规定的外，

监事会可代表管理层，处理图书馆管理层与图书馆理事会理事间发生的有关法律事宜。

(5)监事会每六个月至少召开一次会议。监事会会议由监事长召集和主持，监事长不能履行职务或者不履行职务的，由半数以上监事共同推举一名监事召集和主持监事会会议。会议决议应当经半数以上监事通过，并应当对所议事项的决定作会议记录，出席会议的监事应当在会议记录上签名。

(6)监事长或监事代表可以列席图书馆理事会会议。并对理事会决议事项提出质询或者建议，并可要求复议，但不具备表决权。

(7)当监事会认为有必要时，一般是在图书馆理事会和管理者出现重大问题时，可以提议召开临时理事会大会。

(8)图书馆理事会理事、管理者不得兼任监事会监事职务。监事也不得兼任理事会理事、管理者职务。

(9)图书馆章程规定的其他职权。

三、公共图书馆法人治理结构中监事会监事长、监事的产生与职责权力

根据我国公共图书馆法人治理结构的特点，图书馆监事会成员的产生我们认为可由以下方面人员组成：政府人员（图书馆法人治理结构的举办者），图书馆人员（图书馆活动的管理者、工作者），社会人员（图书馆服务的对象读者）及法律专业、审计专业人员构成。对于图书馆法人治理的监督者，通常认为一定要选那些具备一定的图书馆专业、法律专业、审计专业知识技能有担当的人士担任，这样才能较好的履行监督职责。

监事的产生可通过政府任命、职工选举、社会招聘及理事会推荐的方式产生。而监事会监事长则由全体监事通过选举过半数产生，二者最终需获得图书馆法人治理结构的举办者与职工代表大会的通过。

监事会监事长、监事的任期可以参照与理事会理事一样，每届为三到四年。任期届满，可连选连任。但一般不超过三届。

监事会监事长，是监事会的日常工作负责人，是监事会会议召集人和主持人，对图书馆法人治理结构的举办者负责。监事长不能履行职务或者不履行职务的，由半数以上监事共同推举一名监事召集和主持监事会会议。

监事任期届满未及时改选，或者监事在任期内辞职导致监事会成员低于法定人数的，在改选出新的监事就任前，原监事仍应当依照法律、行政法规和章程的规定，履行监事职务。

监事的职责：负责组织检查、监督理事会理事、图书馆管理层等管理人员有无违反法律、法规、图书馆章程及职工大会决议的行为。对违规行为要求予以纠正，对违规者提出罢免的建议。有权组织核对理事会拟提交的决策报告、管理者的工作计划，及其他方案等财务资料，提出质询或者建议，并可要求复议。

有权组织检查、审计、监督图书馆业务活动、财务状况，财务账簿和其他会计资料。并组织对各级管理部门的工作进行检查、考核并提出质疑。有权代表图书馆职工利益与理事会交涉相关法律事务。监事有权列席理事会会议，并提议召开临时监事会会议与理事会会议。

负责监督完成图书馆法人治理结构举办者交办的其他重要工作，维护图书馆利益链全体人员的合法权益，对所承担的工作全面负责。同时，根据公共图书馆的不同特点，建立决策失

误追究、业务审计、绩效评估、年度报告、诚信建设、信息披露等制度，通过建立健全公共图书馆的法人治理结构监管机制，实现对公共图书馆的有效监管，确保公共图书馆法人治理结构有效运行。

四、公共图书馆法人治理结构中建立监事会机制必须加强完善的措施

1. 加强理论研究做好顶层设计

公共图书馆的法人治理结构是从国外引进的，在我国研究探索实践的时间还开始不久，加之我国事业单位比较特殊，政府文化管理机构和图书馆对于构建法人治理结构制度的认识不同，虽然当前公共图书馆法人治理结构改革中进行了一些实践，但对于建立理事会、监事会机制的探讨实践基本处于试点起步阶段，尤其是对监事会制度的建立认识还不够深入。这从国务院办公厅《关于建立和完善事业单位法人治理结构的意见》给出的原则是根据实际情况，可以让理事会承担监督职能，监督本单位的运行，也可以单独设立监事会，负责监督本单位运行和管理层履职情况。就可看出法人治理结构中理事会制度，监事会制度作为一种新兴的事业单位制度，远未形成丰富的实践经验和一整套合适的运作制度、体系。

因此，当前在法人治理结构改革中一方面我们要注重学习国外图书馆法人治理的先进经验。另一方面要根据国内的实际情况加强理论研究工作做好顶层设计。因为好的计划方案是成功的前提基础。通过积极转变观念加强探索加强实践理清法人治理政策要求，突破难题，设计能够合理、独立运行的政策制度，制定出符合社会公众利益的决策。真正落实公共图书馆办馆自主权，推进法人治理结构建设，坚持依法办馆、自护管理、民主监督、社会参与，不走过场、不流于形式、才能构建政府、图书馆、社会的新型的法人治理关系。

2. 推进发图书馆法建设做好法制保障

国外的法人治理结构建立理事会、监事会制度是在法律健全后形成的，而我国目前还没有相关法律法规保护理事会、监事会制度的合理运行，目前在事业单位法人制度方面，只有《事业单位登记管理条例》一部条例，并且该条例对于事业单位法人制度的规定过于缺失，这就造成了由于立法的滞后，缺少法律法规依靠的法人治理最终没有决策权、监督权，这样就会导致理事会、监事会无法有效行使权力，难于有效实施法人治理结构改革的目的“政事分离”“管办分离”。

因此国家和地方要加强加快图书馆立法工作和相关制度配套建设，只有采用基本法的方式进行颁布，通过法律形式确认公共图书馆独立的法定地位，才可以一方面对现有法律规章制度缺失部分进行完善，另一方面，则可以打破传统事业单位受行政机构管理的现状，避免在决策权上造成管理体制和法人治理相冲突的现状，为理事会、监事会的权利和义务提供了保障性依据，使之具有很高的法律地位和效益，从本质上去除其行政属性。并通过建立起决策层、管理层，监督层的组织架构、对图书馆进行有效协作管理。

3. 监事会成员的产生、人才储备建设

公共图书馆监事会监事应具有较强的业务能力和政策水平，熟悉图书馆工作程序和规章制度，掌握、会计、审计和法律等方面的知识。独立监事更应是财会、审计和法律专业人员或熟

悉本行业的专业人才。图书馆平时要加强这方面专业人员资料的搜集工作,最好建立相关人才数据库,做好人才储备以本随时只需。

监事的产生必须让符合条件的财务、会计、法律、审计等专业人士加入监事会行使实质性的监督权。并需秉承公平、公开、公正的原则。杜绝荣誉性任职、养老性任职、不善经营管理易位性任职等现象。

4. 监事的知情权、调查权制度化建设

由于监事(除职工监事外)并不直接介入理事会与图书馆业务活动,因此,在公共图书馆法人治理结构中应制定有关规章制度以确保监事会的知情权、调查权:包括会议制度、单位文件和资料送达制度、财务报表报送制度、监事会咨询回应制度等。图书馆主要经营、财务、统计报表、重大经营活动的法律文本等资料、文件在报送理事会的同时,必须报送监事会,图书馆理事会、管理层有责任和义务向监事会提供必要和真实的信息,同时不得妨碍监事会对对各项事务的调查取证工作。只有这样才能有效保证监事会监督工作的有效行使。

5. 明确监事会的监督核心正确把握和行使监督权力

公共图书馆监事会应以理事会决策、管理层业务管理活动、图书馆财务情况作为监督核心,同时对管理者经营管理活动与单位财务状况监督又是重点,通过监督图书馆管理制度是否健全,管理人员在决策和经营活动中是否按规定程序办事,在执行决策中是否忠实履行职责,财务是否清楚等,纠正损害图书馆与全体利益相关者的行为,使图书馆经营活动目标更加符合广大人民群众及社会的需要。

监事会的监督要在职责规定的范围内进行,尽职而不越位,不能干预决策层与管理层正常的业务活动,在行使监督职责时,有检查和质询权。对认为违规的行为可提出纠正意见,但没有制止权。监事会行使监督权时需要特别注意的是要监督决策者与管理者的合法性与公正性,及时发现问题,提出意见,防止有损图书馆和全体图书馆利益者的决策行为发生。

公共图书馆法人治理结构建设是一个创新过程,尤其在监事会的建立上理想与现实还有着较大差距,如何探索建立并完善公共图书馆法人治理结构,建立完善的“决策、执行和监督”制度,有效地助推文化体制及机制的转变。对于我们公共图书馆工作者来说,只有不断探索,不断实践,并在这一探索过程中逐步实现行政管理向法人治理的过程转变,促进公共图书馆的发展向着自主化、多元化、深度化及广度化方向发展,这样公共文化服务整体水平才会得以提高。

参考文献

[1] 蒋永福. 论公共图书馆法人治理结构[J]. 图书馆学研究,2011(1):40-45.

[2] 顾晓光,刘兹恒. 图书馆实行法人治理结构的难点[J]. 图书馆杂志,2015(9):28-32,112.

大数据时代关于新型图书馆建设的思考

——湖北省公共图书馆新馆建设数据分析

李　红(湖北省图书馆)

一、湖北公共图书馆概述

据2017年统计,湖北省共有公共图书馆111个,其中省级馆1个,副省级2个(武汉市馆和武汉市少儿馆),地级馆12个,县级馆96个(含省直管市馆3个,林区馆1个),公共图书馆覆盖率达96.6%。湖北省公共图书馆事业坚持以科学发展观为指导,围绕文明湖北、文化强省建设,秉承“传承文明、服务社会”的宗旨,抓住发展机遇,坚持改革创新,大力实施“服务立馆、人才兴馆、科技强馆、特色亮馆”战略,整体发展水平不断提升。目前全省公共图书馆从业人员共计2195人,其中高级职称215人,中级职称926人;文献总藏量3217万册,总流通人数2068.4万人次,书刊文献外借1026.09万人次,1867.65册次,图书馆网站访问量3307.52万页次;组织各类讲座2354次,参加人数42.28万人次,举办展览818次,参加人数176.29万人次,举办培训班1548个,参加人数10.38万人次,开展基层培训辅导4.91万人次;流动服务书刊借阅人次共计169.98万人次,247.98万册次,分馆数量351个。在地方财政扶持力度方面,全省各级财政拨付公共图书馆的总经费共计50865万元,其中,文献购置费9739.9万元。在第六次公共图书馆评估期间,湖北省公共图书馆行业进入了飞速发展阶段,逐步实现了馆藏资源贫乏到海量存储,读者服务单一到多元化,由阵地服务到延伸服务,由解决“看书难,借还难”到营造“好读书,读好书”阶段,逐步实现城乡基本公共文化服务均等化发展,为满足人民群众精神文化需求做出了积极努力。

二、新馆建设数据分析

在第六次公共图书馆评估期间(2014年—2017年),在湖北省委、省政府的高度重视和各相关部门的大力支持下,各级财政投入稳步增长,全省各级公共图书馆的事业经费稳步增长,办馆条件明显改善。据统计,2016年,全省公共图书馆事业总经费与2012年相比增长了19561万元,年均增长率为12.9%。财政经费的大力支持,促进了全省公共图书馆基础设施建设的快速发展。以省级设施为龙头,以市、县设施为骨干,不断完善图书馆服务设施网络。湖北省图书馆新馆已于2012年12月建成并投入使用,是湖北建设“文化强省”的标志性建筑之一,成为引领我省乃至全国公共图书馆新馆建设的龙头。“十二五”期间,省政府实施县级两馆建设工程,全省新改建市、县级各类公共文化场馆100多个,总投资过100亿元(不含土地费用),其中公共图书馆约占一半。“十三五”以来,湖北省再次争取将公共图书馆建设纳入省发改委、省财政厅支持项目,计划补助建设资金2.5亿元,各地公共图书馆新馆建设进入新一轮高潮。全省已有46个市、县图书馆立项新扩建,占公共图书馆机构数的38%,规划建设面积37.44万平方米。截至2016年底,全省公共图书馆馆舍面积70万平方米，与“十一五”末的32.79万平方米相比，已实现翻番的既定目标。全省各级公共图书馆馆藏文献资源建设也不断加强，总藏量和新增藏量逐年增长，服务公众能力明显提升，成为全省公共文化服务体系的重要支撑。

1. 已建和在建新馆

第六次公共图书馆评估期间，全省已新建成和开工在建图书馆34个。12个地市图书馆中，襄阳市、荆州市、孝感市、鄂州市已建成新馆并即将投入开放，荆门市已开工在建；96个县级图书馆中，黄冈地区的武穴、黄梅、红安、罗田、麻城、蕲春；孝感地区的汉川、云梦已建新馆并即将投入使用；十堰地区竹山、竹溪已建新馆并对外开放，房县新馆已基本建成；襄阳地区南漳已建成开放，谷城、保康新馆已在建设中；宜昌地区宜都市、枝江市图书馆已立项开工建新馆，五峰县、巴东县、宣恩县、来凤县、咸丰县新馆已建新馆并投入使用。拟申报一级馆的图书馆中，应城、黄梅、南漳、五峰、红安、阳新等馆是新建馆，其新馆建设特点特色不尽相同。

表1 湖北省公共图书馆新建情况表(一)

序号	馆名	建筑面积（万平方米）	建成开放时间(年)	投资金额（亿元）	新馆特色
1	襄阳市图书馆	5	2018		市级馆舍面积最大
2	荆州市图书馆	2	2017	1.2	“小太阳”读书节
3	孝感市图书馆	2	2018	1.0	澴川文化讲堂
4	鄂州市图书馆	0.8	2018	0.45	“吴都讲坛”讲座
5	麻城市图书馆	—	2017	—	民营企业流动图书室汽车图书馆服务
6	红安县图书馆	0.53	2018	—	“红领巾读书”

表1是部分地市新馆建设数据。其中襄阳市图书馆是省内目前地市级图书馆中单体面积最大，数字资源总量最多、科技含量极高的市级图书馆。新馆位于襄阳市东津新区，占地面积4.7万平方米，总建筑面积约5.5万平方米，主体地下1层，地上5层，绿地面积达36%，阅览座席3000个，藏书能力将达500万册，日均接待读者能力为5000人次；荆州市图书馆新馆总投资1.2亿，建筑面积2万平方米，藏书能力达到150万册，阅览座席1200个，主体建筑5层，其造型以堆砌的书籍为基本设想，文化气息浓郁；孝感市图书馆新馆位于孝感市文化中心建筑群内，与档案馆、方志馆合用文化中心D座，工程总造价2亿，新馆建筑面积2万平方米，拥有11个服务大厅(室)，阅览座位1000个，与其他九大场馆构成孝感市民文化休闲活动中心。鄂州市图书馆新馆与市民中心、规划展览馆合建项目，总建筑面积约为3.7万平方米，其中图书馆面积为1万平方米，设计总藏书量为100万册；阅览座席1379个，日均接待能力2000人次。麻城市图书馆建筑面积7500平方米，现有藏书量18.2万册，有阅览座席400个，年接待读者20万人次，书刊流通量达24万册次。

2. 拟建新馆

第六次评估期间，全省拟建新馆12个。黄冈、随州已争取政府立项，黄冈市黄州区、京山市、公安县、监利县、丹江口市、保康县、孝感市孝南区、云梦县、宜都市、远安县等地，新馆建设已纳入到当地政府“十二五”规划，并且已有政府相关部门的批文或是新馆用地已经圈围，新馆建设即将投入开工。

3. 促进新馆建设的利多因素

图书馆是一个地区，一个城市文化的标志建设。随着国家综合实力的增强，我国城市图书馆建设又迎来新一轮的建馆高峰。特别是在近年来国家对文化事业的投入逐年加大，各地区争创公共文化示范区建设、总分馆制建设，全民阅读活动的宣传推广及对公共图书馆评估定级工作的重视等利多因素，加快了公共图书馆建设步伐。

（1）创建公共文化示范区

公共图书馆作为我国公共文化服务体系建设的重要组成部分，是社会主义文化建设的重要环节，公共图书馆的建设越来越受到政府的重视和支持，近年来涌现了一大批新馆舍，其建设规模、建设目标和功能布局都向国际先进水平发展。随着我国文化体制改革的不断深入，各级党委和政府进一步加大了对公共文化服务体系建设的重视，加强了对公共文化服务设施的完善，努力提升本地区的公共文化服务水平。各级公共图书馆纷纷借此文化春风，积极争取政府支持，兴起了新一轮公共图书馆建设高潮。目前，湖北省有 13 家图书馆已完成基础建设并投入使用。随着国家对公共文化建设的逐步重视，文化部、财政部开展了三批次国家公共文化服务体系示范区（项目）创建工作，湖北省市级公共图书馆中，黄石市、襄阳市分别通过国家级公共文化服务体系创建工作，十堰市拟列为第三批公共文化服务体系示范区（项目）创建单位。目前，湖北省文化厅、财政厅已开展了两批次湖北省公共文化服务体系示范区（项目）创建工作，其中已有 10 个地区已通过第一批创建验收工作，有 11 个县（区）级城市将在 2015—2017 年逐步开展创建和验收工作。

表 2　湖北省公共文化服务体系示范区图书馆建设一览表（二）

<table>
<tr><td rowspan="6">湖北省公共文化服务体系示范区图书馆名单</td><td rowspan="4">第一批创建图书馆：
谷城县图书馆
当阳市图书馆
大冶市图书馆
松滋市图书馆
应城市图书馆
京山县图书馆
红安县图书馆
来凤县图书馆
潜江市图书馆</td><td>馆名</td><td>建设情况</td></tr>
<tr><td>红安县图书馆
应城市图书馆
当阳市图书馆</td><td>新建</td></tr>
<tr><td>武昌区图书馆</td><td>在建</td></tr>
<tr><td>京山县图书馆
潜江市图书馆</td><td>拟建</td></tr>
<tr><td rowspan="2">第二批创建图书馆：
洪山区图书馆
南漳县图书馆
竹溪县图书馆
公安县图书馆
钟祥市图书馆
嘉鱼县图书馆
崇阳县图书馆
利川市图书馆
宜昌市西陵区图书馆
宜昌市夷陵区图书馆
神农架林区图书馆</td><td>洪山区图书馆
南漳县图书馆
利川市图书馆
神农架林区图书馆
竹溪县图书馆
公安县图书馆</td><td>新建</td></tr>
<tr><td>宜昌市夷陵区图书馆</td><td>在建</td></tr>
</table>

通过表 2 分析得出：在第一批 10 个创建单位中，50% 新建和拟建，其中 30% 已经建成新馆；在第二批 11 个创建单位中，64% 在新建过程中，其 55% 已经建成新馆，10% 在建。这组数字足以说明，新馆建设为本地区开展公共文化服务体系建设提供了充足的硬件条件，为公共文化服务体系建设起到了积极的推动作用。

（2）实施总分馆制建设

图书馆总分馆体系建设，以有效利用资源、提高服务效率为目的，通过一体化和专业化管理，实现图书馆体系内各级图书馆之间的资源共享和服务的互动互联，为读者提供现代化、网络化服务。在一个总馆下设立若干分馆，实行垂直管理体系和网状结构模式，资源由总馆统一调配、统一编目、联合检索、通借通还，达到各馆之间文献信息资源的高度共享，提高服务的质量和效益，最大限度地保障人民群众的基本文化需求和权益。目前湖北省的市级公共图书馆中，黄石市、襄阳市分别通过国家级公共文化服务体系创建工作，已实施了总分馆体系管理。在湖北省第一批省级公共文化示范区创建单位的潜江市、大冶市、当阳市也分别在积极推进总分馆建设。其中十堰市图书馆是以“中心馆—总分馆”模式构建。主要以市图书馆为中心馆，把茅箭区和张湾区作为试点区域，建成由 1 个中心馆、2 个总馆、20 个分馆、30 个基层服务点组成的四级图书馆服务体系，现正在积极地推进实施。

（3）全民阅读推广

全民阅读是根据“世界读书日”演变而来。“世界读书日”全称“世界图书与版权日”，又译“世界图书日”，最初的创意来自于国际出版商协会。1995 年正式确定每年 4 月 23 日为“世界图书与版权日”，设立目的是推动更多的人阅读和写作。2014 年 3 月 5 日，李克强总理在作《政府工作报告》时，首次提到“倡导全民阅读”，要让人民享受更多文化发展成果。文化发展与繁荣最重要的一个标志，就是要提供更多的公共文化服务场所，营造浓厚的学习氛围，创作与产生更多的阅读活动品牌，不但要越来越多，越来越适应新常态，而且要能够为最多数的人民所接受和欣赏。这就需要公共图书馆文化工作者们在活动精品的创作与推广环节，投入更多时间和精力，相应国家在这方面的扶持力度也会更多更有导向性。按照总理在《政府工作报告》中的描述，也只有被人民所喜爱的公共文化活动越来越多，“全民阅读”的氛围才会越来越浓，建设书香社会的目标才能会尽早实现。

开展“全民阅读”活动，是中央宣传部、中央文明办和新闻出版总署贯彻落实党的十八大关于建设学习型社会要求的一项重要举措。全省各级公共图书馆切实履行职能，社会效益显著增强。在做好“免费开放”的基础上，不断创新服务手段和方式，形成了一系列参与面广、影响范围大、社会效益好的文化活动品牌。2016 年，湖北省图书馆举办了首届“长江读书节”系列读书活动，目的是为了加快“书香荆楚 · 文化湖北”建设，更好地发挥政府的主导作用，让每个人享有平等的阅读条件和机会，共享阅读的快乐。首届“长江读书节”阅读推广活动，立足创新、突出开放、强调共享，百场讲座、百场展览、百辆汽车图书馆“文化扶贫”、百万少儿乐享“童趣书香”、百万民众畅游“无障阅读”、百万网民助推“数字阅读”等“六百”系列活动。即为读者提供丰富数字资源的互联网 + 图书馆模式，又有为读者提供精准阅读资源的图书馆 + 书店模式，100 天时间，1000 场活动，通过系列策划、顶层设计，指导帮扶基层图书馆、社区图书室、希望书屋等全面深入推进全民阅读，更好地服务读者、服务社会。还有以湖北省长江读书节图书馆“长江讲坛”为代表的公益性讲座；联合科研、高校等系统图书馆举办的“图书馆服务宣传周”等宣传活动；武汉市图书馆开展的“自助图书馆”等自助服务活动；武汉市少年儿童图书馆的“马良杯”少儿书画大赛等少儿活动；荆州市图书馆举办的“小太阳读书节”、十堰市图书馆的“广场阅读”、荆门市图书馆举办的“全民读书月”等全民阅读活动。一系列服务品牌的形成，充分体现了公共图书馆在公共文化服务体系建设中的主力军作用。同时，整合服务资源，湖北省还组织成立了鄂湘赣皖四省图书馆联盟、武汉城市圈图书馆联盟、宜荆荆图书馆联盟等，实现了区域内的资源共享，延伸了图书馆服务的广度和深度。

（4）评估定级工作

全国公共图书馆评估工作开始于20世纪90年代，常规是四年一评估，截至2017年是第六次评估。图书馆评估对促进图书馆发展、提升图书馆服务质量与服务水平以及体现图书馆的社会价值具有指导意义，因此，图书馆业务评估也逐渐得到文化主管单位的重视和业界的积极参与。截止2017年底，在全国第六次公共图书馆评估定级中，湖北省共有公共图书馆111个，其中省级馆1个，副省级2个（武汉市馆和武汉市少儿馆），地级馆12个，县级馆96个（含省直管市馆3个，林区馆1个）。湖北省图书馆、武汉图书馆、武汉市少年儿童图书馆三馆由文化部直接评估，湖北省参加评估的图书馆为108个。湖北省严格按照第六次评估标准，经过申报、初评、复评、终评程序：全省参评图书馆111个，参评率达到100%。其中，申报一级馆43个，占41.4%；申报二级馆36个，占33.3%；申报三级馆24个，占22.2%，参评馆上等级率100%。虽说现尚在推荐待定级过程中，但从数量上能看出，与第五次评估比较，湖北省公共图书馆总体水平有了显著提高，基本实现了“十二五”既定任务，即全省30%以上公共图书馆达到国家建设标准，市级100%、县级40%以上达到一级图书馆评估标准，全省公共图书馆免费开放率达到100%。评估检查工作，是对公共图书馆四年业务工作的一次全面检查验收，是一次提升公共图书馆整体发展水平的良好契机。通过评估，各级公共图书馆事业虽然有了良好地发展，但与广大人民群众日益增长的文化需求仍存在一定距离。各级公共图书馆要继续积极争取政府政策和财政支持外，还要不断地深化改革、坚持以人为本、创新服务，不断提升服务质量，拓展服务范围，更大程度地发挥图书馆的社会公益作用。

三、新馆建设应注意的几个问题

第六次公共图书馆评估期间，湖北省72%以上的公共图书馆都得到了新建或改造，新馆建设工程得到了长足发展。但是，公共图书馆新馆建设工程是一项十分艰巨而又复杂的工作，本文结合部分市、县级公共图书馆新馆建设的实践，浅谈一些认识。

1. 不求最大，求最好

“不求最大，求最好”，文化部社会文化司周小璞副司长说：“图书馆新馆建设应该不求最大求最好。”这对于全国各地新馆建设具有十分重要的指导意义。新馆建设无论是在馆舍选址、方案设计等各个方面，都能贯穿这一原则。新馆定位目标应该是：环境要好、功能要全、人气要旺、效益要高。在馆舍选址上，应选择在城市的中心城区最佳的位置，如公共文化广场、体育馆、博物馆周边。交通便利，环境优雅，文化氛围浓厚，能满足广大人民群众最基本的文化权益，尤其是少儿和老年读者的需求[1]。

2. 不求雷同，求特色

不求雷同求特色，图书馆新馆的设计、内部功能的设置，不能采取拿来主义，照搬人家的东西，要有自己的个性和鲜明的地方特色。如荆州市图书馆，新馆建设按照国家级历史文化名城的要求进行定位，在新馆建筑方案设计时，立足高起点、高标准着力加重建筑及服务项目的文化含量，用现代化的材料表现传统文化、传承历史文明。在新馆功能设置上，做到精心安排，合理定位。在历史文献区中，除古籍书库、阅览、修补等项目外，计划举办常年性的古籍展览，以展示荆楚历史文化风采，力求营造一种强烈的文化氛围。又如位于武汉沌口经济开发区的汤湖图书馆，建筑现代简约，馆舍小巧精致，功能实用齐全，是现代公共图书馆的浓缩精华版。同时，还充分发挥周边环境的优势，借助公园绿地，栽植绿荫，尽可能为读者提供良好的阅读环境和休闲环境，使图书馆成为文化旅游的又一景观，成为城市文化功能的又一亮点。

3. 不求形式，求效益

图书馆从老馆到新馆是一种硬件上的变换，建新馆的根本目的在于增强图书馆的人气，提升服务功能，提高办馆效益。如果只有一个华丽的建筑，而缺乏丰富的馆藏资源，图书馆门庭冷落，这种新馆有何价值。宜昌市图书馆新馆建成后，图书借阅办证从原来5000余张增加到近5万张，这就是一种飞跃，真正体现出新馆的社会效益。

图书馆新馆建设是当地精神文明建设的标志性工程，对于政府来说，是一项形象工程，而作为图书馆馆长来说应该把这一工程看作是图书馆效益工程，一切的一切都应围绕效益而展开，而效益来自于读者对图书馆的利用程度[2]。如何增加新馆的人气以什么来吸引读者，这是必须加以探索和研究的课题。在新馆建设中，应该在三个方面下功夫：一是注重外部形象，以“形”引人；二是营造内部环境，以“境”引人；三是把握市民心理以“特”引人，从而把新馆建设成为人们阅览、休闲、见面、交流的好去处，真正体现图书馆就是天堂的模样的境界。

第六次公共图书馆评估期间，国家和省委、湖北省政府高度重视文化工作，给公共图书馆带来了广阔的发展前景与机遇。湖北省各级公共图书馆将发扬成绩，再接再厉，认真践行中国梦的文化担当和黄金十年的文化作为，奋力推进全省公共图书馆事业实现科学发展、跨越式发展。

参考文献

[1] 高俊. 图书馆新馆建设与运作之思考[J]. 图书与档案，2014(15)：177 – 178.
[2] 蔡冰. 城市图书馆新馆建设概述[J]. 图书馆建设，2007(1)：6 – 10.

街道图书馆可持续发展浅议
——对江夏区街道图书馆持续发展的调研

祝和平　童九红(武汉市江夏区图书馆)

近年来,随着党中央对基层文化工作的重视,街道图书馆作为我国公共图书馆网络服务的延伸,其建设不仅是我国文化建设中的热点,也成为我国图书馆事业发展过程中的一个新的亮点。怎样使街道图书馆健康成长并可持续发展,还有待我们进一步探讨。本文以武汉市江夏区为例,对街道图书馆的可持续发展做初步调研。

一、江夏区街道图书馆建设基本情况

2000 年后,江夏区的街道图书馆事业发展较快,全区 16 个街道(办事处)都相继完成了"三室一厅"(图书室、美术室、办公室、多功能厅)建设改造任务。特别是图书馆的建设规模较大,16 个街道图书馆中,2 个藏书量达到 10000 册以上,4 个藏书量达到 7000 册,4 个藏书量达到 5000 册,6 个藏书量达 3000 册。随着经济建设的不断发展,江夏区各街道图书馆的规模也在不断壮大。

二、街道图书馆设计中存在的问题

尽管江夏区街道图书馆的建设有了长足的进步,但与周边的市区相比仍然很落后,存在着下列问题:

1. 藏书结构不合理

由于经费不够,致使街道图书馆藏书质量差,往往是旧书多,新书少,书刊内容陈旧。适应农村发展多种经营,帮助农民脱贫致富奔小康的科技图书尤其少。这一问题导致农村读者无书可读,学不到新文化、新知识。

2. 各项经费严重不足

街道图书馆虽然建设起来了,但都建立在街道文化站里,而街道文化站除了人员工资外,基本没有业务费用,更谈不上购书费。

3. 机构、人员无保证

目前街道图书馆机构不明确,人员编制不到位的问题特别突出,绝大多数街道图书馆形同虚设。它既不是一个独立的单位,也没有专人负责业务工作,大多数街道图书馆工作人员由文化站职工兼任，而街道文化站犹如小型文化局，各种活动、事务繁多，一个人根本管不过来。因此，对街道图书馆的管理只停留在形式上。

4. 管理无序，活力不够

有的街道图书馆没有健全的借阅制度，以致书刊流失现象相当严重，新书、热门书等成为部分领导和职工的个人藏书；业务管理混乱，没有固定的开放时间，服务仅限于街道机关干部，仿佛变成了街道机关图书室。

5. 设施落后，人员素质偏低

馆舍狭小破旧，书架数量太少，配套设施残缺不全；管理员大多只具有高中或高中以下学历。如江夏区有 8 个街道是将当地的原政府礼堂改造成文化服务中心（文化站），虽然都设有图书馆（室），但馆藏图书基本上都由市、区级公共图书馆配送，没有自己的馆藏图书，图书管理人员大都由乡（镇、街道）指派。街道图书馆工作人员受教育程度不高，工作理念相对落后，对现代图书馆技术缺乏应有的掌握和了解。

6. 巩固发展，困难重重

街道图书馆，特别是万册图书馆创建不易，但巩固发展更是困难重重，有些街道图书馆已连续多年没有新增、新购图书，有些即使有新购图书也是不讲质量，多选购一些低价的打折图书。

以上这些问题的存在，严重制约街道图书馆的可持续发展。对于以公益性为主的公共图书馆，保证其在图书购置、人员培训、设施环境改善等方面的后续资金来源，是其持续发展的关键所在[1]。

三、街道图书馆问题形成的原因

江夏区街道图书馆存在的这种困境，究其原因是多方面的：

1. 观念陈旧，认识不足

部分街道领导思想观念陈旧，只注重经济发展，没有把街道图书馆工作摆上重要位置，他们认为街道图书馆是“只有投入、没有产出”的摆设，街道图书馆建设好坏对经济工作不会带来多大影响，也不会影响他们的政绩，从而导致了现在尽管各街道文化站人员编制都在 1—2 人以上，却连一个专业图书馆管理员都没有。他们把文化站人员安排去驻村、搞农业或其他，有的甚至去做计划生育工作，在他们看来这都比图书馆工作重要，致使图书室连正常的开放时间都不能保证。

2. 重视不够，投入太少

许多街道图书馆的经费得不到保证，街道政府也没有预算和统筹的安排，办馆经费只是靠领导重视拨一点，文化站想办法助一点，没有相对稳定的经费保障。由于经费困难，街道图书馆越来越难办。

3. 书刊订购，比例失调

街道图书馆在书刊购买上，比例严重失调，书多刊少，图书又以小说作品居多，实用科技书籍很少，现代科技信息传播的主要载体——各类期刊订购更少，因此也难有大的作为。图书馆不能充分发挥其普及科学文化知识、陶冶读者情操的作用，其本身的存在价值便要打上问号，最终必然影响到其自身的发展。

四、街道图书馆改革措施与办法

要想街道图书馆事业持续发展，笔者认为应从以下几个方面采取措施：

1. 转变观念，提高认识

街道领导应充分认识街道图书馆在全面建设小康社会和现代化建设中的重要作用，在建设书香社会的今天，政府机关、街道领导要把街道图书馆建设工作摆到街道政府议事日程上来，做到建设有人分管，工作有人推进，措施有人落实，问题有人解决。

2. 政府重视，舍得投入

街道图书馆获得较为充足的经费支持是事业发展的基本条件，由于街道图书馆是由街道政府主办的公益性质的图书馆，故其经费主要应由当地街道政府统筹解决，并列入街道财政预算，要避免一次性的支出形式，保持其连续性、持续性。有了街道政府可靠的财政支持，加上多渠道筹措办馆经费，街道图书馆经费困难的局面可望大大缓解。

3. 推行体制改革，提高业务水平

合理配置馆舍与人员，馆舍问题由街道政府解决，每个街道图书馆至少设1—2个正式职工编制，采取正式人员与聘用人员相结合的办法，提倡竞争上岗，让工作能力强，思想开阔，敬业精神强的职工担任图书管理员（目前在江夏区街道文化站人员编制上就是采用这种模式）。

4. 实施总分馆制建设

通过总分馆制建设，整合资源、优化配置，形成以区公共图书馆为总馆、以街道（办事处）综合文化站为分馆的服务体系，真正做到区域城乡文献信息服务全覆盖、无死角，实现公共文化服务的均衡供给，打通公共文化服务“最后一公里”。

5. 政府购买文化服务

在江夏区文化局和金港新区办事处大力支持下，金港新区图书馆作为江夏区首家公共图书馆分馆，筹建之初就以高标准、专业化为指导思想，经多方比较最终选择与专业图书管理机构——湖北儒林图书管理有限公司合作，采取购买社会服务的方式，高起点高标准地完成了场馆地建设设计。从功能布局上，参照公共图书馆的标准，依照功能设置了综合阅览区、少年儿童阅览区和电子阅览区，并根据实际情况和功能布局特点，以书架分割成不同的空间，形成藏、借、阅一体化的整体。建成后的图书馆分馆硬件总投资约50万元，图书馆面积200余平方米，

藏书量 1.5 万余册、报纸杂志 10 种，拥有 6 台电脑能连接上网的电子阅览室，日均可接待读者 200 人次以上。目前金港图书馆分馆借书、还书、查询，办理借书证、读者管理等业务都做到数字化处理，可以通过电脑完成。除此之外与江夏区图书馆通借通还，在金港图书馆分馆办理了借书证的读者，可以在区图书馆借书还书，极大地方便了读者。同时，金港图书馆分馆开通了微信公众号、添置了电子阅读机，利用现代科技打造电子化的阅读方式，将更多年轻人吸引到农家书屋来。

6. 提升服务，开展丰富多彩活动

提升服务是街道图书馆可持续发展的源泉和突破口。街道图书馆自身要想方设法提高服务效益，利用新闻和网络媒体广泛宣传图书馆，千方百计扩大和提高街道图书馆的社会影响力和社会认知度。

7. 加强文化展示，拓展服务功能

街道图书馆是农民身边贴身的文化场所，通过各种文化展示可以强化农民教育的辐射作用，营造浓郁的文化氛围，使农民受到多方面的文化熏陶。让农民积极参与各种读书活动，使图书馆成为基层读者学习文化、交流信息的理想场所，这样有利于街道图书馆健康发展。街道图书馆工作人员应给予来馆的基层读者主动、热情、耐心的服务；要积极改进一些基础服务设施，为读者提供一个良好的读书环境；除提供基本的手工查阅图书文献资料外，还应加快图书馆的数字化和网络化建设，为基层读者提供免费的网上科技文献资源，以满足一部分知识结构水平较高的农民读者多样化的信息需求。

8. 上级业务及文化主管部门应加强指导与管理

首先，上级业务主管部门要在调查研究的基础上，拿出一套切实可行的街道图书馆发展方案，要把农村文化工作和街道图书馆建设纳入本地社会和经济发展纲要。对馆藏数量、质量、馆舍、图书设备、人员配备，业务工作的标准化、规范化等均应有具体要求，尤其要明确街道图书馆隶属关系，把街道图书馆的持续发展作为街道主要政绩考核的一个内容，这样，不仅街道图书馆事业可望持续发展，而且更能为街道文化事业的发展做出贡献。其次，上级业务及文化主管部门一定要结合本地实际，要有针对性地开展读书系列活动。此外，必须加强街道图书馆人员业务辅导和培训，这是关系到街道图书馆业务能否实行标准化、规范化，服务能否上水平，事业能否发展的大事，绝不能掉以轻心[2]。

中国 13 亿人中有 9 亿多农民，农村人口约占总人口 64%。人数庞大且充满活力的农民的处境和思维方式，不仅决定了整个农村的精神风貌和未来发展趋向，也影响着整个民族的前途和命运。因此，作为中国最基层的街道图书馆的作用和意义是不可估量的，应该确保街道图书馆可持续发展下去。

参考文献

[1] 鲍立晖. 发展文化产业加快乡镇图书馆建设步伐[J]. 图书馆理论与实践，2005(2)：134－136.

[2] 陈建社. 基层公共文化体育服务探索与实践[M]. 武汉：长江文艺出版社，2013.

我国公共图书馆法人治理结构建设研究

陈妍迪(安徽省图书馆)

《中共中央关于全面深化改革若干重大问题的决定》的出台,促使国内公共图书馆法人治理试点的进行,推动了政府职能的转变,推动了公益性事业的发展。图书馆新型管理模式,得到了社会各界的关注和参与。公共图书馆作为公益性服务的主体,图书馆法人治理结构在缺乏丰富实践经验的中形成并逐步完善。

一、基本内涵

1. 图书馆法人治理结构

公共图书馆公益性事业法人是基于法人治理(corporate governance)的内在属性,源于公司治理,是一种相互制衡关系。公司法人治理结构由股东会、董事会、监事会、经理层及其他利益相关者构成;借鉴公司法人治理结构的有利经验,由决策层、管理层、监督层构成的分权制衡的创新组织结构;不仅注重法人内部权力和利益制衡,而且注重对公益服务需求的满足。

2. 公共图书馆法人治理结构的分权制衡

决策层,以理事会的形式行使决策权。理事会是图书馆法人治理结构的核心,决策重大事项,规划工作蓝图。目前,根据试点图书馆的理事会的建立来看,内部还分为决策型理事会和咨询型。理事会成员由政府代表、图书馆内各部门人员、教育界专家、读者等社会各界人士组成。理事会成员须定期参加理事会会议,行使自己的表决权,对该馆管理层人员进行监督。理事会的建立意味着去“行政化”,体现了“管办分离、政事分开”的管理模式,是政府的放权,让图书馆成为真正的独立法人,行使自主管理的权利。

管理层,又称执行层,部署日常工作及领导下级任务执行,由馆长、副馆长组成。管理层执行理事会决议,对其负责,受其监督。

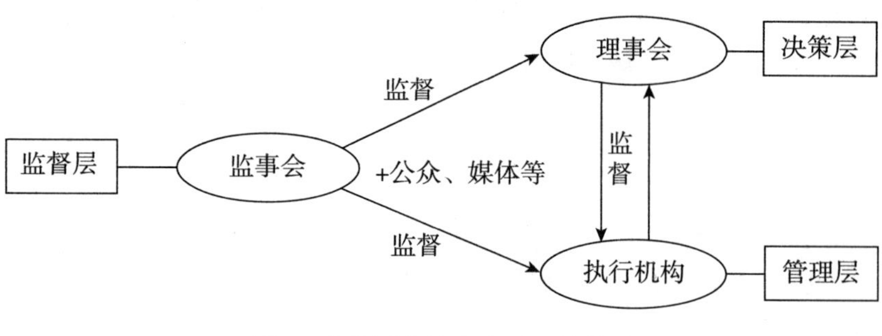

图 1　公共图书馆法人治理结构图

监督层,分为内部监督与外部监督。内部监督有:理事会对管理层的监督,是否按照决策执行,是否符合规章制度;监事会对理事会和执行层的监督,决策是否合理、是否有损其利益。外部监督有:政府部门监督,对财务、人事管理进行监督;社会监督,公众和媒体通过公开信息评价和评估图书馆工作绩效。

二、国内外图书馆法人治理现状

1. 国外图书馆法人治理现状

(1)大英图书馆法人治理。大英图书馆作为英国国家图书馆,依法建立理事会,确立由利益相关方共同参与治理的组织架构和运行机制,实施图书馆的决策权、管理权、监督权"三权分立"的法人治理。

英国议会制定《大英图书馆法》,大英图书馆理事会依法领导和管理大英图书馆。理事会讨论并制定图书馆战略发展方向,批准年度工作计划和年度预算,对业务工作绩效和管理目标进行监督等。其咨询委员会由学界、业界精英组成,为大英图书馆制定重大战略规划与政策出谋划策;为政府部长、理事会的重要决策提供咨询建议。其理事会内部还设立专门委员会,如理事会审计委员会、薪酬委员会、建设项目委员会等,以完成有关专项工作[1]。

(2)纽约图书馆法人治理。纽约公共图书馆,是美国最大的公共图书馆。该馆经费主要来源于捐款。纽约公共图书馆只在总馆层面设置了理事会。其法人治理体系已经形成了较为完善的内部分权制衡机制和外部监督约束机制。

理事会作为图书馆的最高决策及内部监督机构,具有决定图书馆整体发展战略及发展规划、对重大事项进行决策、对各分馆及分部门的工作进行指导与监督等权力。除了规范理事会的推选机制及决策方式之外,理事会还会定期对各理事进行专业培训。理事会还设立了常务委员会与特殊委员会,其中,常务委员会对各部门工作进行考核审查,并将审查结果反馈给理事会,为理事会的科学决策提供可靠的实践依据;特殊委员会则是理事会根据特殊事务增设的机构,在特殊事务处理完毕之后即可解散[2]。

2. 国内图书馆的法人治理实践探索

党的十八届三中全会《中共中央关于全面深化改革若干重大问题的决定》,全面部署构建现代公共文化服务体系的重点任务,而公共文化机构建立法人治理结构、实行理事会制度是重点任务之一。推行法人治理结构、建立理事会制度是我国事业单位分类改革在公益类事业单位上的核心步骤,旨在实现"政事分开,管办分离",公共图书馆决策权、执行权、监督权间相互制衡,目前处于先行先试阶段。

(1)温州图书馆法人治理探索。温州市图书馆通过向社会公开招募而选定理事,理事会由来自社会各界的代表、专业人士和群众组成。其中,理事构成社会代表比例大,以确保社会共同治理。人事管理方面,理事会可以提名图书馆馆长、副馆长人选,参与图书馆中层竞聘工作,参与新进员工招聘岗位、招考专业、招考范围等相关报考条件的设置。财务管理方面,理事会参与图书馆下一年度的财政预算审核,并对本年度的财政投资执行情况进行审议,提出资金调整的合理化建议[3]。

(2)深圳图书馆法人治理探索。理事会由政府部门代表、社会人士、行政执行人等组成,理事采用选任制或委任制产生。其中，政府部门代表理事由与图书馆服务相关的政府职能部门推荐，并按规定报组织或人事部门核准；社会人士理事由图书馆行业组织或市文体旅游局认可的其他民间组织推荐。监管主体多元化，政府部门、外部理事、职工代表、利益相关者均成为监管主体。公众及媒体主要通过图书馆的年度报告、公开信息、文献保障、读者服务与读者活动开展情况实施社会监督[4]。

三、公共图书馆法人治理结构的法律依据及政策支持

1. 公共图书馆法人治理有法可循，更有政策的支持

根据《中华人民共和国民法通则》对法人成立条件的要求，公共图书馆属于提供公益性服务的事业单位法人，具有独立民事主体资格，可以依法建立组织机构，形成法人意思并参与社会活动。此外，十二届全国人大常委会第二十五次会议审议通过的《中华人民共和国公共文化服务保障法》把法律的贯彻落实与当前的重点工作紧密结合起来，推进公共文化机构法人治理结构建设，促进服务效能提高。

2013 年，《中共中央关于全面深化改革若干重大问题的决定》明确不同文化事业单位功能定位，建立法人治理结构，完善绩效考核机制。推动公共图书馆组建理事会，吸纳有关方面代表、专业人士、各界群众参与管理[5]。2017 年，中共中央办公厅、国务院办公厅印发的《关于加强文化领域行业组织建设的指导意见》提出加强分类指导，建立健全行业组织法人治理结构[6]。同年，《国家“十三五”时期文化发展改革规划纲要》中强调分类推进文化事业单位改革，进一步明确不同单位的功能定位。深化人事、收入分配、社会保障、经费保障等制度改革，加强绩效评估考核。推动公共图书馆建立事业单位法人治理结构[7]。

2. 公共图书馆法人治理结构建设存在的难点及问题

（1）法人治理主体职责不清。图书馆法人治理，关键在于“去行政化”“管办分离、政事分开”。政府与图书馆之间，由领导与被领导关系，转变为指导与被指导的关系。政府可以为图书馆理事会提供政策指导、经费支持、决策监督，但不能单独直接或代为决策。但在开展法人治理工作过程中，政府职能未能及时过渡、转变，理事会职位设置不合理等顶层设计不到位，使法人治理工作不能真正地突破现行的体制机制，独立的法人地位还需要进一步落实。

（2）理事会章程、运行机制尚未健全。图书馆法人治理是舶来品，国内图书馆法人治理结构的建立也处于探索阶段，理事会处于核心地位，理事会章程只有厘清其权利义务关系，才能为图书馆治理和相互监督提供依据。国内图书馆理事会章程制定过程中，存在制定主体不明确、制度规范和标准缺乏、程序内容匮乏、理事会内部职权责不明确等问题。

（3）缺乏监督与评估体系。公共图书馆法人治理过程中，结构设置中监事会没有得到足够重视，也缺乏外部监督。图书馆除了需要政府监督之外，也需要图书馆的行业监督、公众与媒体的社会监督。监督、评价体系的不健全，不利于职能转变和效率提高。

四、推进公共图书馆法人治理结构建设的建议

1. 建立权力、责任清单

通过权力、责任清单划分并规范政府主管部门权力，将决策权交于图书馆，政府行使指导和监督权。明确财政权和人事权，在社会转型期中，逐步实现理事会对财务、人事的完全决策权。适当引入市场竞争机制，除政府拨款之外，鼓励其通过文创产品创收等方式获取资源配置的经费，调动图书馆自我管理积极性。

2. 信息公开，建立健全法人治理结构评价体系

完善监督体系，重视监事会、行业协会、社会舆论的监督。通过建立完善的规章制度、章程，规范行使其职能。通过信息公开、建立评价体系，加强理事会和执行机构的建设，广泛接受群众意见，提高工作效率。

3. 完善配套制度，加强理事会建设

提高理事会专业行业素养，通过培训、定期学习等活动熟悉图书馆的业务及运行，提高决策能力。制定健全理事会组成人员的产生规则和程序，提高决策质量、符合公益性属性。规范理事会议事规则，遵循民主、科学的决策原则。制定激励机制，激发从业者的责任和奉献意识，使其充分运用知识、技能，为图书馆法人治理提供智力支撑。

五、结语

当前，我国公共图书馆法人治理结构建设试点正在进行中，也取得了相应的成果。在改革试点过程中，在复杂多变的环境下，也或多或少存在着障碍和问题。国外图书馆的法人治理结构对我国具有参考性和借鉴价值，但不能照搬照用，要根据进度和现实情况，进行完善。在新形势下，明确图书馆的功能定位，完善法人治理结构建设，完善绩效考核机制。引入竞争机制，鼓励社会力量、社会资本参与公共文化服务体系建设。深化人事、收入分配、社会保障、经费保障等制度改革，加强绩效评估考核，推进图书馆法人治理结构建设。

参考文献

[1] 金武刚. 大英图书馆的法人治理结构[J]. 国家图书馆学刊,2014(3):41－46.

[2] 罗珊珊. 纽约公共图书馆的法人治理结构[J]. 图书与情报,2014(2):17－19.

[3] 胡海荣. 公共图书馆实施法人治理结构面临的问题与对策——以温州市图书馆法人治理结构试点为例[J]. 图书馆杂志,2015(9):38－42.

[4] 肖容梅. 深圳图书馆法人治理结构试点探索及思考[J]. 中国图书馆学报,2014(3):13－19.

[5] 中共中央关于全面深化改革若干重大问题的决定[J]. 天津政协,2013(11):1－14.

[6] 中共中央办公厅,国务院办公厅. 关于加强文化领域行业组织建设的指导意见[EB/OL]. [2017－08－20]. http://www.gov.cn/zhengce/2017-05/11/content_5192985.htm.

[7] 中共中央办公厅,国务院办公厅. 国家“十三五”时期文化发展改革规划纲要[EB/OL]. [2017－08－20]. http://www.gov.cn/zhengce/2017-05/07/content_5191604.htm.

效能评价在基层公共图书馆中的运用

——以南丰县图书馆运行管理为例

李秀华(南丰县图书馆)

一、效能管理理论的基本内涵

效能是指为达到系统目标的程度,或系统期望达到一组具体任务要求的程度。主要包含三方面的意思:效力,即贡献才能;效率,也就是在一定的时间内,工作的数量;功效,即事物所蕴藏的有利的作用。

管理效能是指管理活动达成预期结果或影响的程度,具体而言,主要指管理部门向公众提供服务的水平和能力,它包括数量、质量、效果、影响、能力、公众满意度等多方面的要求。与效率相比,效能是指目标的达成程度,着重质量层面,它更强调效果,而不仅仅是时效;重视服务质量,而不仅仅是工作量和投入量;注重质量保证能力,而不仅仅是最终的结果。

作为公共部门必须提高管理意识。把管理效能作为自己的目标追求,牢固确立质量意识,以服务能力为保障,追求服务产品和服务效果的全面优化。公共图书馆效能建设的根本目的是运用各种科学合理的手段、制度和载体,调动工作人员的积极性、主动性和创造性,不断提高工作人员的办事效率和工作能力,提高为人民服务的质量,保证党和政府的方针政策得以贯彻落实。

公共图书馆是政府举办的非营利性的公益组织,过去很多年,公众对公共图书馆的认识就是借几本书,图书馆也多年处于低投入阶段,各项业务发展缓慢。到"十一五"和"十二五"期间,随着国民经济的逐年稳步增长,全国文化事业费也逐年递增。2006 年,全国文化事业费 158. 03 亿元,至 2014 年,全国文化事业费达 583. 44 亿元。受益于文化事业经费的增加,"十一五"期间,我国公共图书馆新建、扩建、翻修规模很大,馆舍面积增长很快。2009 年,全国公共图书馆房屋建筑面积达到 850 万平方米。很多图书馆都建设了新馆,如 2006 年深圳市政府概算投资 7. 7 亿元建成深圳图书馆新馆;2007 年南京投资 6 亿将南京图书馆建为国内一流图书馆;2008 年杭州图书馆新馆对外开放,总投资 4 亿多元;2010 年上海浦东新区图书馆投入使用,总投资 8. 5 亿元。截至 2014 年末,全国有公共图书馆 3117 个,从业人员 56071 人,实际使用房屋面积 1231. 60 万平方米,图书总藏量 79092 万册,电子图书 50674 万册,阅览室座席数 85. 55 万个,计算机 19. 86 万台,供读者使用的电子阅览终端 12. 16 万台,全国平均每万人公共图书馆建筑面积 90. 0 平方米,人均图书藏量 0. 58 册,全国人均购书费 1. 24 元。经济的发展和政府的投入直接影响图书馆事业的发展。

我国中西部欠发达地区公共图书馆投入明显滞后。跟全国的平均发展水平相比,地处江西东部的抚州市,全市 12 个县区,当地财政年预算购书经费超过 8 万元的只占 33%。投入不足会直接影响着整个地区图书馆事业的发展。2012 年全国第五次公共图书馆评估中,抚州市所属各县区公共图书馆只有两个通过一级馆评估，和国内其他地区相比有较大的差距。

南丰县图书馆建于1985年，建筑面积1680平方米，到2015年，该县图书馆购书经费人均仅0.25元，人均藏书量0.4册，但他们年接待入馆读者却达20万人次、借出图书18万册次，每年开展图书阅读、咨询、讲座、展览、征文等活动60次。虽然没有“高、大、上”的馆舍，但该馆开放效果却达到一个小型市级馆的标准，其中效能管理是他们的制胜法宝。

二、实施效能评价

效能评价是引用效能理念对服务结果进行测评的一种方法。图书馆效能评价一般是指采用定性和定量综合方法对图书馆实现其目标和满足读者需求程度所进行的评价和测度。其目的在于改进图书馆工作，开展优质服务，以最小的成本消耗获取最大的服务效果。图书馆工作评价一般包括：效能评估，即评估图书馆工作的效率与功能的实现情况；成本—效能，即测度图书馆内部的工作效能与其成本间的比值；成本—效益，即评估图书馆服务的收益与其成本间的关系。

基于上述的评价原则，公共图书馆普遍从以下三方面进行业务及服务效能评估：

(1)保障条件。主要考察政府对公共图书馆的政策、规划、经费、馆舍建设、人员配套等方面的投入，考察图书馆文献资源及信息资源建设能力。

(2)业务建设。主要考察公共图书馆馆藏建设、文献编目、数字资源、地方文献、服务体系、行业协作、重点工程、培训辅导、人力资源、业务研究、资产管理等能力及工作开展情况。

(3)服务效能。即对公共图书馆基本服务、特殊群体服务、阅读推广与社会教育、信息咨询服务、网络资源服务、新媒体服务等方面进行考察，强调图书馆创新能力的提升，重视读者评价，突出公共图书馆为人民服务的宗旨。

这一套完整的评估工作，包含了丰富的效能评价元素。通过这套评估体系，图书馆从投入到产出，从效率到效能都能得到充分体现。

三、积极推进效能建设

在实践工作中，各馆做法不同。就中西部欠发达地区而言，县级馆的投入都较少，如何实现低成本高产出，笔者结合自己的工作实践，提出以下看法。

规范内部管理出效率。作为公益性文化服务部门，南丰县图书馆在全县文化事业单位中率先引进绩效管理办法，对免费开放资金使用情况进行效能评价。他们的效能观念体现在以下方面：

1. 合理利用，人不在多精干就行

纵观县级以下(含县级)公共图书馆，人员配置一般在4到12人，如果要将图书馆所有业务全部启动，4个人肯定不够，正常水平下，一个县级图书馆(单馆)8个工作人员基本就够了，以南丰县图书馆为例：全馆在职职工(含聘用人员)12人，分别管理4个处于不同地段的图书馆(总馆、地方文化主题馆、桔都文化广场图书馆、南书房社区图书馆)，4个馆实行“一卡通”通借通还机制，工作人员由图书馆统一配置，由于广场图书馆还有晚上开放任务，临时在社会

上聘请了两名夜间兼职人员。就这么一个队伍,把分布在城区各个方位的图书馆全面转动了起来,他们是怎么做到的?

第一,打好时间差。该馆在开展阅读活动或送书下乡时通过打时间差或从科室抽调人员,按照《江西省县(市、区)基本公共文化服务标准化、均等化实施意见》,各县区的基本任务是"建立1个以县级图书馆为总馆、乡镇综合文化站为分馆、村文化活动室为服务点的总分馆制,1个为特殊群体(残疾人、进城务工人员、未成年人、老年人)每年至少服务一次的特色项目。图书馆每月举办1次文化讲座、每年1次覆盖全辖区的读书活动"。抚州市在全省的基本标准上进行了任务的细化,提出了定量化的年度考核目标。这些项目(活动)只要规划合理,是不难完成的。

第二,做好计划。年度计划是全年工作的指导方针,根据上级部门要求,结合本县实际制订可行的工作计划非常重要。

第三,合理安排人员。与大多数县级馆不一样的是,南丰县图书馆一般阅读空间不安排人员,以监控视频代替管理人员,只在整个图书大楼出入口设置统一服务窗口,并设有读者自助检索机,对归还书籍要求读者自行放回书库。

第四,开展业务培训。不仅在工作人员中经常性开展业务培训,还定期向读者普及图书业务知识,在读者中招募志愿者,开展自愿服务,在服务大厅设置了"图书排架指南"。经过规范化的服务引导,读者基本上学会了自己上架,工作人员只需到科室进行巡架,把部分错架图书放回原位即可。

2. 投入不浪费,有利于工作就好

缺钱是图书馆普遍问题,这是一个基于比较话题上的现象。投入不足是硬伤,图书馆职工干事创业的积极性不高是事实。于是在基层图书馆,存在一种"怪象",一是没钱买设备,二是买的设备没人用。

为什么没钱买设备?因为地方财政对图书馆的投入主要用于人员工资性开支和采购图书及设备维护,购买设备的经费一般不纳入年度预算。

买的设备没人用?这涉及图书馆的人员配置问题。基层图书馆没有自己的人事权,凡进人必须报县人事部门,经县领导批准,历年来为图书馆业务工作招聘的专业技术人才少,图书馆人员学历偏低,年龄偏大,女性偏多。近年内,基层图书馆还将迎来职工退休高潮。退休在即,呈现出不愿学不想学的思想趋势,不懂新技术,不学新业务,得过且过的思想气氛影响着图书馆工作的开展。

在图书馆,除了图书采购这块,最"烧钱"的莫过于电子阅览室和机房,因为图书馆在职人员对新技术的陌生,凡是电子设备有故障,一律找外面的技术人员解决,维护成本较大,加之电费消耗大,一些图书馆为了节省开支,干脆关掉服务器,关闭电子阅览室。在南丰县图书馆,投入不足也明显存在,2016年,县财政预算的购书经费7.5万元(达不到江西省基本公共文化服务保障标准),古籍保护经费0.5万元,电费3万元,分馆运行费用15万元,这些费用要支撑4个馆舍的正常运行很不容易。仅购书经费就严重不足,但南丰县图书馆通过寻求赞助,并鼓励社会捐赠等方式,全年新增图书10000册。率先在全省县级馆中利用本馆自身条件开展了古籍数字化工作,节省了资金。自筹资金在城区实现了"一卡通"通借通还目标。

该馆工作一度呈现"与众不同"的特色:

一是不跟风，需求决定路子，他们根据阅读主体（少年儿童）的年龄特点，坚持传统的纸质图书采购不减量；根据市民的作息时间，率先在全省县级馆中实行“白+黑”的工作制度，白天、晚上均开放；根据本地开展地方文化研究的需要，建立了南丰地方文化主题图书馆。

二是不从众。近年来，各公共图书馆出现了电子阅读设备（触屏机）大增的现象，虽然电子阅读设备储存资料丰富，但限于同一时间它只能供一人使用（扫描下载的除外），而每年却需数万元进行资源更新，对大多数县级馆来说要维持电子资源的定期更新有很大的经济压力，南丰县图书馆选择以购买电子镜像资源为主，将触屏机换成电脑（一般情况下1台触屏机可换10台电脑），购买的镜像资源储存在自己的服务器上，既满足了自建资源的需求，又没有每年资源更新经费上的压力，而且还满足了多人同时使用的需求。当然，缺点是用户的体验感要差一点。

三是不任性。南丰县图书馆对各项资金精打细算，一切以读者需求为要旨，南丰桔都广场图书馆读者日均流量1800人次，图书日均流通5400册次，手动扫描借还书的工作量太大，需购买自助借还书机，他们结合本县实际（一张借书卡最多借书4册），采购了条码自助借还书机，而是没有不切实际地购买RFID自助借还书机，一来节省了部分设备费、采编材料费等，二来方便了与其他县馆开展通借通还工作。

3. 场地有限，思路开阔空间就大

对于中西部大多数县级图书馆来说，场地都不会宽裕，新馆在4000平方米以上的不多，一般在2000平方米左右，除去库房及办公室等一些不对外开放的场地外，真正给读者的空间只有1500平方米左右，举办大型阅读活动或展览时，馆内空间不足。南丰县图书馆在面对这种情况时走的是“内外兼容”的路子，如每年举办“全民阅读启动仪式”“科普宣传周”等大型活动时都是在广场举行，协调宣传、城管、园林、教育、科技等部门共同出力。主动到各学校开展南丰地方文化资源展、南丰文化遗产展等，在学校举行大型活动推广全民阅读，在县“两会”召开期间到现场开展文化、信息咨询服务，通过系列“送文化”活动，让全民阅读真正从图书馆走出。同时，充分发挥好馆内空间及设备优势，除正常的图书借阅工作外，他们定期在多媒体室、电子阅览室、广场图书馆综合阅览室等区间，开展丰富的阅读咨询、讲座、培训等活动，在少儿阅览室定期开展亲子阅读及童书导读等活动，将有限的空间进行了无限的延展。

4. 运用新技术求效益

新技术的运用是提升图书馆效能的一个重要助力。近年来，各公共图书馆在购买电子阅读产品方面不遗余力，资金投入不少。下面是一组江西省部分县市“歌德移动借阅机”的电子书下载统计，时间是2015年12月到2016年8月。

机器码	单位名称	数量
-414935760	九江县图书馆	779
-672812934	莲花县图书馆	1256
2116608684	新余市图书馆	10668
-967055900	新余市图书馆	3493

续表

机器码	单位名称	数量
-785399828	新余市图书馆	1924
-783374038	新余市图书馆	1789
-782184072	新余市图书馆	1278
-782154097	新余市图书馆	959
-782184044	新余市图书馆	521
-782154123	新余市图书馆	83
-1578636796	于都县图书馆	3319
442602550	于都县图书馆	762
-1620613689	于都县图书馆	615
442720302	于都县图书馆	201

从上面数据来看,除新余市图书馆的两台设备及于都县图书馆的一台设备下载量较大外,其他设备下载量都不大。这里有几个影响因素:

一是县级图书馆阅读主体是少年儿童,他们没有下载工具;二是部分家长因怕小孩迷上网络或损害视力,因此对电子图书有抵触情绪;三是下载量大的地方开展了较多的移动阅读推广活动,通过发放礼品(主要由设备供应商提供)等方式刺激市民下载电子图书;四是市民家中大多装有 WiFi,直接上网也能阅读一些免费书籍。

那么,电子阅读主要群体在哪?一是人群量大的流动场所,如车站、各类服务中心;二是农村。中国互联网络信息中心(CNNIC)发布的《2009 年中国农村互联网发展状况调查报告》显示,截至 2009 年底,我国农村网民达到 10681 万人,年增长 2220 万人,年增长率 26.3%。其中,农村手机上网用户约为 7189 万人,与 2008 年相比增长 3000 多万,年增长率 79.3%。手机上网率达 67.3%,这一数字甚至高于城镇居民用手机上网的使用率(57.5%)。

据中国新闻出版研究院公布的“第八次全国国民阅读调查”报告,2010 年,在利用手机阅读电子出版物或浏览网页的读者人群中,年纪在 18—70 岁之间的读者占整个国民阅读人数的 23%,其中 52% 的是农民。农村居民平均每天手机阅读时长为 32.91 分钟,高于城镇居民(32.20 分钟);居住在农村的手机阅读群体年均花费 36.55 元,也高于居住在城镇的手机阅读群体(32.19 元)。近六年来,该比例只增不减[1]。

此外,通过手机进行的与阅读相关的行为中,排在第一位的是“阅读手机报”,占到 55.3%;其次是阅读“手机小说”,占到 43.1%;用“手机浏览网页”排第三位,占到 28.1%;阅读“与学习有关的信息”的排第四,占到 10.5%。

中国新闻出版研究院国民阅读研究促进中心主任徐昇国认为,利用手机进行阅读,具有阅读内容紧凑、好理解、价格便宜、信息到手容易等优点,很适合农民对新闻报道阅读的需求,因而农民通过手机进行阅读的比率在上升。至 2015 年底,我国移动电话普及率上升至 95.5 部/百人,而电脑使用量却在逐年减少。因手机阅读得交付一定的费用,这为免费的电子阅读推广提出了要求也提供了空间,在农村推广电子阅读尤其是手机阅读成为必要。

图书馆推广电子阅读方式有:制作手机 APP 或手机阅读网站,提供阅读资源供读者免费使用;定制移动借阅机及阅读资源,投放于乡镇的社会服务中心等人口集中区域,同时提供免费 WiFi,方便农民下载电子书;建立微信图书馆,在微信公众号内提供电子读物给读者。随着电子读物知识产权保护的升级,百度、新浪等网站免费阅读的福利正在逐步取消,图书馆提供的正版电子读物将会成为广大农村阅读的主要内容。从成本上来说,由县图书馆统一提供电子读物避免了资源的重复建设。同时电子阅读方式的推广普及一定程度上也可以缓解纸质图书的流通压力,对建设生态社会,推行无纸化阅读是一个不错的选择。

四、从整合外部资源要效能

依靠图书馆自身的力量做好区域内全民阅读活动或搭建全民阅读服务体系是困难的,且不说经费差距太大,就人力、物力而言也非一馆所能及。近年来,全民阅读活动在探索可行路径时进行了很多尝试,如建立图书馆联盟,进行总分馆建设,开展通借通还服务等。无论采取什么方式,积极进行资源整合是前提。

1. 在文化系统内整合资源

图书馆、文化馆及博物馆都有开展文化活动的目标要求,文、博、图三馆完全可以在文化活动上进行业务交融,联合开展活动,文化馆专业人员多,博物馆文化底蕴厚,图书馆服务阵线长(县、乡、村都有服务点),三者联合开展文化活动是很好的业态联盟,又能确保活动的丰富精彩和高质量。目前,有些县的文化馆和图书馆已经在联合开展文化讲座、艺术培训及阅读推广活动,如江西省资溪县;有些地方则是图书馆和博物馆联合开展展览活动,如江西省广昌县。南丰县图书馆与地方文化研究中心共同建设了地方文化数据库,开展地方文化研究工作;与博物馆联合开展"文化遗产展览""古籍文献展览""嘉和讲堂"等活动;与文化馆联合开展少儿绘画等艺术培训活动,部门联合活动影响力大,特色鲜明,社会反响好。

2. 在行业系统内整合资源

全民阅读不限于城区,特别是中央办公厅、国务院办公厅《关于加快构建现代公共文化服务体系的意见》和江西《江西省县(市、区)基本公共文化服务标准化、均等化实施意见》政策出台后,对农村的阅读服务工作提出了更高的要求,建立一套行之有效的全民阅读服务体系非常重要。目前,抚州市已将建立图书馆"总分馆制"作为文化改革的重头工作予以推进。撇开"总分馆制"重要的社会效益,就管理而言,实施"总分馆制"的效用也在多个方面:一是县、乡、村三级(教育系统除外)图书资产由图书馆统一管理,确保了国有资产不流失;二是总馆分馆"一张网"管理、一台服务器运行,对各地图书借阅情况有了精准统计,能较好地掌握全民阅读情况;三是总分馆能实现"专业人做专业事"的目标,服务质量有较大程度提高,人民的文化权益更能得到保障;四是总分馆实现了全县图书资源的综合利用,可做到对各地图书的及时流通更新,满足读者更多阅读需求。

实施"总分馆制"后,是不是农村阅读的所有问题都迎刃而解了呢?显然不是这样。制约农村阅读最大的问题不是书的多少(相对而言),而是管理体制的问题。"农家书屋"工程实施到现在,全国大多数农村都建有书屋,但在具体管理上各有做法。就南丰县来说,农家书屋建在学校内的,一般由学校老师兼管,缺点是放假期间不能对村民开放;建于村委的,一般由村干部兼管，但常因干部忙于其他事务而呈现无规律开放状态。现在农家书屋多由当地雇用残疾人管理，残疾人工资由残联等机构负担，南丰 172 个农家书屋聘请了 140 个残疾人。照理说，场地有了，管理人员也有了，农家书屋应该能正常开放了，但结果是农家书屋正常开放率不到 50%，原因是工资太低（人均工资 300 元/月），但凡有劳动能力的残疾人，他们做点其他工作也比这个收入高；没有劳动能力的残疾人，也管理不了农家书屋。针对这种情况，笔者曾大胆建议将农家书屋与农村商店或电商等联合经营，这至少可以保证农家书屋正常开放。随着农家书屋人气的聚集，商店也能从中获取利益。而且，农村商店与县城批发商间有固定的货物流通网络，如果农家书屋的图书流通能搭上他们的货物流通网，还可以节省一笔不菲的流通费用。

基层公共图书馆阅读主体是学生，就笔者所在的图书馆，进馆阅读的少年儿童占读者总量的 80%，这些小读者中 80% 是没到过自己就读学校的图书馆的。针对这种情况，有些县如江西省金溪县建设了“图书中心”或“图书城”，将公共图书馆、学校图书馆及一些机关图书室进行资源整合，各单位可以自行采书，但都要集中到“图书中心”统一管理，集中对外开放，提高了图书的利用率。

3. 在区域系统内整合资源

按照全民阅读的开放理念，但凡人群聚集的地方都能较好地开展全民阅读，如上海等地出现的“地铁图书馆”。近年来，县一级普遍建有较大型的汽车站、火车站，候车室宽敞明亮，在这些地方提供一些纸质或电子书，与“地铁图书馆”有异曲同工之妙。此外，银行、各类型的服务中心也可设置小型书架，或电子阅读屏，在漫长的等待中看看书，既消磨了时间，又增长了知识。

五、结语

随着国家对公共文化服务体系建设的深入推进，公共图书馆在建设小康社会中将发挥愈来愈重要的作用，公共图书馆服务态度、服务质量、服务效能直接影响公共文化服务体系建设进程和效果[2][3]。抓好效能建设，开展效能评价对提升公共图书馆效率，树立图书馆形象，服务全民阅读工作，保存文化遗产，促进社会精神文明和生态文明建设具有重要作用。

参考文献

[1] 张锐珏. 手机成农民主流上网终端　使用率达 67.3%[N]. 中国青年报，2011-05-05(7).

[2] 陈传夫，冯昌扬，陈一. 面向全面小康的图书馆常态化转型发展模式探索[J]. 中国图书馆学报，2016(1)：4-20.

[3] 李国新. 现代公共文化服务体系建设与公共图书馆发展——《关于加快构建现代公共文化服务体系的意见》解析[J]. 中国图书馆学报，2015(3)：4-12.

试论大数据环境下图书馆工作的机遇与挑战

——以青山湖区图书馆的统计与评价为证

唐　宇　张筱晨(南昌市青山湖区图书馆)

随着社会的发展,科技的进步,移动终端、社交网络的全民化应用以及信息化程度的提高,大数据技术正在影响着社会的各个层面,自然也给图书馆工作的创新与发展带来了极大的机遇与挑战,无论是公共图书馆的工作形式还是服务方式的突破都提出了更高的要求。现以南昌市青山湖区图书馆2015年至2017年上半年财政收入、流通人次、流通册次、活动次数等方面进行的统计与分析,来剖析与疏解大数据环境下县区图书馆服务定位与走向,以便适应时代发展潮流,为读者提供更加精准、普惠的阅读服务,全方位提升图书馆的公共文化服务效能。

一、政府加大投入,图书馆环境有了较大改善

青山湖区图书馆总馆位于青山湖区文化传媒大厦1—5层,面积约5600平方米。下有包括湖坊分馆、塘山分馆、京东分馆、罗家分馆、上海路分馆、青山路分馆、南钢分馆及昌东分馆等8个分馆。总分馆在岗人员24人,藏书(含电子图书、视频文献等)总量为28.54万册。

从表1看出2015年青山湖区馆公共图书馆财政补助收入为216.3万元,较上年增长-19.15%。2016年公共图书馆财政补助收入为250.1万元,较上年增长15.63%。2017年上半年公共图书馆财政补助收入为292.52万元,较上年增长16.96%。

财政补助收入中,2015年购书专项经费为18万元,较上年无变化。2016年购书专项经费为25.5万元,较上年增加41.67%。2017年购书专项经费为30万元,较上年增加17.65%。

其中:三年的实际文献购置费用分别为42.05万元、37.4万元、31万元,均超过当年购书专项经费。

2015年财政补助收入较2014年减少,原因是2014年为筹建新馆购置各种设备、装修馆舍等,政府加大了投入力度。

表1　青山湖区图书馆财政补助收入及购书专项经费情况统计分析表(单位:万元)

年度	财政补助收入	较上一年增长比率(%)	其中:购书专项经费	较上一年增长比率(%)	实际支出文献购置费(含上级主管部门为本馆购置图书)
2015年	216.3	-19.15	18	0	42.05
2016年	250.1	15.63	25.5	41.67	37.4
2017上半年	292.52	16.96	30	17.65	31

上述统计可以看出,区政府公共图书馆在近三年来办馆条件有了较大的改善,特别是财政补助收入和购书经费这两项硬件指标均有较大涨幅。从每年实际文献购置费用远远大于财政预算内购书专项经费可以看出,区政府和上级主管部门对青山湖区馆的硬性指标的重视,每年都在年初预算指标之外,下拨或购置文献于公共图书馆,以弥补馆藏的不足,为图书馆新馆的建设和未来的发展方向奠定了良好的基础。

二、馆藏文献资源建设得到加强,基础业务逐步规范

为达到每年图书馆年入藏图书数量、品种和质量的要求,青山湖区图书馆 2015 年新增图书入藏量为 19110 种,2016 年新增入藏量为 221378 种(含 200000 种电子数字资源),人均入藏量为:0.62 册件。新增藏书量的大幅度提高,使青山湖区图书馆的文献资源有了很大的补充,为图书馆开展读者服务提供了有力的保障。

表 2　青山湖区图书馆馆藏文种结构统计表

文献类型	图书		期刊		其他非书资料等（含电子图书、视频、图片等）	合计
	中文	外文	中文	外文		
册数(万)	8.23	0.02	0.29	0	20	28.54
比例	28.84	0.07	1.02	0.00	70.08	100

青山湖区图书馆还在努力建设本馆自身的特色资源数据库:青山湖区非物质文化遗产数据库、青山湖区地方文献(家谱)数据库、朗读室读者音频数据库、青图讲座及公益培训数据库等都对整合本馆藏书资源构成,形成资源优势,协调互补打下了良好的基础。

青山湖区图书馆充分利用的文献资源,开展丰富多彩的读书活动。其中:青图讲座以及公益培训讲座线上线下的在线沟通与线上直播;青图朗读室活动,参与活动的朗读者包括不同职业、不同年龄,朗读室活动也被省、市媒体争相报道,受到了社会各界和广大读者的一致好评。

青山湖区图书馆还在努力建设本馆自身的特色资源数据库:青山湖区非物质文化遗产数据库、青山湖区地方文献(家谱)数据库、朗读室读者音频数据库、青图讲座及公益培训数据库等都对整合本馆藏书资源构成,形成资源优势,协调互补打下了良好的基础。

三、通过阅读各种形式的推广活动,使更多读者走进图书馆

青山湖区图书馆为了吸引更多市民走进图书馆,采取了一系列有效措施,优化借阅环境,改善办馆条件,扩大服务领域,在技术和服务功能上进行多方面的调整改造。通过不断发现新的服务群体、开拓新的服务方式,更好地实现图书馆的宗旨,实现公共图书馆的可持续发展。近两年来,较好地完成了各项服务指标,现将 2015 年 8 月至今的业务数据进行如下分析。

表 3 为青山湖区图书馆 2015 年 8 月至 2017 年 6 月全馆流通人次统计表。通过统计可知,总流通人数为 534826 人次。其中,2015 年接待读者 137250 人次,月平均接待 27450 人次;2016 年接待读者 253240 人次,月平均接待 21103 人次;2017 年上半年接待读者 144336 人次,月平均接待 24056 人次。

根据表 4 可知,2016 年较 2017 年不论是馆内藏书流通率还是数字图书馆流通率上都有

大幅度提高，其中数字资源流通率占全馆流通人次的 81.7%。

表 5 为青山湖区图书馆 2015 年开馆以来各项活动统计分析表，其中展览、讲座、培训及阅读推广活动人数较上一年都有较大幅度的增加。通过数据表明青山湖区图书馆以馆内服务为主，以馆外流通服务为辅，以丰富多彩的读者活动为点，以深层次信息开发为线，为读者提供良好的服务。

表 3　青山湖区图书馆流通人次统计分析表（人次）

年份	1 月	2 月	3 月	4 月	5 月	6 月	7 月	8 月	9 月	10 月	11 月	12 月	平均每月流通人数	全年总流通人次
2015								21248	23146	21361	37251	34244	27450	137250
2016	19614	17579	22639	20751	20952	20672	26751	20579	21551	22377	19952	19823	21103	253240
2017	22583	21663	19860	32505	22395	25330							24056	144336

表 4　读者文献流通册次统计表（册次数）

日期	馆内藏书流通量	数字图书馆流通量	合计
2015 年	3716	81908	85624
2016 年	29386	123973	153359
2017 年	18985	26962	45947

表 5　青山湖区图书馆活动统计分析表

	讲座		展览		培训班		阅读推广活动	
年份	次数	人数	次数	人数	次数	人数	次数	人数
2015	6	694	14	18198	2	570	21	3410
2016	12	1160	15	26044	38	1735	51	8400
较上一年增长比率(%)	100.00	67.15	7.14	43.11	1800.00	204.39	142.86	146.33

四、图书馆发展工作成效

1. 阅读空间全天候，不忘“每一个读者”的初心

青山湖区不断加大财政投入，办馆条件有了较大改善，服务水平全面提升。在硬件设置不断提升的同时，由以往图书馆单纯提供公共图书服务，转变为以公共图书服务为主的文化业态融合，馆内融汇了公共阅读、艺文空间、文化交流、亲子互动、文创体验、休闲服务等功能，提供了更加齐全的功能支持，提升了阅读品质，给环境注入更多时尚元素，为市民带来了全新文化体验。

2. 阅读服务全覆盖，畅通“最后一步路”的距离

在图书馆总分馆体系的支撑和带动下，青山湖区平均每4万人就拥有1个图书馆或图书服务点，构建了“十分钟阅读服务圈”，打造了灯彩、龙灯等艺术资源、当地知名企业品牌文化资源、弱势群体服务体系、小小传承人培训基地、下岗职工培训基地、农民子弟公益培训等一批分馆图书站点的特色服务，织就了一张覆盖全区城乡居民随时享受到公共图书馆“全覆盖”的图书馆便捷服务网络。“这里的环境很舒适，既能看看书，又能给手机充电，工歇期常常来这里听讲座、休息等。”这是外来务工人员对青山湖区图书馆服务的评价。

3. 服务方式全方位，畅享“最后一指间”的体验

利用官方微信公众平台和新浪、腾讯官方微博等平台，设立了青少年特色资源数据库，可以阅览到80万册的电子书，2万集的教学课。开展形式多样阅读活动，实现所有线下活动，都设有网上预约报名服务，“你的眼光我的选择”网上荐书活动、“青图讲堂”在线看、新开辟的“青图留声”有声朗读、“青图记忆”非遗传承、“青图微阅读”扫码看书、“青图直播”等活动有声有色，受到广大读者的一致好评。微信“扫一扫”推进“两学一做”在线学习，打造指尖上的“两学一做”，成为传统图书馆践行“互联网+”行动计划的典型案例。开展的“大咖驾到——杨红樱老师见面会”，以网上预约报名，二维码扫描签到的新模式，20分钟就预约满额，活动点击量2310，产生了大范围的传播和影响。

4. 功能拓展全精准，满足“每一个群体”的需求

“大家好，我是今天的‘朗读者’邵佳，给大家带来的文章是《愿你》……”这是青山湖区图书馆尝鲜“朗读室”，体验分享朗读乐趣。青山湖区图书馆通过形式多样阅读活动的开展，形成了“青图培训”“青图讲堂”“青图活动”等5类系列活动，年举办活动千余场次，塑造了“绘画艺术创意课”“最美时光”亲子阅读分享课、英语沙龙、少年读书会、假期少儿电影、彩泥亲子课等多个具有青山湖区特色和广泛影响力的活动品牌。举办的儿童公益绘画课程、“电影进机关”、读者免费电影等活动，吸引了10万人次参与，图书馆的功能进一步拓展，服务效能进一步提升。

五、图书馆发展的体会和设想

作为公共事业单位，图书馆的效益是通过读者流通率及其对图书文献的借阅率来实现的。为吸引更多的读者走进图书馆，我们应在继续优化、美化现有借阅环境的同时，挖掘实施潜力，提高馆舍的利用率。如开放新的馆舍、借阅室，并从服务手段、服务方式上下功夫，增加一些服务项目，开拓服务新领域；要改善信息网络服务条件，提高读者数字阅读的能力。同时，继续开展丰富多彩的读者活动，充分利用各种宣传媒体，增加对图书馆的宣传力度，以此来扩大社会影响，吸引更多的读者走进图书馆，大大提高读者的借阅率。

“互联网+”背景下高职院校图书馆参与社区信息服务的探索

许冬玲(湖南城建职业技术学院)

高职院校图书馆是我国图书馆事业发展的重要组成力量,“互联网+”背景下高职院校图书馆如何结合自身优势,主动参与社区服务,是高职院校图书馆创新服务以及获得全面发展的有效尝试。

一、高职院校图书馆参与社区信息服务的背景分析

1.“互联网+图书馆”内涵解读

近年来,图书馆行业不断谋求和探索新时期服务的发展创新,转型升级,依托互联网、大数据对传统的服务理念和形式进行改造和提升。“互联网+”指的是任何一个垂直行业一旦与互联网进行结合,效率会有很大的提升。互联网模式不仅带来技术层面的飞速发展和突破,关键之处还在于它带来了新的发展理念和思维方式,有人将其概括为“互联网思维”。互联网思维推动各个行业的融合发展,创新升级,同时也为图书馆的变革和服务创新提供了新思路、新动力。“互联网+图书馆”,即图书馆服务的互联网化,指利用信息通信技术中各种先进优秀成果,通过互联网的方式,更加方便快捷地满足社会民众的阅读需求,同时,给图书馆提供了一个拓展、升级服务的机会窗口,最大限度地整合、开发图书馆和互联网上的海量数字资源,实现实体图书馆与虚拟无墙图书馆共同服务,使图书馆的服务无论是在传统实体上,还是在虚拟网络中都能得到渗透和普及,做到全面覆盖、全民惠及。图书馆的“互联网+”时代已经来临,这将给图书馆服务拓展带来更多的考验和挑战、思考和机遇。

2.“互联网+”背景下,社区信息服务存在的主要问题

(1)互联网专业信息服务人员不足。在当今信息时代,社区信息服务需要一大批既懂信息技术又懂信息服务的高级复合型人才来为居民提供及时、准确的信息。大部分社区由于缺乏必要的经费投入,加上人员机构设置等因素的影响,互联网专业信息服务人员严重不足,甚至有些社区信息服务人员基本缺失,且现有的信息服务人员中有相当一部分缺乏对信息进行整理、系统分析的能力,甚至有个别人员在计算机操作上一窍不通。而且,在市场经济条件下,技术服务和推广人员流失严重,队伍极不稳定。

(2)提供的信息尚不能满足居民的生活需求。当前,社区除了主要提供国家方针政策信息,其他类型的信息提供力明显不足。有些社区虽建立了信息网站,但从总的发布的信息来看,缺乏统一的信息服务机构,存在着领导活动性报道较多、内容缺乏或更新不及时、内容雷同、信息类型少等现象。由于网站发布信息的针对性和贴合性不够,所以居民真正感兴趣的信息并不多,这样就导致提供的信息不能满足居民的生活需求[1]。

(3)居民对于信息服务体验有待提高。从目前情况看,一是由于社区对通信基础设施建设总体投入不足,有些线路设施受到人为破坏后维护没有及时跟上,导致基础设施薄弱,硬件短缺、简陋,信息传播更多靠开会、发资料、有线广播和电视等方式,造成信息的传播效率不高;二是居民使用手机更多的是其通话和在线娱乐功能,未能充分发挥互联网传达有效信息的作用;三是网络远程服务等新型服务平台尚未建立健全,技术手段落后等问题仍无法彻底解决。

(4)居民信息素养需要提升。当前,除了经济社会发展客观条件影响社区信息服务效果外,还有一个重要因素就是社区居民信息素养需要进一步提升。由于缺少的技能型人才队伍,多达一半的被调查居民称不知道如何查找信息或经常获取不到所需合适信息。毫无疑问,居民信息素养不足也是社区信息服务能力无法施展开的阻碍因素。

二、"互联网+"背景下,高职院校图书馆参与社区信息服务要具备的条件分析

"互联网+"背景下,高职院校图书馆参与社区服务不是要求图书馆舍本求末、盲目地为社区服务,建议高职院校图书馆要结合自身实际,考虑是否具备可行性。

1. 高职院校图书馆自身要具备足够的实力

高职院校图书馆要审视自身是否具有至少一个方面的实力,如馆藏资源实力、经济实力、人才实力和技术实力,并在保障本校读者需求得到满足的前提下,还要有一定的余力才能有效参与社区服务,而不是导致自身陷入舍本求末的尴尬境地。

2. 高职院校图书馆本身应具备一定的信息技术水平与信息服务能力

高职图书馆走向社区,意味着图书馆必须面对更多的读者和处理更复杂的问题,因此,图书馆要具备相应的信息服务能力,这个服务能力包括对图书馆工作人员的信息服务意识提升、信息技术更新、社区信息服务制度完善等所有涉及对外信息服务的各个环节的管理。

3. 高职图书馆要有一定数量的专业读者基础

高职院校图书馆资源大都以本校特色专业为主,其长期的资源建设也围绕着本校的学科专业,因此,高职院校图书馆在制订社区信息服务计划时,首先要考虑该社区是否具备一定数量的专业人士,并对其他非专业的读者信息服务需求做出科学的预期与配置,这是充分发挥自身图书资源优势与信息技术的前提[2]。

4. 高职院校图书馆服务社区要能争取到良性的支持

图书馆信息技术服务社会化,单靠图书馆本身,不一定能取得良好的效果,因此,高职图书馆要提高外联能力,探索合作模式,争取必要的支持,才能有效避免力不从心。高职图书馆在投身社区服务之前,务必要与相关政府部门和社区管理机构取得共识,构建良好的合作模式,使信息资源共享沿着良性的方向可持续发展[3]。

三、高职院校图书馆参与社区信息服务的探索

1. 高职图书馆的现状

目前,许多高职图书馆信息技术的日益成熟,在参与社区远程信息服务方面已具备了一定条件,笔者以自己的工作单位湖南城建职业技术学院为例,以提高说服力。

(1)馆藏资源与虚拟资源较为充足。以湖南城建职业技术学院图书馆为例,现有纸质藏书 61 万册,电子图书十万种,并拥有清华同方 CNKI 数据库,超星电子图书馆,职业标准和职业技能培训视频,NSTL 图书馆资源共享平台和建筑知识库,初步形成了以建筑行业为特色,拥有纸质、磁带、磁盘、光盘、网络数据库等多种载体形态的文献信息资源保障体系,是一所集纸质书刊借阅、网络媒体阅览、信息服务、文化采风于一体的现代化图书馆,都能满足周边居民的信息资源需求。

(2)信息服务人才队伍较成熟。湖南城建职业技术学院人才队伍结构良好:涵盖图书馆相关专业、计算机专业和其他类专业;学历构成以本科及硕士为主;青年人才队伍壮大,这些都能有效解决一般社区图书馆所不能解决的一些信息技术问题,也能为社区读者提供更高质量的信息服务。

2. 社区居民对信息资源需求的现状调查

以湖南城建职业技术学院为例,其特点包括:一是附近小区多,业主素质较高;二是位于环保科技园,周围企业多,并且以新型科技技术型产业、建筑类产业为主,专业型读者也多。笔者对湖南城建职业技术学院周边的新府华城、巨友中央公馆、美家乐 3 个楼盘 200 余名居民,海诺电梯、湖南建工集团三公司、湘电风能有限公司 3 个企业的 200 余名职工的问卷调查,其调查结果包括:一是 92. 6% 居民希望能在小区内或距小区周边比较近的图书馆阅读,其中年轻人的阅读兴趣主要在学习类、管理类等书籍,大多数居民倾向阅读文艺小说;二是 95. 8 的企业员工希望非上班时间可以到附近的图书馆借阅专业书籍,旨在为自己充电,提高业务知识水平;三是他们希望附近的图书馆能为他们开通手机网络等移动信息服务,方便他们在家里接收所需信息。

由调查结果看出,无论是居民还是企业员工都对图书馆数字信息具有急迫的需求,而湖南城建职业图书馆在专业馆藏资源和文艺小说休闲类数字信息资源两方面都较为充足,已具备参与附近社区服务最基本的条件。

3. 高职图书馆参与社区信息服务的探索

以湖南城建职业技术学院为例建议高职图书馆社区服务从以下方面开展,如图 1:

(1)根据自身实际确定服务对象和方式。社区居民不同于学校读者,其复杂性更高,读者需求的差异更大。因此,高职图书馆必须立足居民读者需求,明确服务对象,具体可以从以下方面开展:第一,要针对性别、职业、年龄和学历等方面,对社区居民的构成展开调研。第二,要分析社区居民的共同需求和个别的需求,并针对需求对自身资源展开可行性分析。第三,为社区中的特殊居民开展有针对性、人性化的特殊关爱与服务。例如,湖南城建职业技术学院图书馆利用互联网可为附近社区老人提供医疗保健类的远程推荐服务;为儿童提供科普益智类的

推荐服务;为弱势群体提供法制法规及励志类的推荐服务,充分发挥图书馆服务社区的功能。

(2)明确基于互联网的移动信息服务内容。图书馆信息服务内容广泛,明确可向社区居民发送的移动服务范围。例如,湖南城建职业技术学院图书馆可以向附近居民提供的基础服务可以从以下方向开展:第一,鉴于考虑管理的困难,图书馆应循序渐进地开展社区服务,暂时只对部分居民提供移动信息服务,这些居民必须是提交了申请,并经过了筛选之后的读者。第二,湖南城建职业技术学院图书馆可以对提出申请并办好借阅证的附近居民,提供电子资源账号,方便他们在校园网外阅读与下载。第三,图书馆人力资源丰富,可以向附近居民提供网络信息检索与咨询服务。

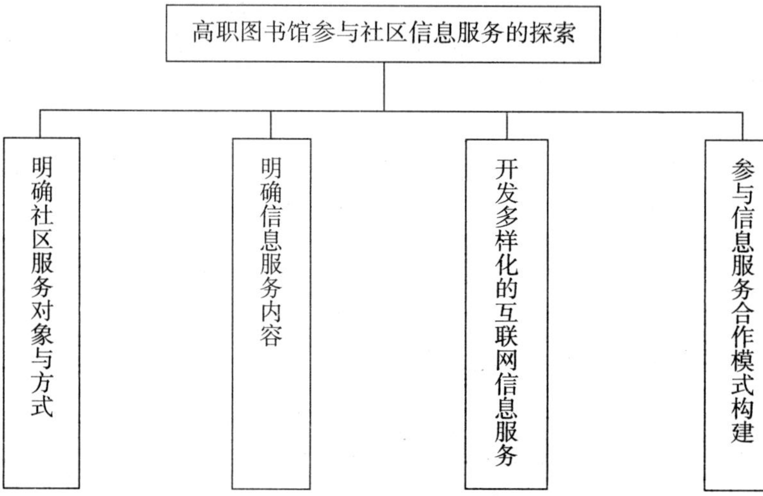

图 1

4. 适度开发多样化的、与互联网相关的信息服务活动

(1)组织社区居民参与信息素养培训。高职图书馆要利用自身优势,发挥教育功能,提高居民互联网能力及信息素养能力。以湖南城建职业技术学院图书馆为例,建议从以下方向落实:

第一,图书馆信息素养及互联网主题讲座向社区居民开放,例如湖南城建职业技术学院每年 9 月的入馆教育系列讲座、每年 11 月的电子资源利用讲座都应该向附近居民开放。

第二,湖南城建职业技术学院图书馆可以选择在学校阅读推广活动较少的 3 月及 9 月,定期开展至少两次针对附近居民用户的信息素养教育。第二,信息素养教育的形式可以多样化,例如现场教学、上门推广、视频宣传以及专家讲座等,以最大限度提高附近居民的参与度。第三,每次的信息素养教育应针对不同水平的居民群体的特点与需求开展,提高信息素养教育的精准性。

(2)提供个性化的移动信息和网络信息服务。互联网时代,移动信息服务是图书馆服务中重要服务,高职图书馆在参与社区信息服务时也要注重互联网信息服务的个性化,既可以增加服务活动的活力,另一方面也能提高图书馆对社区居民的吸引力和满意度。以湖南城建职业技术学院图书馆为例:

第一,湖南城建职业技术学院附近有大量从事建筑行业和环保科技行业的居民,图书馆可以充分利用自身的行业特色资源，对附近的专业居民读者开展有关建筑行业、电气自动化和环保科技等相关专业的文献资源的重点电子资源推广。

第二，针对时间比较紧、需求比较迫切的读者，可提供私人定制的移动信息服务推送，例如，对工作于湖南省建工集团三公司的居民，由于主要时间都在工地上，图书馆可根据工作的特性和规律，定期提供以数字资源为主、建筑专业为主要专业的私人推荐服务。

第三，鉴于附近居民大都是上班族，图书馆应该充分发挥网上服务这个主战场，例如，充分利用图书馆现有的微信公众号、图书馆网站、微博、QQ、E-mail 等多途径，向附近的社区居民提供最便捷和多角度的在线网络咨询服务。

四、高职院校图书馆与社区图书馆合作模式的构建

高职图书馆如何引领社区图书馆的构建，并在社区图书馆成功构建之后进行良好的合作，是值得深思的问题[4][5]。以湖南城建职业技术学院图书馆为例，笔者建议的途径包括以下几个方面：第一，湖南城建职业技术图书馆应该与附近的社区进行沟通，争取社区居委会的支持，让社区提供办社区图书室的政策、场地和经费等支持。第二，如果能得到社区居委会对社区图书室的支持，高职图书馆可以在资源优势、人才优势、技术优势和管理优势等方面加以扶持，指导社区图书室建设，实现共建共享服务。第三，高职图书馆与社区图书馆共建共享所采取的模式建议是作为中心馆的（高职院校图书馆）延伸服务和分馆（社区图书馆）建设模式。这种模式是指由湖南城建职业技术学院图书馆担任中心馆统一决策，并对社区图书馆的运作与人员管理进行监管与培训，保障社区图书馆的信息服务，这样既发挥了高职图书馆的优势，又为社区服务开辟了新的道路。

五、结论

"互联网+"背景下，高职图书馆要正视自身参加社区服务的优势与障碍，抓住社会服务这个机遇，主动走出去，有利于促进图书馆与社区文化建设的双赢。高职图书馆如何在利用互联网技术与信息资源优势，带动社区图书馆的发展将是保证长效发展的突破口，进而为我国文化事业与和谐社会的构建做出应有的贡献。

参考文献

[1] 周建昌，廖恒. 高校图书馆虚拟社区服务初探[J]. 漳州师范学院学报，2012(2)：174－176.

[2] 寇世珍，王思根. 高校图书馆社区服务现状[J]. 价值工程，2011(24)：237－238.

[3] 桑萍. 社区公共文化服务中高校图书馆参与性研究[J]. 兰台世界，2015(29)：133.

[4] 杨祖逵. 高校图书馆社区阅读推广服务之理性思考[J]. 图书馆建设，2014(12)：6－65.

[5] 李鹏. 谈高校图书馆对社区文化的影响[J]. 科技与创新，2015(23)：21.

以服务为导向的图书馆可持续发展策略研究

赵英海(湖南高速铁路职业技术学院)

美国图书馆学大师谢拉说过一句话,“服务,这是图书馆的基本宗旨”。服务是贯穿图书馆发展的主线,是图书馆的核心价值观。图书馆现代化发展的最终目的就是提供更好的服务。但是目前图书馆遭遇了发展危机,一是走进图书馆的读者更少了;二是图书馆传统馆藏资源难以跟上时代发展的变化;三是图书馆服务水平越来越低。如何改变现状,让图书馆实现可持续发展,使其在知识资源服务的舞台上扮演核心角色,成为图书馆人迫切商榷解决的难点热点之一。

一、图书馆发展战略规划指导思想

1. 以用户需要为中心

图书馆战略规划的制定和实施必须具备长远性和全局性,要以图书馆用户需求为核心要位,不断提升基于用户需求服务能力才是未来图书馆的发展方向,基于传统的图书馆借还服务和简单地依靠读书日来推广阅读的服务模式已经不能够适应当前实际服务需求[1]。随着知识发展的变化,用户对图书馆的信息索取方式也在不断变化,所以图书馆自身也要不断创新服务模式,尽量满足用户的各种需求。站在用户角度考虑服务方式,以贴心服务回馈用户,利用信息化技术提高服务效率和服务质量,时刻让用户感觉图书馆是精神的粮仓,这个时代图书馆不仅没有颓废,意义反而更加伟大,最终实现图书馆的可持续发展。

2. 以支持资源发现获取为服务基础

众所周知,图书馆的馆藏资源包括纸质文献和电子资源,图书馆所拥有的资源量是其知识输出能力的一个重要表现。伴随着互联网时代深入,数字图书馆的发展和数字资源数据库井喷的涌现,资源数量已经不再是限制用户需求的瓶颈,而如何在浩瀚的资源库中发现资源,迅速地获取有用的知识信息,成为衡量现代图书馆发展能力的一个标准[2]。一站式检索服务系统的出现在探索以支持资源发现为服务基础的新篇章。所有数字资源数据库和网络对接信息源均可视为一站式检索系统的数据源,检索系统是图书馆所有资源能够迅速呈现给用户的一个可视化顶层窗口,整个检索过程分为两个阶段。检索资源:用户需要某一资源时,给出检索字段,从购买的所用资源中进行筛选检索,快速地呈现给用户,并提供资源关系图。资源呈现:当用户锁定所需资源时,通过平台再返回该数据的来源库,提供更丰富完整的内容。

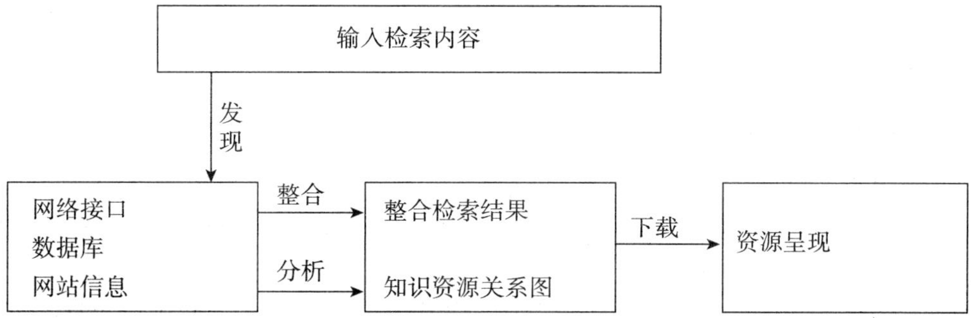

一站式服务流程图

3. 以调整空间利用为服务时效

在图书馆的历史演变发展过程中,也是空间不断被改造体验的历程。在读者的传统认识中和大多数普遍的图书馆设计来看,图书馆空间是包含在固定的建筑中,然后在建筑内开辟出不同的区域,划分为各式各样的服务空间,一般包括藏书区、阅览区、电子阅览室和办公区等。随着爱德华·索亚提出"第三空间"理论,图书馆作为公共空间被称为第三空间,与家庭居住、职场的一二空间不同,第三空间是根据人的需要设置的,"以人为本"才是服务根本。"空间转向"思潮已经开始对图书馆空间观念和建筑设计理念产生了实质性影响。国内学术界也为图书馆新的空间思考模式敞开了大门:一个信息自由、文化交流、知识分享、休息娱乐、服务生活等多元化的空间设计,赋予了图书馆空间许多新的活力。西雅图公共图书馆是空间改造成功的一个代表,任何人都可以在这里看书、喝咖啡、聊天、碰面约会,甚至发呆睡觉。美国北卡罗来纳州立大学亨特图书馆被誉为是空间改造的一场革命,其空间类型主题分为四大模块:技术与多功能媒体空间,安静休闲阅览区,小组学习研讨空间,人性化的服务设施与空间。尤其是服务设施空间包含一间母婴室,给人一种感官上的愉悦和自来内心的尊重。图书馆伴随着技术发展,不应该弥漫着"消亡论",反而利用科技的发展,融入以人为本的服务理念,时刻改革空间,满足读者需求,走进图书馆是一种情感的体验和满足,激发我们对知识的渴望,对图书馆无限的敬畏,情切。

二、图书馆深层次服务与拓展服务

1. 构建创新型图书馆服务设计模式

创新型图书馆就是在当下经济、政治、文化条件下,契合时代需求,以创新来赢取读者的图书馆服务发展模式,在新的理论指导下、做好各种服务以满足读者的个性化需要,是将知识经济和信息技术相互融合的一种模式形态。数十年间,国内外已经对创新型图书馆进行了研究,传统的以收藏图书、电子资源为根本,然后把资源借还读者的模式已经不能满足当今读者对个性化服务需求。创新型图书馆以服务为宗旨,服务功能不断扩大,向网络化、社交化、个性化模式转变。以前由图书馆以自身为中心,进入以满足读者个性需求为服务中心,满足读者的学习、社交、生活的发展需要,将读者、需求、空间这三者看成一个互相作用、互相影响的整体。创新型图书馆的理念:从读者角度出发,兼顾多方需求,从服务特点、服务内容、服务环境,服务技术、服务方式等多方面入手,构建创新型图书馆[3]。图书馆一定要与时俱进、推陈出新,积极构建满足读者需求的环境优越、服务周到、管理科学、内容丰富、手段先进的现代化图书馆，为建设成为大众的知识殿堂而努力奋斗。

2. 提高图书馆服务能力建设分析

服务是图书馆的基本职能，也是核心职能。图书馆服务能力的高低影响着图书馆受欢迎的程度以及图书馆在读者心中的地位，甚至决定了图书馆的历史舞台作用。图书馆存在的价值大小取决于服务功能是否强大。服务的重要性彰显着服务能力的重要性，高水平、优质的服务需要较高的服务能力来实现。图书馆服务能力的强与弱、高与低，从根本上说都取决于图书馆服务能力形成的主要要素良好的组合，充分做好每一项服务，就能带到良性发展。做好提高图书馆服务能力建设在于通过管理协调机制把人力资源、物质资源、技术资源形成一股凝聚力，他们相辅相成，不可分割。物质资源是基础，拥有雄厚的基础人才才能得心应手。人力资源是竞争核心，所用的一切最终是人力创造的。先进技术是锋利工具，技术进步更好的服务图书馆发展。管理机制是协调中枢，良好的管理可以事半功倍，调配优化资源，达到最佳目标。

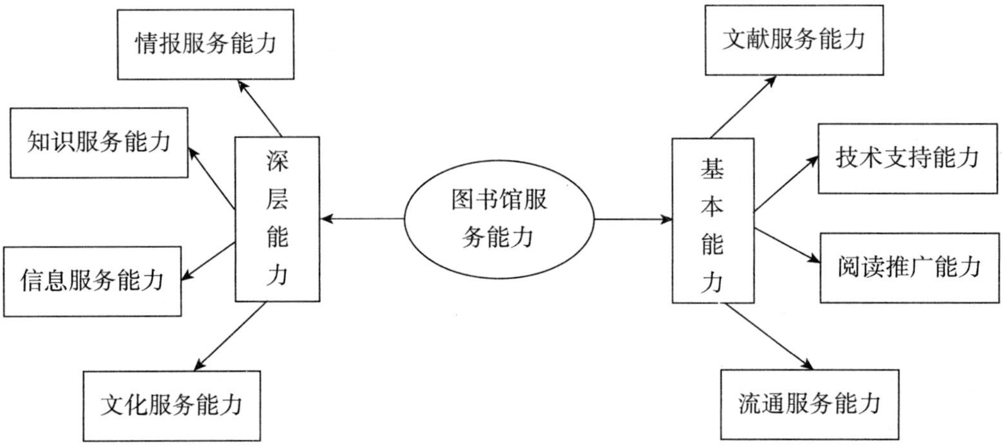

图书馆服务能力结构图

3. 保护图书馆网络信息安全

网络信息时代的到来，促使图书馆发生了革命性变化，不仅服务理念和模式发生了变化，而且安全问题越来越受到紧迫，一旦图书馆网络遭到攻击，数据和资源将会遭到严重破坏，甚至图书馆处于崩溃状态，服务就无法开展下去。产生图书馆网络信息安全的因素主要来自三个方面：一是计算机系统遭受病毒感染和破坏，据统计全世界约有 75% 的计算机受到过病毒感染，被病毒破坏全部数据的占 15%，破坏部分数据的占 75%，并且随着时间发展，被感染的计算机数量越来越多，速度越来越快，并且破坏程度更严重。二是电脑黑客攻击频繁，损坏力度强。世界 90% 互联网网络管理中心都遭受过境内外黑客的攻击或侵入，并且现在黑客技术越来越强，手段极其隐蔽，有的遭到攻击，无法破解。三是本身系统漏洞，计算机系统不可能完全没有漏洞，在使用过程中要不停更新补丁，防止漏洞被扩大化，遭到攻击，或者自身无法正常运行。解决图书馆网络信息安全问题，从安全管理预防和技术两方面入手。一要建立图书馆网络系统安全管理机制。从软件引进、安装，硬件设置，馆员自身安全意识，紧急安全预案以及法律等多方面综合维护网络信息安全。二要提高安全技术。使用专门防火墙技术;安装防病毒软件;安装入侵检测产品,实时监控;设置密码,严格身份认证;建立数据备份,防止数据丢失。网络信息安全始终是一个备受关注的话题,图书馆信息安全尤为重要,从思想上深刻认识问题的严重性,严格按照以上措施才能做好图书馆的网络信息安全工作,充分发挥图书馆传播信息资源的能力,使图书馆更好地为社会和读者服务[4]。

三、图书馆优质服务经典案例

1. 科技・智慧城市馆——江苏建筑职业技术学院图书馆

江苏建筑职业技术学院在当前国家"一带一路"和"互联网+"推进"智慧城市""智慧校园"建设的时代背景下,学校经过精心考察、设计、选址、评估,在图书馆一楼建造了科技・智慧城市馆。该馆于2015年8月建成,9月投入使用,面积约1360平方米。该馆是按照学校学科类型分类,利用高科技信息技术、新材料技术展现学科建设的专业技术发展成就,同时反映学校的发展历程、校友文化和各重要阶段。由序厅和三个展区组成,包括学校历史、校友文化及科技・智慧城市三部分内容。采取文字、图片、实物等方式呈现专业技术发展成就,依托图书馆的纸质和电子资源,通过声光电解决人机互动和互动中感悟专业技术,激发专业兴趣。

在图书馆服务创新实践过程中,科技・智慧城市馆也收到了良好的效果。第一更新了服务理念,开放理念发生变化现已经面向社会全面开放,年开放天数180天,接待15 000余人次。第二,倡导主动服务,从被动服务向主动服务转变,积极拓展新的服务领域。第三,拓展服务平台效应在完善内部管理的前提下,提高馆员自身素养,加强网络信息咨询服务,保证科技・智慧城市馆线上线下服务相结合的服务新模式,后期深入开展读者研究,用大数据方式分析读者行为与资源分配,拓展以科技・智慧城市馆及图书馆为核心的服务平台效应。

2. 重构图书馆空间布局新定义——温州职业技术学院图书馆

随着"以人为本"服务理念的不断深化,人性化、人文化的空间布局和阅读空间的建设成为用户的主流需求趋势,各图书馆也在不断探索和建设兼具物质与精神、艺术与技术的空间环境质量[5]。温州职业技术学院图书馆空间布局从传统的以"馆藏为中心"向以"读者为中心"转变,实现泛在网络、泛在知识环境下的泛在服务和泛在学习。图书馆空间布局打破"千馆一面"的传统模式,实现集多功能于一体的共享空间,按照不同的功能需求将空间划分不同的区域,包括阅读交流空间、信息共享空间和主题概念空间。其中阅读交流空间采用高矮不一、错落有致的环形书架营造便捷安静的阅读氛围;信息共享空间辅以高速流畅的图形工作站、设计工作站、触摸屏一体机等现代化设备;休闲交流空间内涵丰富、主题广泛,书画空间、视听空间、读者沙龙、体感减压室,应有尽有,让人流连忘返。自图书馆共享空间改建以来,各阅读交流空间、多媒体场所深受广大师生的青睐,预约使用的频率不断攀升。作为国家示范性高职院校,每周平均有4—5批客人来校参观,客人对我院图书馆的环境打造给予了很高的评价。

3."VR诵经典"虚拟现实服务——西藏图书馆

从2017年4月份开始西藏图书馆电子阅览室开展VR文化数字虚拟现实体验活动,该活动以"融入生活的数字图书馆"为出发点,用生动活泼、贴近生活的方式,拉近了读者与数字图书馆之间的距离。西藏图书馆向读者全面推出的“VR 诵经典”虚拟现实服务项目，通过 VR 手柄，与虚拟现实直接接触，为到馆读者提供创新的阅读体验服务。它是以中国传统文化为背景，引入互动机制，采用目前比较领先的虚拟现实技术，用更加引人入胜的沉浸式体验来创新阅读方式；是以春夏秋冬四季为背景，分为“铁崖苦读”“怀素书蕉”“流觞曲水”“千里婵娟”四个场景。体验方式是以轻交互的临摹书法、寻诗找词、放孔明灯等创新形式，引导读者在虚拟空间阅读传统古诗词，体验数字阅读新形态。“VR 诵经典”虚拟现实服务项目，将技术创新与传统文化相结合，拓展数字图书馆在数字阅读方面的新形式，弘扬中华优秀传统文化，引导读者在体验高新技术的同时，领略民族传统文化的魅力。

参考文献

[1] 宋姬芳，焦皎. 机遇与挑战并存：大学图书馆可持续发展策略及实践[J]. 大学图书馆学报，2016(5)：8－14.

[2] 刘文杰. 从资源获取到资源发现的现代图书馆发展趋势[J]. 长春教育学院学报，2014(10)：71－72.

[3] 高搏，殷正声，张良君. 服务设计应用于创新型高校图书馆的设计实践[J]. 包装工程，2016(2)：61－64.

[4] 谭文华，曾光中. 浅论图书馆网络信息安全及防范对策[J]. 现代情报，2004(7)：92－94.

[5] 段小虎，张梅，熊伟. 重构图书馆空间的认知体系[J]. 图书与情报，2013(5)：35－38.

公共图书馆业务创新

从第六次公共图书馆评估定级新指标看编目数据审校工作

——以安徽省图书馆为例

王佳萍(安徽省图书馆)

2017 年 1 月 5 日,文化部办公厅发布了《关于开展第六次全国县级以上公共图书馆评估定级工作的通知》[1]。公共图书馆评估对于促进文化大发展大繁荣具有很强的现实意义,对公共图书馆事业的发展起到了非常好的推动作用。

一、文献编目标准化一直是公共图书馆评估的指标

1. 文献编目标准化是公共图书馆业务建设的基本指标

安徽省图书馆从 2008 年起成为国家图书馆联合编目中心安徽省分中心,2009 年顺利通过 ISO9001 质量体系认证。根据国家图书馆联合编目中心和安徽省图书馆 ISO9000 质量管理体系要求,编目工作应当根据国家标准和行业标准进行,使用《中国图书馆分类法》进行分类标准,使用汉语主题词表进行主题标引。这些内容一直以来都是编目审校工作的基础内容,符合评估指标中“文献编目标准化”的要求。

编目人员遵照最新《中国图书馆分类法》《中国分类主题词表》及相关规则审校分编文献的分类标引和主题标引;遵照《新版机读目录格式使用手册》及相关规则审校书目著录的 CNMARC 格式;根据本馆制定的分编细则,认真核查每条书目记录,确保馆藏书目数据的系统性和一致性。编目数据的审校包括对文献分类、主题标引的审校,对著录内容的审校,对丛书、多卷书的审校,对种次号的审校。

2. 本次评估指标中要求的新增指标

省级(副省级)图书馆评估标准细则中,基本分项共计 1000 分,加分项共计 450 分。其中在第二部分业务建设基本 400 分,加分 200 分。

本次评估中体现省级公共图书馆编目业务规范的主要体现在以下几个方面:“采用规范控制数据”“数字资源与传统文献的关联揭示”“文献编目标准化”。其中,“采用规范控制数据”和“数字资源与传统文献的关联揭示”为单独考察省级公共图书馆的 2 个加分项指标,并且这两项都是第六次公共图书馆评估的新增指标[2]。在业务建设考察项新增的 20 个新增指标中,仅有这两个是对省级公共图书馆展开考察的指标。

“采用规范控制数据”加分项为提供主题控制软件系统版本号或网页链接,即数据规范有规可依,有据可查。采用规范控制数据,加 5 分。

“数字资源与传统文献的关联揭示”加分项包括:①建立纸本资源与数字资源的关联信息,加 2. 5 分;②数字资源的 MARC 数据可访问,加 2. 5 分。

MARC 资源对任意网站访问者开放,意味着对书目数据标准化的要求更高,内容更丰富。

新增加分项指标体现了评估工作对省级公共图书馆在编目与馆藏组织管理上的高标准严要求,要求其引领全省编目工作的业务规范水平。

表 1　业务建设中仅有的对省级公共图书馆展开考察的两项新增指标

类别	新增指标	省级公共图书馆	市级公共图书馆	县级公共图书馆	加分分值
业务建设	采用规范控制数据	是	否	否	0—5 分
	数字资源与传统文献的关联揭示	是	否	否	0—5 分

二、规范控制工作

1. 规范控制与采用规范控制数据

规范控制(authority control),又名权威控制,视为确保标目在检索款目及书目系统中的唯一性和稳定性而建立、维护、使用规范款目和规范文档的工作过程[3]。规范控制的内容包括名称规范和主题规范。中文名称规范包括个人名称规范、团体(会议)名称规范和统一题名规范。使用经过规范控制的书目数据,就是采用规范控制数据。使用规范控制数据,有助于提高书目数据的查准率(区分功能)和查全率(聚集功能),通过规范数据的链接可以发散式查询相关资源,有助于提高文献资源的使用效率,增强文献资源建设的意义所在。

"采用规范控制数据"是指提供主题控制软件系统版本号或网页链接。"数字资源与传统文献的关联揭示"要求图书馆建立纸本资源与数字资源的关联信息,数字资源的 MARC 数据可访问,同时提供映射工具版本号。"文献编目标准化"指标在对各级公共图书馆的考察上都要求普通图书(包括中外文普通图书、少数民族图书等)、期刊、报纸、视听资料、电子文献等编目符合标准,本馆有相关编目细则,保证编目数据规范一致。然而由于省级馆公共图书馆的业务引领地位,基本分项中增加了"参加全国性联合编目工作,上传馆藏目录并及时更新""下载全国图书馆联合编目中心数据"和"是全国图书馆联合编目分中心"三个基本分项[4]。

2. "采用规范控制数据"与"文献编目标准化"的关系

由于资源限制和组织难度大,目前我国只有国家图书馆在做规范控制。使用规范控制后的书目数据的标目更加规范,使得文献编目更加标准,有利于文献资源的查找、识别、选择、获取和浏览。采用规范控制数据,使文献编目标准化的内容更加精准,内涵更加深刻。

三、新指标要求下书目数据编目审校工作方向

1. 编目审校工作与新指标的对接

在编目审校工作日常中,应当提高规范控制的意识,从名称规范和主题规范控制两个方面去考虑数据的全面性与精准性。作为国家图书馆联合编目中心成员馆,安徽省图书馆可以从联合编目中心提供的 Aleph 客户端查询并使用规范控制款目。编目审校人员可通过查询使用规范文档,熟悉规范文档,不断积累总结,提高规范化工作水平。

2. 新指标要求下书目数据编目审校工作方向性调整

我国规范控制起步迟，大部分图书馆未开展名称规范控制，更遑论供应商提供的书目数据。在业务外包的现实情况下，编目人员的工作重心已经开始向着审校的方向转换。现在由于业务外包，编目人员拿到图书时，图书的初加工已经完成，书目数据也是随书到馆。编目人员要检查图书的初加工情况是否和本馆编目细则要求是否一致：条形码贴的位置和馆藏章加盖位置是否符合本馆要求，复本数与订购数是否一致，书籍实体与书目数据的著录格式是否一致。除此之外，编目审校人员更加应当注意随书到馆的书目数据是否进行了规范控制。

这一项工作，是新指标对编目审校人员提出的新要求，即：基本的名称控制和主题标引控制是否符合规范要求。这些都要求编目审校人员在平时的工作中不断积累总结，经常使用查询规范文档，与现有书目数据进行比对。编目工作在向着审校的方向转移。增加了新指标后，省级图书馆的编目审校工作的标准更细致，要求更严格。对编目审校人员也是一个挑战。规范控制是近几年才开展的业务要求。从零起步，没有前人经验可依，一切都要积沙成塔。另外在编目审校过程中，还要注意观察国家图书馆提供规范款目的精准性。

3. 主题规范和名称规范中容易出现问题和疏忽的地方

由于采编业务外包内容深化，编目数据可以划分为套录国家图书馆联合编目中心数据、图书供应商提供数据、本馆自编数据三种。在日常工作中可以发现部分书目数据的主题并没有达到标引要求，标引的主题词往往模糊且非专指，没有客观、正确、全面、专指地揭示文献；而名称规范控制也容易出现以下问题：人名用字差异产生重复记录、外国责任者中文译名不同产生重复记录、名称附加成分选用混乱、机构团体构成形式复杂等。规范控制数据的建设道路漫长又深远。举一个名称规范的例子来例证名称规范的实践内容。例：《明天的战争》徐贵祥著。翻阅图书实体，没有任何一处体现规范控制后的701责任者字段的子字段@a“楚春秋”三个字。而在规范控制数据库中，只有“楚春秋”才是正确的规范款目。要通过查询国家图书馆联合编目中心的规范控制数据库才可以正确著录该条书目数据。这样，通过“楚春秋”和“徐贵祥”均可以检索出相关文献资源，才可以链接到相关资料。

200	1	▼a明天的战争▼9ming tian de zhan zheng▼b专著▼f徐贵祥著
210		▼a北京▼c中国文史出版社▼d2017
215		▼a409页▼d24cm
225	1	▼a中国专业作家·小说典藏文库▼i徐贵祥卷
314		▼a楚春秋，本名徐贵祥，安徽霍邱县人，1959年12月出生，空军作家，中国作协全委会委员。
606	0	▼a长篇小说▼y中国▼z当代
607		▼a安徽▼x地方文献
690		▼aI247.57▼v5
701	0	▼a楚春秋▼9chu chun qiu▼f(1959.12-)▼4著

图1 《明天的战争》MARC数据中责任者的规范控制

四、编目审校工作标准更细，要求更高

书目数据的质量是图书馆建设文献数据库的重要条件，直接引导馆藏文献资源的查找、识别、选择、获取和浏览，影响为用户提供文献信息服务的效果。随着业务外包范围的扩大和配套服务内容的深入，在联合编目中心还没有上载新书书目数据时，供应商提供的编目数据就成为本馆编目人员提高工作效率的主要来源。如果不对数据质量严格把关、规范控制，必然会影响馆藏书目数据的质量，对正常维护和运行起到负面影响。对书目数据进行审校，严格控制书目质量，才能保证书目数据的有效利用，才能帮助读者检索馆藏资源，推动信息服务的顺利开展。省级图书馆作为省域文献资源"总书库"，馆藏文献资源自然是丰富的。但是如果没有标准化和规范化的工作支撑，文献资源的利用就要大打折扣。通过不断深化要求的编目审校工作，提高读者检索和读者信息服务的查准率、查全率，辅助读者在规范化的数据中进行关联检索，对于文献资源利用率的提高，对于馆藏文献资源的互联互动，意义非凡。

评估定级标准是公共图书馆发展的指挥棒。第六次全国县级以上公共图书馆评估定级工作以效能为导向，"服务效能—业务建设—保障条件"三位一体，使得社会、图书馆和政府三个层面责权分明，共同推动文化服务大发展。

此次评估定级工作更加明确了各级公共图书馆的功能定位，省级公共图书馆侧重于对资源保障、业务引领和协作协调的考察，可以更好地把握评估定级工作的重点，更加科学合理地对省级公共图书馆进行评估定级。

省级公共图书馆是全省公共图书馆事业中的中心和龙头，引领全省图书馆各项业务和服务工作的开展。本次县级以上公共图书馆评估标准在功能定位上体现省级公共图书馆引领作用的主要有以下四个方面：业务规范、学术研究、新技术驱动下的服务创新以及社会教育和阅读推广。

因此，图书馆的业务规范水平影响着自身的工作效率和服务水平，省级公共图书馆作为本省范围内业务规范的代表，承担着指导全省业务规范的责任。作为图书馆最基础的基石业务，在省级公共图书馆以全省图书馆业务和服务工作作为立馆之道的大方向下，应当不断推进编目审校数据工作的标准化与规范化，促进馆藏文献资源建设和利用，使安徽省图书馆成为全省图书馆界的业务龙头。

参考文献

[1] 中华人民共和国文化部. 文化部办公厅关于开展第六次全国县级以上公共图书馆评估定级工作的通知[EB/OL]. [2017-04-01]. http://zwgk.mcprc.gov.cn/auto255/201701/t20170117_477673.html.

[2] 柯平，胡银霞. 创新与导向：第六次全国公共图书馆评估新指标[J]. 图书馆杂志，2017(2)：4-10.

[3] 王彦侨，王广平，索晶. 全国图书馆联合编目中心2017年度上传资格培训班讲义[M]. 北京：全国图书馆联合编目中心，2017.

[4] 柯平，刘旭青，胡赟. 省级公共图书馆评估标准解读[J]. 图书馆，2017(6)：1-7.

浅议公共图书馆馆藏文献利用中的一种质量管理模式

徐　俊(安徽省图书馆)

一、质量管理与 PDCA

质量管理是指确定质量方针、目标和职责,并通过质量体系中的质量策划、控制、保证和改进来使其实现的全部活动。质量管理从 20 世纪之初开始发展至今,经历了“质量检验”“统计质量控制”和“全面质量管理”三个阶段。在公共图书馆对馆藏文献的开发过程中遵循质量管理的理论与实践,是出于以下几点考虑:首先是对读者的责任,质量管理的应用领域早已从制造业扩展至服务行业,而公共图书馆作为服务性行业公益机构,其产品是馆藏文献及其提供的信息服务,用户则是到馆与远程访问资源的所有读者,其馆藏文献开发的质量与效率直接影响用户对馆藏文献的使用体验与满意程度。其次是利于组织管理水平与工作效率的提高,践行质量管理体系会带来组织与员工的计划能力、执行水平及发现问题、解决问题的能力的提升[1]。

PDCA 是英语 P(plan)策划、D(do)执行、C(check)检查和 A(action)处理四项活动的简称。PDCA 循环是文献开发过程中质量管理的重要手段和应遵循的科学程序。包括 4 个阶段:①计划阶段。经过对现状和读者需求的分析研究,确定目标和拟定相应的计划;②执行阶段;③检查阶段。根据计划的要求或读者反馈,检查执行效果;④处理阶段。总结成功的经验和失败的教训,对成功的经验进行总结并形成标准、制度或规定,对遗留的问题重新进行计划、执行、检查、处理,转入下一循环加以解决。这四个阶段是对文献利用时达成良好质量管控所必需的过程[2]。

二、文献利用中质量管理的启动

1. 确定质量管理的目标

质量管理目标不仅从某些技术指标来考虑,还应从成本、价格、使用价值和消耗等几方面来综合评价。在确定质量水平或目标时,不能脱离社会的条件和需要,不能单纯追求技术上的先进性,还应考虑使用上的经济合理性,使质量和成本达到合理的平衡。

馆藏文献利用的质量目标,可从以下几个方面入手:①覆盖率,即得到充分利用的馆藏文献占文献总量的比例;②可用性,读者获得馆藏文献利用的成果的难易程度,以及通过成果得到所需信息的比例;③读者满意度,使用过馆藏文献服务的读者对其满意的程度如何[3]。

2. 确定质量管理中的职责

职责分为部门职责与岗位职责。部门职责规定了整个部门在文献利用过程中的工作内容与职责范围，例如：部门负责基藏书库的日常管理工作(包括防火、卫生、防盗与环境控制)，合理使用书库空间；部门负责接收基藏库入库图书，及时做好基藏图书分编、信息记录与入藏工作等。而岗位职责规定的是某位员工在质量管理体系中扮演的角色，如部门主任职责为：负责制订本部门的工作计划、业务工作细则；负责部门各项工作的质量管理，做好相关业务数字的记录等[4][5]。

三、确定文献利用计划(P 阶段)

计划是所有文献利用工作的参与人同意的对工作分工、时间及成果的安排。从整体项目看，确定计划属于 P 阶段，即计划阶段。项目的计划是一个广义的概念，内容包括完成项目的各项工作名称、所需时间资源和人力资源安排等。

项目计划确定的结果，是形成所有参与人都同意的计划并形成文档。例如：

工作 1：确定项目目标与计划，5 天，2014 年 3 月 24 日，2014 年 3 月 28 日。

工作 2：确定书目，5 天，2014 年 3 月 31 日，2014 年 4 月 4 日，需完成 1。

工作 3：书籍出库，50 天，2014 年 4 月 7 日，2014 年 6 月 13 日，需完成 2。

工作 4：数据录入，55 天，2014 年 6 月 16 日，2014 年 8 月 29 日，需完成 3。

工作 5：数据核对，20 天，2014 年 9 月 1 日，2014 年 9 月 26 日，需完成 4。

工作 6：数据转换，5 天，2014 年 9 月 29 日，2014 年 10 月 3 日，需完成 5。

工作 7：数据产品开发与发布，15 天，2014 年 10 月 6 日，2014 年 10 月 24 日，需完成 6。

项目计划中需要包含重要的资源使用计划，即对人员、设备使用的安排，以避免人员空闲或过于繁忙，或者大量工作积压在某台设备上的情况。

四、工作执行(D 阶段)

D 阶段，即执行阶段，是项目的主体，包括从确定书目，到数据产品制作完成的大部分任务。项目执行需严格按照项目计划进行。

1. 文献准备

工作描述：根据文献利用的主题，形成书目清单。根据清单将文献调出。清单格式需要考虑清晰描述书目信息和出入库操作需要，例如如下形式：

索取号	书名	责任者	出版项	页码	馆藏位置	出库确认	入库确认
I253. 8/049/2017D	难童纪事：纪念抗日战争胜利七十周年	毕述俊著	团结出版社	89 页	基藏 1 库	√	√

在日常工作中，还需要根据情况扩充书目清单。例如发现了与专题有关的书籍存在于其他分类号段或馆藏地点中，就需要及时扩充书单。书单作为重要的项目过程文档，需要存档。

根据部门的典藏书籍出库管理规定，由专人根据出库清单进入书库调书。并在“出库确认”一栏中进行确认。调出的书籍按照索取号顺序排列整齐。

2. 文献信息采集

根据项目需求，每一本书需要录入数据库的信息有封面(图片文件)、书目信息(数据库记录)和其他信息，同时利用数据库功能，建立数据之间的联系。

数据录入过程需考虑参与人员计算机的熟悉程度、技术条件以及是否需要分工协作，如采用Excel填报或设立服务器远程填写。操作过程采用流水线方式：一本书需严格按照流程逐步处理，处理完成后放置在指定地点，这样才能避免因为漏录、重复录入而引起的混乱。我们在实践中采取了批量流水的方式，每一步骤处理一批书籍，处理完后流转至下一步骤，这样可以在保证正确率的前提下提高效率。该项工作是整个项目的核心，也是工作量最大的部分。

在公共图书馆馆藏文献的利用中，工作的重点是文献信息的采集与核对，可能占到整个工作量的一半以上。因为：首先，馆藏文献开发的过程就是实体书目信息的获取与优化组合，而目前该项工作还需要手工进行。尤其是对于检索系统中信息有限的文献，还需要加工人员翻阅后归纳书籍内容提要。其次，对文献信息的开发利用，如不能保证输入的数据正确，则无法保证最终成果的质量，所以数据核对意义重大，且该工作也无法自动化，需要人工进行。在高效、准确的文献电子化技术(如高速扫描、精确OCR)出现之前，馆藏文献利用尤其是全文数据库的开发工作，无法避免将消耗文献收藏单位的大量精力。而当数据库建成后，产品的开发工作由于信息技术的发展，已经可以高效、便捷地借由计算机完成。

3. 数据转换和发布

将数据从填报格式中转换成易于利用的数据库格式。例如Excel的功能限制无法保证数据的独立性和构建数据间联系，且无法从数据导出数据产品。因此需要将数据转换至Access数据库。通过反复测试运行，完善数据库。

从数据库中导出数据，制作专题数据库产品。数据转换完成后，再通过Access内置的数据报表功能开发纸质版本产品，通过Dreamweaver开发电子版本产品。电子版本数据库如需要发布至图书馆网站，还需要与网络技术人员合作完成。

五、检查与处理(C与A阶段)

检查与处理工作贯穿项目整个过程，因此集中在此叙述。检查与处理的内容涉及数据质量、成果质量、项目管理三个方面。检查与处理的工作要点详述如下：

1. 与数据质量有关的检查与处理

从确定文献清单开始，到数据核对结束，期间的检查与处理(C&A)目标就是保证数据的质量。一旦工作进入后面的产品制作阶段，就不应该再出现数据本身的质量问题，否则解决成本较高。数据质量的检查内容和处理动作举例如下：

(1)书目信息是否与馆藏记录一致？如不一致需要找出原因，将信息修改为一致。

(2)书籍内容是否符合项目主题要求？如不符合需检视同类所有书籍，酌情调整书单。

(3)填写内容是否与文献一致？如不一致则需要查出原因和数据填写人，修正错误。

(4)填写的内容是否规范、统一,并满足字段填写要求?

(5)填写规范,有则强调,无则明确规范。将填写内容规范化。

2. 与成果质量有关的检查与处理

从基本的纸质产品排版、电子产品缺陷,到产品本身易用性和美观等,这些都是程序质量有关的关注点[6]。对这些内容的检查与处理同样是不容忽视的。同时需要注意的是:产品质量的标准需要在项目计划中就确定下来并一以贯之,例如:

(1)文献简介文字要求尽量全面、精炼和讲究词彩,既严谨准确又生动详明。

(2)图文并茂,需图书封面(图片分辨率不低于300PPI)、文字、视频(512KBP码率的流媒体格式、PAL制不限码率的DVD格式)等配合展示。

(3)根据易于阅读、显示完整和美观的原则,对字段的位置、大小进行调整。

但是,这些标准不是一成不变的,而是要根据读者需求、技术条件等因素适时调整。成果质量的检查与处理不涉及数据内容的错误而关注表现形式,如果文献利用成果中的数据出现问题(如数据缺失或错误),并发现是数据本身的问题,需要回溯到数据录入、核对流程,找出发生问题的原因,修正数据。成果质量的检查内容和处理动作举例如下:

(1)文献产品(包括纸质和电子)外观是否满足:清晰、易读、美观的要求?如不满足则需要优化。

(2)电子产品是否存在缺陷(如无效链接、错误代码、封面不显示等)?如存在则需要修正。

(3)产品是否满足其他指标?如封面图片分辨率、音频文件码率、格式等。如不满足则需要修正。如果认为指标过于严格,可在讨论并同意后修改。

3. 与项目管理有关的检查与处理

该类别的检查与处理不涉及具体工作内容,因此也可以适用在不同的工作中。它是为了提升工作效率、协调项目中各方关系、推进项目进展所需要关注的内容。一般来说,这些检查与处理需要由文献利用工作的负责人完成。

(1)当前工作进度是否满足项目计划?如滞后,需要增加工作量或修改项目计划。

(2)项目进度提前\滞后于计划的原因是什么?改善工作效率或者修正工作计划。

(3)项目所需的人力、物力资源是否满足要求?如有欠缺需要补充资源或降低工作要求。

(4)目前有无可预见的项目风险(如IT设备损坏、人员离开)?提前做好候补方案。

(5)不同工作之间是否有衔接问题?如有需要项目领导召集相关人员进行沟通、协调。

检查与处理可以定时进行,也可以在完成某阶段工作之后进行。检查项目根据检查的频率和重要程度进行选择。例如,每周可对当前工作完成情况进行检查,以及时发现进度落后并调整;而更为重要的数据质量检查,则可以每周进行一次。

六、流程总结

为便于理解,上述PDCA流程可以简化为下表:

阶段	P(目标与计划)	D(执行)	C、A(检查、处理)
内容	确定项目目标和计划	确定书目;图书出库;数据录入;数据转换和数据产品开发、发布	检查与处理工作贯穿项目整个过程。涉及数据质量、产品质量、项目管理三个方面
实施要点	编制项目计划	根据需求,确定书目;按规章出库;按需明确数据结构;顺序录入不同数据;按需转换数据、制作数据产品并发布	数据质量:书目检查、数据结构检查、数据内容检查以及相应处理动作;成果质量:产品本身的质量检查与处理;项目管理:项目进度、风险与成本检查与控制

现代技术对图书馆工作的影响,不仅包括计算机技术的大规模使用,还包含现代管理思想、方法和工具在我们日常工作中的利用,如 PDCA 方法、项目时间与资源计划等[7]。周密的计划和合理的工作方法是文献利用工作顺利进行的前提。在图书馆日常工作繁重的背景下,文献利用更需要合理计划、严格执行,并将质量控制意识和 PDCA 过程贯穿始终。

参考文献

[1] 刘淑萍. 图书馆项目管理应用研究[J]. 江西图书馆学刊,2012(1):35.

[2] 全国质量管理和质量保证标准化技术委员会秘书处,中国质量体系认证机构国家认可委员会秘书处. 2000 版质量管理体系国家标准理解与实施[M]. 北京:中国标准出版社,2001.

[3] 陈雪珍. 公共图书馆全面质量管理体系构建与探讨[J]. 才智,2016(24):245.

[4] 杨菲. 全面质量管理方法及其在图书馆中的应用[J]. 现代经济信息,2016(14):112.

[5] 高红梅. ISO9001 质量管理体系在公共图书馆中的应用——以上海市嘉定区图书馆质量管理体系认证为例[J]. 内蒙古科技与经济,2016(10):107－109.

[6] 吴丹. 基于用户参与的图书馆全面质量管理研究[J]. 农业图书情报学刊,2015(11):204－206.

[7] 侯勇. 质量管理体系在公共图书馆网络管理中的运用[J]. 图书馆学刊,2015(9):57－59.

公共图书馆文化创意产品开发的 SWOT 分析及对策研究

何　茜(安徽省图书馆)

一、宏观背景

为了弘扬我国优秀文化、传承中华文明,2016 年 5 月,国务院办公厅转发文化部等四部门《关于文化文物单位文化创意产品若干意见的通知》(以下简称《文创开发意见》),明确提出各级文化文物单位要深入挖掘馆藏文化资源、开发各类文化创意产品,促进优秀文化资源实现传承、传播和共享,从而满足广大人民群众日益增长、不断升级和个性化的物质和精神文化需求。公共图书馆作为重要的文化文物单位,不仅拥有海量的文化资源,而且担负着开展社会教育、传递科学知识、开发智力资源、提供文化娱乐等重大任务,在社会主义精神文明建设中起到不可或缺的作用。在新形势下,公共图书馆文化创意产品开发有助于进一步提升服务水平、提升服务内容[1]。

然而,与国内博物馆等文化文物单位以及国外同类公共图书馆相比,我国公共图书馆在文化创意产品开发方面仍处于起步阶段,只有为数不多的图书馆已经着手发展馆藏文创产品,相关理论和实践经验也较为缺乏。可以说,文化创意产品的开发已成为中国公共图书馆的重要任务和挑战。本文利用 SWOT 分析法,具体分析公共图书馆文化创意产品开发的优势、劣势、机遇与威胁,并综合考虑多个方面提出相关应对措施。

二、SWOT 分析法简介

SWOT 分析法又称态势分析法,20 世纪 80 年代由美国旧金山大学管理学教授韦里克提出,广泛应用于企业管理、战略分析等多个领域。SWOT 分析通过分析组织的优势(Strength)、劣势(Weakness)、机遇(Opportunity)和威胁(Threat),将组织内外部条件各方面内容进行综合和概括,协助组织整合优势资源,规避改进劣势,做出合理的战略决策。

表 1　SWOT 分析表

优势(内部因素)	劣势(内部因素)
机遇(外部因素)	威胁(外部因素)

1. 公共图书馆文化创意产品开发的 SWOT 分析

(1)公共图书馆体系已基本建立,馆藏资源丰富。我国公共图书馆始出现于 20 世纪初,具有较为悠久的发展历史。1949 年以后,在省、市、县、乡等各个行政级别由政府出资兴建相应级别的图书馆,建立了全国规模的公共图书馆系统,为馆际资源交流提供便利的条件。公共图书馆的馆藏大多是综合性的，通常建有地方文献和古典文献的专藏，馆藏资源丰富，既有综合性，又兼具古典性和地方特色性。尤其以国家图书馆以及各地省馆为代表的大中型公共图书馆，往往掌握大量珍贵而富有特色的文献资源可供开发挖掘。对于文化产业来说，蕴藏在图书馆内的巨大的文化资源是其可持续性发展的源泉，为文创产品的开发提供丰富的素材。

(2)公共图书馆服务受众广泛，市场前景广阔。文化创意产品的开发必须要以受众需求为主体。我国图书馆服务对象广泛，包括各种职业、各种年龄和各种文化程度的读者，同时服务的人次数量巨大。截至2011年底，全国所有公共图书馆均实现无障碍、零门槛进入，读者人次进一步增加。这也意味着在图书馆文创产品的投放上，不仅拥有广阔的市场空间，还可以做到市场细分，满足不同读者不同层次的文化需要。

(3)公共图书馆品牌效应良好，有助于文创产品推广。公共图书馆长期承担信息和文化的服务职责，从而使得公共图书馆的社会地位和良好形象在广大人民群众心中形成品牌效应，成为人们获取知识、寻求信息的首选。凭借良好的品牌效应，公共图书馆在文创产品的推广上更易于获得读者的认同感与接受度，为读者提供多元化、个性化的深层服务。

2. 存在的问题和劣势(Weakness)

(1)馆藏资源种类单一，深入挖掘难度较大。与博物馆丰富多彩的文物艺术品相比，图书馆的馆藏资源较为单一，主要集中于书、字、画几种。与博物馆等文化单位可以“就地取材”开发形式多样的文创产品不同，图书馆要考虑如何将抽象的文字提炼出具体生动的文创产品，具有极大的难度[2][3]。这就要求图书馆文创人员充分发挥想象力，借鉴国内外博物馆、图书馆的成功经验，反复尝试，不断摸索。

(2)专业人才缺乏，创新能力不足。现阶段公共图书馆文创产品开发处于起步阶段，文创产品的设计、制作、生产、宣传、营销、服务各环节大多是由馆员直接担任，缺少专业性的人才和工作团队，导致图书馆文创产品形式单一、缺乏特色、同质化严重、精品匮乏，难以形成规模效应，也不利于对读者进行吸引和推广。

(3)专项经费限制严重，制约文创产品开发。公共图书馆经费大多来源于国家财政直接拨款，用于图书馆的日常运行、购书、人员、活动等，没有专项资金应用于文创产品开发，而文创产品开发的启动与推广势必需要较为充足的资金支持。在经费紧张的情况下，文创产品的开发不仅难以持续，开发出的产品也不能保证质量，难以获得读者的青睐，久而久之图书馆文创产品的开发也会逐渐枯萎。

(4)馆藏文献资源开发存在知识产权侵权风险。图书馆馆藏资源丰富，为文创产品的开发提供充分的素材。但目前存在的问题是，图书馆拥有信息资源对象，不代表拥有著作权，尤其是捐赠文献的著作权。因此，图书馆在利用馆藏文献进行文创产品开发时始终存在知识产权侵权风险。尤其是近现代文献，受《著作权法》保护，具有较高的法律风险，限制了图书馆对其进行文创开发[4]。

(5)相关政策配套措施滞后。公共图书馆属于公益类事业单位。尽管《文创开发意见》指出，为更好地开展文创工作，图书馆等试点单位可以兴办企业，但在实际情况中工商部门却依旧执行“机关事业单位不得兴办企业”的政策而拒绝办理相关手续。同时，公共图书馆的领导干部遵守《公务员法》以及《事业单位工作人员处分暂行规定》的要求，不得从事经营性活动或兼职领取报酬，难以深度领导和推动文创产品开发工作的开展。基于现行体制的文创产品开发模式、收入分配、激励机制缺乏具体的实施方案，实践与现行政策法规有很多不相符之处，相关政策配套措施滞后。

3. 面临的机遇(Opportunity)

(1)文化事业发展迎来历史机遇，利好政策不断推出。党的十八大报告明确指出，要扎实推进社会主义文化强国建设，走中国特色社会主义文化发展道路，发展新型文化业态，提高文化产业规模化、集约化、专业化水平。“十三五”规划纲要指出，到2020年，我国文化产业将成为我国国民经济的支柱性产业。2016年5月，国务院办公厅转发文化部等四部门《文创开发意见》，明确提出各级文化文物单位要深入挖掘馆藏文化资源、开发各类文化创意产品，发展产业与增加效能并举。继《文创开发意见》下发以后，文化部办公厅、国家文物局办公厅下发了开展文创开发试点工作的通知，要求国家级、部分省级和副省级博物馆、美术馆、图书馆行动起来，在开发模式、收入分配、激励机制等方面进行探索，形成符合文创工作实际、具有较强实用性和推广价值的经验，带动文创工作的全面开展。可以说，文化事业发展正迎来历史发展机遇，成为推动国民经济发展的朝阳行业。作为文化产业的重要组成部分的文创产品开发设计，无疑具有广阔的成长空间与发展前景。

(2)互联网科技迅猛发展，为图书馆文创开发提供丰富的种类与途径。互联网科技的迅猛发展不仅拓宽了人类社会获取信息资源的渠道，也引导图书馆服务方式的根本性转变。文化创意产业的开展主要特点就是推崇创新，强调文化对经济的支持与推动，可以充分借助“互联网+”的发展理念，大力开发数字地域文化，建设网上图书馆、移动图书馆、手机阅读APP、数字农家书屋等，提升基于互联网的娱乐应用规模，鼓励用户娱乐消费习惯的改变。公共图书馆还可以创新平台服务，面向数字互动娱乐、网络视听、网络文学、网络出版、微信阅读等领域，鼓励创新，催生阅读文化创意产业，为读者提供深入了解和学习的窗口。

三、加快公共图书馆文创产品开发的对策建议

1. 充分认识新形势下公共图书馆文化创意产品开发的重要性与紧迫性，制定切实可行的规划纲要

公共图书馆应抓住机遇，提高认识，将文创产品开发纳入单位发展规划与工作安排中。首先应结合单位实际情况确定产品研发方向，制定切实可行的规划纲要，实现长期规划与短期计划的有效结合，促进公共图书馆文化创意产品开发的可持续发展。同时在实践中将图书馆文化创意产品开发纳入日常工作管理体系，列入图书馆评估定级指标体系、年度工作任务和考核目标体系，作为衡量图书馆员工工作成效的重要因素。

2. 学习借鉴国内外文化文物单位优秀文创产品开发的经验

国内外许多优秀文创产品开发案例为公共图书馆文创产品开发提供了良好借鉴。目前，我国国内仅有国家图书馆开设有正式的文创产品商店“国图旺店”。与国家博物馆8700多种文创产品，2015年年营业额超过10亿元的成绩相比，“国图旺店”截至2016年7月22日，店内一共仅有82件商品，网店记录30天内(2016年6月22日至2016年7月22日)销售73件商品，营业额仅为5904元，差别十分巨大。然而，图书馆开设文创商品店在国外早已盛行。美

国各大知名图书馆均拥有自己的文创产品网店，销售额很好地用于补充图书馆基金。英国国家图书馆的文创产品更是随着图书馆内专题展览的更新而不断推陈出新，经常引发讨论和购买的热潮，如2015年“爱丽丝漫游仙境纪念展”举办前就在网上进行了爱丽丝主题创作比赛，很多知名设计品牌都参加了比赛，最终获奖作品由图书馆开发为文创产品，并成为文创商店里的热销商品。

3. 注重知识产权保护，建设创意品牌

公共图书馆文创产品开发必须注重知识产权保护，走品牌战略经营道路。一方面，要充分尊重原作者的版权利益，在考虑馆藏资源的衍生开发时，必须确保不侵犯原作者的著作权。对于那些尚在著作权保护范围内的馆藏资源，可以通过与所有者的审核、签约，取得合法授权以便开发成为文创产品。另一方面，对于文创产品好的创意，在推出市场前应该考虑产品的品牌保护及原创性设计的知识加快推进产品研发，开发出拥有独立自主知识产权、适应市场需求的多品种、多层次的图书馆文化创意产品，积极引导、大力支持企业实施品牌战略，做好商标注册、专利申报和原产地保护等工作。

4. 引进培养文创产品开发人才，建立专业的开发团队，建立健全激励机制

人才是文创产业顺利实施的基础。公共图书馆要根据业务发展和专业调整的要求，积极引进经营管理急需人才以及设计开发人才，完善人才结构。同时要加强对现有馆员的培养，健全业务培训和继续教育制度，促进职工知识、技能更新，增强市场应变能力，适应业务发展需要。必须重点培养图书馆文化创意产品开发领域的领军人物、创意创新人才、专业技术人才和经营管理人才，建立起一支专业技能优秀、业务能力健全、创新氛围浓厚的开发团队，全面承担公共图书馆文化创意产品开发的任务。同时还应建立健全对人才的激励机制，对表现优异的文创人员实施精神激励与物质激励并举，激发文创人员的工作积极性。

5. 以市场为导向，积极吸纳社会力量，采取多种开发营销模式相结合

要加强体制内与体制外合作，构建专业性产业链。必须以市场为导向，加强图书馆与社会力量的合作。通过与生产性企业合作，利用多渠道、多形式的社会资本，弥补经费不足；利用企业在经营管理、服务等方面的优势，弥补图书馆在经营方面的经验劣势。除此之外，可以积极大胆采用多种开发营销模式相结合，利用众创、众包、众扶、众筹等形式，为社会力量广泛参与研发、生产、经营等活动提供便利条件[5]。

四、结语

公共图书馆文化创意产品的开发仍处于起步探索阶段。随着国家对文化产业的日益重视，文化产业被赋予成为国民经济支柱型产业的历史使命，图书馆的文创工作迎来了前所未有的发展机遇。在这样的背景下，图书馆必须厘清思路，积极研究相关政策法规，结合自身的优势、劣势、机遇与挑战，努力实践，大胆创新，积极开拓发展文创事业，开发出更加多元化、精致化、品牌化的文创产品，使这些文创产品成为馆藏资源的延伸，实现社会效应与经济效应相统一。

参考文献

[1] 田利. 关于图书馆开展文创工作的理性思考[J]. 图书馆工作与研究,2017(2):9 - 13.
[2] 何晓雷. 博物馆文化创意产品开发的特征、问题及对策[J]. 学习与实践,2016(12):128 - 133.
[3] 莫晓霞. 图书馆文化创意产品开发探讨[J]. 图书馆建设,2016(7):98 - 101.
[4] 张小兵. 论图书馆文化创意产品开发中的知识产权侵权风险[J]. 图书馆建设,2017(1):24 - 28.
[5] 王伟. 文化创意产业服务模式在公共图书馆可持续发展中的作用及路径选择[J]. 图书馆理论与实践,2012(5):71 - 74.

“互联网 + ”背景下读者参与选书活动实践分析
——以长沙市图书馆为例

刘西义　奉永桃（长沙图书馆）

一、“互联网 + ”对图书采购的影响

新环境下，读者的阅读需求呈现出个性化、多元化、随机化的趋势，而传统的馆藏图书采购多依赖采购人员的判断，有时无法精准把握读者需求。读者想看、爱看的书，图书馆太少或没有，馆员采购的书读者又往往不爱看，供需不对称愈演愈烈，严重阻碍了图书馆的健康发展。

“互联网 + ”的出现为解决上述矛盾提供了技术支持，读者大规模参与图书选购成为可能。图书馆的采访业务遇到了新的机遇和挑战，我们必须改变传统的采购模式，让广大读者积极参与到图书采购工作中，才能有效避免图书采购过程中仅仅依靠馆员带来的不利因素，提高图书馆的藏书质量，保证图书馆藏书建设工作健康有序发展。

近年来，图书馆依托移动互联网技术、云计算、大数据技术的支撑，开展了多种多样的读者选书活动[1]。让读者自己来选书，既满足了读者的个性化需求，又替图书馆增加了馆藏，扩大了图书馆的影响力。长沙市图书馆自 2010 年以来开展了多种形式的读者选书活动，文中将对其进行总结分析。

二、长沙市图书馆开展的读者选书活动

1. “线下”读者选书活动

长沙市图书馆开展的线下选书活动即“你的 book 我买单”活动始于 2010 年，至今已开展七届。该活动通过与实体书店合作，依托互联网技术，通过 Interlib 图书馆集成管理系统的云平台，在书店就能知道图书馆某本书的馆藏信息及复本量。活动当天，读者在现场可结合自己的喜好，挑选符合图书馆采选原则和馆藏范围的图书，经采访人员现场进行查重、编目、录入、盖章等手续后即可现场办证借阅。长沙图书馆还主动邀请学校分馆和社区分馆的代表前往书店进行现场选书活动，为广大师生和分馆提供了良好的阅读资源。

此活动不仅使图书馆在短时间内采集到较多高品质的图书，也为采访人员与读者提供了交流与沟通的平台，让采访人员零距离地了解读者的最新阅读动态，是一种提高图书采访质量的有效途径。2018 年长沙市图书馆与馆内的乐之书店建立了长期的合作关系，读者每天都可以参加该活动，成为市民参与图书选购的日常活动之一。

2. “线上”读者选书活动

“惠”读书活动和“云馆藏”精准选书活动是长沙市图书馆开展的线上选书活动。此类活

动采用的是长沙市图书馆、书商和京东三方合作的模式，利用“互联网＋图书馆”的新型工具平台推进长沙市图书馆的阅读推广渠道和方式。参与此类活动市民只需通过长沙市图书馆微信公众号登录主题活动页面进行实名注册，成为图书馆的读者，在线领取读书福利，就可在互联网的“云馆藏”书库中选择自己喜爱的图书，并在规定时间内下单，购买成功的图书将以快递的形式寄到读者手中，让读者足不出户就可以免费借阅到想看的书。

此类活动满足了读者个性化、多元化的阅读需求，让图书馆的“供”和读者的“需”真正对接起来，从而达成“供需”平衡，真正实现让“阅读”成为“悦读”。截止到活动结束，共有1.3万余人参与了线上的读者选书活动，共选书四万余册，参与人员涉及各行各业，受到广大市民的一致好评，收到了很好的社会效益。线上读者选书读书活动是对线下活动的有力补充，实现了网上采选和现场采选的双重阅读推广机制。

3. 依托图书馆集成管理系统的书目荐购活动

读者通过图书馆集成管理系统参与图书选购的流程是：采购人员定期将出版社或者书商提供的新书书目数据导入长沙市图书馆图书馆集成管理系统，并发布通告，读者即可通过读者证登陆“我的图书馆”进行工作人员采选前的荐购。读者通过此种模式参与选书，面对的是批量的书目数据，对读者要求相对较高，而选购的图书却不能马上借阅，参与的人数不多。但图书馆可发展某些固定的读者组成选书小组，参与此种选书模式。长沙市图书馆对计算机类和外文类图书导入系统进行了相应试验，实践证明可行。

三、读者参与图书选购有利性分析

1. 最大限度满足读者需求

传统采访模式下，采访人员由于自身知识体系的不完备会导致图书采访的不完善，馆藏容易与读者需求脱节。长沙市图书馆现有馆藏100万册，却经常会听到读者反映“想借X书，图书馆却没有”，通过Interlib图书馆集成管理系统对已入藏的图书进行分析发现，部分图书基本是“零借阅”。长沙市图书馆开展的“你的book我买单”活动、“惠读书”活动把读者置于文献资源采购决策者的位置，读者的真实需求得到充分考虑，新书在采购的同时就被读者借阅，图书流通率可以达到100%，突破性地提高了图书馆的服务效能，最大限度地满足了读者的需求。

2. 丰富馆藏，优化馆藏结构

“惠”读书活动，读者帮长沙市图书馆挑选了四万余册图书，极大地丰富了图书馆馆藏，而且这些图书都是读者真正需要的，尤其是某些新兴学科、交叉学科的优秀读物，采访人员平时采购中由于受知识结构和专业的限制平时并未采购，通过这一活动可以弥补此类图书的缺失。通过对活动中读者所选购的图书数据进行分析，可发现哪些书籍是采访人员平时容易忽略却是读者真正需要的，从而加强这方面知识的学习，提高采访工作质量，促进馆藏结构日趋优化、合理化。

3. 缩短业务流程，提高文献流通速度

图书馆传统的业务流程是采、编、藏、借，从最初的采访人员下订单给书商到最终读者借阅

到该书最快也要半个多月。“你的 book，我买单”、“惠”读书活动打破了图书馆传统的业务流程，在新书入藏之前，读者就可读到所需新书，缩短了图书采访与图书借阅之间的距离，节省了读者等待新书的时间[2]。尤其是“惠”读书和“云馆藏”活动依托电商平台的物流系统，用户足不出户就能“借”到图书馆的新书，加快了图书馆文献服务速度。

4. 扩大服务人群，推进全民阅读

线下的“你的 book 我买单”活动，每次都会有很多老读者来参加，同时也有很多新办证读者，更加难得的是有不少老年市民远道而来参加活动。而线上的“惠”读书活动，由于读者不用去现场，在家就可以选购图书，参与人数达到 1.3 万余人，一时间成为长沙人民的热议话题。长沙市图书馆通过此类活动进一步扩大了我馆的服务人群，为市民搭建更为便捷的阅读通道，倡导全民阅读风尚，以实际行动积极响应十八大报告提出的“开展全民阅读活动”要求。

四、读者参与图书选购存在的问题

1. 重复选购造成部分图书复本量过大

同一种书，想看的读者很多，尤其是畅销书方面。“惠”读书活动中读者采购的图书总量约为四万册，仅两万种。活动期间长沙市图书馆虽对选购图书的复本量进行了控制，但从还回来的图书发现，超过 20 个复本的图书 233 种，50 个复本以上图书 19 种（见表 1），《岛上书店》《平凡的世界》高达百余个复本。复本量的控制是图书馆馆藏优化的重要因子之一，复本量过小，则难以满足读者的需求，会降低读者满意率。复本量过大，则降低了文献购置费使用率，造成资源浪费。

表 1　复本超过 50 本的图书

书名	复本数(册)	书名	复本数(册)
岛上书店	113	三体	61
平凡的世界	111	百年孤独	60
追风筝的人	91	偷影子的人	60
阿弥陀佛么么哒	76	亲爱的安德烈	58
孩子你慢慢来	75	乖，摸摸头	57
目送	74	解忧杂货店	56
无声告白	68	三体 · Ⅲ	55
全元诗	68	琅琊榜	52
摆渡人	65	活着	51
三体 · Ⅱ	62		

2. 图书质量参差不齐和某些图书缺乏完整性

由于受文化程度、学术水平、阅读水平等各种因素的影响，不同层次的读者在选书水平上

有很大的差异。文献采购是综合知识的运用,而绝非简单地选择图书。图书市场上相同内容的书由于编者、出版社不同,质量会存在一定的差异,如人民文学出版社出版的文学名著,商务印书馆出版的字典辞典类图书质量毋庸置疑,但一些市民参与选书活动时并未注意这些,选购的部分书籍出版社较差,有些甚至不是正规出版物。读者的需求不可控,各凭爱好选出的图书不可避免缺乏系统性和完整性,出现了某些套书只有"上"或者"下"的情况。

3. 部分图书不符合馆藏要求

虽制定了详细的采选规则,对文献类型、载体形态均做了详细说明,但仍有部分读者选了不符合馆藏要求的图书,主要为:①载体形态特殊,不适合图书馆做后期加工,如单词卡片、玩具等;②内容为试卷、日历、笔记本、明信片等。上述文献均不适合再次流通,造成了馆藏资源的浪费,部分读者选购了期刊的某一期或几期,缺乏连续性,不适合入藏。

4. 存在图书流失现象

参与惠读书活动的用户无须花费任何费用,只需用身份证在图书馆活动平台进行登记,即可在京东上选购自己喜欢的图书,然后由京东直接邮寄到读者手,是否归还给图书馆主要靠读者自觉。没有了约束,就会存在借书不还的情况,此次活动截止到活动结束还书率为 90%,近 4000 册图书仍未归还。

五、提高读者选书质量的措施

1. 制定科学、合理的图书采购标准

科学、合理、明确的采购标准,不但可以使读者在符合标准和满足自身需求的前提下提出购买请求,还可以避免决策采购的随意性、重复性。采购标准应包括经费、采选范围、复本数等,可将采购标准做成生动形象的视频,明确"哪些可选,哪些不可选,可选数量",视频内容应包括以往活动中读者采选的不符合要求的图书。活动前期通过现代技术手段推送给读者观看,或在读者报名参与选书活动前先观看此类视频。

2. 加强过程监管和书目筛查

读者参与的选书活动,专业采访人员的监管应贯穿整个活动始末。"你的 book 我买单"活动中,现场参与活动的工作人员应对读者选购的图书进行严格把关,对不符合馆藏要求的图书应与读者进行解释说明;线上的读者选书活动,应通过技术手段设置预设文档对进入读者选购平台的图书进行控制。预设文档通过对出版年限、语种、价格、学科、出版社、文献类型等参数的设置,对图书馆的馆藏框架进行了整体设定。从而保证了在给读者适度选择权的同时,又不至于失去控制;书目荐购中,采访人员应对书商提供的书目信息进行严格筛选,保障书目信息符合要求。此外,采访馆员应对读者选购的图书进行实时监控,分时段进行数据分析,活动结束后对缺乏完整性的读书进行补齐。

3. 建立以采访馆员为主,读者参与为辅的选书机制

图书馆馆藏是有目标、有规划建设满足学科发展需要的特色化、系统化的馆藏保障体系,

同时要对读者的阅读起到导向作用,引导读者发现有价值、高质量的文献资料。过于依赖读者选购图书,读者的即时需求得到了充分满足,但可能会忽视了学科发展的长远需求或潜在需求,偏离图书馆的馆藏发展战略。因此,读者参与采访只是传统馆藏建设模式的一种有效补充,不能代替馆员的主导地位。系统化、学科化的馆藏建设还是依赖于采访馆员、学科馆员的学科知识和专业技能。图书馆应注重采访馆员业务素质的提高,定期对采访人员进行业务培训。

此外,图书馆还应挑选一批专业人员和重点读者成立不同学科类别的"专家采访小组"(如艺术类、工程机械类、医药类、化工类等),采访人员定期将书目导入系统或者通过微信、QQ、E-mail 等形式给他们发送书目,让他们从学科和专业角度协助采访人员进行采购,并把好质量关,确保所采图书更符合读者需求。

4. 举办读者参与选书业务培训

控制文献质量,参与读者的素质是关键要素之一,而读者本身不完全具备选书的知识和经验,不太了解如何快速判断图书的价值、识别专业权威图书等,图书馆可定期举办图书选购读者培训活动。培训活动的内容除了让读者学会评价图书掌握选书方法,还应让读者了解正确选购图书对图书馆及资源建设的意义、参与选书活动应具有的责任意识、图书选购应遵循的采购细则等。同时,图书馆可将培训内容录制成视频,放到本馆网站,或者通过微信平台推送给读者,供未到现场的读者观看[3]。

5. 通过技术手段控制图书复本数

技术为解决线上读者选书活动复本量大的问题提供了途径,读者在选购某种图书时,可通过 ISBN 号或者题名同时调用馆藏数据和订单数据进行查重,如果馆藏数或订单数或馆藏数加订单数已达到活动所规定复本数,则给予相关复本数的提示,并提示如果要想阅读此书请以后来馆借阅,或者引导读者选购其他图书[4]。

6. 制定相应的约束机制

对于活动中出现的"恶意"不遵守活动规则,以及活动后期逾期不归还图书的读者,制定相应约束措施,如在活动中引用"信用"机制,对于失信读者,该身份证将不能在长沙图书馆及总分馆办理借阅证,执证用户的在馆账户将被冻结等。

六、结语

"互联网 +"为读者参与馆藏资源建设提供了技术支持,读者参与图书选购的形式多样,但仍处于经验积累阶段,此类活动需要更多的关注和理论总结,使之逐步得到完善。而如何提高读者选书质量,如何在专业馆员采购与读者参与选购之间找到一个平衡点等问题,更有待图书馆界的共同探索。

参考文献

[1] 薛妍,徐军. 图书馆服务的互动模式研究——"你选书,我买单"[J]. 图书馆研究,2015(6):31 - 34.

[2] 宋旅黄,赵冉."互联网+"背景下中文纸质图书采购模式的变革[J].图书情报知识,2016(2):54-59.
[3] 王玲."读者决策采购"成功实施的关键因素分析[J].图书与情报,2012(5):117-119.
[4] 谢莉.美国大学图书馆实施 PDA 过程中面临的问题及解决办法[J].图书与情报工作,2013,57(9):65-69.

基于互联网大数据与智能手机的图书采选系统设计研究

左荣欣　陈昭稳（湖南高速铁路职业技术学院）

中国互联网信息中心2017年1月发布了第39次《中国互联网络发展状况统计报告》，数据显示，截至2016年12月，中国网民规模达到7.31亿人，手机网民6.9亿人，手机网民占比95.1%[1]。中国早已进入移动互联网时代，基于手机为主体设备的移动互联网发展推动消费模式共享化、设备智能化和场景多元化，95%的手机已经接入互联网，智能手机的应用遍布各行各业，出现手机即时通讯、手机搜索、手机网络新闻、手机音乐、手机网络视频、手机支付、手机购物、手机网上银行、手机医疗、手机教育等。在图书馆的应用方面，出现超星移动数字图书馆、CNKI移动阅读平台等，现在有部分图书管理系统也增设了移动图书外采系统。本文就移动图书信息采集进行分析，提出一套设计方案，供图书馆行业和移动软件开发人员参考。

一、传统图书采选方式与问题分析

1. 传统图书采选方式

图书馆要不断补充纸本图书，每年需要采选当年新书和增补历年图书，传统的方式是书目选书加外出现采，书目选书就是从图书供应商、出版社获取图书书目，由工作人员和读者在Excel表中选定，外出现采是采访人员到图书城、图书仓库、出版社样书中心，现场浏览图书，用采集器采集图书ISBN，根据ISBN获取图书信息，从采集器连接的管理系统导出采选书目。采选人员把书目采选单和外出现采单汇总，然后与本馆馆藏查重，若有重复，则不采选或者少采选，若不重复则采选一定数量。在现采中，为了便于及时了解图书是否与本馆馆藏重复，采访人员需要预先将本馆图书管理系统的馆藏数据导出成Excel或其他格式数据，再传至数据采集器中，这样，外出现采时就能及时看到是否与馆藏重复。部分图书馆会将本馆拟采购书目发至网络平台，读者登录该系统，推荐图书馆采选某些图书，所以图书采购单会汇合三方面数据，即采访人员目录选书单、采访人员外出采选书单和读者推荐书目单。

2. 传统图书采选方式的主要问题分析

采访人员书目选书单和读者推荐书目单一般改进的问题不多，只是需要提供方便工作人员和读者的采选平台，如PC+手机端平台采选。本文重点分析外出采选图书的问题，其主要问题如下：

（1）硬件投入较大。外出采选图书需要用到数据采集器，该种设备属专用设备，市场价格在4000元以上，仅能用于图书信息采集，现在一般比较大型的图书馆均配置2—3个，并且该设备只有厂家才可维修，因此，其购置维护成本较高。

（2）操作复杂，需要专门人员操作。数据采集器是专用设备，采访人员需要专门学习该设备的使用方法,要在计算机中安装驱动程序和管理软件,馆藏数据和图书信息需要提前导入,采选图书完成后,需要连接计算机才可导出采选书目,数据属于分离状态,导入导出不方便。在实际应用中,大部分采访人员都不做数据导入,只将采集器当 ISBN 号采集器用,在得到图书 ISBN 号后才进行查重。

(3)扫描图书不能自动从互联网获取数据。数据采集器不能实时连接互联网,扫描图书 ISBN 号只能从预先上传的数据表中查询图书信息,由于预先上传的数据条目有限,所以有时获取不到图书信息,也就无法在采集器中查看该 ISBN 号相对应的图书信息。查重也需要预先上传,也不能实时与用户互联网 OPAC 系统查重。在当前物联网的环境下,数据采集器不能实时联网已经不能满足用户需求。

(4)携带与数据导出不方便。数据采集器属专用设备,外出采选图书必须携带在身边,为了能充电,还需要携带充电线,为了能导出数据,还需要携带数据线和笔记本电脑,这为图书外采人员在出差增加了负重,影响工作的舒适和便利。

二、基于互联网大数据与智能手机图书采选系统可行性分析

1. 智能手机计算存储可行性分析

智能手机是指具有像个人电脑那样强大的功能,拥有独立的操作系统,用户可以自行安装应用软件、游戏等第三方服务商提供的程序,并且可以通过移动通信网络接入无线网络。从这个定义可以看出,智能手机具有独立的计算机操作功能,当前一般智能手机 CPU 运算能力在 8 核 1.4GHz 以上,运存 3GB 以上,内存 32GB 以上,加存储卡存储容量可超过 128GB,这些配置与目前的计算机没有多大差别,完全能满足安装运行图书采集系统软件的需求[2][3]。

2. 智能手机连接网络获取互联网数据可行性分析

智能手机采用 3G 连接互联网实际速率能达 200Kbps,4G 移动互联网速率可达 2Mbps,采用无线 WiFi 连接互联网,速率可达 10Mbps。图书信息传送最多包含 ISBN 号、书名、出版社、出版时间、著作、分类号等,一条包含这些字段的书目信息不足 1Kb,采用 3G 传输仅需 5 毫秒,这样的速率完全可以达到从互联网获取 ISBN 号图书信息,也可访问 OPAC 系统进行查重。

3. 智能手机扫描 ISBN 号可行性分析

目前,智能手机自带的摄像头,能扫描 ISBN 号条形码,但是,摄像头扫描速度慢,操作不方便,电池消耗量大,手机发热严重。为了克服这个问题,可外接扫描枪,有 micro USB 和蓝牙连接方式,其中蓝牙方式更符合图书采访人员的实际需要。

4. 智能手机电池容量可行性分析

目前,一般智能手机的电池容量可达 2900mAh,持续高负荷运行时间可达 12 小时以上,作为图书外采人员,一天工作时间一般在 8 小时以内,手机的电量完全能满足该系统的使用需求,当手机电池不足时,还可外接充电宝,在采选图书的同时给手机充电。

5. 采访人员个人意愿可行性分析

本系统需要采访人员使用个人的智能手机,对于采访人员来讲,因公务使用个人物品,会

产生抵制情绪。但是,采访人员在此岗位工作,就要完成相应工作,利用个人智能手机,不需要携带采集器等设备,能方便自己工作,也不影响个人通信和娱乐,在使用中,手机操作的时间不多,大部分时间是操作扫描枪,所以,智能手机因工作原因摔坏的可能性较小。从数据安全来讲,系统软件干净,无恶意程序,不会威胁个人隐私和数据安全。作为管理者来讲,为了提高手机性能,一般会给采访人员配备存储卡和移动充电宝,所以采访人员是会很乐意的。

三、基于互联网大数据与智能手机图书采选系统功能需求

1. 服务器端管理系统功能需求

(1)用户管理,设定工作单位和工作人员,只有登录认证后的用户才可以使用该系统采选图书。

(2)支持预先导入大量图书基本信息,用于手机端基于 ISBN 号查询图书基本信息。

(3)自动保存从互联网抓取的图书信息。

(4)支持预先导入用户馆藏数据,用于扫描 ISBN 号后查重图书。

(5)支持一个单位多位工作人员同时采选图书。

(6)实现用户查看、统计图书选购信息,下载 Excel 格式图书选订单,能格式美观地打印图书选订清单。

(7)实现对图书基本信息数据、用户馆藏数据、用户采选图书信息的新增、修改和删除等管理功能。

2. 手机端 APP 功能需求

(1)图书扫描模块。用户按下扫描枪扫描键后,读取图书 ISBN 号,APP 自动查询管理系统数据库,如有该数据,则在屏幕显示书名、作者、出版社、出版时间、单价、分类号等基本信息,如果没有,则自动到国家图书馆或亚马逊网站抓取图书数据,抓取的数据自动保存到数据库,手机屏幕显示图书基本信息。如果没有该 ISBN 号数据,则自动记录无数据。为了节约电池,扫描枪扫描 ISBN 号时,智能手机可以黑屏,系统自动按照默认操作采选图书。

(2)图书查重模块。获取 ISBN 号后,自动查询管理系统中用户图书数据,如有该数据,则提示已有图书,用户自己选择是否继续采选该图书;若用户无该书数据,则自动设定数量,实现根据图书价位范围自动计算续购数量。

(3)统计与输出模块,用户可随时查看选购图书的数量、金额,根据分类、时间段、采选人员输出统计数量,可以回看选书具体清单,以不同分类显示清单,在清单中可以删除、修改选购数量,图书清单可以用 Excel 格式输出。

(4)支持无网离线操作。在手机无网状态下,用户只做数据的查重,可继续选定图书,保存 ISBN 号和选购数量,在有 WiFi 情况下,可一键自动获取并保存网络上的图书数据,也可一键上传手机数据到管理系统中。

(5)可设定勿打扰模式,用户只能接听电话,来电话时暂停使用。其他短信、微信等不能打扰本系统扫描图书。

四、基于互联网大数据与智能手机图书采选系统设计

1. 功能模块划分

根据用户应用需求,对功能模块进行了划分,分为手机 APP 端和 PC 端后台管理两个部分,具体的模块划分如下图 1。

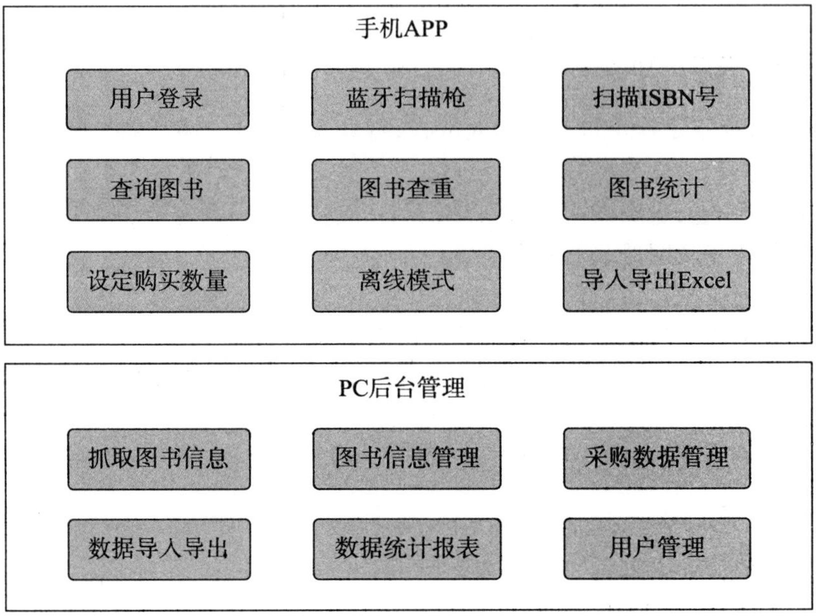

图 1　系统功能模块图

2. 系统结构

整个体统的结构如图 2 所示,手机 APP 通过蓝牙和扫描枪通信,需要后台支持的接口通过互联网通信,PC 后台也通过互联网和后台通信。后台服务包括 Web 服务和数据库服务。Web 服务可去国家图书馆或亚马逊网站抓取图书信息。

3. 图书扫描采选流程

图书扫描采选是本系统主要流程,需要从多个数据表中查看 ISBN 重复情况,其流程图如图 3。

4. 系统技术言语、平台、框架的选用

考虑到成熟、稳定、易操作性,基于智能手机图书采集系统采用如下语言、框架和平台。

数据库:MySQL5.4

后台开发语言:Java 1.7

后台开发框架:Spring/SpringMVC/MyBatis/Spring Security

手机端:Android 原生开发,支持 Android 4.0 以上版本

Web Server：Tomcat7

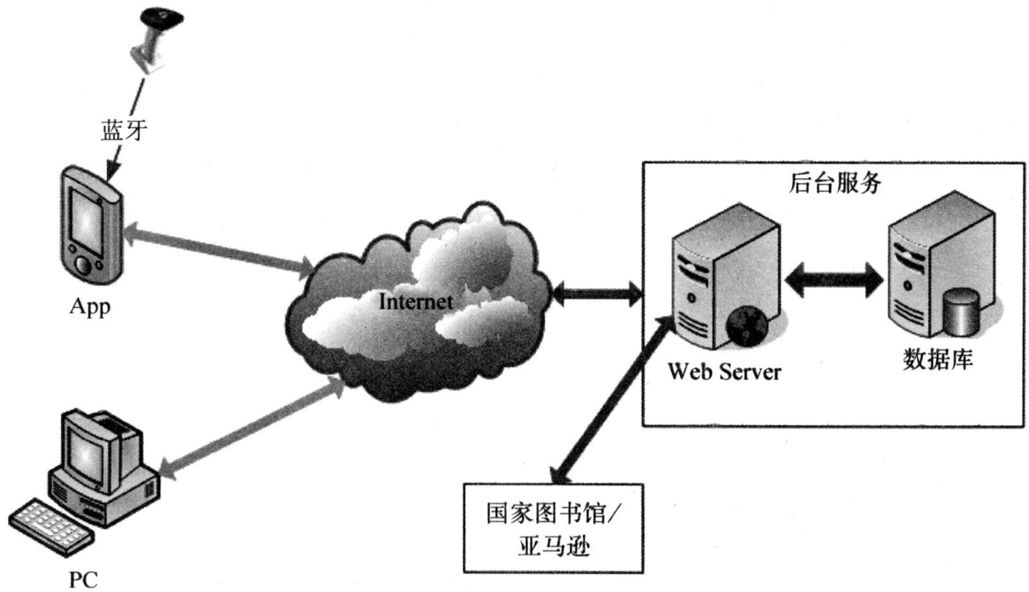

图 2　系统结构图

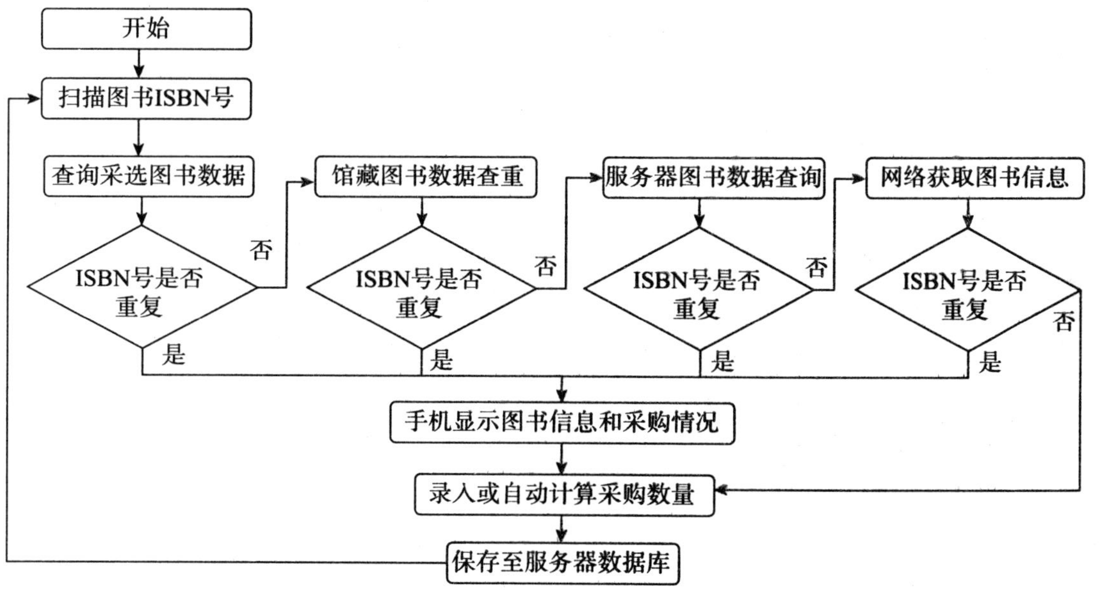

图 3　图书扫描采选流程图

五、结语

由于智能手机具有强大的运算存储功能，大量生活、娱乐、工作的事务可用智能手机完成，图书馆的图书采选也可充分应用既有的智能手机来完成，因此，开发一套方便、高效、快捷、安全的基于蓝牙扫描与智能手机的图书采选系统是图书馆行业的必然要求，这一系统必将广泛应用。

参考文献

[1] 中国互联网信息中心. 中国互联网络发展状况统计报告[EB/OL]. [2017 - 08 - 03]. http://www.cnnic.net.cn/hlwfzyj/hlwxzbg/hlwtjbg/201701/P020170123364672657408.pdf.
[2] 张明星. Android 智能穿戴设备开发实战详解[M]. 北京:中国铁道出版社,2016:1 - 2.
[3] 何成强. 基于 MTK 平台的智能手机研究[D]. 广州:暨南大学,2013.

互联网时代公共图书馆媒体宣传策略研究
——以湖北省图书馆为例

夏梦思(湖北省图书馆)

一、引言

由于经费、人员、职能等各方条件的限制,公共图书馆在媒体宣传方面一直处于弱势地位。互联网时代的到来对于图书馆的宣传工作来说是一种挑战,现阶段公共图书馆尚未完全适应新媒体的运营方式,导致弱势地位日益凸显,无法与大众日益增长的阅读需求相匹配。互联网时代的到来对于图书馆的宣传工作来说也是一种机遇,它能迅速地聚集更多的文化资源,并将图书馆的服务信息扩散到更远、更深入的领域。公共图书馆探索出适宜于互联网时代的媒体宣传策略,对于公共图书馆的综合实力的增长十分重要。

二、媒体宣传现存问题

1. 对传统媒体和新媒体的认知偏差

进入互联网时代,新媒体行业蓬勃发展,传统媒体不断衰落。因此,社会上曾出现各种论断来暗示着传统媒体的消亡,例如“以后没有人会看电视了”“报纸迟早有一天会消失”,等等。于是,包括公共图书馆界在内的社会主体,都在积极挖掘新媒体资源,渐渐忽略了传统媒体的价值。但通过分析历史的发展进程可知,我们仍处在历史的转折点,处在传统媒体向新媒体的过渡阶段。新媒体行业在公共图书馆界的利用率在上升,但还未占据绝对的优势,传统媒体在公共图书馆界的影响力仍然巨大。因此,不能为了盲目地追求新技术的应用,而放弃传统媒体,不能为了使用而使用,应通过不断的研究,掌握两者的宣传特色,发挥各自的最大效用。

2. 新媒体利用率偏低

大多数图书馆应用新媒体技术都浮于表面化,没有将应用技术和图书馆服务的有效推广结合起来。互联网时代,几乎所有的省级公共图书馆都开通了官方微信,但大多数官方微信承担的工作是推送日常新闻动态,相当于将本馆官网新闻照搬到了官方微信,这样既无益于增进读者对图书馆服务的进一步了解,也未能抓住公共图书馆对于新媒体利用的核心。新媒体以操作迅速简便、传播快、更有趣味性和互动性著称,公共图书馆只有在新媒体上更为活跃的与读者互动,让读者感受到更为便捷和高效的服务,新媒体的利用率才能得以提升。

3. 社会力量有待发掘

在信息迅速发展的今天,互联网能把社会上的人力、物力、资源等要素聚拢在一起,依托

"互联网+"的思维和技术，创新活动理念，提升阅读推广活动服务质量，这对于促进阅读活动的价值和作用是非常重要的。在实践过程中常常出现一种矛盾现象：图书馆的一个活动策划的非常好，或者一项服务是被社会大众所需要的，但推出之后，参与的读者很少，却对该项活动或者服务的评价很高。这表明，问题不在于活动或者服务的执行层面，而在于宣传层面，宣传工作未能进入该项活动或者服务所对应的人群。如果有社会力量的帮助，就能提高图书馆活动与服务的知晓率，更好的对接"供"与"需"。图书馆作为一个纯公益性机构，虽然有着经费、活动内容等多方限制，但也拥有各种得天独厚的文化资源优势。公益性质和资源优势可以吸引一批社会力量共同宣传图书馆、推广全民阅读。

三、媒体宣传应对策略

1. 坚守传统媒体阵地

传统媒体影响力的减弱并不影响其效用的发挥。首先，传统媒体的表现形式决定了传统媒体的内容更为严谨，更有深度。公共图书馆作为公共文化服务的主阵地，要做的不仅仅是推广阅读，更重要的是引导阅读，推广经典阅读，公共图书馆不仅仅是娱乐休闲的场所，更是灵魂栖息的地方。所以公共图书馆的宣传需要有深度的传统媒体的支持。湖北省图书馆与传统媒体一直保持着良好的合作关系。每年固定在《中国文化报》《图书馆报》《湖北日报》《湖北新闻》《楚天都市报》等传统媒体有六个左右的专版，以及百余篇新闻报道，这些报道量一方面保持了湖北省图书馆在公众面前出现的频率，另一方面持续灌输着湖北省图书馆"聆听思想的声音沐浴智慧的阳光"的理念。其次，传统媒体是新媒体的新闻源。新媒体以其覆盖面广、更新速度快、阅读方便快捷见长。但不可否认的是，大多数的新媒体在新闻报道中扮演着"新闻的搬运工"的角色。新媒体为了迎合自身高速更新的定位，需要大量的新闻进行支撑，为了保证自身运营品质，新媒体大多数的新闻报道都转载自正规的传统媒体。以湖北省图书馆第二届"长江读书节"启动仪式为例，传统媒体上报道为 11 篇，新媒体转载量成倍增长，达到 57 篇。新媒体报道虽然占据"量"的优势，但源头仍掌握在传统媒体。

最后，传统媒体也在积极寻求变革，开发与其传统媒体相呼应的新媒体客户端。传统媒体为其新媒体的开发打下了良好的用户基础，各公共图书馆对于传统媒体开发出的新媒体的利用，能够在较短的时间内，获得较多的粉丝数量。传统媒体的衰落刺激其自身寻求转变，例如湖北广播电视台打造湖北了官方新闻政务客户端"长江云"，《楚天都市报》推出新媒体"看楚天"并尝试进行网络直播。2017 年著名作曲家孟可做客湖北省图书馆，该馆与《楚天都市报》尝试进行直播，短短 20 分钟，获得四千余人的观看。由此可见，传统媒体受众的根基稳健，是各公共图书馆应当坚守的媒体阵地[1]。

2. 提高新媒体利用率

首先，要转变理念，提高新媒体利用率。在 2017 年第四届图书馆微服务研讨会上，"梨视频"的创始人兼总裁邱兵先生在报告中提到"传统的媒体思维是做不出互联网下的新内容的"。今天，我们的媒体视角不应该只停留在负责传播'我'的价值，而应该更多地研究用户的价值。从内容至上转变为用户至上，可以引入营销理念。营销理念将所有的新闻报道作为图书馆对外输出的一种产品，每一次的媒体宣传都要反思几个问题："我"为谁服务？"我"提供什么样的产品？“我”怎么提供产品？图书馆的营销宣传要做基于读者需要的、有差异性的、有辨识度的、足够细分的内容。湖北省图书馆在报道本馆2017年7月的活动时，拟用标题为“湖北省图书馆七月活动综述”，湖北省文化厅官方微信发布时将其标题更改为“炎炎夏日，这群人却觉得神清气爽，原来是get到这些……”显而易见，后者更能够吸引读者的阅读兴趣，这其中体现的就是“用户至上”的理念。“内容至上”是要告诉读者图书馆都做了什么，而“用户至上”的理念是要告诉读者我可以让你得到什么。

其次，要敢于尝试新媒体之间的合作。对于新媒体的利用，多数公共图书馆采用的策略是开通属于本馆的官方微信与微博账号，在官方微信与微博上同步更新图书馆的相关活动新闻。这种媒体利用手段只是换了传播媒介，在传播形式上并无创新，在以传播效果为衡量标准的互联网时代中，其成效不甚理想。要想达到成几何倍数增长的阅读量，还要懂得借“力”，敢于尝试新媒体之间的合作[2][3]。新媒体之间的合作有多种方式，例如与其他阅读量大的微信号合作，图书馆负责策划活动与图书支持，阅读量大的微信号负责发布活动信息，并捆绑图书馆官方微信，号召大家点击关注；与微博大V主动互动，并尝试以阅读推广活动为纽带，建立起良性的战略合作关系等。2017年湖北省图书馆“第二届长江读书节启动仪式”尝试与新浪网合作，对启动仪式进行全程直播，观看人数达77万人次，创下该馆单场活动观摩人数新高。

最后，要善于利用非媒体平台。互联网不仅助推了新媒体的发展，非媒体平台发展势头更为猛烈，例如支付宝、斗鱼、大众点评等，这些平台用户群的数量远远超过各公共图书馆的粉丝数量。如果对非媒体平台利用得当，各公共图书馆的新闻宣传能达到事半功倍的效果。2017年3月，湖北省图书馆就与支付宝进行了合作，该馆入驻支付宝城市服务。读者只需登录支付宝APP，进入城市服务，定位“武汉”，选择“综合”类目下的“湖北省图书馆”，即可利用手机获取省图资源与服务，享受掌上图书馆便捷服务功能。自湖北省图书馆开通支付宝城市服务端口，一周内用户数量超过千人。此外，湖北省图书馆拟于2018年与直播平台斗鱼进行合作，将图书馆的活动上传到斗鱼平台的“正能量”板块，进行全天候24小时不间断滚动播出。

3. 联合社会力量

首先，是联合图书馆界的力量。在图书馆界，各馆开展的活动有些极具特色，但大部分具有相似性，总的来说就是讲座、展览、文化演出、数字图书馆、流动图书车、放电影、送书下乡等。对于宣传来说，这些构成了图书馆业务主体的活动反而是宣传的难点所在。解决这一难题，除了在活动策划时深入挖掘宣传点，还可以在宣传策略上采取“抱团取暖”策略，造成“规模效应”。例如一个图书馆开展送书下乡活动很难宣传出去，此时若有一个机构统计出全省各级公共图书馆近期开展送书下乡的活动数据，并进行整体报道，就能引起较好的社会效应。2016年，湖北省图书馆为解决此类问题，联合全省公共图书馆成立“长江读书节”。“长江读书节”将全省公共图书馆的阅读推广活动统筹起来，加以规划与引导。2016年“长江读书节”统筹开展各类活动2571场，报道及转载量达550篇次，受益人次达576.2万，其中荆州市、宜昌市、十堰市、黄冈市、襄阳市、荆门市、孝感市、阳新县、郧西县等公共图书馆的相关活动在《中国文化报》《图书馆报》等国家级媒体上进行了广泛宣传。

其次，是借助名人的力量。名人的社会效应有助于帮助图书馆形成与阅读推广相关的社会舆论，为图书馆阅读推广工作提供良好的舆论保障[3]。广州图书馆、武汉大学图书馆已有成功经验可以借鉴，这两家图书馆与现下流行的明星真人秀节目《奔跑吧兄弟》合作，人气急剧上升。各馆均可尝试在借助名人的力量上进行探索，但名人的选择需要深思熟虑，选择形象积极、热爱阅读、有文化底蕴的名人对于图书馆形象的建立更为有利。2017 年湖北省图书馆与湖北公共新闻频道合作，开辟《领读者说》这一栏目，栏目分为"领""读""者""说"四个板块，其中"领"这一板块就是每周邀请一位社会名家，选择一本经典好书进行精华导读。栏目邀请到的社会名人有敬一丹、张明舟、周百义、徐鲁、黄春华、张赶生、叶青等数十位来自不同领域的社会名人，涉及政治、经济、文化、社会等各个方面，产生了广泛社会影响力和号召力。

最后，是联合社会团体的力量。在公共图书馆领域，社会力量已以多种形式逐步参与到服务中，作用越来越大，影响越来越广。公共图书馆的媒体宣传想要突破图书馆界，在全社会产生影响力，就必须联合社会团体的力量。自 2012 年，党的十八大报告写入"开展全民阅读活动"，我国的全民阅读活动得到持续发酵，各类读书会、朗诵社团、书社等纷纷涌现，他们分布广泛，与社会大众的联系最为紧密[4]。公共图书馆如能将这些社会力量组织起来，为他们提供统一平台，并为各项活动的开展提供场地、书籍、人员等的支撑，那么对于公共图书馆的宣传推广来说将是一股巨大的推动力。湖北省图书馆 2018 年启动了"领读者行动"，这是一个三年计划，通过在湖北省招募 100 名领读者，组建 100 支领读者队伍，搭建交流共享平台，形成以一带百、以百带万的良好阅读推广氛围。现 100 支领读者队伍已完成筹建，这 100 支领读者在自己的领域宣传湖北省图书馆，各领读者队伍中的成员再向身边的人进行宣传，其影响力十分广泛。

参考文献

[1] 张素园，李平贵. 名人与图书馆的相互作用[J]. 新世纪图书馆，2011(7)：93－96.

[2] 张玲. 新媒体技术环境下图书馆宣传推广策略[J]. 图书情报工作，2015(1)：78－81.

[3] 郭金子. "互联网＋"思维下图书馆阅读推广策略研究[J]. 河北科技图苑，2017(2)：42－44，15.

[4] 白樱子，汪敏. 初探我国社会力量参与公共图书馆服务的现状[J]. 图书情报论坛，2016(2)：40－43.

互联网时代读者需求与行为的变化及其对图书馆服务能力的新要求

张　波(湖南城建职业技术学院)

一、前言

"互联网+"时代的到来,对高校图书馆传统和固有的思维方式、服务内容与服务模式提出了挑战。如何应对互联网时代背景下读者实际需求与行为带来的变化,则是摆在图书馆人面前的一道考验。如今,人们的阅读方式已经不仅仅局限于传统的纸质阅读,人们阅读的方式和习惯已经有了很大的改变,例如手机阅读、电子阅读器和电视阅读等。数字阅读渐渐占据了阅读的主战场,阅读方式也由传统的纸质阅读逐渐转变为纸质阅读与电子阅读并存,并且具有数字化与多元化的特点。互联网时代背景下,对图书馆的服务能力提出了更多新的要求。

二、读者阅读呈现的特点

据中国新闻出版研究院发布第十四次全国国民阅读调查报告的数据显示,2016 年我国成年国民各媒介综合阅读率为 79.9%,较 2015 年的 79.6% 略有提升,数字化阅读(网络在线阅读、手机阅读、电子阅读器阅读、Pad 阅读等)方式的接触率为 68.2%,较 2015 年的 64.0% 上升了 4.2 个百分点,图书阅读率为 58.8%,较 2015 年的 58.4% 上升了 0.4 个百分点。报纸阅读率为 39.7%,较 2015 年的 45.7% 下降了 6.0 个百分点;期刊阅读率为 26.3%,较 2015 年的 34.6% 下降了 8.3 个百分点。

互联网时代下的阅读一般都呈现出丰富性、多样性、快捷性等特点。网络环境下的阅读主要包括:纸质报纸、纸质报纸、纸质杂志、广播、电视、网络和手持阅读终端等载体形式,现今除了传统的纸质、声像外,基于互联网络和电讯的 WAP、GSM、3G、4G 及流媒体技术等极大地满足了人们多种感官的需求,涵盖了视觉、听觉、触觉甚至嗅觉等诸多方面,多种感官的调动极大程度的丰富了人们的想象空间,同时不同的人群还可以自行选择自己的喜好,以此也提高了网络环境下的阅读兴趣。计算机科学的应用和网络技术的逐步推广,极大程度的转变了图书馆过去主要利用馆藏目录、期刊题录等手工检索获取信息的方式。与此同时,还转变了读者与读者之间进行交流的形式、手段和内涵,读者阅读量增大、阅读能力和兴趣也随之提高。因此,面对已经发生的阅读和接受方式的变化,图书馆必须结合读者对信息的实际需要来制定读者阅读服务内容的广度、厚度、宽度,最终满足读者对信息的种种需求[2][3]。

三、读者需求与行为的变化

与传统的纸质阅读时代不同，在互联网背景下的数字化阅读浪潮中，读者在心理、需求、行为等方面均发生变化，具体如下。

1. 读者自我认知的转变

在传统阅读需求及行为的形成的根本原因在于图书资源与读者需求在时间和信息获得上的非同一性。在传统图书出版行业中，出版方、图书馆依照自身对于市场和读者需求的理解，自主出版及采购图书和提供服务，通过各种渠道达到读者手中。在这种情况下，读者是被动的接受者，同时因为技术、资金等各方面的限制，各文化机构很难满足需求者的个性化需求。但在互联网时代背景下，互联网为作者和出版方等文化机构搭建了一个快捷而实用的互动平台，读者可以更方便地获得信息，同时互联网使得个性化"私人订制"成为可能。

在互联网发展的背景下，读者从最初简单的纸质阅读者成长为多媒体的消费者、知识的共享者及文化的创作者。读者不再是简单的、被动的接受者，而是能够与陌生人分享、参与创作的生产者。

2. 读者需求的转变

随着人们生活水平的提高与经济的发展，人们对特色化、趣味化的需求更加强烈，以互联网为载体的数字资源正好满足读者的需求。读者置身于资源丰富的互联网世界中，不仅仅能够借助于互联网的特点进行方便快捷的信息查询，同时能在虚拟的网络世界建立着一种"你中有我，我中有你"的参与感。移动互联网时代，社交渗透在各个媒体领域中，它改变了用户和产品之间的关系。传统阅读中，读者更注重阅读内容的价值和吸引力，内容决定消费。而在现今的数字化阅读中，社交与参与反而成了阅读消费的中心。阅读与社交账号绑定、阅读中的评论功能以及点赞、转发、分享一系列动作都贯穿在阅读活动的始末。

据中国新闻出版研究院发布第十四次全国国民阅读调查报告的数据显示，我国成年国民每天接触新兴媒介的时长整体上有不同程度的提升，手机接触时长增长显著，人均每天微信阅读时长为26.00分钟；传统媒介中，我国成年国民人均每天读书时间最长，为20.20分钟，比2015年的19.69分钟增加了0.51分钟，但纸质报刊阅读时长均有不同程度下降。

在互联网时代，媒体终端多样化，读者不喜欢被动接受信息和服务，他们更倾向于选择流行、时尚、前卫的新鲜事物来彰显自我魅力。一名用户可以同时拥有多个移动智能终端。功能齐全、内容强大的APP应用使得人们有多种选择。在同时拥有多个信息阅读入口之后，用户的信息接收和处理开始超载。在这种信息过剩的情况下，读者开始从一味地追求内容丰富转向追求个性化定制，希望媒介能够根据自己的意愿提供阅读。

3. 不同需求的读者呈聚集效应

"一千个读者就与有一千个哈姆雷特"。以微博、QQ、微信、校内网等终端为纽带的读者，通过社交化阅读，相互关联，在密切的广泛的互联中，逐渐呈现出"物以类聚人以群分"的阅读社区。有着共同爱好及价值观的人们可以迅速聚集，就某一个话题交流沟通，形成热点，提高影响力。这样的行为变化可以让读者在信息量成几何指数的互联网海洋中能迅速获得适合自身阅读需求的信息资源，在这样的过程中，拉近了读者和作者的距离。这种的阅读形式不再是线性传播，而是多点网状传播。它们引领数字阅读时代的读者从盲目阅读到理性、有方向地凝聚，唤醒读者的求知欲，阅读主动向社区化的迁移，有效集群、深度互动、理性分享[4]。

四、图书馆服务能力的新要求

在互联网背景下传统的图书馆服务模式，并不能给予读者的便捷的使用体验，这对图书馆服务提出了更高的要求。

1. 图书馆依托大数据情报分析，创新服务项目

互联网时代背景下，图书馆应依托大数据情报分析，根据人们的阅读方式对服务策略进行相应的改变，也就是说要创新服务项目。因此，为了顺应互联网时代，图书馆应通过数据管理系统，利用网络资源，为读者提供大量、便捷的数字阅读服务[5]。

在创新服务项目方面，图书馆应充分地利用微信、QQ 和微博等进行信息交流与探讨，形成与时代相适应的微媒体阅读和推广方案。同时，图书馆也可以运用微信、QQ、微博等微媒体建立自己的读者信息群，发布相关的阅读信息，引导读者阅读和发表读书意见。图书馆还可以通过微信公众平台实时发布信息资源，用户通过微信平台可以借阅数据，查阅活动时间，用户还可以手机进行在线阅读。

在多元化的时代，图书馆要提供个性化的服务，就要了解用户的需求和不断学习新的知识，在充分利用信息技术的基础上，不断更新图书馆的资料，以满足不同用户的需求。

2. 改进业务模式，宏观协调，分工合作

在“互联网 +”的时代背景下，更要强调分工协调，资源与信息的网上共享，网上服务共享，最终实现信息的无障碍交流。例如：内蒙古图书馆对传统的采访业务加以改进，与书店“联姻”开展“你选书，我买单”服务，让读者参与图书采购，所选图书可作为图书馆馆藏图书。该模式更好地满足读者需求，让读者参与采购图书活动当中，提高读者的阅读积极性，已被其他多家图书馆陆续采用。同时，对馆员自身的学识和专业能力的要求也有所提高，只有不断提高图书馆馆员的素质，完善自身的知识结构，提升专业素养，才能确保图书馆的服务工作真正地实现优质，高效。

3. 优化组织结构，深化资源整合力度

在互联网时代下，只有采用具有弹性、灵活的组织模式，才能促进图书馆进一步开放，有效加强图书馆各个环节之间的联系。鉴于此，图书馆管理层都必须切实有效地对传统图书馆优化改造。

服务创新的基础是图书馆良好的资源平台。图书馆在创新服务的同时，应注重加强馆藏信息资源的建设尤其是数据资源的开放、共享。例如，对馆藏纸质书刊资源，进行电子图书化处理，建立电子图书数据库，等等。基于有专业特色的数据库，运用云计算分析，使读者更便捷地发现和使用馆藏资源，方便挖掘分析读者的行为数据，以便更好地为读者服务[6]。

4. 加深促进读者参与的积极性

在此过程中，图书馆一定要从读者需求出发，建立以读者需求为导向的创新服务模式。一方面，需要拓展互联网应用，加深信息资源整合力度，建立品牌窗口，主动积极推广；另一方面，则要注重读者的参与度，通过读者参与和体验，了解读者需求，完善图书馆服务。例如，超新电子图书“云舟”专题模块，既丰富了资源内容，又提供了读者与读者之间的互动的平台。

五、结语

在互联网时代，图书馆必须适应社会的发展和需求，在完善传统纸质阅读服务的同时，开展适应互联网时代的阅读服务，运用多媒体技术丰富阅读服务形式。纸质阅读和数字阅读都有其各自显著的特点，对应不同需求的服务是不相同的，不管哪种方式，究其本源依旧体现在阅读上。图书馆服务能力的提升，其根本目的是引领倡导阅读，不同的方式方法都是为其服务的。

参考文献

[1] 刘兹恒，涂志芳. 数字学术环境下学术图书馆发展新形态研究——以空间、资源和服务“三要素为”为视角[J]. 图书情报工作，2017(16)：15 - 23.

[2] 谢少勇. 以 O2O 模式创新高校图书馆服务[J]. 河北科技图苑，2016(1)：16 - 18.

[3] 杨洁. “互联网 + ”条件下高校图书馆的创新型发展[J]. 智能城市，2016(4)：145，147.

[4] 钱星辰. 新媒体环境下的大众阅读研究[D]. 南京：南京艺术学院，2016.

[5] 殷建文. “互联网 + ”环境下图书馆信息服务模式研究[J]. 河南图书馆学刊，2017(7)：123 - 124.

[6] 王世伟. 论数字阅读[J]. 图书馆杂志，2015(4)：4 - 10.

“互联网+”环境下公共图书馆宣传工作的机遇与挑战

匡籽衡(湖南省图书馆)

2015年7月4日国务院印发了《关于积极推进“互联网+”行动的指导意见》,要求加快互联网与政府公共服务体系的深度融合,最大限度便利群众。《意见》发布后,我国“互联网+”理论与应用研究引发了空前的高度重视[1]。“互联网+”不再仅仅是IT业关注的焦点,而成为关系到各行各业切身发展的创新服务模式。传统的公共图书馆事业与之碰撞,也必将迎来融合与发展。

一、“互联网+”与图书馆

自于扬在2012年11月第五届移动互联网博览会中首次提出“互联网+”概念,认为“所有传统和服务都应该被互联网改变”后,短短几年间,国内对“互联网+”概念的认识逐渐深化和升华。2014年11月李克强总理在首届世界互联网大会上提出“互联网是大众创业、万众创业的工具”;2015年3月又在第十二届全国人民代表大会第三次会议的《政府工作报告》中正式提出“制定‘互联网+’行动计划”。“互联网+”已经上升至国家战略,它利用互联网平台和信息通信技术,将互联网与包括传统行业在内的各行各业相联结,创造一种新的业态模式。它强调的并非颠覆传统产业,而是换代升级。对于公共图书馆而言,作为一个生长着的有机体,图书馆事业一直是适应社会发展而存在的,甚至作为信息资源的收集者、整理者、引导利用者,图书馆必须敏锐提出超越时代的发展观点。所以“互联网+”对传统图书馆行业发展的作用并不是冲击和消解,而是变革和提升,是跨界融合和再次升级,是当代图书馆事业发展必须直面的新的生态环境,它不仅影响着公共图书馆的服务内容,也改变着管理方式和工作方式,“互联网+”的特性赋予它们许多前所未有的机遇,也带来了一些需要应对的挑战,这一点在公共图书馆宣传推广工作方面体现较为明显,应用前景值得期待。

二、公共图书馆宣传的内涵

宣传,就是运用各种有意义的符号来传播一定的观念,以影响人们的思想,引导人们的行动的一种社会行为,基本职能是传播一种观念[2]。具体到公共图书馆宣传,就是通过传播媒介去传播有关公共图书馆的资源、服务、读者信息、空间设施等服务内容[3],也要通过宣传向社会公众树立图书馆自身的形象,让公众了解图书馆行业,为图书馆的发展争取到更多的社会认同,包括社会管理者和社会大众及更多的行业认同,从而吸引到更多的读者使用图书馆资源,赢得公共文化服务购买者——政府的认可,为自身事业发展给予更多支持和保障。

从内容上看,公共图书馆宣传分为职能宣传、资源宣传、服务宣传、活动宣传、品牌宣传、公益宣传；从层次上看，分为常规宣传、个案推广宣传、品牌塑造和公益形象宣传；从功能性上看，分为应用性宣传和形象性宣传[4]。总体而言，公共图书馆宣传实际上是一种通过营造舆论氛围来提升自身的知晓度、美誉度和利用率的活动，本质上是一种自我营销，所以宣传手段大多含有灌输、鼓动、教育、劝说、诱导、批判的性质[5]。

三、公共图书馆宣传推广工作现状

近年来，随着全国各级公共图书馆相继全面免费开放和整个社会营销意识的增强，宣传推广工作已经得到了业界的重视，但与其他业务的开展情况相比，重视程度远远不够，缺乏常设机构、专业人才和专门的经费预算，而且也存在着一些误区。

一是宣传方式较为被动，注重对来馆用户和主动关注图书馆信息用户的宣传，如利用横幅、展板、电子显示屏、宣传画、悬挂 LOGO、印制各种印刷品如目录、图书馆简介、读者指南、宣传单，或发放小物品、网站建设等，对尚未进馆的、对图书馆缺乏了解的社会公众和用户，缺乏有力而主动的宣传措施。

二是将图书馆宣传等同于图书馆新闻，认为宣传就是发新闻，通过新闻报道引起社会关注，而图书馆工作大部分是常规化、日常化的，所以在没有新闻的时候，就不去主动宣传，沉寂无闻，使得图书馆的工作方式、图书馆人的工作状态不为人知，与社会大众有一定隔膜。

三是流于形式，缺乏长期规划和系统性策划。公共图书馆的宣传推广工作需要持续、稳定、深入地开展。大多数相关从业人员仅停留在有事就宣传的层面，没有对整体的宣传推广工作作有计划的分类和安排，对职能宣传、服务宣传缺乏主动性，对资源宣传缺乏时效性。馆员和媒体关系并不亲密，新闻媒体对图书馆的认知流于表面，新闻报道多为事件、短讯为主，缺乏深度大规模或者定期的报道，没有建立起长期深入、良好互动、跟踪式报道的合作机制。

四是内容不够丰富，层次不够全面，轻视形象宣传。在日常工作中，个案宣传较多，如"4·23世界读书日"活动，对品牌活动的长期宣传、对公益形象的主动宣传、对图书馆员的职业形象宣传都是极其缺乏的。作为一个社会人，大多数人对商业品牌的拳头产品如数家珍，但对当地图书馆的品牌活动知之甚少；消防员、医生、律师职业的重要性、工作内涵人尽皆知，对图书馆员的日常工作只知其一不知其二，绝大多数公众还停留在认为图书馆员就是借借还还、上架整架、比较清闲的认识里；新闻媒体中与行业相关的公益广告从内容上多为阅读推广类，少见到宣传图书馆形象的内容，且多为政府主导拍摄，少见公共图书馆自主策划投入，这些都是公共图书馆宣传推广工作中的缺位。

五是对宣传推广效果缺乏反馈机制和媒体监测。调查反馈手段通常包括随机采访、问卷调查、数据对比、读者访问等。商业广告往往非常注重反馈机制，常有商家发放问卷调查消费者是如何得知品牌，从何种渠道购买，体验如何，而图书馆的调查反馈手段大多针对读者对整体服务的满意度调查，甚少专门针对宣传工作效果的调查。工作人员对自己宣传工作的反馈大多是基于模糊的直观感受，比如某个读者活动宣传过后，参与读者数量是否有所增加，到馆读者人次是否有所提升，但这种方式得出的调查结果不精确、不科学。宣传工作是立体多面的，如果不是通过建立详细的反馈机制，获得准确的反馈数据，工作人员难以判断到馆读者的增加是具体出于什么原因，何种手段最为有效。

四、“互联网＋”给公共图书馆宣传工作带来的发展机遇

在当下公共图书馆宣传推广工作中存在的困境，是由多种因素造成的，有专业人员素质问题，也有经费限制因素，互联网因其本身具备的一些优质属性，与公共图书馆的宣传推广工作相结合，会擦出新的火花，为其中一些问题的解决提供便利，也给宣传工作带来新的发展机遇。

1. 促进跨界融合，提升办馆效益

低成本、易获取，是互联网显著的特征，也是“互联网＋”模式下，可以为各行各业首先利用的优势。在公共文化服务体系中，在公共服务学和优化信息配置的视阈下，“互联网＋”最大的优势就是可以充分优化和集成对社会公共服务资源的配置，缩减公共服务消费成本，实现互联网与公共文化服务体系的深度融合、公共服务创新体系和服务资源的有机整合。公共图书馆是公益性机构，在宣传推广方面，大多缺乏充裕的资金和专门、常设的机构及从业人员，“互联网＋”环境下，许多工具和渠道如新媒体服务手段的易得性、可重复利用性使得公共图书馆宣传工作可以期待用最小投入获取最大效果，降低工作成本，提升工作效益。同时，网络、新媒体、多媒体的便捷性，也让信息传播更公益、均等、广泛。

2. 利用“互联网思维”，积极探索创新驱动

互联网精神是“求真、开放、平等、协作、分享”，而图书馆核心价值是“开放、平等、包容、隐私”；互联网发展过程的本质是让互动变得更加高效，而图书馆事业追求的也是让信息传播更加高效，两个行业看似是不同领域，但实际共同追求平等开放地分享信息，谋求发展。“互联网＋”刺激、鼓励公共图书馆宣传工作创新发展，也提供了新媒体技术、新手段去创新工作方式、创新宣传、推广的思维意识。对互联网的利用，工具化、便利化只是初级阶段，对其不断革新的创意思维的采纳利用才是终极目的。公共图书馆不仅要利用互联网及移动互联网这个工具，更要学习不断创新、追求速度和效率的思维方式、工作方法。例如可以吸纳营销思维，对优势活动进行品牌化包装；可以引入 OA 办公系统，实现无纸化办公，提高处理行政事务和为读者服务的效率等，优化业务布局。

3. 重塑业务结构、关系结构，争取话语权

“互联网＋”时代，公共图书馆宣传拥有了更多的宣传渠道、更快的反应速度和更丰富的宣传形式。过去，馆内宣传如横幅、展板、电子显示屏、易拉宝等都是被动的宣传方式，宣传力度较弱，想要强势发声必须借助新闻媒体，如电台、电视台、报纸、杂志等，如今自媒体和新媒体的发展，为公共图书馆提供了更多平台，如网站、微博、论坛、博客、微博，让宣传推广业务结构呈现双轨化并行，强调了宣传工作的即时性、双向交流性，将富媒体文本精准推送，增强了实用性和话语权，对一些舆情的解释和应对增加了主动性。

“互联网＋”也改变着宣传工作的关系结构。过去，图书馆是宣传的主体，读者是宣传的客体，而在“互联网＋”环境中，每个人都可以成为一个宣传的主体，当读者在公共图书馆享受到满意或不满意的服务，都有可能通过 SNS（Social Networking Services）社交软件进行公布和分享，将图书馆工作的内容广而告之，转而成为一个宣传者。

4. 强化读者参与,重视用户需求

宣传推广工作的终极目的是让更多人使用图书馆,所以始终应当重视读者、用户的需求和体验。网络时代,我们有更多手段促进图书馆与用户的互动和交流,凸显宣传工作的双向性,避免成为"公告版"式的运营模式。例如,在宣传推广活动的形式上,展览、讲座较多,让读者实践、互动的活动较少;在宣传方式上多采用以宣传窗、横幅、宣传册以及官方网站等被动地让读者获取信息的宣传方式,较少采用精确主动地向读者推送信息的方式,如定期发送电子邮件、短信、微信等现代检索形式,在这一方面,湖南图书馆做了有益尝试,坚持长期、定期开展"传统文献修复技艺展示活动",吸引了众多市民参与体验,市民在感受古籍修复技艺的同时,也增强了对传统文化和图书馆业务工作的了解。同时应当定期利用新媒体技术做好读者反馈工作。

五、公共图书馆宣传工作面临的挑战

根据2016年8月3日中国互联网络信息中心(CNNIC)发布的第38次《中国互联网络发展状况统计报告》显示,截至2016年6月,中国网民规模达7.1亿,互联网普及率达到51.7%,超过全球平均水平3.1个百分点;手机网民规模达6.56亿,网民中使用手机上网的人群占比由2015年底的90.1%提升至92.5%,仅通过手机上网的网民占比达到24.5%,网民上网设备进一步向移动端集中。这使得我国移动互联网参与社会生活更深入,"互联网+"战略有了移动化、多元化的用户基础,也使得进行"互联网+"融合的行业面临着更多的新生变化与挑战,公共图书馆概莫能外。

1. 防控舆情危机,提高公关能力

互联网低成本、易获取、内容多的属性,在帮助用户和读者从公共图书馆获取知识和信息时,起到了迅速、便捷的积极作用。但同时,一旦读者对图书馆的工作有不满意之处,网络也为负面情绪和负面事件的扩散提供了更多的传播途径、更快的传播速度、更广的传播受众。特别是当今网络环境,自媒体高度发达,电视媒体不再高不可攀,网民发声渠道多且素质不一、良莠不齐、思想多元,他们对负面事件的意见、情绪、态度极易积聚、蔓延、发酵,一旦处理不力,公共图书馆极容易在舆论浪潮中被指责,产生舆情危机,形成所谓好事不出门坏事传千里的局面,伤害读者对图书馆的信任,也伤害图书馆从业者的感情和职业信心。

要做好"互联网+"时代的公共图书馆宣传推广工作,态度上要积极应对挑战,首先提升服务水准,优化服务细节,以读者为本,做好读者服务工作。其次,要求图书馆人提升自己的公共关系处理能力和危机应对能力,一方面建立良好的媒体关系和主动的公关意识,形成常态的预警防控机制,争取话语权和主动权,在出现危机时能够迅速、公正、透明地做好解释和处理工作;另一方面学会化"危"为"机",以此为鉴提高工作水平,查漏补缺,处理得当的话,这个过程本身也是一次良好的宣传工作。

2. 适应读者需求,提高工作艺术

时代在发展,读者的心理期待在提高,对图书馆宣传推广工作的要求也在变化,从要求及

时、准确、清晰即可，上升到要求趣味性、可读性、创意性、方式多样性等。“互联网＋”环境下，信息纷繁复杂，墨守成规的公告式的、死板无趣的宣传工作已经不再吸引读者的注意力，也不利于塑造阳光、亲和、贴近读者的图书馆社会形象。图书馆人应当钻研工作艺术，使自己的宣传推广工作能够吸引读者的眼球，增加创意和趣味性，并能够结合运用新的富媒体宣传方式，例如制作微信 H5 页面、拍摄微电影、设计 VR 虚拟场景、编写寓教于乐的微信推送内容等，让活泼有趣的宣传内容和推广活动走出图书馆，让受众也变为我们的宣传员，通过社交软件转发等方式，进一步扩大公共图书馆的社会影响力，拉近与普罗大众之间的距离。

3. 提升员工素质，加强教育培训

宣传推广工作有常规性规定动作，更强调随机应变、抓住机遇、发挥创意。舆情危机大多具有突发性、危害性、紧迫性、煽动性和不确定性，需要以较强的专业知识、丰富的处理经验和良好的心理素质应对。这些更加要求公共图书馆培养具有一定专业素养和危机公关能力的宣传推广从业人员。

同时，“互联网＋”时代，各类社交软件、各种新技术层出不穷，想要适应时代和读者的需求，公共图书馆必须面临人才素质的挑战，加强对相关业务从业者的定期系统化专业培训，提高公关能力，对图书馆形象的建设和维护也起到积极促进作用。

六、结语

与时俱进，与时偕行。历史上，图书馆人一直勇于接受新鲜事物，探索技术和工作方法的革新，使得图书馆不断适应社会的需求和发展。在“互联网＋”的浪潮中，全体公共图书馆从业人员、研究者、管理者应当敏锐抓住发展的机遇，走在改革的前列，使之为己所用。同时观察到可能面对的考验和危机，并以此为契机敦促公共文化服务事业的发展进步，为建设高效、均等的公共文化服务体系贡献完成自己的使命担当。

参考文献

[1] 新华社. 授权发布：国务院关于积极推进“互联网＋”行动的指导意见[EB/OL]. [2018－05－01]. http://news.xinhuanet.com/politics/2015-07/04/c_1115815944.htm.

[2] 李良荣. 新闻学概论[M]. 上海：复旦大学出版社，2001：42.

[3][5] 李超平. 公共图书馆宣传推广与阅读促进[M]. 北京：北京师范大学出版社，2013：5.

[4] 袁永军. 图书馆宣传体系理论构架[J]. 图书馆学研究，2013(9)：2－4.

江夏区图书馆服务品牌创新的实践与思考

钟　云(武汉市江夏区图书馆)

一、引言

1. 图书馆"品牌"概念与形成

"品牌"一词最初源自商品营销领域,是某种商品的特有属性,是通过对理念、行为、视觉三方面进行标准化、规则化,使之具备特有性、价值性、长期性、认知性的一种识别系统总称。就图书馆而言,品牌是广大读者对图书馆提供优质的公共文化服务所涌现出来的服务案例、文化品种,良好的优质内容、美好的文化价值、优秀的服务流程等,所形成的一种评价和认知,这种与同行业中的其他单位所产生的一定差别,来显示自己的独特优势,吸引更多的读者并上升为图书馆的无形资产,就是图书馆品牌。

随着时代的发展,"品牌"已逐渐走进图书馆服务领域,打造特色品牌,提升品牌的知名度和社会影响力成为业内共识。营造品牌成为图书馆走内涵式发展和可持续发展的重要举措[1]。

2. 江夏区图书馆营造品牌实践

近年来,江夏区图书馆充分利用公共平台及资源,结合地区特色、读者需求及文化发展,积极探索服务品牌创新发展途径,力求常态活动有创新,创新活动有突破,倾力打造品牌服务项目。在众多服务活动中,初步形成了以下四大品牌项目。

一是江夏区"五彩杯"青少年书画大赛。该赛事是江夏区图书馆最具特色的活动,迄今已经连续举办了30届。大赛以"五彩杯"命名,寓意着希望通过书画大赛活动让全区青少年的学习生活更加五彩斑斓。大赛突出公益性,按照"三免费"原则,努力让全区更多的青少年参加。每届大赛都有不同主题,如2008年的"喜迎奥运、放飞梦想"、2011年的"纪念建党九十周年、辛亥革命一百周年"、2012年的"书香江夏、追求卓越"、2014年的"童心共筑中国梦,武汉发展我同行"等。

二是青少年"小时候 · HAPPY HOUSE"寒暑假嘉年华。该活动是由武汉市青少年教育办公室、共青团武汉市委员会、武汉市青少年社会教育活动指导中心主办,全市13个城区社区、4所青少年宫、9所青少年空间参与的大型活动。每年分寒、暑两期,寒假活动为期10—15天,称为"小时候 · HAPPY HOUSE"嘉年华活动,暑期活动为期30—40天,称为"小时候 · HAPPY HOUSE"日间社区托管项目。

江夏区图书馆自2007年与团区委、区青教办联合举办"小时候 · HAPPY HOUSE"活动,到2018年已经是第九个年头。2015年,江夏区图书馆被武汉市青少年社会教育活动指导中心评为五星级活动室。此活动得到区委、区政府、团区委、文体局等各级领导的大力支持和肯定，区政府有关领导多次亲临现场观摩指导。实践证明，江夏区"小时候 · HAPPY HOUSE"活动不但深受孩子们的喜爱，还为广大社区居民提供了一个良好的亲子互动平台。活动的开展不仅丰富了孩子们的生活，还锻炼了他们的交往能力，让他们在玩中学、学中玩。同时，让家长参与其中，不仅可以增进亲子间的沟通与理解，而且能让孩子体会到父母的关爱。此次活动得到了学生、家长、社会的一致赞誉和支持，家长们希望这样活动越办越好。

三是"守望童心"志愿者行动。江夏区拥有各类高校十九所，在校生总数突破20万人。近年来，江夏区图书馆积极发挥大专院校多的区域优势，以弘扬志愿服务精神为主旨，积极开展志愿者活动。目前，江夏区图书馆已成为武汉工程大学、东湖学院、汉口学院等多所院校的大学生创新创业实践基地。从2012年起，江夏区图书馆与武汉工程大学"守望童心"服务团联合组织开展以"圆梦中国公益我先行"等为主题的大学生暑期社会实践活动。该项活动依托"小时候 · HAPPY HOUSE"寒暑假嘉年华，通过搭建流动少儿图书馆，开设儿童安全防护知识课堂、安全知识竞猜等100多个主题活动，帮助少年儿童度过一个愉快而有意义的暑期生活。在团中央学校部、教育部新闻办举办的"圆梦中国公益我先行"全国大学生社会实践评选中，该主题实践活动获得全国百强团队。

四是农民读书系列活动。为深入推进江夏区农家书屋、文化共享工程两大惠民工程建设向纵深发展，从2011年起，江夏区图书馆已连续举办了五届农家书屋、文化共享工程全区农民读书系列活动。农民读书活动以农家书屋、共享工程管理员为主体，内容包括农民读书知识竞赛、农民读书演讲比赛、农民读书报告会等多种形式。其中农民读书知识竞赛活动系武汉市首创，得到市领导的高度评价，武汉市新闻出版局以工作简报的形式多次在全市进行了宣传。通过开展农民读书系列活动，一方面，充分展示了农家书屋、文化共享工程给农民群众思想观念和村风民俗带来的变化，展示了农民群众生活方式、生产方式的变化，展示了部分农民群众通过读书掌握的实用技能，增强的致富本领。另一方面，通过举办农民读书系列活动，将引领江夏区全民阅读进乡村，扩大社会影响，争取社会各界对农家书屋、文化共享工程更多的关心与支持，推进"两个工程"管理与服务迈向新的台阶。

二、几点思考和启示

1. 品牌策划是亮点

一个品牌的创立和成长不是一件简单的一蹴而就的事情，而是一个持续时间较长的系统工程，需要整体规划，通盘考虑。只有充分做好前期策划，才能在今后的发展中形成自己的独特定位。江夏区是农业大区，在江夏区图书馆开展的农民读书系列活动中，依托农家书屋、共享工程基层服务点，紧扣"农民"与"读书"，每年组织开展一场全区性农民读书活动，在"农"字上下功夫，认真策划，精心组织，通过几年的不懈努力，逐步形成了独特品牌优势。2014年，江夏区的农民读书系列活动被武汉市读书之城建设工作领导小组授予全市读书之城建设十大品牌活动之一。

2. 品牌创新是源泉

随着社会各行各业服务水平的提升，读者自然会以相似的目光看待、评价图书馆的服务。图书馆的品牌也不是一成不变的，如果不去创新，品牌只会成为历史的标牌。在"小时候 ·

HAPPY HOUSE”寒暑假嘉年华活动中,江夏区图书馆突破图书馆传统服务模式,大力创新活动形式和内容,紧紧围绕孩子们的兴趣和需求,开展多样化、趣味化的互动活动,让他们积极参与到每一项活动中。活动既有丰富有趣的手工益智活动、亲子阅读,还有交通安全、卫生防疫讲座、节能知识、法制教育、文明礼仪、爱国电影观赏等系列主题活动。如今“小时候·HAPPY HOUSE”活动已成为江夏区图书馆少儿服务创新的品牌。

3. 品牌坚守是生命

图书馆活动品牌作为一种无形资产,是服务形象的集中体现。它需要在一个动态的过程中不断发展、提升、完善。服务品牌的形成需要长时间的累积、数量的增加、质量的提升与辐射力的扩大。可以说,坚守是打造图书馆服务品牌、树立良好的自身形象的必由之路。以江夏区“五彩杯”青少年书画大赛为例,从1983年开始,已经连续举办了30届,始终在坚守中求创新。从当年的不足20人参与绘画、书法、硬笔书法三项比赛,到近年来每届多达1300名选手展开激烈角逐,长期的坚守,结出了丰硕的果实。从2014年开始,江夏区“五彩杯”书画大赛又与区教育系统的艺术小人才比赛合二为一,成为江夏区青少年艺术人才展现梦想和天赋的大舞台。整合资源后的“五彩杯”书画大赛,已然成为江夏区青少年文化活动的顶级品牌。

参考文献

[1] 胡江辉.浅谈网络环境下图书馆服务品牌的树立[J].高校图书馆工作,2004(1):48-49.

阅读推广与服务创新

"互联网 +"环境下公共图书馆的阅读推广工作

——以长江读书节品牌创建为例

郝　敏(湖北省图书馆)

促进全民阅读是公共图书馆重要的核心价值,举办各种类型的阅读活动也是当下各个图书馆凸显特色的重要抓手,尤其是受"互联网 +"环境的影响,公民数字化阅读方式的接触率大增,各图书馆运用互联网思维和数字资源,缩小阅读的"贫富鸿沟"的活动也百花齐放。本文将以湖北省图书馆主办的长江读书节为例,探讨公共图书馆阅读推广工作的几个关键点。

一、阅读推广的概念

笔者从 CNKI 数据库检索了 2006 年至 2017 年 10 月以来以"阅读推广"为篇名撰写的论文,数量高达 3089 篇,尤其是 2012 年至 2017 年分别为 144 篇、283 篇、412 篇、633 篇、781 篇、698 篇,数量成倍递增,显示出极为火热的研究热潮。然而,在已有研究中,为数不多的文献对阅读推广的概念进行了定义。笔者认为,虽然阅读推广是以实践为主,但为了凝聚人们对阅读推广共识,提升各类型阅读推广活动的专业性和影响力,还是要把阅读推广作为一项技术性工作来研究相应的理论体系,尤其是要结合当下"互联网 +"的环境,使这个理论体系能形成科学指导和规范实操的作用。

1. 阅读推广

从现代阅读学的角度来看,阅读是从信息符号中获取意义的一种复杂的智力活动,是由一系列的过程与行为构成的总和,它不仅需要各种智力技能,比如观察记忆、思维、想象等的积极参与,而且还需要各种非智力因素,如动机、兴趣、意志、性格等在阅读中发挥作用[1]。张怀涛认为:阅读推广是指社会组织或个人,为促进阅读这一人类独有的活动,采用相应的途径和方式,扩展阅读的作用范围,增强阅读的影响力度,使人们更有意愿、更有条件参与阅读的文化活动和事业[2]。陈幼华则定义:阅读推广指在传承文化、提升素质的时代要求之下,组织或个人开展的能起到培育社会对于有价值的多元媒介作品的阅读兴趣与习惯、提升阅读技能与效果、增进社会阅读数量与质量作用的阅读推广空间营造、阅读推广平台创建、多元阅读引导活动举办的实践[3]。两位专家的定义一方面说明"阅读是人类独有的活动",虽然具有读识能力的人或多或少都有过阅读行为,但是养成阅读习惯并达到阅读效果却不是容易的事。另一方面,当前阅读推广的目的是以传承优秀文化及提升国民素质,阅读推广要结合时代特点,凝聚民众阅读共识,提供更好的阅读条件,最终才能促进民众在阅读兴趣、阅读习惯、阅读质量、阅读能力、阅读效果这五个方面得到全面发展。

2. 图书馆阅读推广

全民阅读领军人物吴晞先生指出：无论阅读的形势、形态如何变化，图书馆尤其是公共图书馆依然是全民阅读的主体。然而，在热热闹闹的阅读推广浪潮中，公共图书馆在阅读推广中的主体地位并不是很突出，图书馆工作者应要意识到自己的社会责任，并通过阅读推广突出图书馆的利用率，塑造图书馆的公共形象。

国内较早关注阅读推广理论问题研究的学者范并思从字面含义、属性、对象和目标等角度对图书馆阅读推广概念进行了阐析，认为阅读推广是对阅读进行推广或促进，是图书馆服务的一种形式，是活动化、碎片化和介入式的服务；目标人群是全体公民，重点是特殊人群；阅读推广的最终目标是通过阅读提升公民素养，使不爱阅读的人爱上阅读，使不会阅读的人学会阅读，使阅读有困难的人跨越阅读的障碍[4]。于良芝提出：图书馆阅读推广是指通过精心创意、策划，将读者的注意力从海量馆藏引导到小范围的有吸引力的馆藏，以提高馆藏的流通量和利用率的活动[5]。

从两位专家的定义可以看出，图书馆阅读推广的关键要素是“创意”“策划”；本质是“聚焦”，就是将读者的注意力从海量资源引导到小范围的有吸引力的馆藏；受众是缺乏阅读兴趣、能力及条件的人；形式和内容上来看，新的阅读推广项目、模式、方法不断产生并立体组合。

3.“互联网 +”环境下的图书馆阅读推广

“互联网 +”环境下的阅读推广，是以用户为中心，是互联网思维中最重要的内容，O2O（Online to Offline）是互联网 + 环境下沟通与交易的主要方式，图书馆只有深度了解读者的阅读需求，准确定位其在阅读推广中的角色，并运用 O2O 的运作方式和思路，在沟通宣传、推广阅读、引导阅读、帮助阅读，以及推广渠道、方式手段等方面入手，才能真正吸引大家阅读[6]。在虚拟网络等新技术环境下，读者也可能成为家庭和社区阅读推广的主体[7]。同时，在阅读推广活动过程中，主体和客体之间可出现角色置换的情况，即当他人成为阅读推广活动的对象时，他人就是阅读推广主体的客体，而当他人主动进行阅读推广时，他人就是阅读推广活动的主体。所以说，在“互联网 +”时代，读者和社会机构都可成为图书馆阅读推广的参与者、合作者，因为图书馆服务的第三方更了解读者的阅读兴趣和阅读方式。

讨论这些概念并非学究式研究，而是帮助图书馆人正确地进行阅读推广的服务定位，从概念上明确阅读推广工作的目标与宗旨、范围与重点，使阅读推广工作迈入常态化、专业化的发展状态。

二、长江读书节的品牌创建

近年来，国家和政府通过文件及立法的形式，引导和推动了席卷全社会的阅读推广浪潮，北京阅读季、上海读书节、深圳读书月等大型读书节庆活动声势浩大，营造了良好的读书氛围。然而，公共图书馆在这些大型读书节中仅为参与单位，尚未全面凸显其核心价值和主体地位，尤其是中部地区和欠发达地区的公共图书馆，其社会影响力和服务内容、服务水平尚不能满足广大人民当下的多元化、个性化阅读需求。为此，湖北省图书馆提出创建长江读书节，探索省级图书馆在“互联网 +”环境下，如何整体提升全省区域内公共图书馆的阅读推广工作。

1. 打破体制障碍凝聚整体合力

北京大学教授李国新调研发现，近年来，我国公共图书馆事业东部、中部、西部梯次发展的“不平衡”格局已经被打破，西部地区在国家政策、资金扶持与自身努力之下，整体上成功追赶或超越了中部。而公共图书馆“中部洼地”现象在湖北省相对比较明显，在现有的112家湖北省公共图书馆中，阅读推广工作综合水平可分为三个等级。首先，37家属于全国级贫困县的图书馆，硬软件条件都比较薄弱；其次，还有三分之一的县区级图书馆和市级图书馆尚处于传统图书馆的服务标准；最后三分之一的图书馆硬件条件较好，人力资源略有不足。面对大多数公共图书馆人财物条件都相对有限的情况，长江读书节通过以下两点工作突破体制制约。

一是从组织机构的设立上突出图书馆的主导地位。长江读书节的主办单位是湖北省图书馆，承办单位是全省各级公共图书馆，协办单位是各级各类型读书机构、读书会等。由图书馆作为牵头单位一方面可以突出其在阅读推广中的主体作用，但另一方面，由于我国公共图书馆从体制上属于文化系统的二级单位，在与社会各界的协作协调上缺乏号召力和影响力。为此，在省图书馆的申请下，湖北省委宣传部和省文化厅同意作为长江读书节的指导单位，尤其是省文化厅成立了由厅长任主任、分管副厅长为副主任，省图书馆书记馆长、各市级文化局长为成员的长江读书节指导委员会，并通过正式文件要求各级文化行政部门设立专项经费，统筹、支持、协调本辖区内图书馆和有关阅读推广单位、阅读场馆做好长江读书节的系列活动。同时，省文化厅每年还牵头协调省四大家领导和相关职能厅局领导来参加长江读书节的启动仪式和颁奖仪式，有效地弥补了专业单位权威性不足，各地响应不积极的问题。

二是强化规划引领、资金扶持、评奖激励。作为引导全省公共图书馆合力打造的全民阅读推广品牌，长江读书节指导委员会办公室首先是根据区域性特点，做好五年规划和年度实施方案，形成了全省联动举办活动，打破了图书馆各自为政，零散活动辐射面小的问题；其次，省图书馆的数字资源可全省共享，部分馆藏图书可通过物流形式发送给基层馆开展服务，解决了贫弱馆资源匮乏的问题。如省图书馆为17个市级图书馆免费配装了直播系统和设备，使各市级馆可同步参与和收看省图书馆的大型活动和讲座等。2016至2017年省图书馆分两次为37个贫困县各配送新书1万册，弥补其纸质资源严重匮乏的问题。同时，省图书馆每年拿出200至500万元经费用于全省活动的举办和宣传，走进基层各级公共图书馆开展名家讲座、展览和阅读活动的费用都由省图书馆支付。第三，为了激励社会各界积极投身阅读推广，每年长江读书节都会评选和表彰一批先进。如评比十佳演诵之星、十佳阅读推广活动、十佳汽车图书馆等项目，夯实了阅读品牌项目的创建；评选十佳藏书之家、十佳荆楚图书等项目，促进了经典阅读的推广；评选十佳领读者、十佳基层阅读推广组织、十佳阅读空间，调动了读书人个体和市场的典型示范作用。

2. 突出“互联网+”作用提升整体服务能力

为做到全省一盘棋，快速提升整体公共图书馆的服务效益，长江读书节借助互联网思维，通过数字化技术、网络平台和阅读品牌的建设，取得了初步的效果。

长江读书节在启动之时就提出了“讲、阅、展、演”+“数”的“4+1”模式。“讲”就是通过讲座、论坛、评书、荐书、座谈会等形式引导人民群众阅读；“阅”就是提供图书、电子书、数据库、音视频多媒体资源等，丰富人民群众阅读内容；“演”就是通过演出、演讲、朗诵等多种形式，提升人民群众阅读意识；“展”就是通过展览、征文、书画赛等，促进个人阅读成果的转化；“数”就是通过网站、微信、微博、电视、广播、网络、APP 等数字化手段，营造线上线下参与式、互动式、共享式阅读新局面。由此，长江读书节通过“讲、阅、展、演”四个字，厘清了目前公共图书馆开展阅读推广的活动内涵，通过“ + 数”强调所有的阅读活动都要借助于互联网思维，通过数字技术和平台进一步扩大服务外延。

长江读书节每年的百场讲座、百场展览、百辆流动图书车文化扶贫、百万少儿乐享童趣书香、百万网友助推数字阅读、百支领读者队伍点亮书香梦等“六个一百”系列活动，就是通过创新全省各馆原有的活动品牌，百家图书馆联动的形式，进一步递增服务价值。如每年一届的“十佳演诵之星”全省大赛，就是在十堰市图书馆举办的“广场千人诵读”活动、襄阳市少儿馆开展的“学国学诵襄阳”活动、荆门市图书馆举办的“大学生经典美文诵读大赛”、宜昌市图书馆开展的“阅读展军貌”主题读书演讲比赛等活动中延伸出来，用“演诵”这一新的概念，让读者在阅读的基础上，融合朗诵、音乐、戏剧、舞蹈等多种艺术形式展示他们的阅读成果，增强读者的阅读荣誉感和成就感。为了让大众对“演诵”这一品牌有一个具象的认识，长江读书节还邀请东方歌舞团和湖北朗诵艺术家协会联合举办大型演诵活动，并通过电视专题、网络直播等形式，大大提升了活动的影响力和知晓度。

为了解决个人阅读多元化的矛盾，长江读书节借助互联网时代的粉丝文化，创新阅读推广的主体和客体之间的互换与互动，启动了“长江读书节领读者三年行动计划”，通过三年的时间凝聚百万读书人共同推广阅读。该计划首先在全省招募领读者，将阅读推广主体的重心从图书馆转向读者，因为读者既包括名人、专家、学者，也包括众多的普通百姓，由读者来作为阅读推广的主体，更能针对性地引导不同群体阅读和分享阅读认知。其次，将图书馆的主体责任转变为提供资源和培训，建立线上线下平台，实现阅读推广主体间的互补和资源调配作用。再次，根据每月的共读计划和领读者们的推广任务，要求各级公共图书馆为其开展线下活动提供场地、资源、宣传等方面的支持。尤其是与湖北电视台合力打造的周播电视专栏《领读者说》集名家导读、经典朗诵、推广案例、大众读书于一体，以权威性、时效性、知识性和正能量舆论为导向，壮大领读者阅读推广效应。

3. 重视宣传效应扩大社会知晓度

面对经济发展和知识传播局势大好的时代，阅读应该是人们美好生活中不可或缺的精神追求，然而，还有很多老百姓还没有形成日常阅读的习惯，也没有学习优秀传统文化的兴趣。为此，笔者认为阅读推广一方面要做好服务空间和阅读内容的保障，另一方面更要做好舆论的引导，通过宣传让大众熟知身边的阅读资源与服务，引导缺乏阅读意愿的人爱上阅读，训练阅读能力不强的人学会阅读，帮助阅读有困难的人克服阅读的困难。

长江读书节在筹备阶段就明确了宣传工作是服务成效、活动影响力的核心，为此也将全媒体报道和服务营销作为重点展开部署。第一，在全国公开有奖征集活动 LOGO、主题、歌词和吉祥物，消息一发布，就有 50 多家媒体转载，收到 2000 多件应征作品。经过专家评审，将入选的吉祥物、LOGO 和活动主题给广告公司设计，制作了 10 万件宣传品，分发给各图书馆在活动中奖励积极参与阅读活动的读者。第二，通过媒体对外公告活动安排及活动特色，并通过与电视台合作，制作长江读书节公益广告、“六个一百”系列活动专题片、《领读者说》周播专栏等，在电视、网站、微信平台上滚动播放，提升读书节在公众中的知晓率。第三，通过长江读书节官网、微信、微博和各图书馆阵地组成的全民阅读服务平台，向大众推介资源，吸引更多人参与阅读。第四，与《中国文化报》《湖北日报》《图书馆报》《读者空间》《图书情报论坛》等传统纸媒建立合作关系，高频率报道典型事迹和长江读书节活动亮点。第五，借助新媒体，如新浪微博、长江云、斗鱼等网络媒体，通过网络直播、短视频推送等大众追捧的传播形式，引爆宣传点，扩大宣传面。第六，通过湖北省朗诵艺术家协会、金桥书吧群等微信、QQ 群的热心个体成员，向熟悉的公众号、读书会、民间团体等推送领读者的线上线下活动，实现活动与服务更为广泛的二次传播。

刚刚闭幕的十九大上，习近平总书记指出，当代中国共产党人和中国人民应该而且一定能够担负起新的文化使命，在实践创造中进行文化创造，在历史进步中实现文化进步。国家图书馆馆长韩永进积极做出响应，他说：十九大的四个文化关键词，文化自信、文化使命、文化创造、文化进步，为我们图书馆人指明了工作方向。笔者相信，湖北省公共图书馆界的长江读书节虽然刚刚起步，但我们将以阅读推广为使命，积极探索，在公共图书馆促进阅读推广的征程中，努力创新、创造，在文化进步的目标中贡献我们的力量。

参考文献

[1] 胡继武. 现代阅读学[M]. 广州：中山大学出版社，1991：4.

[2] 张怀涛. 阅读推广的概念与实施[J]. 河南图书馆学刊，2015(1)：2－5.

[3] 陈幼华. 论阅读推广的概念类型与范畴界定[J]. 图书馆杂志，2017(4)：19－24，18.

[4] 范并思. 阅读推广与图书馆学：基础理论问题分析[J]. 中国图书馆学报，2014(5)：4－13.

[5] 于良芝，于斌斌. 图书馆阅读推广——循证图书馆学(EBL)的典型领域[J]. 国家图书馆学刊，2014(6)：9－16.

[6] 潘林武，欧倩. 基于互联网思维的高校图书馆阅读推广研究[J]. 图书馆工作与研究，2017(8)：98－102.

[7] 刘亚玲. 交互主体性——阅读推广主体性研究的新视野[J]. 图书馆，2017(8)：50－53.

移动互联网环境下省级公共图书馆公益讲座的现状及对策

谢　宁(湖北省图书馆)

一、公益讲座研究概况

公益讲座作为图书馆的一种有效的社会教育方式,以其信息量大、反应及时、交流性强、普及面广等特点,受到社会各阶层的广泛认同和好评[1]。当前,不少省级公共图书馆逐步形成了自己的讲座特色品牌,在国内外都享有一定的知名度。

1. 基本情况

(1)讲座创办时间

表1为我国省级公共图书馆公益讲座开办情况调查表,其中上海图书馆的公益讲座于1978年创办,至今已有40年的讲座历史;其次是湖南省图书馆讲座创办于20世纪80年代;湖北省图书的讲座从20世纪80年代中期开始到2005年进入高速发展期,2013年讲坛名称正式更名为“长江讲坛”。自2006年文化部办公厅下发《关于进一步广泛、深入开展图书馆讲座工作的意见》后,各省级公共图书馆讲座均进入快速发展阶段。从表1可以看出,在2005年至2006年创办公益讲座的省级公共图书馆较多,截至2011年,有28所省级公共图书馆开展了公益讲座服务。

表1　我国省级公共图书馆公益讲座开办情况调查表

图书馆名称	讲座名称	创办时间	管理部门	每周场次
上海图书馆	上图讲座	1978年	讲座中心	周末4场
湖南省图书馆	湘图讲坛	20世纪80年代	公共服务部	周末1场
吉林省图书馆	文化吉林讲坛	1995年	社会教育培训部	周末1场
重庆图书馆	重图讲座	1996年	业务协调部	周末1场
山西省图书馆	文源讲坛	1999年	读者工作部	周末2场(含视频讲座)
湖北省图书馆	长江讲坛	2013年	读者活动部	周末1—2场
首都图书馆	首图讲坛	2002年	宣传策划部	周末2场
浙江图书馆	文澜讲坛	2002年	读者活动推广部	周末1场
江西省图书馆	赣图大讲堂	2003年	读者服务中心	周末1—2场
宁夏图书馆	塞上人文论坛	2004年	会展与培训部	不定期举行
山东省图书馆	大众讲坛	2005年	读者活动部	周末1场

续表

图书馆名称	讲座名称	创办时间	管理部门	每周场次
南京图书馆	南图讲座	2005 年	社会工作部	周末 2 场(含视频讲座)
辽宁省图书馆	辽图讲坛	2005 年	社会活动部	周末 1 场
陕西省图书馆	陕图讲坛	2005 年	会议展览部	周末 1—2 场
甘肃省图书馆	周末名家讲坛	2005 年	会议展览中心	周末 1 场(含视频讲座)
安徽省图书馆	新安百姓讲堂	2006 年	社会教育部	周末 1 场(含视频讲座)
福建省图书馆	东南周末讲坛	2006 年	文化教育部	周末 1—2 场
黑龙江省图书馆	龙江讲坛	2006 年	辅导培训部	周末 1—2 场
广西壮族自治区图书馆	八桂讲坛	2006 年	研究辅导部	周末 1 场
四川省图书馆	巴蜀讲坛	2007 年	读者服务部	周末 1 场
内蒙古图书馆	内图讲座	2007 年	/	不定期举行
天津图书馆	海津讲坛	2010 年	宣传辅导部	周末 1 场
云南省图书馆	云图讲堂	2010 年	培训中心	两周末 1 场
河北省图书馆	冀图讲坛	2011 年	社会教育部	周末 1—2 场(含视频讲座)
河南省图书馆	豫图讲坛	2011 年	读者工作部	周末 1 场
广东省立中山图书馆	中山讲堂	2011 年	业务办公室	周末 1 场
贵州省图书馆	贵图讲座	2011 年	咨询培训部	不定期举行
海南省图书馆	国际旅游岛讲坛	2011 年	/	周末 1 场

(2)讲座团队管理

通过对各省级公共图书馆讲座机构设置的调研,从表 1 中我们可以看出只有上海图书馆设立了专门的讲座中心,专职运营讲座;湖北省图书馆的由读者活动部负责,实质上也是专职运营讲座的职能部门。其他图书馆则大多将讲座、展览、影视观摩及音乐会朗诵会等读者活动放在一个职能部门,有的还将讲座和宣传、教育及辅导培训划分在一起。

(3)讲座品牌建设

品牌建设是图书馆公益讲座得以长久发展的保障。目前各省级公共图书馆都创建了自己的公益讲座名称,如湖北省图书馆的“长江讲坛”、浙江图书馆的“文澜讲坛”、广西壮族自治区图书馆的“八桂讲坛”等。各省公共图书馆的公益讲座都有自己的固定举办场所,场地大小基本上在 120—600 座不等。各省公共图书馆基本都是在周末举办讲座,至少保证每周一场。上海图书馆的“上图讲座”每周末要举办 3—4 场讲座,有时非周末也有讲座。除了固定讲座名称、固定讲座时间和地点举办讲座来提升讲座的社会影响力外,很多图书馆还通过举办系列讲座来提升讲座品牌的知名度,比如山西省图书馆的“文源讲坛”除了固定的星期日讲座外,还开设晋冀文化系列讲座、科技与人文系列讲座和中国古典诗词欣赏与创作系列讲座。这些不同主题系列的讲座更好地满足了不同读者的文化需求。除了在图书馆阵地开办讲座,福建省图书馆的“东南周末大讲坛”、安徽省图书馆的“新安百姓讲堂”等图书馆还将讲座办到地市州图书馆、学校、军营、机关及社区等基层单位。湖北省图书馆的“长江讲坛”除了在省内巡讲外,还开展湖南、江西和安徽中部四省巡讲,新疆、西藏边疆巡讲。

2. 讲座选题

(1)选题分类

选题是讲座最核心的要素之一,是打造讲座品牌和吸引听众的根本所在。考虑到采集所有年份讲座的数据量较大,本文从28所省级公共图书馆中选出10所讲座举办情况较好、具有一定代表性的省级公共图书馆的2017年680场公益讲座作为研究样本,具体调查结果如图1、表2所示。从图1中可以看出文史类讲座比例高达46%,占据了半壁江山。艺术类、教育类、时政类讲座分别占16%、13%和10%,而法律类、健康类、经济类和科普类讲座占比都不到10%。通过表2可以看出10所省级公共图书馆讲座的选题分类情况,文史类、教育类、艺术类、时政类和科普类出现在了前三位的讲座主题里,其中有8所省级公共图书馆文史类讲座选题是占比最高的。从以上图表中我们可以总结出图书馆的讲座选题涉及领域较广,但选题结构存在不均衡的特点。

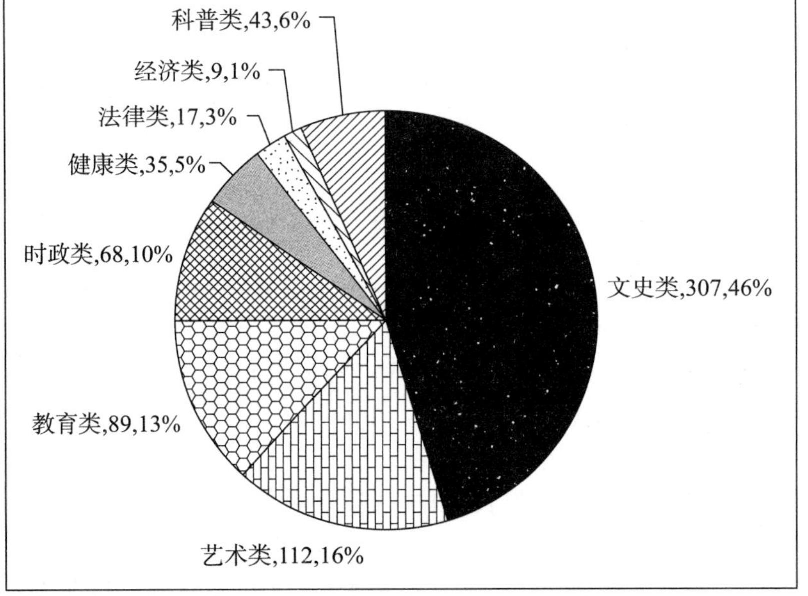

图1 讲座选题分类图

表2 10所省级公共图书馆2017年讲座选题分类表

讲座名称	总场次	讲座选题分类场次及占比								
东南周末讲坛	104	文史类	41	39.4%	艺术类	27	26.0%	时政类	18	17.3%
上图讲座	94	教育类	35	37.2%	文史类	25	26.6%	艺术类	23	24.5%
首图讲坛	84	文史类	69	82.1%	艺术类	8	9.5%	教育类	3	3.6%
文源讲坛	80	文史类	41	51.3%	艺术类	20	16.7%	健康类	8	10.0%
长江讲坛	72	文史类	36	50.0%	艺术类	12	20.7%	时政类	8	11.1%
南图讲座	59	时政类	14	23.7%	文史类	12	20.3%	科普类	8	13.6%

续表

讲座名称	总场次	讲座选题分类场次及占比								
文澜讲坛	58	文史类	20	34.5%	科普类	14	24.1%	艺术类	12	20.7%
新安百姓讲堂	47	文史类	24	51.1%	时政类	9	19.1%	教育类	7	14.9%
豫图讲坛	41	文史类	18	31.7%	教育类	13	12.2%	时政类	5	7.3%
龙江讲坛	40	文史类	20	50.0%	健康类	6	15.0%	科普类	4	10.0%

(2)选题分析

通过对讲座选题的分析,各馆讲座呈现两大特色。第一,贴近百姓生活,关注社会热点。上海图书馆的讲座教育类选题是排名第一的,家风家训系列和职业教育培训类讲座受到中青年听众的欢迎;第二,突出区域特点,彰显民族文化。首都图书馆的"乡土课堂"系列讲座,立足于北京乡土主题,以科普化的语言向市民传播北京的历史文化。还有其他省份的乡土文化系列讲座,如广西壮族自治区图书馆的"广西文化"系列讲座、福建省"闽台文化"系列讲座和山西省的"发现山西""晋冀文化"系列讲座;第三,艺术类和时政类讲座所占比例上升。艺术类讲座由于现场多结合音乐、舞蹈、乐器演奏或诗歌朗诵等表演及欣赏,讲座形式多样,现场感和互动性强,受到听众的青睐。湖北省图书馆每年都举办1—2场音乐会,每场听众人数都是平时的3倍。时政类讲座的上升反映了公共图书馆是宣传国家的大政方针,弘扬社会主旋律和传播正能量的主阵地。

3. 讲师团队

因讲师数据量大收集整理难度较大,本次调研选取了10所省级公共图书馆的2017年公益讲座的讲师信息进行具体分析。

(1)性别

本次调研共收集707位讲师的基本信息。讲师的性别和年龄信息通过图书馆官方网站的简介、百度百科的检索和讲师所在单位官方网站的查询。其中男性讲师共计568位,占比为80.3%;女性讲师共计139位,占比为19.6%。从性别来看,男性讲师仍然占绝大多数。

(2)年龄段

从图2可以看出讲师均年龄分布在1930—1990年,其中出生在20世纪60年代的讲师最多,占比达到34.9%,其次是出生在20世纪50年代和70年代的讲师,占比分别为23.5%和24.6%。1950—1970年年龄段的讲师通常已是某一领域的专家学者,知识积累和自身修养都达到一定的水平,讲课让听众更加信服,现场效果一般较好。

(3)研究领域

根据查询10所省级公共图书馆讲座所邀请的讲师简介并结合所讲主题,本文将讲师的研究领域细分为28类。具体统计结果如表3所示。从表3中可以看出,讲师的研究领域以文科居多,其中文学、历史、艺术、教育、中国文化、政治、出版传媒研究领域占比较大;医学、地理、计算机、建筑设计、心理学、信息技术等偏理工科研究领域的人数占比较小。讲师的研究领域一定程度上影响了讲座的选题分类,因此讲座选题主要也集中在文史类、艺术类和教育类上。

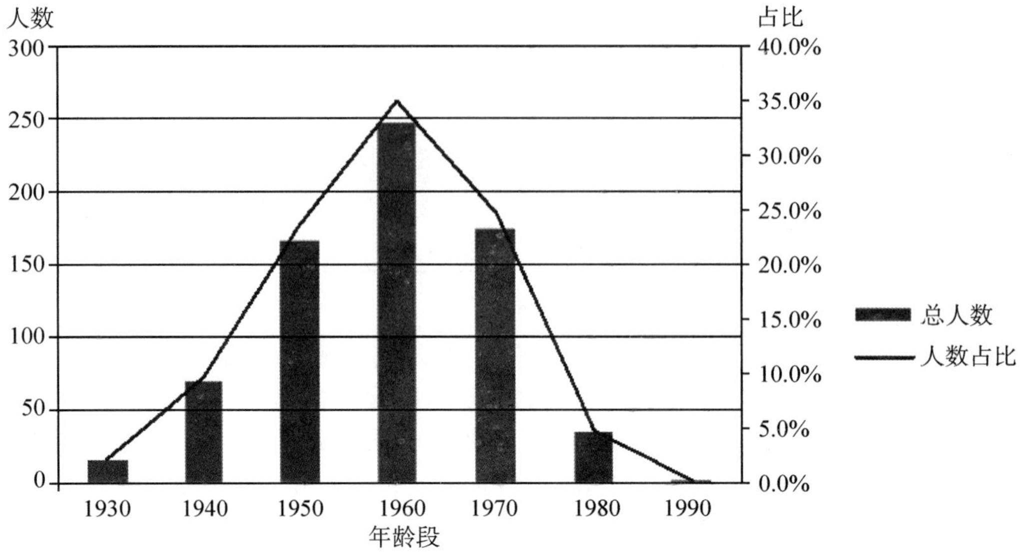

图 2　讲师年龄段分布图

表 3　讲师研究领域分类表

研究领域	人数	占比	研究领域	人数	占比
文学	140	19.80%	医学	30	4.24%
历史	110	15.56%	地理	8	1.13%
艺术	100	14.14%	计算机	7	0.99%
教育	74	10.47%	建筑设计	6	0.85%
中国文化	62	8.77%	心理学	6	0.85%
政治	50	7.07%	环境	4	0.57%
出版传媒	30	4.24%	信息技术	4	0.57%
法律	18	2.55%	物理	3	0.42%
经济	16	2.26%	航天	2	0.28%
旅游	12	1.70%	农学	2	0.28%
管理	9	1.27%	光学	1	0.14%
哲学	7	0.99%	石油	1	0.14%
社会学	2	0.28%	系统科学	1	0.14%
体育	2	0.28%	/	/	/

(4)本地/外地讲师

本文将 10 所省级公共图书馆讲座所邀请的讲师按照本地讲师和外地讲师进行分类,从表 4 中可以看出大多数省级公共图书馆邀请的本地讲师占 6—7 成,外地讲师占 2—3 成。其中 2017 年度湖北省图书馆的“长江讲坛”邀请的外地和本地讲师基本持平,而河南省图书馆的“豫图讲坛”却没有邀请外地讲师,这与讲坛的定位和专项经费的支持有很大关系。首都图书馆的“首图讲坛”邀请的外地讲师很少,这主要与北京地区讲师资源丰富有关。

表 4　本地/外地讲师人数及占比列表

讲座名称	总人数	本地讲师	占比	外地讲师	占比
上图讲座	105	70	66.7%	35	33.3%
首图讲坛	90	88	97.8%	2	2.2%
长江讲坛	79	41	51.9%	38	48.1%
文源讲坛	82	53	64.6%	29	35.4%
南图讲座	59	47	79.7%	12	20.3%
豫图讲坛	41	41	100.0%	0	0.0%
文澜讲坛	60	37	61.7%	23	38.3%
东南周末讲坛	106	92	86.8%	14	13.2%
新安百姓讲堂	47	29	61.7%	18	38.3%
龙江讲坛	40	27	67.5%	13	32.5%

4. 讲座听众

(1)上座率分析

由于听众数据量大面广，而且各省级图书馆对这方面的数据统计保存较少，本文只收集了20所省级公共图书馆讲座的上座率数据，有的馆只是粗略估算年度上座率，因此通过测算上座率达到80%以上的馆占被调查馆的70%，上座率达50%以上的图书馆占90%。这也可以说明省级公共图书馆的讲座受到大多数听众的欢迎和认可，一定程度上满足了听众的需求。

(2)听众结构分析

通过图书馆的网站、媒体的报道数据和电话访问获取的数据，目前省级公共图书馆公益讲座的听众群体正在趋向年轻化，听众群体的结构也呈现多元化。以湖北省图书馆的“长江讲坛”为例，听众群体的年龄段正在从50岁以上向20—50岁之间转移，年龄结构呈菱形状，而且中间部分呈放大趋势。

5. 宣传推广

根据调查研究各省的图书馆主要以发布讲座信息、传播文化知识、树立讲座品牌、展示图书馆的服务形象为目标通过多种途径开展讲座宣传活动。具体宣传推广工作有以下几种方式：

(1)现场宣传

主要利用图书馆预告水牌、自制宣传册、电子显示屏及讲座现场预告与开展宣传活动。这些沿用多年的宣传方式准确、直观，便于到馆读者获知讲座信息。特别是对于老年听众和常年来馆的固定听众还是一种重要的宣传方式。

(2)网站宣传

主要通过网站公布讲座预告、图文报道，上传讲座视频等内容。本文通过点击28家图书馆的网站，统计整理出各馆讲座网站服务调查表。从表5中可以看出28家省级图书馆均设有独立的讲座网页并持续发布讲座预告，20家省级图书馆有讲座报道，20家省级图书馆提供了讲座视频播放，12 家省级图书馆有讲座主题分类并提供检索，说明各省级图书馆更加重视利用官方网站进行讲座的宣传推广。但从表中也可以看出提供讲座文稿的只有 4 家省级图书馆，提供讲座音频和讲座 PPT 的目前为止还没有，说明讲座网页内容还不够丰富全面。

表 5　网站讲座服务调查表

讲座网页		讲座预告		讲座报道		讲座文稿		讲座视频		讲座音频		讲座 PPT		讲座主题分类	
有	无	有	无	有	无	有	无	有	无	有	无	有	无	有	无
28	0	28	0	20	8	4	24	20	8	0	30	0	30	12	16

（3）媒体宣传

在传统媒体方面，被调查的各省级图书馆基本上通过报纸、电视、电台等方式发布讲座信息和讲座报道。湖北省图书馆与湖北省广播电视台紧密合作，将现场讲座录像并加工制作在湖北省广播电视台教育频道固定时段播出。这些媒体宣传渠道较为稳定，在当地具有一定的社会影响力，适合具备传统阅读习惯的听众。

（4）新媒体宣传

利用社交平台等新媒体手段开展讲座宣传越来越受到重视。被调查的各省馆均开通了馆方微信公众平台，并在微信公众号里推送近期讲座预告和讲座报道，官方微博开通率为 82.3%。此外，上海图书馆、山西省图书馆还开通了讲座专用微信公众平台，微信公众平台里的讲座预告、讲座报道、讲座音频、讲座微刊、讲座微视频及讲座相关活动等讲座资源丰富、获取方便快捷。湖北省图书馆“长江讲坛”目前有手机 APP，满足了广大读者利用移动终端随时随地观看讲座视频资源的需求。安徽图书馆的“新安百姓讲堂”和广东省立中山图书馆的“中山讲堂”通过与中国文化网络电视、国家公共文化发展中心和网易直播合作，可以下载客户端直接在手机上实时观看讲座，实现共享直播。

二、问题剖析

1. 缺乏数字化管理团队

从对各省馆讲座运行部门的调查来看，只有上海图书馆和湖北省图书馆有专职运作讲座的部门，其他部门都非专职部门。同时，数字资源加工制作和运用新媒体技术宣传推广的工作人员有的并不在讲座部门。在互联网环境下，这在一定程度上制约了讲座的进一步发展。

2. 讲座选题同质化严重

调查结果表明各省公共图书馆讲座选题同质化较为严重，文史类讲座占据半壁江山，健康类、法律类和科普类等贴近社会生活、满足听众现实需求的讲座选题数量不多，这从侧面反映出讲座活动的策划师对听众的讲座需求关注和引导不够。同时，如何建设稳定的听众群体，如何在内容同质化中谋求创新，也是所有讲座策划者应该共同思考的问题。

3. 讲师结构和来源单一

本次调查中男性讲师人数是女性讲师的近 4 倍，调查中发现在高校、研究所就职的讲师占据调查讲师人数的一半，研究领域也都集中在文学、历史、艺术领域，理工科研究领域的讲师占比较小。调查中各图书馆七成邀请的是本地讲师,邀请外地讲师或海外讲师占比较小,造成这一现象的原因主要是受经费的制约,同时也说明馆际之间讲师资源共享还比较有限。

4. 讲座前后期宣传不到位

调查结果显示现场宣传、媒体宣传和网站宣传是目前各省馆的主要宣传推广方式。随着移动互联网的高速发展,传统讲座宣传渠道所能面向的人群往往比较有限,许多有相关文化需求的读者很难准确接收到相关的讲座信息。同时,讲座结束后如何做好讲座资源的后期传播也是对讲座的重要宣传。目前大多数图书馆网站上可以点击观看往期讲座视频,但是利用移动客户端在线观看讲座直播的图书馆还比较少。

5. 听众参与讲座不便捷

随着移动互联网技术的发展,采用 QQ 群、微信公众号、微博、APP 等移动新媒体形式进行讲座信息发布的图书馆也越来越多,不过大多只能查看到讲座预告和讲座报道,听众参与讲座的便捷度不高,除了上海图书馆提供网上和微信预定门票,国图讲座可以刷读者证和身份证入场外,大多数省级图书馆采用读者提前现场排队领票入场的方式,排队人多,时间长,有时还领不到票,一定程度上挫伤了听众的积极性。

三、服务的对策

移动互联网环境下讲座受众要求讲座内容要多元化、趣味性,听取讲座的方式要方便、快捷、高效。这就要求我们的讲座要以受众群体的不同需求为中心,不断丰富讲座内容,扩充讲座形式,多平台宣传推广,集中整合视频资源,提供便捷式服务来顺应时代发展的潮流。

1. 多渠道收集读者需求丰富讲座主题内容

在移动互联网时代,讲座选题不能一味地按照老套路、固定模式进行,而需要根据公众不同层次的需求,来灵活调整讲座方案。针对不同需求的人群推出“定制化”化的公益讲座,也可以通过一个大方向或主题下的系列讲座来分步骤、分阶段地满足各个阶层的不同需求。

第一,在移动互联网技术的支持下,我们可以通过微信公众平台、微博公众账号、QQ 群等新媒体手段发起与公益讲座主题相关的调查活动,以调查问卷、投票等形式面向广大听众征求讲座主题,了解听众需求。同时,可以将调查统计得出的数据利用数据分析法进行分析,根据参与征求意见听众的年龄、学历、兴趣爱好,有针对性地做好讲座主题的规划。第二,通过微博、微信、QQ 群等途径,随时随地、多维度地进行听众反馈数据收集、整理,并根据听众反馈信息适当调整讲座内容和形式。比如可以运用微博、微信,掌握发出信息的到达率、获取率;运用微信平台报名,了解活动的关注度、参与度;运用微博、微信留言和评论,以及读者 QQ 群内讨论了解听众的兴趣点与需求点。第三,通过讲座的现场人数、上座率、听众反应情况、媒体新闻报道量及通过浏览其他图书馆的官方网站、移动客服端、微信、微博等挖掘和储备优质讲师资源。并将讲师数据库相关信息通过新媒体平台面向社会公众开放,从而方便听众更加深入地获取主讲嘉宾的背景和研究方向,筛选符合自己兴趣爱好的讲座活动,可以促进听众与主讲嘉宾的互动。

2. 推动讲座形式的多样化增强讲座互动性

在移动互联网环境条件下，公共图书馆可以采用多种途径突破传统讲座服务模式在空间、时间以及互动性方面的限制，从而实现面向听众服务形式多样化。图书馆讲座形式可以充分借鉴电视节目的媒体表现形式进行，将传统的“一人讲”演化为“二人对讲”或“多人同讲”，以及访谈、现场表演、问题解答与评价等多种表现形式。湖北省图书馆“长江讲坛”从2014年增加多人对话形式的讲座，在讲座表现形式上，也打破主讲人正襟危坐的课堂模式，主讲人可以站着讲，也可以在舞台上甚至走到听众席走动讲。现场还会提前为主讲人准备好讲座道具、音频和视频以增加讲座的效果和趣味性。中国首档青年电视公开课《开讲啦》在节目形式上有很多值得借鉴的地方。比如讲座之前征集青年听众代表，在互动环节同主讲嘉宾分享对讲座内容的思考、疑问和见解，高质量的交流互动能让参与者、聆听者都有机会从谈话过程中探索和发现真知灼见，获得共赢。

福建省图书馆在讲座现场运用网络问卷调查、微信签到、微信抽奖、微信摇一摇、H5页面互动问答等形式，调动读者积极性，让讲座从单向传播向双向互动转变。在“东南周末讲坛”创办十周年的讲座现场，听众打开微信摇一摇即可浏览十周年讲座宣传微页，填写微页互动问题还可参与现场抽奖，赢取纪念画册；读者可以通过微信扫描二维码进行签到，签到后微信头像将显示在大屏幕上；读者扫描宣传海报上的二维码即可获取主讲人的电子书籍，并可在线查询相关馆藏书目等[2]。

3. 增强新媒体平台理念，拓展宣传和传播路径

新媒体平台不同于传统的电视、报纸、广播等媒体平台，它是以移动互联网为依托，帮助人们传递信息与获取信息的载体，是多方合作、共享、共赢的交流媒介平台。图书馆公益讲座可以通过手机APP、微信、微博等新媒体平台全方位布局公益讲座的宣传和传播渠道[3]。

微信作为当下成熟的社交平台，图书馆讲座利用这个大平台为读者提供零距离服务既可节约宣传和传播成本，又可让读者轻松方便地获取讲座资源。由“上图讲座”微信公众号推出的讲座微视频一出现，就受到听友们的喜爱与好评。2018年又增加音频播放功能，可供用户在开车、旅行、做家务等环境下收听讲座音频，方便快捷。如果想全面深入系统地了解讲座内容，还可以查看微信公众号里讲座电子文本。还可以利用手机在微信公众号里预定门票，极大提高了不同需求读者参与讲座的便捷度。

湖北省图书馆“长江讲坛”目前是利用湖北省图书馆微信公众号来发布和提供讲座信息和服务。2018年湖北省图书馆入住支付宝“城市服务”，在“城市服务”的综合栏目下可查询到讲座预告。湖北省图书馆微信公众号里提供长江讲坛移动微门户APP下载功能。安徽图书馆和广东省图书馆充分利用移动互联网技术采用多方网络平台开展讲座的实时观看，让讲座资源的传播面更广，受众面更宽。

4. 借助多媒体技术推进讲座资源开放共享

全国图书馆讲座联盟建设的讲座资源共建共享平台是通过各馆共同建设数据库，在成员馆间整合与分享专家资源、选题资源、课件资源，为各馆策划组织讲座提供了重要参考。在国家文化共享工程网络基础上，各级公共图书馆的资源开放共享可以从小范围着手，分步推进。

如湖北省图书馆依托共享工程网络,实现了“长江讲坛”的网络视频直播,开启了讲座资源的省内共享模式。“长江讲坛”实行部分讲座专家资源的省内和省际共享,在保证讲座质量的同时,扩大资源的受惠面。安徽省图书馆的“新安百姓讲堂”和广东省立中山图书馆的“中山讲堂”通过与中国文化网络电视、国家公共文化发展中心和网易直播合作,可以下载客户端直接在手机上实时观看讲座,实现共享直播。

互联网技术和移动新媒体的发展为图书馆公益讲座资源的开放共享奠定了基础。上海图书馆和国家图书馆在增强新媒体平台理念的基础上,充分整合多家平台的公益讲座资源,建立起公益讲座资源共享长效机制。上海图书馆在其网站建立讲座资源共享协作链接,不仅加强了上海图书馆与其他省市图书馆的交流协作,还对每期讲座主讲人都进行个人简介,并将主讲内容按照学科进行分类,使数字图书馆用户根据个人需要及时、快速查询。国家图书馆借鉴“慕课”的大规模、开放、在线理念,创建“国图公开课”。以专题形式设置课程,网站上多用短视频,使读者能够利用碎片时间进行学习。其他公共图书馆也可以将本馆制作加工好的优质讲座视频上传给国图公开课,进一步加大了馆际之间讲座资源的开放共享。

5. 建设数字化管理团队,培养专业人才队伍

图书馆公益讲座是一个系统工程,建立高效率、高素质的管理团队是办好公益讲座的根本。数字化管理团队和管理方式在公益讲座中出现较少,使得公益讲座在应对移动互联网环境、利用新技术谋求发展方面较为乏力。利用移动 APP 应用程序,实现讲座资源的实时上传与共享,让听众可以随时随地观看公益讲座。这些新兴技术在图书馆公益讲座中的运用需要完善的管理组织与团队作为支撑。

对此,图书馆必须不断吸收社会上的人才,选拔一些高素质的专业技术人员。同时,建立完善的讲座人员的专业技能培训机制,不仅加强内部专业技能培训,还要走出去到新媒体技术运用较早的地方去考察学习,不断吸收其他馆的长处,提高竞争意识,促进自我提高,真正成为运用现代传媒新手段新方法的行家里手[4][5]。

参考文献

[1] 王世伟. 图书馆讲座工作引论[J]. 图书馆学研究,2005(10):84 - 86.

[2] 刘静静. “互联网 + ”背景下公共图书馆开展公益讲座与培训的创新与对策[J]. 知识文库,2016(19):217 - 219.

[3] 初景利. 数字化网络化与图书馆服务的战略转型[J]. 图书与情报,2017(1):98 - 104.

[4] 周德明,林琳,唐良铁. 图书馆服务:新载体 新平台[J]. 图书馆杂志,2016(8):4 - 9,14.

[5] 徐志. 移动互联网背景下公共图书馆服务转型的思考[J]. 图书馆,2015(7):97 - 100.

“互联网 +”赋能公共图书馆的思索与探讨

游梦娜(湖北省图书馆)

近年来,国内各大公共图书馆都在努力探索“互联网 +”大背景下的新作为,主动挖掘“互联网 + 公共图书馆”的新红利,全力挖掘并丰富数字图书馆、古籍资源库等新资源,积极开创“互联网 +”时代的公共文化服务蓝海。怎样才能使“互联网 +”赋能图书馆,打造图书馆的新亮点,构造图书馆的新业态,彰显图书馆的新特色,已成为图书馆界的新命题。

一、“互联网 +”赋能公共图书馆的前景和趋势

2015 年,《浙江省公共图书馆“互联网 +”行动计划》发布,浙江图书馆联合全省 11 个市级公共图书馆希望通过这一行动计划,抢抓“互联网 +”机遇提升图书馆服务,增强全省公共图书馆整体服务水平,打造公共文化服务的新型业态。可以说,随着 2015 年国务院《关于积极推进“互联网 +”行动的指导意见》的印发,“互联网 +”已迅速席卷全国并覆盖到各行各业,图书馆界亦纷纷响应,希望在“互联网 +”时代有所作为。2016 年,阿里巴巴提出了“赋能”战略,表示将利用大数据帮助所有品牌客户完成商业转型升级,打通线上线下。而现在,无论是阿里、腾讯、百度、小米等平台型大企业,还是金融业、媒体和政府机构,都开始频繁的运用“赋能”一词。“赋能”一词发展到今天,已与“互联网 +”紧紧结合在一起,有着数据助力、资源优化、创新共享的新含义。

1. 文献资源数据化

作为公共文化服务的窗口,公共图书馆一直是传递特定信息资源、服务和教育的前沿门户,为读者们提供丰富的文献信息和资源。随着网络信息技术的发展,数字资源呈爆炸式增长,读者们对公共图书馆的需求已不仅是到馆阅读报刊书籍、查询信息资料,而是需要更直接更简单的获取数字、文本资源和信息。与数字图书馆全面建设推广相伴随的,是传统的纸质馆藏体系的演变,纸质保存馆藏体系正逐步演化为“目录数字化 + 文献数字化 + 资源数字化”的体系,公共图书馆的文献、书目、信息资源都将进一步数据化。

2. 信息管理集群化

图书馆信息集群是基于信息共享衍生的新概念,信息管理集群化能集中各级公共图书馆的资源、设备,形成集聚优势,放大整合效应,共享成员信息。随着互联网技术的互联互通,在公共图书馆信息系统集群内,读者通过统筹合一的检索平台,可以获取到整个系统内的相关信息,免去了进入各图书馆的网站的或各信息资源库去一一寻找相关信息的程序,从而拓展了信息反馈量,减少了检索次数,降低了信息获取的精力和成本[1]。公共图书馆通过资源的连接、

信息的集群、流程的重组，实现了读者需求和馆藏资源利用的最大公约数。

3. 图书馆服务泛在化

“泛在图书馆”的基本理念是图书馆在任何时刻任何地点都是可存取的，随着网络的日益发展，我们无论在哪一个地方、哪一个时间点都可以搜索所有的知识，不会受到时间、地域、语言、国籍、文化的限制，从而让“5A”理念变成现实，即任何用户（Any user）在任何时候（Anytime）、任何地点（Anywhere），均可以获得任何图书馆（Any library）拥有的任何信息资源（Any information resource）[2]。公共图书馆的数字化文献资源和网络化信息服务，随着“互联网 +”的发展将更加丰富，接入平台将更加多元，读者获取图书馆资源和服务的方式将更加便捷，泛在图书馆的服务将成为现实，其显著特征是：用户在哪里，图书馆的服务就在哪里，用户无论在何时何地都可以获得图书馆的服务，甚至用户可能还没有意识到却已经利用到了图书馆的资源或者得到了图书馆馆员的帮助[3]。

4. 阅读平台移动化

《2016 年度数字阅读白皮书》的数据显示，中国数字阅读用户规模在 2016 年度已超过 3 亿，市场规模达到 120 亿元左右，增长率达 25%。电子书等数字阅读方式的诞生有效地解决了传统书籍与信息技术结合的难题，随之而来的是平板电脑、手机、Kindle 等各种移动终端设备的畅销。现代读者的生活节奏总是紧张而忙碌，碎片化的时间里，只有数字阅读才能满足他们的阅读成本预期和阅读便利性要求，现代读者的阅读方式于是呈现出多接口、移动化、社交化的特点。以智能手机、平板电脑、电子阅读 APP、电子阅读器等移动终端和 APP 为载体的移动阅读，满足了他们在任何时间、任何地点以任何方式获取任何内容的阅读需求，公共图书馆的 APP、数字图书馆、电子资源库等阅读平台也将顺应读者移动化阅读、实时性阅读和碎片化阅读的现实需求。

5. 阅读推送个性化

读者对图书馆的服务满意度，是评估图书馆服务质量的一级标准。通过“互联网 +”赋能公共图书馆，我们就能有效依托大数据、云计算等新技术，效仿百度等搜索引擎的算法方式，对各项信息记录、检索请求进行数据挖掘，整合读者阅读信息，分析读者阅读喜好，了解读者阅读需求，根据读者的借阅记录和搜索内容向其推荐其感兴趣的内容。这样，读者在使用自己独立的账号在阅读资源库中搜索信息时，公共图书馆的推送内容就可以与读者最新的阅读需求相匹配，读者近期需要的、感兴趣的内容会排在推送首页。在这个过程中，公共图书馆的馆藏资源内容、数字资源内容会越来越丰富、质量越来越高、推送越来越准确，在阅读资源、公共图书馆、读者之间就形成了特有的个性化服务良性循环。

二、“互联网 +”赋能公共图书馆的主要途径

1. 连接赋能：优化图书馆阅读推广平台

“互联网 +”时代，互联网及各类应用可以“连接一切”，互联网的连接特性已经深入人心，可以说连接是赋能于公共图书馆的基础，只有连接才能让公共图书馆的阅读服务实现横向的

拓展、纵向的深化。随着“互联网+”的不断发展，网络所赋之能将进一步扩大，图书馆也会因连接赋能而为更多读者创造更便利的阅读条件。公共图书馆应把握各地政府打造智慧城市的契机，在建立官方微信公众号、微博基础上，进一步将服务入口、登入端口前置，积极主动接入支付宝、微信等移动平台的城市服务，通过各种方式主动连接赋能，使图书馆服务作为政府公共服务的组成部分，让图书馆在读者熟悉的生活和社交场景中触手可及，为图书馆服务的泛在化夯实平台推广基础。目前，北京、上海、杭州、南京、深圳、武汉等地的公共图书馆都已经在连接赋能上做出了有益尝试，入驻了支付宝城市服务，读者在登录支付宝 APP 后，进入城市服务一栏，选择当地图书馆，即可利用手机获取资源与服务，查阅个人图书借阅明细，检索馆藏图书情况，查看最新阅读活动，享受图书馆链接日常 APP 的便捷服务功能。通过连接赋能，公共图书馆连接了人与人、人与书、人与设备，进一步满足了读者在新时期对公共图书馆的新要求。

2. 共享赋能：强化资源整合和信息服务

“互联网+”时代，读者对信息的需求呈现出多样化、个性化和复杂化的特点，这从根本上要求公共图书馆对资源进行整合和共享[4]。共享赋能公共图书馆的本质是各级图书馆进行资源共建共享和馆际互借，实现省市县乡多级联动，推进区域内协作共享，通过联机合作编目、建设书刊联合目录数据库、推进馆际互借、开放数据库等方式，推进数据库资源共享，联合打造特色数据库和专题数据库。这样公共图书馆的各类平台、服务、APP 才能迅速为人们接受，实现公共图书馆书目信息、用户动态信息的共享和更新，强化公共图书馆的资源整合能力和信息服务水平，最大限度的满足每一位读者、每一个地区的不同层次文献信息需求，实现对文献资源更深层次的储存、开发和传递，全面实现信息资源共享[5]。做好共享赋能，公共图书馆还需与政府部门、互联网企业广泛开展跨界合作，用好用活用户数据，共享用户的信用和行为数据，通过数据挖掘使服务更加个性化和人性化，提升公共图书馆信息服务水平，便利公共文化阅读服务中的参与各方，推动“智慧图书馆”建设，全面打造与现代公共文化服务体系相适应的横向到边、纵向到底、开放兼容、内容丰富、传输快捷、运营高效的公共阅读服务体系。

3. 技术赋能：深化图书馆创新服务建设

技术是实现公共图书馆连接赋能与分享赋能的基本保障，是推进“互联网+公共图书馆”的重要手段，推广平台前移、数据资源共享后的公共图书馆迫切需要强大的信息技术支撑，而这需要依靠物联网、云计算、大数据处理等技术。作为物联网的核心技术之一，RFID 技术已广泛应用于公共图书馆，它实现了物理馆藏资源的自主流通，减少了人为干预，实现了物理馆藏资源和信息系统的交互，给予了读者用户更多的自由[6]。通过 RFID、红外感应器、定位系统等物联方式，公共图书馆可以有效快速地进行定位查找文本和数据资源等服务。在此基础上，通过云计算和大数据处理，公共图书馆可以对数字图书馆、古籍数据库、专题数据库、24 小时自助图书馆、图书馆 APP 等终端产生的大量终端设备、网络社交生活、用户个性化搜索等新型数据进行感知采集和分析共享，利用云服务商和大数据平台的服务器群作为数据搜集、处理和存储中心，进行数据挖掘，发现用户在使用图书馆信息资源过程中的个性化需求，从而更好地为读者提供个性化服务。随着图书馆信息网络技术的泛在化发展，通过信息整合的网络一体化平台，读者可以在城乡的任何一个公共图书馆服务点进行文献的通借通还、网络信息检索，完全不受开放时间和馆藏资源的限制，在馆外查阅自己需要的馆藏文献的相关数据[7]。通过物联网、云计算、大数据处理等技术的赋能,公共图书馆的将不断创新信息资源和阅读服务,向读者提供为他们量身定制的特色服务。

三、结语

《中华人民共和国公共文化服务保障法》已经正式发布,其中明确提出:以"互联网+公共文化服务"的新模式精准对接群众文化需求,构建标准统一、互联互通的公共数字文化服务网络,建设公共文化信息资源库,实现基层网络服务共建共享。可见"互联网+公共文化服务"已经被提升到了国家立法层面,公共图书馆在这样的政策利好之下,只要运用好连接赋能、共享赋能和技术赋能三大抓手,围绕读者为中心,立足资源做文章,强化集群促共享,创新服务扩平台,就能把握住"互联网+"带给公共图书馆的新契机,使公共图书馆在新时期优化服务、转型升级、永葆活力,进一步推进图书馆事业的发展。

参考文献

[1] 党莉. 图书馆信息集群(ICS)的"长尾效应"[J]. 甘肃科技,2015(6):82-83.

[2] 刘波. 图书馆未来发展趋势探讨[J]. 科学导报,2015(24):1.

[3] 朱强,别立谦,姚晓霞,等. 面向泛在信息社会的国家战略及图书馆对策研究[J]. 大学图书馆学报,2015(1):28-33.

[4] 宋艳霞. "互联网+"时代公共图书馆用户服务创新探索[J]. 内蒙古科技与经济,2016(11):73-74.

[5] 潘晓伟. 计算机网络技术在图书馆信息资源共享中的应用[J]. 电子技术与软件工程,2017(10):27-28.

[6] 黄﨓,陈曦,林龙. 图书馆:由数字化到智能化——谈云计算与物联网对智能图书馆信息服务的影响[J]. 技术与市场,2012(8):177-178.

[7] 王世伟. 未来图书馆的新模式——智慧图书馆[J]. 图书馆建设,2011(12):1-5.

互联网条件下公共图书馆为民服务创新思路初探

——以鄂州市图书馆实施“互联网+”战略推广全民阅读为例

赵敏玲(鄂州市图书馆)

习近平总书记指出,互联网日益成为创新驱动发展的先导力量,深刻改变着人们的生产生活,有力推动着社会发展。公共图书馆多年来在图书馆信息化、数字化、网络化建设以及数字图书馆服务方面做出了积极的探索和努力,为公共文化服务体系构建做出了卓有成效的贡献。如今,“互联网+”时代的到来,对于图书馆的传统思维、固有的服务内容和服务模式带来了前所未有的挑战,也为图书馆顺应时代变革、创造新的社会价值注入了的新动力,成为推动公共图书馆事业创新发展的新引擎。特别在图书馆推广全民阅读服务工作上,要使公共图书馆成为我们社会中最不可或缺的公共空间之一,让全民阅读能够形成一种氛围,使之无处不在,实施“互联网+”战略思维,是我们图书馆人创新图书馆事业发展的新主题。

一、公共图书馆引入“互联网+”背景

在中国经济进入新常态的大背景下,李克强总理将“大众创业、万众创新”作为中国经济新的发动机,并提出“互联网+”战略,期望推动移动互联网、云计算、大数据、物联网等与现代服务业相结合。2015 年 7 月 1 日,经李克强总理签批,国务院出台《关于积极推进“互联网+”行动的指导意见》,“互联网+”已上升到国家层面,“互联网+”开始深度渗透到各行各业,给各行各业带来新的生机。“互联网+”是把互联网的创新成果与经济社会各领域深度融合,推动技术进步、效率提升和组织变革,提升实体经济创新力和生产力,形成更广泛的以互联网为基础设施和创新要素的经济社会发展新形态。在全球新一轮科技革命和产业变革中,互联网与各领域的融合发展具有广阔前景和无限潜力,已成为不可阻挡的时代潮流,正对各国经济社会发展产生着战略性和全局性的影响。公共图书馆作为公共文化服务行业,要适应经济时代发展的需求,满足广大人民群众日益增长的文化需求,创新发展,求生存,必须引入“互联网+”,改变传统的服务模式,树立互联网思维,用“互联网+”提升图书馆服务,创建适应移动互联网和用户行为习惯的新型服务模式;运用云计算、大数据提升行业管理能力和资源共建共享能力,增强公共图书馆整体服务水平,提高整体服务效能;进一步开拓创新,全面开放,连接一切,使文化服务更加便捷普惠,打造文化服务的新型业态。

二、全民阅读需要“互联网+”战略

“互联网+”给图书馆人的启示是,图书馆全民阅读推广工作必须引入互联网战略和思维。图书馆作为信息服务行业,云图、数字图书馆、移动图书馆等早就在和互联网信息通信技

术做加法，图书馆服务领域信息化水平并不低，从学科发展看，早就把图书馆学作为信息科学的一部分了。然而从实践层面看，我国公共图书馆的数字化转型远远不够，资源、服务和管理等诸多层面都尚未真正实现模式转型。当前，"互联网+图书馆"的第一目标就是实现从传统图书馆向全媒体复合型图书馆转型。互联网可以让传统阅读服务更便捷、数字阅读体验更完美。互联网还可以让图书馆的读者自由地选择最适合自己的阅读资源和方式。"互联网+"当然首先可以让数字阅读无所不在，但是充分发挥互联网技术和思维更可以提升图书馆的管理和服务、改善纸质阅读服务体验，这种改变对于促进全民阅读的作用和价值是不言而喻的。

三、"互联网+"阅读要有机结合

近几年来，鄂州地区各级各类图书馆的纸质书籍的外借流通量始终保持高速增长，其背后最重要的推动力就是利用网络技术构建的"一卡通"系统。自2014年以来，鄂州市、区、街镇、农家书屋图书馆（室）和部分高校专业馆已经逐步实现了通借通还的大流通，正是"一城一网一卡一系统"的图书馆集成管理信息系统为全市国民阅读快速上升提供了重要保障。然而在"互联网+"时代的到来，要保持和发展这种态势，图书馆人必须运用"互联网+"战略来实现。因为阅读无所不在，而且图书馆服务的核心永远是"阅读"，所以要努力实现"让阅读无所不在"的愿景。阅读可以在几乎所有场景和场所中发生，伴随着信息技术的发展，从传统纸质阅读到现代数字阅读，从PC阅读到手机阅读，从电子书到平板电脑，从微博到微信，从精读到泛读，从深阅读、浅阅读到微阅读、移动阅读，阅读方式越来越多样化，更让阅读可以无孔不入。阅读还是无可替代的。书籍是保存人类文明和知识的主要载体，而阅读是人类学习进步的主要方式，所有人都需要阅读陪伴终身。无论技术如何发展，公共图书馆要运用"互联网+"战略去主动服务所有的人群、去实现全天候服务，要积极主动地把阅读文化服务和元素送入一切可以进入的领域和行业、机构和场所。所有的组织机构和各行各业也要有"互联网+"阅读的意识，主动思考如何把阅读推广与行业工作有机结合、如何把阅读元素与行业发展紧密结合起来。放眼国内外，汽车图书馆、地铁图书馆、机场图书馆、购物中心内的图书馆、阅读主题餐饮和酒店等早已不是新鲜事。如果所有的图书馆都有"互联网+"思维、所有的行业和机构都有"互联网+"阅读意识，那么全民阅读就不需要"推广"了。这也是图书馆要共同努力达到的结果，形成阅读无所不在、阅读蔚然成风的良好社会氛围。

四、基于"互联网+"新模式下，鄂州市图书馆推广全民阅读主要措施

一是阅读平台重组。自从鄂州数字图书馆全面建成，鄂州市图书馆从机构设置、运行模式、工作流程、阅读平台着手，打造用户与资源、用户与用户、资源与资源间互连互通的阅读平台。目前，鄂州市图书馆已建立数字图书馆阅读平台，掌上图书馆阅读平台，移动阅读平台，微信阅读平台，"吴都讲坛"讲座平台。各平台之间通过互联网进行组合，使图书馆阅读服务在信息提供、交互、再创造中迸发出了新的活力。使之更加符合用户和互联网思维。阅读平台的重组，及大规模、开放、在线的阅读理念，以馆藏丰富的纸质图书、数字资源藏书以及历年来积累的专家学者讲座等资源为依托，创新"互联网+"阅读服务的新举措。利用互联网、移动通信网、广播电视网等多种媒体，将阅读服务扩展至平板电脑、手机、数字电视、电子触摸屏等多

种服务终端。为用户推送多种形态的学习资源，采取线上线下相结合的互动模式，把传统的图书馆、传统的阅读室搬到互联网上，开展图书馆全民阅读服务。

二是阅读上线。通过实施"互联网+数字阅读""互联网+借阅流程""互联网+阅读导航"等系列措施，实现图书馆所有数字资源阅读上线。鄂州数字图书馆，是鄂州市图书馆迈进"互联网+"时代的标志。鄂州数字图书馆经过几年来的发展，目前已拥有100多TB的馆藏数字资源。数字图书馆网站去年点击量达到了50万次，对于一个拥有110万人口的中等城市来说，已经是达到很高的水平。目前鄂州数字图书馆网站的注册用户已达60万人，这些读者可以直接免费上线阅读。鄂州市图书馆为适应用户的需求，让用户更好地利用"碎片化"时间，实施"互联网+数字阅读"，通过手机阅读获取更多更具文化性、思想性的内容，鄂州市图书馆建成了移动数字图书馆服务体系，涵盖了手机门户、短信、彩信、移动应用程序、移动阅读平台等业务，服务完全免费。而且更趋于人性化的考虑，结合当下青少年人群的近视问题，提供的有声读物，用耳朵"阅读"。鄂州市图书馆为让用户更便捷获取阅读信息，通过移动终端实现一站式信息搜索和导航，为用户提供搜索和阅读数字信息资源，自助查询和完成借阅业务，任何人、在任何时间、任何地点获取所需要的任何知识。鄂州市图书馆为用户提供了"互联网+阅读导航"服务，包括有书籍导航：20万册纯文本的电子图书，适合在手机上面阅读；报刊导航：500种主流报纸、300种期刊，及时更新，为用户提供实时的新闻和信息；视听导航：提供近20000集的有声读物，通过唯美的音乐和磁性的嗓音进行搭配，有效地改善了传统移动阅读的体验。这些资源让读者可以自由选择阅读。

三是阅读跨界融合。鄂州市图书馆为适应大数据、"互联网+"时代发展要求，实行系统接口全面开放，实施数字资源、服务、平台跨界融合，建立多方的资源共享和协作体系，扩大影响力。在建立鄂州市图书馆官方网站、官方微信公众号、微博基础上，进一步将服务入口前置，接入支付宝、微信等移动平台的城市服务，使图书馆服务作为政府公共服务的组成部分，在用户熟悉的生活和社交场景中触手可及。与搜索引擎服务商、文献流通领域服务商等开展书目信息资源合作，使资源更易被发现。与其他移动阅读平台开展数字资源和平台合作，使数字资源供给更丰富。与其他文化机构开展信息整合，共同打造数字资源阅读共建共享新模式。

四是阅读共享。在建立和完善全市公共数字服务平台基础上，促进资源共建共享和联合服务。实现全市各级各类图书馆书目信息、用户动态信息共享和更新。依托"互联网+"阅读模式，全年组织开展数字阅读活动100场次，其中市内70场次，基层30场次；与基层建立数字资源共享在线阅读基层点200多个（如全市网吧、"第一书记村"、农家书屋等），实现鄂州市图书馆数字资源（电子图书、电子期刊、学术视频讲座）在线免费阅读和观看。通过跨界合作，保护用户数据安全，达到数字资源的阅读共享，做到全市阅读活动天天有，基层阅读活动月月新，农家书屋阅读活动年年送，实现全市阅读活动全覆盖。

五是创新阅读新模式。鄂州市图书馆为紧跟互联网应用的趋势，拓展和丰富互联网应用与服务方式，注重传统服务和创新服务结合，线上线下服务结合，网络服务与阵地服务结合，品牌服务与日常服务结合，为公众提供更好的用户体验，让公众享受到更加公平、高效、优质、便捷的阅读服务。

五、“互联网+”模式下，全民阅读存在的难题

一是资源问题。作为政府支持下的公共图书馆，资源购置经费有限。如何把网上的信息资源进行存储、整理、加工和利用；如何将网上海量的信息资源实时、完整保存，用什么介质去存储，信息存储下来后，如何制作成编目和索引等问题，都是图书馆人应探索、去解决的重大课题。

二是版权问题。依托“互联网+”技术搭建的新媒体阅读，缺乏优质的阅读内容和对阅读服务专业性和体系化的积累。新媒体阅读尚未建立起规范的运营规则，在知识产权、商业模式等层面需要进一步“健身”。最严重的问题就是盗版的普遍存在，阅读虽是个人行为，国家作为推进全民阅读顶层设计者，须大力出台政策支持，不仅要规范内容生产，进行版权保护，更重要的是建立阅读立法，让全民阅读进入“法治时代”。

三是阅读平台的推广问题。虽然“互联网+”模式下，全民阅读凸显很大优势，有效提升全民阅读服务的均等化水平；有效创新全民阅读服务内容和供给方式；有效提高全民阅读的服务效能等。但阅读服务平台的推广将是一个长期存在的问题，特别是针对中国普遍存在的农村人口数量大的现实，阅读平台推广难度更大。

四是人才问题。图书馆引入“互联网+”战略新理念，需要更多懂“互联网+”的人才，关于“互联网+”技术人才的培训将是一个长期而艰巨的工作。在“互联网+”热潮中，要改变传统服务队伍，加强人才培训力度，图书馆人才队伍素质建设仍然任重道远。

大学图书馆与公共图书馆共建共享方式下全民阅读推广的研究与实践

孙　琼(永州职业技术学院图书馆)

一、全民阅读推广的战略意义

国务院总理李克强连续在四年的政府工作报告中提到全民阅读,2014 年首次提出:“倡导全民阅读,传承和弘扬优秀传统文化,提升国家文化软实力。”2015 年提出:“倡导全民阅读,建设学习型社会,提高国民素质。”2016 年提出:“倡导全民阅读,普及科学知识,提高国民素质和社会程度。”2017 年将此前“倡导”改为“大力推动全民阅读,加强科学普及”。全民阅读被赋予了如此高的权重和期待,也凸显着国家复兴需要一种内在精神力量的文化语境。

十八大提出“扎实推进社会主义文化强国建设”的国家战略。文化是民族的根,是人们的精神家园,阅读是传播文化的有效途径。一个国家不是靠人口数量屹立于世界之林,而是阅读的人口,并且阅读的数量及质量关系到国家和民族的未来。因此推动文化大发展大繁荣,培育和践行社会主义核心价值观,提高国民凝聚力和创造力,传承和弘扬中华民族优秀传统文化,提升我国文化软实力和国际影响力,就显得尤为重要。而且近年来提高国民阅读能力已被世界各国,尤其是发达国家作为提升国家未来竞争力的重要手段,所以其政府及民间都在致力于全民阅读。如美国的《卓越阅读法》(1998 年)、《不让一个孩子落后法案》(2002 年),日本的《关于推进儿童读书活动的法律》(2001 年),韩国的《读书振兴法》(1984 年)、俄罗斯的《民族阅读大纲》(2012 年)等都着眼于发展民族和国家的文化未来,以立法形式保障了国民阅读能力的提高与积累[1]。

二、全民阅读的现状

1. 全民阅读率低

中国新闻出版研究院于 2017 年 4 月 18 日发布了第十四次全国国民阅读调查报告。数据显示,2016 年我国成年国民人均图书阅读量为 7. 86 本,其中纸质图书阅读量为 4. 65 本,电子书阅读量为 3. 21 本,较 2015 年增加了 0. 02 本。报纸和期刊的人均阅读量分别为 44. 66 期(份)和 3. 44 期(份),分别低于 2015 年的 54. 76 期(份)和 4. 91 期(份)。我国成年国民对当地举办全民阅读活动的呼声较高,2016 年有 65. 7% 的成年国民认为有关部门应当举办读书活动或读书节。其中,城镇居民中这一比例为 66. 3%,农村居民中这一比例为 65. 0%[2]。

犹太人的人口虽仅有 1600 万,占全球人口不到 0. 25%,但却获得全球 27% 的诺贝尔奖,爱因斯坦、马克思、弗洛伊德、毕加索等伟大人物都出自这个人数不多的民族,这与酷爱阅读的优良传统有关。犹太人在刚开始教孩子读书时,会在书旁边放罐蜂蜜,每读一页书,就让孩子舔一下蜜，是为了让他们明白读书是一件甜美且快乐的事。

2. 功利化阅读盛行

伴随我国改革开放以来社会的快速发展，知识总量也出现井喷发展态势，人们所面临的压力也随之增加。

(1)升学压力的功利性阅读

在应试教育占主导地位的大背景下，功利化读书的现象普遍，学生将几乎所有的时间都用来阅读教科书、参考书等考试、考级必备的书，以便可以升到一个好一点的学校，大学生可以找到好一点的工作。功利性阅读导致学生综合素质不断下降，知识结构简单残缺，文化素养和智力背景苍白虚弱，甚至于创新精神消失殆尽。青少年处于人生观形成的关键时期，应通过培育良好的阅读方法，以激发其阅读兴趣和求知欲望，落实终身学习的目标。

(2)生存需求功利性阅读

许多职场人士，为了工作中的晋级、职称评定等，不得不选择考级、考证的书，阅读目的十分明确，实用化倾向非常严重。长期以满足生存需求为目的的阅读，只会让人变得实用化和极端化。现代社会发展日新月异，具有创新精神和实践能力的应用型人才，才能适应现代社会的迅猛发展。

人类生活不仅局限于物质世界，还有更高层次的精神追求。一个人的精神发育、知识积累、视野拓展，需要通过阅读来完成。不带功利性的阅读是精神快乐和满足的主要途径。人们丢失了快乐和满足的途径，自然精神空虚、思想贫乏、视野短浅、问题增多。

3. 阅读内容碎片化、阅读深度浅表化

随着互联网及移动数据客户端的快速发展，除传统的报刊、图书、广播、电视这四大媒体之外，新媒体阅读快速进入人们的视线，以手机、数字电视、电脑等为终端，向用户提供信息的媒体形态，如电子书、数字报纸、博客、移动电视等被称之为新媒体。由于新媒体是建立在网络资源基础上的，而网络资源的海量性、移动性、快速性及共享性等特征，加上便捷的专业搜索引擎，就提高了信息资源的可获得性，也让读者变得贪多、缺乏耐心。用户对信息资源的阅读变成浏览式、搜索式，由这个标题跳向下一个标题，阅读变成了浏览，搜索代替记忆，导致阅读内容碎片化、阅读深度浅表化，使得读者不愿静下心去阅读和思考。同时，对电子屏幕的依赖导致越来越多的人沦为“低头一族”，时间也在不知不觉中被浪费。传统的纸质图书，是按顺序逐字逐句一页页阅读下去，读者会有一个相对平静的阅读心态，这不但给读者带来一种细读、深读、掩卷深思的阅读体验，更有一书在手，如饮佳酿的享受。随着社会发展，生活节奏的加快，人们更放弃了深入阅读应有的专注与沉思，浅阅读就成了产生了。

不良的阅读习惯，让人们远离了深层思考和理性逻辑思维能力，导致人们阅读能力下降，造成人们心智的降级与思维的衰退，也反映了国民急功近利的浮躁心理。正如网络作家尼古拉斯卡尔在《Google 是否让我们越来越傻》中所说：“我们正失去阅读经典的能力，甚至失去阅读一段长文字的耐心，有的只是零碎的片断，以及习惯于这些片断的思维与记忆。”[3] 于是人们发出这样的感叹：“当我选择数字化媒介进行阅读时，更多的是一种信息的获取，而真正要获得文化思想时，纸质阅读无可替代。”

三、高校与政府共建共享图书馆阅读推广策略

我国平均每46万人拥有一座公共图书馆，1181人/平方米，人均藏书0.27册。目前发达国家人均公共图书馆拥有量为：瑞士3000人/座、挪威4000人/座、奥地利4000人/座、英国1.14万人/座、法国2.2万人/座、意大利2.6万人/座、美国3.11万人/座，而联合国早在20世纪70年代公布的标准为3万人/座[4]。从这组数据可看出我国文化设施的严重不足，为此2013年文化部印发《全国公共图书馆事业发展"十三五"规划》中提出："加强公共图书馆与其他系统图书馆的共建共享，带动全国图书馆事业发展"。

2013年永州市图书馆挂牌成立，坐落在永州职业技术学院内，与有八十多年悠久历史的永州职业技术学院图书馆共建共享，做到学术性与文化性并举，既满足高校师生科研与教学需要，同时也满足各类社会读者学习、阅读、欣赏等通俗性、普及性的需要。高校图书馆与公共图书馆共建共享，一来可获政府财政经费支持，省市每年免费开放配套资金五十万元；二来可以有效利用高校高素质人才及其导向、教育功能，以及独特而丰富的馆藏资源，达到优势互补，共同推进全民阅读，使更多的公众爱上阅读、学会阅读，提高国民的文化素养，从而促进全社会文化水平的提高。

1. 举办读书活动，助推书香校园，引领书香社会

共建共享图书馆坐落在大学校园里，拥有丰富的文献资源，高水平的专业馆员，部分固定阅读群体（老师、学生），及温馨的人文环境，学习氛围浓厚。可通过推动学生阅读带动家庭和社会，让阅读融入国民的工作和生活中，形成全民阅读的良好氛围，并成一种文化生活需求。

父母对孩子阅读的影响是巨大的，可举办亲子读书会或家庭阅读比赛等父母与孩子一起参加的活动，让孩子在轻松快乐的活动中体会到阅读的乐趣，也让孩子在活动中认识图书馆，并养成利用图书馆的习惯。如嘉兴图书馆的"禾禾故事会"以讲故事的形式，引领少年儿童进入阅读世界，获取生活中的快乐和智慧。还可举办知识竞赛、读书会、诗歌朗诵会、你选书我买单、让好书去旅游等社会公众阅读活动，让大学生共同参与到活动中，调动大学生的积极性，改变学校的阅读生态，变阅读自发状态为积极状态。充分利用高校名师影响力，举办文化讲坛、专题讲座等，并与社会公众共分享阅读经验，用自身的经历影响社会公众对阅读的认识，也创造了社会读者与名师近距离接触的机会，并将大学学术氛围传递给社会。如北京大学教授、国家教育部图书馆学教学指导委员会主任王余光在各高校主讲的《我们为什么读经典》，通过一系列活动，让学校更富有书香气息。当一部分读者对阅读产生浓厚兴趣，也就会带动越来越多的人加入到阅读的行列，读者增加了，阅读量也增加了，交流广泛了，阅读氛围自然有了，从而形成一个良性阅读循环，引领着书香社会。

2. 书目推荐，引领国民阅读方向

由于各种新知识的涌现，数量庞杂的文献出版物层出不穷。人们需要学会甄别图书，并通过阅读领会书中的文化精髓，想要在有限的时间，读到真正的好书，书目推荐也就非常有必要了。书目推荐以针对不同读者，选定不同主题，提供科学合理的导读书目，并给予图书客观评价，供读者参考，让人们合理使用优秀图书，养成良好阅读习惯和价值理念，从而受到众多读者

的青睐[5]。全民阅读活动的宗旨就是倡导人们通过阅读优秀读物，进而爱上阅读，享受阅读的乐趣，提升自身素质。

全民阅读活动推荐书目的推荐对象是全民，因而书目应该满足不同年龄、不同类型、不同层次的读者阅读需求。如针对少年儿童可推荐国内的“全国优秀儿童文学奖”、国外的“纽伯瑞儿童文学奖”“安徒生国际儿童文学奖”等作品，针对机关单位人员推荐一些政策性较强的读物，如全国“两会”的主要精神及内容等。针对社会读者，共建共享图书馆可充分发挥自己的特有的优势——高校有许多学识渊博、讲课幽默风趣的教授，教授为读者推荐对其学习、成长有帮助的书籍，如：“对自己影响最大的图书”“最喜爱的图书”等一些自己读过的好书，还可与读者分享个人读书经历与感受。对于社会读者，教授推荐的书目往往可以让读者发现某些新的领域，还能开阔视野，相比网上通俗流行图书，更能提高公众的品位和素养。针对本校大学生阅读现状，图书馆应充分发挥学科馆员的作用，弥补当下学科专业性书籍不足状况，可在主页设置大学生阅读专栏，推荐学科专业经典书籍。

图书馆还可在本馆的网站上进行好书推荐，并注明推荐理由、内容简介等书目信息。并开通微博、微信、QQ 读者交流群，校园 BBS 论坛等与读者互动，也可通过海报形式张贴好书简介、新书简介等，这些都可以帮助读者加深对书籍的理解，更好地鉴别图书。

3. 经典阅读，传承美与文化，拾回阅读传统

经典著作是人类最优秀思想记录的保存，是经过历史积淀，通过时光考验的具有真理性，特别是国学经典中的传统文化和道德人文素养，具有传承民族文化，提高民族凝聚力，增强爱国主义意识。在物质丰富与精神匮乏严重不平衡的当今社会，面对纷繁复杂的网络信息和物欲追求，图书馆有责任、有义务，引领读者从阅读经典开始，唤回“真、善、美”的道德准则，提升国民的精神世界，促进社会和谐发展[6]。民革中央副主席朱永新认为：“认真读一部文化名著，就是接受了一次文化的熏陶，其意义不亚于听一门系统的文化教育课程。”

共建共享图书馆发挥自身馆藏与环境优势，通过有计划地开展形式多样的经典阅读推广活动，培养读者的阅读兴趣，引领读者进入经典作品的“深度阅读”。历经千百年流传下来的经典著作，其严谨的逻辑思维，复杂的叙事结构，独特的修辞手法，今天读起来有些晦涩难懂，可请高校资深教师，如历史学、文学、政治经济、哲学等学科的教授定期授课，实地讲座。或举办交流会、演讲比赛等形式促进读者之间的交流。如北京大学元培学院读书会通过“好书加名师”的模式让读者学有所思、学有所获；河南省高校图书馆工作委员会崔慕岳教授在高校主讲《提高综合素质，阅读文化经典》；郑州大学图书馆利用校内广播，开办了“聆听经典——世界名著半小时”栏目；可利用图书馆的网络平台进行图文并茂的名家在线指导课程讲座，例如针对儿童的可讲授传统教育启蒙读物《三字经》等，针对成人可讲解四大名著等；还可以在网站上设立经典导航，可查询经典书目及内容介绍，或推荐经典影片供读者观赏，并举办网络征文、网络答卷、网络论坛等活动。通过教授阅读方法，培养阅读兴趣，使更多读者自觉走进经典，把阅读经典著作作为自己生活的内在思想追求。

4. 开展信息素养教育，引领网络阅读新风尚

随着互联网技术的快速发展，知识信息的传播媒介发生了根本变化，数字化阅读成为现代信息社会人们阅读新趋势，读者依靠网络设备检索，自主自助利用信息能力的行为在迅速增

多。对于部分人群来说，尤其是从传统纸质文献年代中成长起来的年龄偏大的读者，对现代社会的网络、手机阅读、微信、微博、博客可能不仅仅是不习惯，实际上是不会使用，就是伴随网络、手机长大的年轻读者，可能利用网络、手机聊天、购物、游戏相当精通，但对于数字资源、文献的检索及利用数字资源的技巧和能力可能存在一定的欠缺[7]。消除数字鸿沟是各国政府和图书馆致力于完成的使命。

现代图书馆的角色不再是以信息的收集与加工者为主，应该承担更多信息资源导航人的职责。信息素养教育就是以图书馆的馆藏资源作为基础，结合信息技能开展的信息素质教育。主要介绍图书馆拥有的电子数字化资源以及这些资源的检索功能与使用方法，并帮助用户理清思路，明确自己真正检索目的，以提高读者的信息意识、帮助用户缩短信息的获取时间，还能有效实现对网络信息资源的过滤。如教授阅读工具使用、数据库检索方法，网上资源检索技巧等作为普通的信息服务。信息分析、信息评估则作为更高或特殊型服务型信息供用户自行选择。在当今数码设备和智能化应用层出不穷时代，通过指导读者体验电子书目自助借阅、二维码扫描、移动图书馆阅读、手机 APP 下载等最新数字应用、培养他们的信息素养，在应用中增进对数字图书馆的了解。还可依托网络开展各种宣传推广活动，如微博、微信，信息检索、知识竞猜活动，让读者互动中普及数字资源的查找技巧和检索途径。

共建共享图书馆不仅要在广泛听取社会读者及校内师生意见的基础上选购精品商业性数字资源，如电子图书、电子期刊，还要利用自身特有的优势，广泛收集高校教师优秀的课程资源，建立自己馆内的教学数字资源，如精品课程、各类考级、考试题库等数字资源，为网络阅读提供优质信息，创新“互联网 +”时代。

四、结语

社会发展的必然结果就是人类的物质文化和精神文化都获得进步，因此全民阅读必需上升为国家发展战略层面，让全民阅读润泽到国家每个成员，并把阅读作为一种生活方式。

参考文献

[1][4] 朱永新. 呼吁设立“国家阅读节”、“国家全民阅读指导委员会”[J]. 图书馆杂志，2016(3)：14 – 20.

[2] 第十四次全民阅读调查报告[EB/OL]. [2018 – 03 – 01]. http://news. 163. com/17/04/20/CIELD1AQ00018AOP. html.

[3] 唐家玉，龙军，温泉. 新媒介视阈下高校图书馆的阅读推广研究[J]. 河北科技图苑，2013(2)：34 – 37.

[5] 王茉瑶，徐建华，卢正明. 全民阅读活动推荐书目的研究[J]. 图书馆工作与研究，2012(12)：106 – 110.

[6] 博伟. 公共图书馆引领大众经典阅读的思考[J]. 图书馆工作与研究，2015(6)：89 – 93.

[7] 李怡梅，肖雨滋，钟春华. 我国公共图书馆数字阅读推广现状及思考[J]. 图书馆，2015(6)：32 – 36.

基于网络共读的图书馆阅读模式研究

邓鲜艳(湖南工艺美术职业学院)

阅读是人们丰富生活、充实自我的良好习惯。图书馆作为提供公共阅读功能的服务机构，始终坚持为读者服务，努力打造最佳的阅读体验。随着移动互联网的蓬勃发展，传统的借还纸质书籍的固定式场所阅读模式早已不适应当下发展，越来越多的新颖阅读模式相继出现，个人阅读开始向转集体阅读转变。基于此发展背景，对图书馆阅读模式的研究就显得很有必要，它可以帮助图书馆人员有效发挥图书馆的优势，提升图书馆的阅读模式服务水平。

一、当下社会图书阅读现状

概括而言，现代人图书阅读现状总体呈现以下几个特点：

1. 阅读工具智能化、随身化

传统的图书阅读以纸质书籍为载体，人们或借阅或在馆内阅读，阅读场所固定。随着移动互联网、智能手机、平板电脑等电子产品的发展，人们开始偏爱使用移动智能产品进行网络阅读，对网络的需求性、依赖性增强。现在，我们随处可见人们在吃饭、等车、排队甚至走路时，拿着各种型号的智能手机或平板电脑，低头紧盯屏幕，查阅信息，翻阅小说，人们的阅读方式很大程度上已脱离传统信息阅读模式，正快速地从桌面分化、迁移至手机界面上，并呈现随身化、移动化的阅读趋势。

2. 阅读内容多样化、碎片化

一本纸质书能够承载的内容相当有限，而以智能手机为代表的移动智能产品，只需要连上网络，就可一键搜索海量内容，随时随地，应有尽有。丰富的阅读内容是现代人选择网络阅读的重要原因之一，相较于传统图书阅读模式，快节奏的生活方式让人们没有完整的时间静下心来好好读书，只能利用吃饭、乘车的碎片时间游走在微信、微博、博客、论坛等最便捷的信息获取渠道上，以获取想要的信息，故而碎片化的阅读特征在当下十分明显，并正在不断固化。

3. 阅读质量简单化、浅薄化

碎片化阅读习惯的固化，使人们已不再习惯对某一个信息进行系统的自我思考，他们希望快速、准确、有效地获取足够信息，只有在自己需要的时候再进一步对信息进行研读分析。短句、关键词、标黑成为网络媒体的重要写作模式，诙谐、简洁、轻松成为网络媒体的主流写作风格，由此极大满足现代人的阅读需求，但阅读的简单化、表面化、浅薄化也会造成人们阅读效率的低下[1]。

二、对“网络共读”的定义

网络共读是移动互联网背景下诞生的新兴词汇。所谓“网络共读”，简而言之就是无数的陌生人通过互联网的某些功能自愿聚集在一起，自愿约定共享或共读一本好书，每周“群主”都会定下任务式的硬性读书计划，一周一本或十天一本，每天都有具体的章节要求，还需要成员自觉打卡，有人领读，有人监督计划进度，没有人强迫加入，完全靠成员自愿和自觉性。这种阅读模式的产生是现代人阅读规模的缩影，个人阅读开始转向集体阅读，人们一改往日独自读书、思考的状态，偏爱在社交平台上互相分享交流阅读感悟[2]。目前，参与网上共读的读者有大约近百万人，诸多微信公众号都开始利用社交群做起了网络共读，甚至微信平台本身也开始做“微信读书”功能开发，为用户推荐合适书籍，并可查看微信好友的读书动态，看他在读什么书，与好友讨论正在阅读的书籍，看他们的书评以及好友间的读书排名等，为用户提供综合性的极致阅读体验。

基于网络大发展的社会环境，原本需要独处才能完成的图书阅读，逐渐发展为一种远离孤独的阅读模式，这种新兴的阅读现象既新颖高雅又有人情味，可以让现代人聚在一起，互相关注，互相交流，互相激励，是一件有意义的事。

三、基于网络共读的图书馆阅读模式的遵循原则

为保证读者的阅读体验和阅读质量，综合当下社会图书阅读现状，基于网络共读的图书阅读模式在开发时需要遵循以下几点原则：

1. 重视阅读质量，挖掘经典内容

阅读旨在开阔眼界，锻炼思维，提升文化内涵，经典书籍是中国漫长发展史的智慧结晶，是社会与人性结果的有效呈现，因此只有阅读经典、有品位的书籍才有可能达到“腹有诗书气自华”的阅读效果。随着社会网络化的迅速发展，当前网络信息鱼龙混杂，内容质量良莠不齐，许多文章的内容深度不足，甚至在价值观念上出现严重偏差，容易造成消极的传播影响。因此，图书馆在开发阅读模式时，必须要大力重视阅读内容的质量，加强挖掘和推广经典内容，确保推介内容的价值导向正确、积极，帮助人们在阅读经典中沉淀自我，净化心灵，提升素养。

2. 引导深入阅读，减少碎片阅读

碎片化阅读浅层次、表面化，容易使大众在阅读过程中筛选到少之又少的有用信息，往往读完一篇文章后什么也记不住，阅读效果不佳。要想治疗此“病症”，图书馆在开发阅读模式时，要肩负起指引用户开展深度阅读的重任，充分发挥自身优势，帮助大众认识到正确阅读的必要性，引导大众养成积极的深入阅读习惯，清晰了解如何进行深入阅读，掌握高效阅读技巧，提升大众的阅读积极性和能力。

四、基于网络共读的图书馆阅读模式的开发路径

鉴于“网络共读”这一新兴阅读现象，图书馆要在顺应大众移动阅读习惯与需求的基础上，遵循基于网络共读的图书馆阅读模式的遵循原则，来制定有效措施，引导大众进行科学合理的高效移动阅读，这是促进图书馆发挥知识价值功能的关键之一。

针对现有网络发展的特征与优势，基于网络共读的图书馆阅读模式探究，可以尝试从以下几方面入手：

1. 灵活运用新媒体的媒介功能

目前网络共读的实践渠道大多以微信平台为主，也可使用微博、手机APP等工具，各类新媒体网络平台不仅是便捷的交流工具，也是应用范围广泛的宣传工具。图书馆可充分利用新媒体的传播优势，在微信、微博、豆瓣等平台注册官方账号，充分利用各种网络宣传工具开展即时宣传活动，例如微访谈、微书评、微代言等，定期或不定期发布移动阅读工具与可移动信息资源的最新动态，使用户及时掌握可以使用的资源，并提供资源访问链接，使其能够直接访问有效资源[3]。种种办法皆为吸引用户关注而存在，定时向用户发送各类个性化的阅读信息，开展智能推送、个性化定制等特色服务，可以帮助图书馆改变人们对其的刻板印象，吸引更多人，尤其是年轻一代走进图书馆、爱上图书馆，为开展网络共读活动增强人气，营造书香氛围，推动大众树立良性阅读的意识。

2. 开发图书馆专属移动应用

新媒体平台能够增加大众对图书馆的关注度，传播良好阅读效应，而海量的图书资源及网络共读的打卡、监督、评价、交流等互动功能，就需要在专属的图书馆移动应用中实现。图书馆的移动应用可以说的实体图书馆的电子化，不仅电子资源强大，功能也多种多样，能充分满足现代大众的多样需求。

图书馆移动应用中不仅可以有电子化书籍，还可以增加相关的学习视频文件，给予读者更多的阅读选择性，方便大众有效学习；读者可以在阅读资源上进行批注、书签、感悟等操作，在进行资源分享的同时，他人也可以看到读者的想法；大力借助应用的开发，将图书馆的资源与服务变身为“时尚新媒体”成员和读者手机屏幕上的“常客”。值得说明的是，图书馆在进行内容推送时，务必要基于用户需求进行个性化的推广服务，长期追踪读者的阅读习惯，深度挖掘读者的隐性需求，为不同群组用户提供精准化、高效化的文献资源，通过阅读服务的精准化、个性化，增强用户的阅读使用黏度，构建起图书馆与用户稳定长期的社交关系。

为优化网络阅读效果，在设计图书馆专属移动应用时，既要保证界面设计舒爽人性，方便读者阅读，尽可能降低视力伤害，同时也要保证操作简单化，在用户身份识别上尽量做到多种认证方式，使大众在馆内、馆外等不同环境下都能实现对电子资源不受限制的访问，从而提升大众阅读的便利性，潜移默化中影响阅读向深入化、专业化迈进。

3. 建立针对性强的阅读引导机制

以网络共读为代表的移动阅读是一种新兴阅读方式，对年轻人群体有很强的吸引力和黏

性，图书馆除提供阅读资源外，还要建立针对性强的阅读引导机制，指导用户实施正确的阅读计划，获得良好的阅读效果。

图书馆可以举办各类讲座、培训、体验等活动，为用户介绍移动阅读情况，普及图书馆最新的移动阅读工具与使用方法，使大众可以通过图书馆员的专业推荐访问到更多的具有较高学习价值的信息资源[4][5]；在各种宣传途径中，向大众介绍优秀的阅读人物，分享他们的阅读计划及执行办法等，对于有阅读计划但是做不到的、没有阅读计划的以及有计划并且能做到的三类用户来说，图书馆成立专门的指导小组，管理员开展各种类型的共读活动，督促用户实现阅读任务，指导用户坚持完成，最终养成良好的阅读习惯。对于积极完成阅读任务的读者，图书馆可适当给予奖励、宣传等，树立正面榜样。

五、总结

基于网络共读的图书馆阅读模式，是互联网时代下的发展产物，是对传统阅读方式的一种补充和发展，二者都旨在通过阅读放松自我，提升个人文明素养。作为文化服务体系的重要组成部分，图书馆要探究并实践好基于网络共读的图书阅读模式，不仅需要全体从业人员认真严格履行自身职责，还需要各级政府部门加大资金投入，需要学校、政府等单位大力宣传，倡导社会全民阅读，正视阅读的重要意义，如此才能保证基于网络共读的图书阅读模式有效实行，助力全民阅读的实现。

参考文献

[1] 庞佳，穆祥望. 移动互联环境下大学生阅读模式变迁的驱动因素分析[J]. 图书馆工作与研究，2013(10)：124－128.

[2] 戴书娟. 基于社交网络的图书馆群组阅读推广模式构建研究[J]. 图书情报导刊，2016(12)：23－25.

[3] 谭荣玲. 网络新媒体环境下公共图书馆社会化阅读推广服务模式研究[J]. 河南图书馆学刊，2016(36)：11－17.

[4] 杨木蓉. 高校图书馆网络阅读推广策略[J]. 图书馆学刊，2014(4)：58－60.

[5] 谢蓉. 数字时代图书馆阅读推广模式研究[J]. 图书馆论坛，2012(3)：23－27.

互联网时代图书馆如何提高读者服务质量的几点思考
——以衡阳市图书馆的读者服务为例

黄俊琦(衡阳市图书馆)

"互联网+"时代对公共图书馆的服务带来了新的机遇,中小型公共图书馆依托互联网技术逐步扩展自身的服务范围,服务模式由人工服务逐渐转变为自助服务。如何在新的服务体系中增强图书馆的服务功能与服务效果是本文探讨的重点。

自2011年全国公共图书馆免费开放以来,衡阳市图书馆持证读者逐年增长,图书借阅量逐年递增,图书管理人员工作要求越来越高。为提高图书馆的读者服务质量、延长服务时间、拓宽服务范围,衡阳市图书馆从2015年开始依托互联网技术逐渐扩大了读者服务的业务范围。本文希望通过对衡阳市图书馆近几年读者服务开展情况进行分析,进一步优化服务方式,为广大读者提供便捷的服务。

一、互联网服务的建设

在"互联网+"的时代,读者对图书馆的服务要求日渐提升。为满足广大读者的需求,衡阳市图书馆逐步扩大了网络与自助化服务的建设。2015年衡阳市图书馆全面更新图书网络管理平台,开始为读者提供24小时自助网上文献查询、续借等服务功能。2016年衡阳市图书馆综合借阅部装配两台自助借还机与相应的门禁系统,并配备三台触摸媒体服务机和两台计算机为读者提供自助文献查询服务。同年,衡阳市图书馆加入湖南省公共图书馆参考咨询联盟,为全市乃至全省各图书馆的读者提供在线参考咨询服务。

近两年,衡阳市图书馆新增的服务方式有:在线参考咨询、自助文献查询、图书借还续借、电子书电子期刊阅览与下载、触摸媒体服务机,同时在官网与微信公众号推出了读者自助服务项目,例如:网上自助文献查询、网上图书续借、活动信息的推送等服务。

二、互联网服务的优势

1. 自助服务设备提高服务效率

图书馆开展自助服务能大大减少图书管理人员繁重的低技术含量的体力劳动,以便开展更高层次的读者服务。

衡阳市图书馆通过近几年自助服务的开展,在提升读者服务质量和效率,降低图书馆工作人员的工作强度的同时,通过提高工作自动化的程度来让读者获得更便捷、更人性化的服务。

2. 联合在线参考咨询延伸服务范围

衡阳市图书馆加入湖南省公共图书馆参考咨询联盟，通过与全省20多加成员单位联合开展在线参考咨询服务，为全省的读者提供在线参考咨询服务。湖南省公共图书馆参考咨询联盟是湖南省文献信息资源共建共享协作网和湖南省公共图书馆参考咨询联盟为社会读者提供的公益性参考咨询服务平台。联盟的咨询员共同为广大用户提供免费的网上参考咨询和文献远程传递服务[1]。

3. 网络管理平台增加馆藏利用率

读者能够通过官网或公众号获取到需要的文献信息，能使馆藏文献最大限度地被读者使用。

4. 建设总分馆拓宽辐射半径

网络管理平台的应用为建设总分馆提供了基础的业务保障。近两年衡阳市图书馆逐渐开始摸索并设立了两个分馆，为今后的全市总分馆建设积累了一定的理论与实践基础。通过总分馆的建设，使图书馆的辐射力和影响力得到进一步的增强。

三、互联网环境下图书馆服务存着的问题

虽然图书馆依托互联网技术扩展了服务范围，提升了服务质量，但在服务开展的过程中依然存在一些问题，有软硬件设备的问题，有工作人员业务操作的问题，还有管理机制的问题。

1. 找书难

图书馆找书难一直是读者最大的困扰之一。虽然发达地区的图书馆可以通过大规模使用RFID智能识别设备来解决这一问题，但对于绝大多数欠发达地区经费不足的图书馆却是一个很难解决的问题。

对于衡阳市图书馆来说，造成找书难的原因除了读者拿错或上架工作失误的原因外，还存在一些长期积累的管理问题：①图书馆一直以部门为单位进行分室管理，每个部门都有自己的排架标准。尽管历经多次部门合并，也并没有实行统一的排架标准；②随着业务范围的扩展，有的部门增开了借阅室，但由于分室管理的原因，管理方式的差异也日渐增加；③书目检索系统中无法明确显示图书架位信息。

2. 图书预约功能没有开展

图书预约是图书馆一项重要的读者服务项目。衡阳市图书馆的图书预约服务一直没有开展，其主要原因有：①现有的软硬件设施功能还不够全面，图书管理系统的功能也还需进一步完善；②没有设置预约书架或存放位置，也没有建立相关的管理制度；③没有相应的自动化设备。

3. 分室管理的特点与弊端

分室管理是以各部门为单位进行分室管理的方式来接待读者，结合分室管理的特点来开

展自助服务建设,能使有限的经费得到最大价值的发挥。衡阳市图书馆在一楼大厅装配三台触摸媒体服务机,二楼借阅部装配两台自助借还机和自助文献查询机的自助服务设备。但自助化程度依然较低,没有形成整体的自助服务体系。

在部分跨部门运作的业务中会因为各部门分室管理而产生一些问题。例如各部门间的开放时间会有不同,会对读者产生不便。

4. 服务设备的局限性

衡阳市图书馆的三台触摸媒体服务机全部集中设置在一楼大厅,但一楼大厅无专职专岗的人员管理。导致三台触摸媒体服务机整天被几个固定人员占用,无法为图书馆其他读者提供服务。

虽然借阅部设置了两台自助文献查询机,但因书目检索系统中无法明确图书架位信息,所以自助文献查询的实质意义也大打折扣。

5. 延长服务时间

虽然衡阳市图书馆近些年在部分读者服务工作中开展了网络服务来延长服务时间,例如网上书目检索、网上续借等。但因设备功能不足、管理机制不健全、建筑设计陈旧等原因,依然未能延长借还书服务时间。为了延长图书馆服务时间,衡阳市图书馆正在筹备建设24小时自助图书馆。

6. 提示、公告牌内容需简练

衡阳市图书馆在各项服务工作的开展均进行了公告,随着日后工作流程的改进与完善,而相关公告未必能及时更新,容易对读者造成不必要的麻烦。公告内容也要尽可能简练,让读者一目了然才能体现公示的效果。

四、互联网环境下读者服务的思考

1. 强化人力资源建设

图书馆管理人员是图书馆与读者之间沟通的桥梁,互联网服务模式下的图书馆对管理人员的要求更高。然而很多中小型公共图书馆都存在管理人员结构不合理的问题,有图书馆人员不足的情况下还因各种原因被上级主管部门抽调人员,部分区、县级图书馆人员严重不足,甚至达不到开放条件。同时普遍存在年龄偏大、服务观念陈旧落后、信息化和自动化知识不足等问题,综合素质和专业化程度难适应现代化图书馆的服务工作要求[2]。

因此,图书馆应该强化人力资源的建设。积极引进与培养人才。定期进行业务培训,既要适当的组织馆员到发达地区学习先进的经验,也要让馆员们到软硬件设施与自身相当的优秀图书馆去参观并学以致用。

2. 软硬件系统需要完善

(1)安全性问题

图书馆互联网服务模式下的安全性问题主要体现在图书、设备与数据的安全。其中图书的安全性问题主要在于自助服务设备的技术漏洞造成图书丢失，与 RFID 标签体积较大隐蔽性差，容易被撕毁导致图书丢失。设备的安全问题主要在于因电路检修或跳闸导致临时停电与来电时造成设备故障或引发火灾[3]。数据的安全问题主要在于图书馆数据接入互联网后可能面临的网络攻击与计算机病毒感染的风险增加。

因此，图书馆应该在制度建设时做好防范预案，在平时日常管理工作中做好巡检工作，以及时的发现并解决问题。

（2）软件系统易用性问题

易用性是影响读者使用图书馆网络服务系统的重要因素。界面简洁、操作流程简单、操作提示醒目是读者评价网络服务系统是否便于使用的标准。为读者提供便捷的服务是图书馆网络服务的宗旨，管理人员要经常站在读者的角度来思考这些问题。多与读者沟通来了解读者对设备使用的感受，倾听初次使用或感觉操作困难的读者意见，了解读者使用网络设备具体的问题出在哪些环节，及时发现需要改进的问题并与设备厂商与软件供应商沟通、改进操作提示与流程。通过优化网络设备的操作交互流程使提示更简明、醒目，让读者操作更简单。

3. 实施标准化、流程化的管理

很多图书管理与读者服务的工作都能将其进行总结成为可以量化、标准化的业务流程。部分业务持续时间长、参与人员多，在多部门间合作时难免出现矛盾，往往会出现一个业务面临多头管理互不相让或多部门间互相推诿无人管理的局面。还有部分业务并没有制定相关标准或已制定的标准由于各种原因导致无法执行。

良好的流程化管理能有效避免问题的发生。虽然近几年衡阳市图书馆在流程化管理方面有所重视，但依然还存在一些不足。

五、总结

图书馆建立完善的互联网服务体系是图书馆发展的重点，是现代化图书馆的重要标志。通过此次分析，进一步了解近几年衡阳市图书馆互联网服务开展的情况，通过不断的改进与完善，衡阳市图书馆的互联网服务质量不断提高。互联网服务设备在一定程度上减轻工作人员的工作压力，为读者提供自主、高效的自助服务，但依然还是存在一些问题，如何提升图书馆互联网服务的质量，如何通过信息化、自动化的技术来更科学地进行管理是“互联网 +”时代留给图书馆的思考[4]。

服务上，图书馆的互联网服务模式需要图书馆员拥有较强的专业知识，图书馆应该强化人力资源建设，为读者提供便捷的服务，使图书馆的互联网服务更加完善；管理上，图书馆应加强对图书馆员职业发展的关注，在管理制度的制定上要严中有细，既要展现出严谨的工作管理制度，又要体现出对图书馆员人性化的关怀；设备上，现代化图书馆要充分利用互联网服务模式为读者创造良好的借阅环境。

中小型公共图书馆互联网服务的发展需要大家共同努力，实现全民共分享，共阅读，共成长。通过不断深入探讨和学习，完善互联网服务建设来提升图书馆的服务能力与社会价值。

参考文献

[1] 湖南省公共图书馆参考咨询联盟. 咨询指南[EB/OL].[2018 - 03 - 01]. http://first. hnlm. superlib. net/

admin/firstunion/hunan/service. jsp.

[2] 朱亚萍. 基层图书馆自助服务 + 统一管理模式的思考——以深圳龙岗区基层图书馆为例[G]//全国中小型公共图书馆联合会. 全国中小型公共图书馆联合会 2016 年研讨会论文集. 上海:《图书馆杂志》编辑部,2016:167 - 174.

[3] 钟新革. 自助图书馆现状、功能与问题探讨[J]. 图书馆杂志,2009(5):35 - 36.

[4] 莫振轩. 我国图书馆自助借阅服务的研究现状与发展趋势[J]. 图书馆工作与研究,2013(6):22 - 25.

畅享“互联网+”推进阅读创新

王红艳(仙桃市图书馆)

随着互联网的快速发展,公共图书馆信息化、一体化、现代化加剧。因此,顺应发展大势,加快转型升级,是公共图书馆事业发展的战略选择[1][2]。近年来,仙桃市图书馆坚持依托“互联网+”,加大阅读推广力度,创新阅读推广方式,营造全民参与、互动、共享的阅读新局面,取得良好效果。

一、推进管理创新

新形势下,公共图书馆应从实现“三化”入手,推进组织形式和管理方式创新:

一是实现开放化。应改变坐等读者上门的传统模式,通过建立群众性阅读推广组织,构建开放化的读者交流互动格局。仙桃市图书馆通过建立仙桃市悦度读书会、仙桃市朗诵协会、万卷童书阅读推广组织,引领读者交流互动。主要形式有面对面集中交流、个人学习汇报交流、网上的微信、微信公众号、QQ交流,基本做到网上交流天天有,网下交流周周有。交流的内容主要是推荐好书、新书,改编微信广播剧等。如将经典著作《红楼梦》《倾城之恋》《阮玲玉》等精彩章节予以改编,在微信群和线下演播约60次,参演人数达1000多人次。诵读语音达524条,举办普通话培训5期,完成线下课程72次,线上课程93次,参与人数1216人次。在市图书馆四楼报告厅、市三中、市实验小学、市演艺中心、市政广场举办七场丰富多彩的大型公益会演,编排文艺节目76个。合诵、独诵、对诵、讲故事、相声、小品、情景剧、话剧、快板、三句半、数来宝、影视配音、新闻播报等节目吸引了成群结队的读者前来观看。腾讯视频、讴歌传媒和江汉TV多次对读者活动进行直播和实况转播,收看观众达100万人次。据统计,仙桃市悦度读书会创建以来,先后举办了68期读书会,10多次诗歌朗诵会,参加活动人数超过20000人次。

二是实现多元化。开辟多元化的文化“窗口”,让专家学者与读者、市民形成互动共享的“文化共同体”。仙桃市图书馆每月邀请省市知名学者专家在市图书馆四楼多媒体报告厅、学校、小米创业咖啡厅等地开展专题讲座。省广电总台专业编剧、著名作家马竹老师谈读书;武汉《长江丛刊》社长、主编刘诗伟为广大阅读爱好者主讲“文学的秘密”;仙桃十大名厨之一、湖北省烹饪协会副秘书长陈锡春老师讲《一个老厨眼中的沔阳三蒸》;笔耕不辍创作丰富的段奇清老师讲《写稿与投稿》;市作协副主席余化平讲《浅谈在文学创作中的几点体会》;大新路小学光哲清老师讲《让我们多一些书卷气》;著名作家仙桃中学的梁卫星老师讲《逍遥游》;青年女作家魏兰讲《今天,我们该读什么书》等。仙桃市图书馆开展全民阅读进基层活动,与仙桃三中举办“悦度读书会”牵手“爱阅一族”诗歌朗诵会;在仙桃大新路小学报告厅举行“走进校园,共沐书香”迎新年会;在市实验三小报告厅开展“与悦度同行”悦度读书会周年庆大型诗歌朗诵会;与三伏潭派出所共同举办“快乐阅读,书香警营”读书交流会;在湖北省汉江监狱举行

“好书伴我行,书香溢高墙”读书活动。向基层和社区延伸,组建专业的志愿者讲师团队设计文化课件研究,承办市民课堂项目,将急救常识、吃穿住行、礼仪文化、法律常识、传统知识等各方面的风趣现场课设定12堂课,每个社区每月举办一次,87个社区全年共计1044堂公益课。开通流动图书车,在通海口镇政府、张沟镇新潭村、仙桃市特校、公园、广场、流潭社区留守儿童等基层单位,开展全民阅读推广活动和优秀影视展播,受到普遍欢迎。

三是实现便利化。打造永不闭馆的图书馆,拓展儿童阅读空间,共同构建便利化的知识导航和推广基地。做公众号推荐和公益阅读微型课直播、微信咨询交流群。每日推荐一本或一系列童书,每晚七点到八点的一场线上微推荐、微型课,微型借阅,这种创新阅读推广方式深深点吸引了儿童作家方素珍、黄春华、伍剑等入群,省出版界、幼教界的专家代表也入群,作家和专家也成了志愿者讲师团成员。现在第一个群500上限很早就满了,第二个群也一百多人了。随着万卷公益微型课的大热,此项目成为很多家长的点名需求。

仙桃市图书馆依托志愿者阅读讲师团、儿童阅读推广志愿者联盟两个公益组织,联络阅读群里的校长、老师、各行各业精英为孩子们普及阅读常识、纠正阅读误区、讲解精彩故事,每晚一节面向儿童。激发儿童阅读的线上、线下公益微型课,从刚开始求人听,求人讲,到现在每晚爆满,一座难求。开展儿童阅读公益讲座进校园以及儿童作家进校园、行万里路体验、和大作家面对面等多种馆外活动,与长江少年儿童出版社合作请来儿童作家伍剑给孩子们做写作的公益讲座,在沔阳小学、实验小学、仙源学校、精英学校讲满四场,场场爆满,现场互动热烈。在湖北长江书城沈石溪见面会现场,开展与大作家面对面活动。当孩子们见到自己最喜欢的作家,聆听沈石溪老师讲创作与生活,纷纷签名合影。讲师带小孩前往仙桃机场参观,让喜爱飞机的孩子们听了机长讲解后,进一步对机械、航空产生兴趣,完美完成“读万卷书行万里路体验活动”。

二、推进服务创新

网络条件下,公共图书馆应把握基本服务、主题服务、志愿服务、特色服务四大板块,创新服务体系。

1. 改进基本服务

公共图书馆应致力于保障公民平等享受文化服务的权利,秉承“读者至上、服务第一、热情主动、便民惠民”的服务承诺,免费借阅,“一卡通”通借通还,让读者求知求乐、享受阅读。仙桃市图书馆适应广大读者阅读模式的转变,开展e线送书——“你选书、我买单”网上购书,图书馆买单活动,开办24小时自助图书馆,开展数字阅读活动,完善图书馆总馆——分馆体制,开办流动图书车,自动借还机等平台和方式,引领阅读风尚。

2. 提升主题服务

探索开展各类主题服务活动,实现交流功能和传统功能的有机融合。仙桃市图书馆开展“书香中国”“锦绣仙桃”“仙桃历史、文化、文物图片展”“元宵节有奖灯谜竞猜”“送春联”“演讲比赛”“绘阅读”“绘生活”等活动,拓展服务宽度和深度。2018年6月,仙桃市图书馆、仙桃市童话美术教育中心联合举办环保主题画展和行为艺术展活动,组织家长和孩子们进行环保服装秀和环保行为艺术表演，并开设环保主题美术作品展，现场互动热烈，整个活动展示和传播了生态文明建设的影响力，使生态文化和环保文化更具社会亲和力。

3. 拓展志愿服务

按照供需对接、双向互动的总体设计，确立推介“仙桃市悦度读书会”“仙桃市朗诵者协会”“万卷童书”等阅读品牌推广项目。为确保这些项目按计划、高标准完成，仙桃市图书馆积极拓展志愿服务，将志愿服务活动纳入本单位年度任务的总体部署和年度考评指标，制定《仙桃市文化志愿服务工作活动实施细则》，发布招募志愿者倡议书，完善相关激励机制，壮大文化志愿者队伍，形成志愿服务的强大声势。秉承“奉献、友爱、互助、进步”的服务理念，倡导“送人玫瑰、手有余香”，传承文明，服务公众，变个人推广阅读为多人推广阅读，凝聚阅读推广合力，实现阅读推广活动多元化和常态化。

4. 打造特色服务

以馆藏特色资源为基础，依托各类人文交流平台，举办彰显地方特色和区域水准的交流展览活动；针对各群体的差异化需求，为未成年人、视障人士、外来务工人员、老年人、低收入人员等提供多样化、便捷化服务。

三、推进技术创新

适应现代经济社会和信息技术发展的新要求，公共图书馆应借助新技术手段，配置信息资源，实现资源整合：

第一，建设国家公共文化服务云。“十三五”期间，仙桃市图书馆以实施《公共文化服务保障法》为契机，充分利用新技术发展数字公共文化服务。以国家公共文化数字支撑平台暨国家公共文化服务云为“总仓储，”以全民艺术普及基础资源库和针对不同地区、特定人群的数字资源产品为主要内容，打造数字资源“中央厨房”。通过国家数字文化网、文化共享工程、中国文化网络等面向多终端特别是移动互联网终端应用的新媒体“物流”渠道，加快推进数字文化服务转型升级，打造不同级次、类型、功能的“文化共享超市”，实现数字文化从“端菜”到“点菜”服务转型。

第二，建立“仙桃市公共文化数字服务平台”。依托省级公共文化数字服务平台，实现公众信息服务、资源互通、网上办事、供需对接、文化竞购等功能，建立群众需求反馈机制，为群众提供菜单式服务。完成文化共享工程支中心的升级改造，建成20个乡镇基层服务点和658个村级基层服务点。与农村基层远程教育共建共享，打造成为惠及人民群众的文化信息资源共享平台。

四、推进宣传创新

一方面，通过《湖北日报》、湖北电视台、《仙桃日报》、仙桃电视台、《仙桃周刊》等新闻媒体对阅读创新推广活动进行宣传报道，配发新闻图片和活动消息；向网络延伸，建立QQ群、微信群、微信公众号，在江汉热线、桃苑网、图书馆网上建立读书平台，在人民网、腾讯网、新浪网、荆楚网、中国仙桃网、桃苑网、湖北作家网等，进行阅读推广的跟踪报道，扩大宣传声势。

另一方面，紧跟时代潮流而动，积极开展健康有益、丰富多彩的阅读推广活动，打造“书香城市”。2016 年，仙桃市阅度读书会被评为 2016 年首届长江读书节十佳阅读推广组织；并被评为 2015 年湖北省文化志愿者活动优秀案例；读书会成员熊敏获首届长江读书节“十佳演诵之星”，成员樊晓萍于 2017 年 4 月在“书香湘鄂赣”之“寻找最美读书人”活动中，被评为“湖北十大最美读书人”，并在 2017 年“书香荆楚 · 文化湖北”全民读书月启动仪式上受到了表彰，先进事迹在《湖北日报》、湖北电视台进行了报道。在第二届长江读书节招募 100 名领读者中，经仙桃市图书馆推荐，毛汉梅等六位同志入选首批领读者。

参考文献

[1] 杨嘉骆. 感知价值视角下的读者使用实体公共图书馆意愿研究——以广州市图书馆为例[J]. 图书馆理论与实践，2016(8)：7 - 12.

[2] 郭建文. 基于节能目标下的图书馆新馆建设研究——以番禺区图书馆新馆建设为例[J]. 科技创新与应用，2018(15)：38 - 39，42.

浅析“互联网+”时代的图书馆服务模式创新

郑俊峰(黄冈市图书馆)

2015年国务院印发《关于积极推进“互联网+”行动的指导意见》提出,到2018年,互联网与经济社会各领域的融合发展进一步深化,基于互联网的新业态成为新的经济增长动力,互联网支撑大众创业、万众创新的作用进一步增强,互联网成为提供公共服务的重要手段,网络经济与实体经济协同互动的发展格局基本形成。

一、新形势下地市级公共图书馆目标定位

公共图书馆是政府举办的、非营利性的、收集和传递文献信息资源,传播先进文化,以保障大众基本文化需求的公共图书馆机构和服务的总和,是政府实现面向大众的文化关怀、文化享有、文化提高、文化创造的重要方式,是公共文化服务体系的重要组成部分。地市级图书馆在公共图书馆服务体系中所处的不可替代的地位决定了其特殊的功能定位,新形势下地市级公共图书馆服务功能定位与服务体系需相应调整。

公共图书馆服务体系建设的目标是:结构合理、发展平衡、网络健全、运营高效、服务优质、覆盖全社会的公共图书馆服务体系,切实保障人民群众读书看报、进行公共文化鉴赏、参加大众文化活动等基本文化权益。这其实也是公共文化服务体系建设的目标之一。笔者认为,按照我国公共文化服务体系建设的目标,互联网时代地市级公共图书馆应该做如下定位:

1. 成为公民终身学习中心

推动全民教育及终身学习理念,人们不论年龄、身份、学历如何,都需要不断增长新的知识或者更新自身知识结构,才能适应社会发展的需要。通过线上、线下相结合,组织开展各种文献展览、知识讲座、大众读书、科普教育、专业培训、送书下乡等活动,充分发挥公共图书馆传播先进文化的主阵地作用。

2. 成为知识资源资讯集散中心

图书馆应广泛收藏印刷型文献和现代电子文献,整合传统文献资源和现代网络资源,为领导决策、社会发展、科学研究、文化教育等提供全方位、多途径资讯服务,最大限度地消除信息资源匮乏和人们对信息资源渴求的矛盾,以信息化推动社会经济、文化的跨越式发展。

图书馆可以让读者自由地获取自己需要的各方面信息,同时不受环境、身份、地域、经济条件等外在因素的影响,从而最大限度地维护社会信息的公平。当其信息服务涵盖了与人们生活息息相关的内容时,图书馆在市民心目中的地位自然会有质的飞跃。

3. 成为地区特色文献中心

由于地理位置、历史沿革、经济社会发展等方面的差异，每个地市都有自身的特色，对这一特色的记录和保存，应该是地市级公共图书馆的当然职责。地市级图书馆一方面要围绕当地特色，加强相关文献的收集和整理、开发，形成特色鲜明的文献资源库；另一方面要充分利用计算机和网络等现代技术和设备，向读者提供本地区特色文献资源查阅、咨询等服务。比如黄冈市图书馆建立的黄冈名人数据库、地方文献数据库、古籍数据库等，是黄冈市图书馆的特色文化内容，如果当地公共图书馆不收集这些保护项目的文献资料，或者公众无法从当地图书馆查阅有关文献资料，那么地区特色文献中心的功能就没有得到有效发挥。

4. 成为市民文化休闲中心

公共图书馆向市民提供文化休闲服务的观点，不仅为我国图书馆界所接受，而且已经在很多城市图书馆付诸实施，这应当是图书馆功能的一次大扩展，属于延伸服务的范畴。地市级图书馆在提供文献信息服务的同时，有必要为读者提供健康向上的文化休闲条件和相关服务。如举办保健知识讲座、专题展览、文化沙龙、生活知识竞赛甚至音乐、体育比赛，向读者提供活动场地和设备等，以此引导市民养成良好的休闲生活习惯，引领先进的社会风尚，活跃群众文化生活，为构建和谐社会做出特定的贡献。

5. 成为阅读指导服务中心

地市级公共图书馆既要成为公众学习的场所，又要努力成为能够提供阅读学习指导服务的机构。可以通过提供专业咨询、组织主题座谈、馆员和读者交流、阅读辅导以及举办其他读书活动，发挥图书馆的阅读指导功能。尤其要注重对青少年读者的阅读指导，使其养成良好的阅读习惯，从小培养阅读兴趣。如果能与中小学校加强联系，成为学生阅读辅导基地，会取得更好的效果。

6. 成为地区中心图书馆

作为一个地区的中心图书馆，地市级图书馆在为本地区公众提供文献资源借阅与咨询服务、组织读者活动的同时，还承担着本地区公共图书馆服务网络组织协调、图书馆资源采购整序配送体系建设、资源共享及服务援助实施、业务指导、人员培训等功能。这是地市级图书馆的现有功能，尽管受行政管理体制改革影响而逐步弱化，但在较长一段时期内还将保持。理由在于：一是由于历史原因，地市级图书馆作为联系省级与县级图书馆的桥梁，在地区公共图书馆服务体系建设中的承上启下作用短期内不可能消失；二是由于现实条件的因素，地市级图书馆对农村图书馆服务体系建设起到辅导和促进作用，对农村乡镇图书馆建设有着重大影响；三是面对数量百倍于自己的各级基层图书馆，省级图书馆要完全取代目前地市级图书馆，真正履行指导和服务职能，还存在着难以克服的困难。

二、图书馆建设与工作实践

1. 以知识推广为目的，强化图书馆的文化传播功能

数字图书馆的服务已从单纯提供文献单元的浅层服务向提供文献单元、信息单元、事实和数据、动态信息、综述信息等多元化、深层次服务转变，服务形式趋向于个性化。建立图书馆与社会、社区、公众联系的网络，加强与全国各系统尤其是本地区图书馆协作，努力实现资源共享，拓展合作伙伴[1][2]。

由于图书馆正朝着文献载体多样化、服务手段自动化、服务方式网络化方向发展，功能正拓展到开发资讯产品领域，这就要求图书馆从业人员具备较强的主动性、探究性和学习性。培养先进理念，打造核心竞争力，走可持续发展之路。

2. 建立先进的现代化制度体系

现代图书馆是文化与科技在公共服务领域里融合的具体实践。伴随着我国经济以及人们对于现代图书馆服务要求的不断上升，现代图书其必须要不断优化自身的服务以及管理创新，从而能够更好地满足人们的实际需求，这也有利于图书馆的可持续发展。

正如我们所见所闻，走在前面的数字化城市图书馆，都具有很多宝贵的经验，可谓百花齐放、百家争鸣，都有其特色。但有一个共同不变的原则，就是科学的管理体制。文化知识信息的传播是一项永不竣工的工程，只要我们存在于社会当中，就必然会发生。因此，数字图书馆的可持续发展，是必须要得到制度化的安排。

3. 数字图书馆信息资源的质量基础是文献数据标准化、规范化

文献数据标准化、规范化有利于解决信息资源的统一标准问题，实现信息资源的共建共享。如果数据库结构不能兼容、检索界面不一、检索途径不同、检索语言不统一，定会影响图书馆信息资源的使用效果，甚至造成整个数据库工程变成“豆腐渣”工程，最终成为一个“闲置无用的信息垃圾”堆砌场。

计算机网络涉及国家的政治、军事、文教等诸多领域，其中存贮、传输和处理的数据包括政府宏观调控决策、商业经济运行、科研数据等具有重要价值的信息，是人们关注的热点，如不妥善保管，容易受到非法攻击。与政府机关、金融机构等敏感数据相比，数字图书馆后台所存贮、传输、处理的信息的保密级别虽然较低，但是图书馆的书目数据、读者信息、流通数据等信息是现代图书馆开展正常工作的必要条件，若受到网络非法攻击，会造成数据丢失、计算机系统无法正常工作乃至全面瘫痪的后果。因此，我们要重视图书馆网络安全问题，在图书馆信息化建立的同时，采用多服务器协作模式，为图书馆管理系统、网站、邮件、数据库等建立各自独立的服务器，并配备防火墙和资格认证系统，以便杜绝恶意攻击，从而有效保护管理数据的安全性。

4. 建立本地特色数据库

有利于体现数字城市面貌和地方文化传播。全文数据库的建成，首先给城域网内的资源共享提供了更易于延伸的服务条件。由于全文数字化的成本较高，数字资源利用率的高低尤其重要，必须慎重行事，一旦出现重复建设将造成严重的浪费。

黄冈市图书馆的文献数字化重点多集中于有资料价值和利用率较高的新文献上。公共图书馆同时承担着对当地的历史文化传统进行记录和为地方社会经济文化发展提供资料的双重任务。数字图书馆要能够体现当地的风土人情、文化传统,体现悠久的历史传承和厚重的城市文化底蕴,拥有自己的特色。为了更好地通过数字图书馆表现黄冈市特色资源,还需要加强地方资源的搜集、整理工作,为二次加工、开发做好铺垫,建立受市民赞赏、外界欢迎的地方特色文化。黄冈市图书馆正在进行多部珍贵古籍数字化工作,同时也正在进行名人文化、红色文化、禅宗文化、戏曲文化、生态文化、非遗等具有浓郁地方特色的专题数据库建设。

建立移动图书馆,移动图书馆用户通过手机、PDA 等移动终端设备以无线接入方式接受图书馆提供的服务。例如,当用户借阅图书即将到期时,图书馆可以以短信、QQ、微信等方式向用户发出提示通知;用户还可以用手机登录手机图书馆网页,检索馆藏书目信息,查询最新上架图书,了解图书馆电子资源订阅收录情况,甚至在线阅读书刊报纸等[3]。黄冈市图书馆已经拥有数字图书馆、微信图书馆、电子书刊下载(采购多部图书、期刊下载终端设备,利用二维码扫描下载至手机,使读者随时随地进行阅读)等服务模式,同时还建立了馆读 QQ 群、微信群等交流平台。

三、图书馆的创新服务探索

1. 服务观念的创新

服务观念的创新是公共图书馆服务创新的关键。图书馆员服务意识的创新,首先要改变的是图书馆管理者的意识。图书馆的维护与发展离不开图书馆员的管理,图书馆是读者获取资源的重要场所,其存在的目的就是更好地服务于读者。其次,要加强图书馆员职业素质的培训,使图书馆员更积极主动为读者进行服务,使读者更好地利用图书馆的服务。服务观念的创新是要进行全方位的服务。互联网时代下的图书馆,计算机等设备良好的运行是保障读者进行资源获取的关键,所以平时对于计算机等的维护和完善,也是对读者所提供的服务。图书馆应当进行服务观念的创新,不能仅仅把图书馆员的服务,当作图书馆服务的全部,同时应该看到设备的维护,信息资源的整理归类,信息资源的更新等同样是对读者的服务[4]。

2. 服务内容与方式的创新

服务内容与方式的创新,是互联网时代下公共图书馆服务创新的重点,主要包括三个方面:

首先,要丰富信息化、数字化的资源,互联网时代下资源的更新与传播速度加快,为了使阅读者能够获得更丰富、更具有时效性的资源,应当加强对于图书馆数字化资源的更新与分类。这就需要在提高图书馆员服务意识的基础上,进行相应能力的提升,使得图书馆员能够及时发现新的资源,将新的资源进行整理、分类,并加入现有的资源当中,在读者进行资源的检索时,就能够及时获得这些资源。

其次,加强面对阅读者的针对性服务,这种针对性服务应当对读者进行相关的分类,依据读者分类制作相应的资源模块[5]。除了对于不同需求的读者制作相应的模块以外,还可以根据其他方式划分更多的模块,使得有资源需求的读者更好地进行资源的检索,从而实现图书馆的高效服务。

最后,还可以为阅读者搭建一个相互交流的平台,互联网、数字化不但能够快速进行资源的传播,同时更有利于人们的交流。互联网下的图书馆如果能够搭建这样一个平台,有利于读者之间资源的传播与共享,同时对于读者所出现的疑惑,通过相互的交流也能够更好地得以解决。同样是服务读者,这种服务更加直接与便捷,能够更好地服务于读者[6]。

互联网时代下,更多的图书馆开始进行图书馆数字化建设,但是图书馆的服务,却没有很好地跟上图书馆数字化建设的速度。原有的服务方式在现代的图书馆读者服务中显现出了种种的弊端,只有做好互联网时代下的图书馆服务创新,才能使得图书馆更好地服务于读者,使读者更好地进行资源的检索与获得。

3. 发展与展望

正如李克强总理所说,"互联网 +"未知远大于已知,未来空间无限,每一点探索积水成渊,势必深刻影响重塑传统产业行业格局。互联网时代强调的是用户的阅读体验、知识的增值等成长性因素。如今的图书馆知识服务应根据读者的需求以及图书馆工作人员多年来的一线服务经验,有针对性地提供个性化、创新性的服务。全媒体、多终端设备的飞速发展和应用为图书馆带来了深刻的影响和变革,不仅使得图书馆的功能、地位、作用发生了变化,也使得传统的馆藏文献资源结构和信息服务模式也面临极大挑战。技术发展为新型服务的开展提供基础,经济发展为服务的开展提供了可能,物质条件的改善带来了精神文化需求的激增,使得新型服务模式有着良好的发展前景。众多的国内外图书馆已经从正面应对了这一挑战,积极将新技术应用于工作实践当中,并产生了良好的效果,发挥了积极的作用。

参考文献

[1] 杨海亚. 提供公共智慧服务:大数据时代图书馆服务模式创新[J]. 新世纪图书馆,2014(3):10 - 14.
[2] 胡莲香. 走向大数据知识服务:大数据时代图书馆服务模式创新[J]. 农业图书情报学刊,2014(2):173 - 177.
[3] 荣佰丹. 移动图书馆信息服务研究[D]. 哈尔滨:黑龙江大学,2012.
[4] 李静丽. 全媒体时代高校图书馆信息服务模式研究[D]. 合肥:安徽大学,2013.
[5] 刘梦虹. 移动互联网环境下安徽省高校图书馆知识推荐研究[D]. 合肥:安徽大学,2013.
[6] 华玲玲. 互联网时代的阅读多样性与高校图书馆阅读服务创新[J]. 科技情报开发与经济,2015(3):6 - 8.

读者需求变化对图书馆讲座服务创新的启示

李　茜(湖北省图书馆)

“互联网 +”环境下,图书馆发展模式正在从资源驱动型走向服务主导型,即注重在图书馆与读者不断互动的过程中共同创造价值。与过去相比,图书馆读者的需求和行为变化为服务创新提供了可能。以湖北省图书馆为例,近几年的观察和近期两次读者调查为讲座服务创新带来了新的启示。

一、加强对青年读者需求的关注

随着我国一大批图书馆新馆落成使用,图书馆日均服务人数屡创新高。国家图书馆 2016 年日均到馆读者 1 万多人;湖北省图书馆 2017 年暑期单日到馆人次在 1.5 万以上,周末单日峰值近 2 万人次[1]。

与单日到馆人次逐年上升相对应,读者在年龄分布上呈现年轻化趋势。以湖北省图书馆为例,后台数据显示读者证持证群体中 26—45 岁年龄段的读者人数最多,占已知年龄读者总数的一半以上;馆内日常观察发现,看上去二三十岁左右的读者人数最多;最近一次为期一周的馆内读者调查问卷则显示,在 400 名接受调查的读者当中,16—25 岁的读者占比约 54%,26—45 岁的读者占比约 26%。

在社会人口老龄化加速的背景下,图书馆却迎来了与之截然相反的读者群体年轻化。对于一向在儿童阅读推广、老年人服务、残障人士服务等方面有丰富经验并建立了服务特色的公共图书馆而言,如何针对青年读者群体创新服务成为当前面临的新机遇和新挑战。

仅就图书馆讲座服务来说,青年读者群体的需求尚未得到足够认识。近期在湖北省图书馆开展的一次小范围调查发现,尽管 16—45 岁到馆读者中超过半数对讲座活动有兴趣,但现实情况却是他们中十有七八未曾参与过讲座。面对这一庞大的潜在读者群体,图书馆讲座有必要重点了解青年读者的需求。

仅从小范围调查结果来看,青年读者需要获得线上、线下相结合的图书馆服务。在线上,尽管图书馆都拥有自己的官方网站,一些图书馆甚至开发了自己的 APP,但青年读者对社交媒体的依赖度较高,提示图书馆在发布讲座消息、公告参与方式、进行宣传报道、分享讲座资源时需着重使用微博、微信等社交媒体,甚至通过豆瓣、知乎等知识平台扩大宣传和影响。在线下,图书馆实体空间之中,青年读者更需要多样化的活动形式,需要面对面的现场交流,以获得虚拟空间无法完整提供的现实体验,这意味着图书馆讲座需要在讲座形式多样化、讲座互动开放度上有所突破。

青年读者作为当下图书馆的主流群体,其需求有独特性甚至前瞻性,能为图书馆讲座服务创新带来启示,需要图书馆进行常规化的、更有针对性的调查,不断改进并提升服务。

二、提高艺术、科学等主题在讲座活动中的比重

图书馆讲座选题往往集中在文学、历史、哲学等学科上。国家图书馆2007年至2011年的讲座选题中65%涉及文史、图书推介与评论、古籍研究三大类[2]。湖北省图书馆“长江讲坛”最初两年的上座率显示，最受欢迎的讲座也往往与文学阅读、历史人物、儒释道等文史主题有关。调查结果佐证29%的读者认为文学、历史、哲学类主题能够吸引自己参与讲座。

近期观察发现，艺术欣赏主题的讲座活动日渐受到热捧。以湖北省图书馆为例，一些附带表演内容的讲座活动参与人数众多，比如由指挥家、作曲家、戏曲家、表演艺术家担任主讲嘉宾的讲座，场地往往爆满；近两年新增的音乐会活动更是呈现一票难求的状态，比如小型交响音乐会、民族乐器演奏会等，经常需要在报告厅内增加坐垫以满足读者需求。

调查也显示，读者对图书馆及其讲座等活动的认知和要求在悄然转变：这里不仅是书的海洋，还是各种主题活动的举办地；不仅是“讲台”，也可以是“舞台”。高达45%的读者认为音乐、美术等艺术欣赏类主题讲座能吸引自己参与讲座，人数比例位居第一。这一结果凸显出图书馆读者对艺术主题讲座活动的强烈需求，一定程度上也反映出，读者期待图书馆提供更加多样化的服务，图书馆在读者日常生活中扮演的角色将更为丰富和重要。

除艺术欣赏主题外，调查还显示读者对讲座主题的喜好呈现更加多元化趋势。认为自然科学类（包含科普讲座）主题讲座具备吸引力的读者占比达35%，有特殊经历或身份的普通人所做的生活分享讲座也能吸引32%的读者。这样的趋势与近年来果壳网等科学传播媒体日渐受到关注的现象一致，也能从不少图书馆正在尝试的“真人图书馆”活动看到端倪。然而这两类主题恰是当前图书馆讲座中较少涉及的部分。

面对读者的新需求，图书馆有必要在策划活动时选择多元主题，并注意平衡彼此间的数量比重。比如在现有基础上，再增加一些艺术、科技类主题讲座，而不仅仅视这些主题的讲座活动为某种补充或点缀。当然，这也对图书馆的硬件设备、软件能力提出了新的要求。在硬件方面，图书馆需要有足够大的舞台空间供艺术表演使用，需要有更专业的灯光、音响、显示设备为活动提供保障，甚至可能需要更多经费和政策支持来满足人力、物力上的需求等。在软件方面，图书馆面临的挑战更大，未来的讲座主讲嘉宾可能不再以教师群体为主，而是来自各行各业，不免出现讲座经验较为欠缺的情况，因而也就需要图书馆工作者在进行前期策划和沟通时做更多更细致的工作，提供相对专业的建议。

三、推进讲座活动形式多样化

大众对讲座活动的认知往往囿于固有概念，先入为主的印象降低了参与讲座的可能性。调查显示，即使是从未参与过“长江讲坛”的人，也有45%勾选了“讲座形式不够多样”这一选项，人们可能想当然地认为“讲座”就是单一的讲和听，不够活泼，参与兴趣不足。

调查还显示：高达59%的读者希望讲座以“演讲+互动”的形式展开，24%的读者希望以“纯互动”的形式展开讲座，仅有16%的读者希望以“纯演讲”的方式展开讲座；认为演讲时长应该在1小时的读者占65%，选择1—2小时之间的占24%；认为互动时长应在20分钟或30分钟的读者占比达78%，更有21%的读者认为互动时长应该为1小时。与过去相比，读者的

参与意识更加强烈,不仅希望讲座安排互动,更希望有充分时间参与互动。

图书馆讲座必须重视互动的作用,推进互动并加强宣传,打破人们对讲座的刻板印象。讲座本身就是一个平台,令读者有机会与专家、学者面对面进行双向交流,可以弥补单向度阅读文献的不足,不仅有助于提高阅读的主动性,还有利于隐性知识的更好传播。调查数据显示,50%的读者希望在现场以口头提问的方式与嘉宾交流,选择私下交流或现场书面交流的仅占26%和16%,说明现场进行语言交流更受读者青睐。在当前的网络环境下,面对层出不穷的网络公开课、讲座直播等互联网内容,图书馆讲座也有必要突出自己的现场感,提升互动体验,巩固并彰显自身优势。

在湖北省图书馆,"长江讲坛"有重视互动的传统,一般采取嘉宾演讲90分钟后与读者互动30分钟的形式,方式以现场口头提问和书面提问为主。互动往往是精彩频出的一个环节,有深度的提问甚至能将整场讲座活动推向高潮。但与此同时,互动的不可控性也非常高,提问者的语言组织能力、精炼程度等都对互动环节的效率和质量有极大影响。相对来说,书面提问能够在一定程度上保证互动的效率,但又不够便捷,且失之生动。采用何种方式展开互动仍待摸索。

此外,除重视互动外,图书馆讲座还有必要尝试"演讲 + 互动"之外的其他形式。国家图书馆在十多年前已经尝试进行"赏析式"讲座,以主讲人讲一段和艺术家们表演一段的方式办讲座,达到"既赏且析"的效果[3]。"长江讲坛"也曾根据主题改变讲座固有形式,比如邀请多位嘉宾围绕同一主题展开对话讨论、纯粹以嘉宾见面会形式开展活动等,均受到读者的欢迎。

不过,形式多样化的尝试也有其界限。比如,讲座形式需与主题相匹配,如果演讲者是作者本人,可以在讲座中穿插原文朗读甚至表演环节,但时间不能太长,否则喧宾夺主;如果是非表演性质的讲座活动,讲台或舞台上的人数应尽量精简,环节设置要清晰,避免显得杂乱无章。

图书馆是一个实体空间,提供优质、丰富的体验才是吸引读者到馆的有效方式,在互联网时代中尤其如此。图书馆应当对讲座形式的多样化尝试进行鼓励,以更好地服务讲座主题,提升读者的参与度,使公益讲座这项公共文化服务更加喜闻乐见。

四、有针对性地进行讲座安排和宣传

公共图书馆评估定级工作对各级图书馆年均举办讲座数量提出了总体要求,但在具体安排上留出了灵活度,不同图书馆有必要采取行动深入了解自己的读者群体特点,根据不同需求有针对性地安排和宣传讲座活动。

仍以湖北省图书馆为例,"长江讲坛"的现状是:举办频率不低,约在一周两次到一周一次之间;时间固定,主要安排在周六上午;场地容量大,长江报告厅座位总数为559;参与方式简单,读者只需在讲座开始前40分钟内到现场领票,即可参加;宣传渠道多,在传统媒体平台发布预告,也在微信等社交媒体上及时发布预告和报道,还开发了"长江讲坛"手机APP,发布讯息并提供讲座视频点播功能。

在提倡"互联网 +"的进程中,湖北省图书馆并未落后于潮流。但从读者们的差异化需求来看,图书馆的服务创新工作还可细化。

第一,在讲座举办频率和时间安排上,不同年龄层读者对讲座频率的要求不相同。针对青少年和26—45岁群体的讲座活动可以以月为单位安排,针对16—25岁群体的讲座活动可以以周为单位,针对60岁以上群体的讲座活动可以以两周为单位。所有群体中都有超过75%的人希望讲座举办时间选在双休日,各群体的小差异仅体现在:青少年群体倾向选择双休日和其他法定节假日,60岁以上群体倾向选择工作日和双休日,中间群体则是各有倾向。由此得知,图书馆在安排讲座活动时,可以根据目标受众的时间需求进行差别化设置。

第二,在讲座活动规模上,潜在读者似乎倾向于小群体。50%的读者选择了50—100人之间这样一个规模,31%的读者选择了50人以内。值得注意的是,读者年龄越小,越倾向于小规模活动;年长者更倾向于选择数百人同时参加的讲座活动。

第三,在参与方式的设置上,应尽可能设置多种参与渠道。上海图书馆采用了网上预订、微信预订、馆内领票同时进行的方式。湖北省图书馆目前仅采用馆内领票一种方式,还需要在兼顾不同群体对互联网熟悉程度的基础上,确定现场领票和互联网预约门票的数量比例,增加相应服务。

第四,在讲座宣传上,可面向不同年龄层读者展开针对性宣传。对青少年读者而言,朋友老师的推荐最重要;年长者更重视报纸、电视等传统媒体渠道;中间年龄层则最倾向于从网络渠道获得资讯,且看重馆内的现场宣传。鉴于此次小范围调查是在图书馆内进行,结果竟显示超过半数到馆读者没听说过“长江讲坛”,说明馆内预告并未起到足够作用。图书馆讲座最常使用的是表格目录式预告,只列举讲座标题、主讲嘉宾、时间、地点,至多增添主讲嘉宾照片、嘉宾简介等信息,文字为主,似乎不足以引起读者注意。首都图书馆曾举办讲座海报展,上海图书馆也常在馆内醒目位置张贴讲座海报,这些设计无疑更具视觉吸引力;海报上重复出现且醒目的讲坛名称也有助于加深讲座品牌在读者心中的印象。

图书馆读者是一个笼统的称呼,但更是有着不同需求的个体。读者提出个性化需求,对图书馆而言,是新的挑战,也是创新服务的机遇。深入到读者当中,了解不同群体的需求,有针对性地安排和宣传讲座活动是图书馆工作者的努力方向之一。

五、结论

互联网时代,图书馆需要积极拓展基于虚拟空间开展的服务,同时也需要巩固自身作为实体空间的优势。被视为互联网拥趸的青年群体成为各大图书馆新馆读者中的主流,这为图书馆创新服务提供了新的方向。

就图书馆讲座而言,鲜活生动的线下活动能够带来真实的交流体验,发挥虚拟世界难以替代的作用。图书馆可以尝试有针对性地策划、安排讲座活动,比如提高艺术、科学等主题在讲座活动中的比重,使主题更为多元、更具吸引力;增强讲座的互动性,以多样化的活动形式给读者带来丰富的真实体验;在宣传讲座活动时,注意根据不同群体的阅读习惯,选择相应渠道精心设计并发布讯息等。

总之,舒适便捷的物理空间为图书馆带来了更多更年轻化的读者,图书馆应当抓住这一优势,持续观察读者群体的行为变化,总结他们的需求特点,不断创新服务,增加用户黏性,使图书馆在读者的日常生活中扮演更多更重要的角色。

参考文献

[1] 别鸣.天热好读书　省图应对忙——日均入馆1.5万人次以上,创多年来峰值新高[N].湖北日报,

2017-8-7(9).
[2] 金龙.国家图书馆讲座资源调查与分析[J].国家图书馆学刊.2012(4):72-77.
[3] 张彦,张洁.拓展国家图书馆服务职能的新尝试——“部级领导干部历史文化讲座”两年回顾[J].国家图书馆学刊.2004(2):9-13.

以读者需求为导向，创新公共图书馆服务方式

李　樱（黄石市图书馆）

随着互联网技术日益普及，信息环境发生着巨大变化。图书馆已不是人们寻求文献信息的唯一途径。在获取信息时，读者的方法也发生了巨大的变化，足不出户人们就能随时随地获取信息资源，借助互联网技术参与到信息的创造和传播过程中来[1][2]。本文就扩大和深化传统图书馆服务工作的基础上如何更好地跟上时代，更新服务手段，改变服务方式，满足读者需求上提出了自己的认识和观点。

一、互联网环境下图书馆工作的发展趋势

1. 对信息质量要求高并喜欢使用全文数据库

网络环境下，读者不再过多关注信息的数量，而更加注重信息的质量，不同形式的专业领域和相关领域的知识，为其提供二次、三次信息资源。通过计算机终端访问图书馆的网站，读者借助身份识别和授权技术，浏览、阅读和下载数字信息资源，图书馆的数字资源逐渐成为读者首先考虑使用的资源。

2. 移动阅读更加盛行

当前人们信息获取和阅读方式呈现出多渠道、移动化、社交化的特点，数字阅读满足了任何用户在任何时间、任何地点以任何方式获取任何内容的阅读需求。数字阅读从最初的在线阅读、电子阅读器阅读，到如今以手机、平板电脑等移动终端为载体的移动阅读，相当一部分的传统阅读，正由移动阅读所取代。

二、互联网时代读者需求的变化

在信息需求呈现的多方位性和特色性特征的今天，对于公众图书馆来说，分析读者信息需求和今后的趋势势在必行。读者在信息内容要求上更加综合化，在形态上不仅需要文字信息，而且需要音频、图像等方面的信息，需求明显呈现出了多方位和全面性的特征，不再局限于学科相关知识的补充，而是希望图书馆能提供该学科全面、系统的知识。

1. 读者需求更加多样化

传统图书馆向数字图书馆发展的渐变过程中，图书馆内将长期存在着传统方式与电子化方式共存的形态。传统的借阅方式仍然拥有着一定数量的读者并扩大到了学习、生活、娱乐、交流等各个领域。网络信息资源的无所不容使读者的需求更加广泛，在这种环境下读者信息

需求也逐渐呈现多层次、多元化、多样性和广泛性特点。

2. 读者需求更加个性化

当前，网上信息资源呈爆炸式增长，使信息污染更加严重，面对纷繁复杂的信息世界，读者在查找资源时，最大的感受就是查找对口的信息比较困难，他们希望信息检索人员能够提供高质量的信息服务，完成较复杂的检索，并根据读者需求对检索结果进行重组和整合，从中提炼出至关重要的有针对性、有深度、新颖及时的信息。

3. 读者需求更加全面化

传统信息服务条件下，读者主要靠利用馆藏目录、期刊题录等手工检索工具获取所需信息。要想获取某一研究领域全面的信息资源的愿望很难实现。而在网络技术发展的今天，尤其是数字图书馆的飞速发展，其虚拟馆藏显示文献之广。网络使读者利用文献的要求突破了时间、地理上的限制，综合性、交叉性提出了更全的要求，也使读者占有某一研究领域全部文献信息的需求更加强烈[3]。

4. 读者需求更加时效化

时效化体现在快和新两个方面，能够及时快速获得最新的文献信息。网络环境下的现代社会进入了高速高效的时代，知识生产、流通、老化和更新的节奏日益加快，促使读者需求的时效性越来越强烈，即希望需求能及时地得到满足。图书馆也应提供更多的服务设备，为读者提供及时的信息资源服务。

三、图书馆信息服务的内容、方式、手段将发生改变

图书馆作为文献信息中心，在科学技术快速发展的今天，无论是用户的信息需求，还是图书馆信息服务的内容、方式、技术手段等，都将面临新的调整与变化。随着图书馆信息资源的虚拟化、电子化方向发展，图书馆将为用户提供主动的、全天候的交互式的信息服务。

1. 服务方式虚拟化

越来越多的图书馆设立自己的网站，建立自己的网络信息导航系统，链接全国的大学、学院、在线图书馆等，对网络信息进行收集、组织、整理和有序化的重组，图书馆从单纯的以馆藏为基础的文献服务方式，转向文献服务和信息服务相结合的方式，全球范围内的资源共享将成为现实。

2. 服务系统网络化

网络所具备的点对点、点对面的实时和双向的多媒体信息传递与分布功能，在电子信息服务系统中得到了充分的发挥。一方面，图书馆可在网上发布信息、提供信息服务，把其服务半径从本地扩展到整个网络空间。另一方面，读者利用电子邮件、文件传输、远程登录等网络技术向图书馆提出服务需求，而不必考虑时间、空间的因素，由此成为图书馆的“虚拟读者”。

3. 服务内容多元化

尽管网络上的虚拟图书馆有着信息量大、便于查阅的优点，但也不可能取代传统图书馆。如果没有传统图书馆选择、收集、加工的文献信息，虚拟图书馆中的信息资源就会匮乏。因此，传统图书馆与网络图书馆之间不存在替代关系，而是互相依赖、互相促进、相辅相成的关系。

四、应对网络时代读者服务工作的新需求采取的对策

读者信息行为的变化挑战着图书馆的服务功能，图书馆面临服务创新需求。怎样做到图书馆服务创新，黄石市图书馆主要通过以下几个方面达到服务创新的目的。

1. 大力促进数字资源的开发、便捷利用、整合异构，促进信息的共建共享

黄石市图书馆购置了“超星”“万方”“维普”“贝贝国学”“读秀”等十余种数据库，作为黄石市最大的公共文献信息中心，数字资源总藏量为30TB。对信息进行过滤，在信息资源内容上满足快、精、新等要求，提供权威信息及全方位信息服务等，以数字图书馆建设为基础，全力推进图书馆智能化建设，积极应用“互联网＋”技术，全面提高黄石市图书馆应用新信息化技术的水平和能力。

2. 信息资源技术发展更贴近实际应用

黄石市图书馆建立了功能全面、搜索便捷的信息资源保障体系，包括馆藏的各类纸质资源、多媒体资源、电子资源，其中，期刊库2000种，电子书6万册。建设具有黄石市地方特色的文献收藏体系，协调建设文献资源和数字资源，将黄石市图书馆建成黄石市总书库和全市信息资源保障中心，使读者在图书馆中获取的信息都是最新、最精细的信息。坚持以人为本，以读者的需求为基准点，为其提供相应的服务内容，使读者所获取的信息更加完善，我馆现有的馆藏如地方文献、古籍图书、服装文献等具有地方特色的资源进行数字化，建立了有3万种书刊文献的纺织服装专题库、5000种书刊文献的矿冶文化专题库，并通过网络向社会提供服务。

图书馆拥有大量有价值的正式出版的资源，但是与搜索引擎相比缺少直接性。图书馆有效的策略就是整合图书馆与商业搜索引擎建立索引，让用户可以在桌面方便的获取电子期刊。同时图书馆在资源建设、检索的查准率、源数据的利用和知识整合方面应利用云计算的高计算、高存储特点，将馆藏资源通过云进行资源共享；利用特定网站、微信公众号等进行书目推送、网络咨询等主动宣传方式；利用个性化定制服务、RSS服务、Tag（网络标签），使读者能快速方便地多途径获取所需信息；利用E-mail、QQ、MSN等信息交流平台和工具实现读者有效沟通；利用Web2.0技术，建立学科馆员与读者共同参与、双向交流互动、共享协作等。这些做法既能提高服务效率，还拓展了图书馆服务的途径与方法。

3. 服务方式创新

黄石市图书馆推出“移动图书馆”“共享图书室”“城市街区互助图书馆”。开通图书借阅服务方式，从传统图书馆向城市书房转型，打造成地方的文化地标。一是图书馆自身必须对图书的内容要有专业的认识；二是更多站在读者需求的角度去推荐图书满足读者阅读需求。在

公共场所建立免费“阅读空间”，特别要在村镇建设更多的网点。

传统的借阅、阅览等方面的工作不但要继续开展，而且还要借助于新技术，使服务项目的范围扩大，从而多元化地发展服务方式和服务创新，在指定的组织成员中或是文献服务机构等，共同分享利用文献。图书馆可在基于传统实体图书馆提供服务的基础上利用手机、手持阅读器、电脑等媒介开展“移动图书馆”服务，使读者随时随地了解图书馆信息，使用图书馆资源，享受图书馆服务的需求；对读者信息需求特点进行分析，分析该类读者问题及反馈意见，并同其进行交流，总结出所需资源的特点。通过整合资源，数据推送等技术，为特定读者提供定向的、跟踪式专题信息服务，把与读者信息需求特定相符合的最前沿、最新颖、最具价值的信息主动推送给特定读者。打破部门界限，对传统图书馆业务流程进行整合，要探索多种合作模式，实现技术的创新驱动。

4. 创新的服务模式，更有效的体现公共图书馆的信息传统技术阅读品质的提升资源中心作用

（1）利用资源优势针对读者的需求开展服务

一座城市的图书馆，代表着这座城市的文明程度，要有“求新的势态”，以人的需求交流为导向来组合。随着电子图书馆的普及，读者们跨越了时间、空间的阻碍，可以更加方便快捷地找到相关的书籍。图书管理工作人员应该改变过去以“书”为中心，转变为以“人”为中心，创立以读者为中心的服务理念，将开发培养读者能力作为工作的重点。结合网络信息资源的特点，把丰富的资源信息推荐给读者。

（2）利用场地优势开展多样性服务

读者去图书馆是为了获取更多的信息、知识、智慧和教育，他们已经不能满足简单的借还图书，而是要求图书管理员能认真地整理、搜集，能够在信息资源中帮他们找到他们的需要。读者既要求获取信息，更要求服务的周到，在享受到图书馆舒适的人文环境下，也希望体会到高质量的服务带来的精神愉悦。黄石市图书馆定期举办中国作家文化论坛、国学讲堂等公益讲座，“4. 23”世界读书日期间，与黄石市新华书店联合开展了三届“你读书我买单”、文化名人签名赠书活动，这些活动深受广大读者的欢迎。

（3）加强与读者的互动和交流

从传统服务者向阅读推广者转型，图书馆可通过问卷调查、网站社区论坛、阅读分享会和文化讲座等方法，加强与读者的互动，了解读者的需求，开展培训活动，让读者熟悉并使用本馆新的数据查询系统。黄石市图书馆现建有 6 个分馆，24 个流动服务点，多次深入部队、福利院、监狱、学校、社区，送书上门到各个服务点。黄石市图书馆还建立了公共微信平台，建立了黄石市全民阅读数字平台，以创建“书香荆楚，文化湖北”为契机，将黄石市数字图书馆建成一个服务于全市 260 万人民，能针对各类人群提供数字阅读、知识导航、参考咨询、文献传递、视频点播等各种个性化无障碍服务的公共图书馆。

5. 创新服务必须注重加强图书馆专业人才队伍建设，实现互动学习、交流的功能性新平台

网络时代的图书馆服务人才也是需要知识全面、专业水平高的复合型人才，传统的工作方式方法，已不能适应现代化的需求。要在提升图书馆软硬件设施以及图书馆人员队伍自身素

质和服务意识下功夫，从细节入手。图书馆应该大力改善馆员知识结构，针对不同的读者采用不同的服务策略和方式，提供不同的信息内容，从而最大限度满足每个个体对知识的需求。

总之，随着网络信息技术的发展，图书馆只有推动知识创新与发展，清醒地认识环境和用户需要的变化，充分满足读者受众群体的需求，积极地从网络平台获取更多更新的图书信息，增强互动性，以便读者更愿意到图书馆来阅读，享受面对面的服务，才能更好地满足广大群众在知识学习、文化消遣和学术研究等方面对信息资源的需求，对保障广大市民享受公共文化服务的公益性、基本性、均等性、便利性等权利都具有重大和深远的意义。

参考文献

[1] 刘元珺，张汉强. 创新文献服务，构建“第三空间”[J]. 重庆图情研究，2013(4)：1－3.

[2] 张文霞. 浅论网络环境下读者需求变化与图书馆服务模式的转变[J]. 齐齐哈尔医学院学报，2009(11)：1387－1388.

[3] 陈鹏. 应对读者信息行为变化的图书馆服务创新研究[J]. 晋图学刊，2013(5)：54－56.

移动图书馆与数字图书馆

试论"互联网+"时代的数字图书馆建设

张汉强(湖北省图书馆)

一、概述

1. 信息时代到来,人类正向着知识经济时代迈进

当前由信息技术引发的后工业时代的变革,引起了全世界范围内社会物质资料和生产体系的变革。在我国,信息革命所带来的新兴产业大潮方兴未艾,正在向各行各业全面铺开。

作为信息传播中介结构的图书馆更是凭借着信息资源库的独有优势,积极引进信息技术,与图书馆各方面进行融合与互动,并力求及时建立与之匹配的标准、规范和工作方式,由此而产生的图书馆应用信息技术从自动化必然的向数字化、网络化和智能化方向发展。

2. 建设数字网络已成为推动各国经济发展的关键性手段

"互联网+"已经成为"知识社会创新2.0"推动下的一种新的社会形态,计算产业、通信产业与数字内容产业的高速汇聚,正在国际上形成无处不在知识网络,数字图书馆就是目前存在于互联网上,并将在下一代互联网上扮演核心角色的一种知识网络集成,它在国际上已有近十年的发展历程,并将在互联网上占据主流地位。

目前,应用最新信息技术创建数字图书馆系统和创建数字图书馆资源库,成为各国信息企业大规模信息资源的收藏模式,尤其对公共图书馆而言,是其必须承担的重大任务,也是一个重大机遇。

3. 公共数字图书馆工程启动的时机已趋成熟

在全球范围内,已有近60个国家和地区正在积极创建国家级数字图书馆,其第一批规模型成果已在因特网上陆续出现。目前,我国在各方面的大力支持下,已快速完成了四个方向通信设施及数字图书馆试验环境的建设,为在"十三五"期间不失时机地创建一批数字图书馆做了一些先行性准备。

中国数字图书馆工程得到了国务院和文化部的大力支持,各项工作正在紧张进行之中,重点是进行中文信息资源库群的建设。建设超大规模分布式数字资源库,则希望能得到对此有共识的单位的积极响应和真诚使用,数字图书馆是一个全国性的工程,是一个跨行业、跨部门的庞大的系统工程,它不是个别图书馆所完成的任务,需要全国范围内的图书馆、博物馆、美术馆等单位共同完成,需要全国各类特色资源收藏单位的密切合作与共建,共同为弘扬中华优秀科学文化传统,为提高全民素质、造福于千秋万代贡献力量,中国数字图书馆工程建设的成果将通过网络提供给中国和世界人民[1]。

4. 数字图书馆建设必须以统一的标准和规范为原则

在数字图书馆网络工程的建设中应该充分利用公用资源，严格避免重复建设和资源浪费。要以数字化的各种信息为基础，以分布式的海量资源为支撑，以智能检索技术为手段，以电子商务为管理方式，以高速宽带网为传输渠道，将丰富多彩的多媒体信息传递到千家万户。建设数字图书馆这个庞大的系统，需要国际一流的高端服务器及智能软件，这将为我国奋力拼搏的高科技企业和专家们提供极好的用武之地。

二、数字图书馆技术基础

数字图书馆指的是将图书馆的现有资源以数字化的方式通过网络提供给用户，因而，也称其为电子图书馆或无墙图书馆。数字图书馆通过网络进行服务，几乎没有时空限制。数字图书馆也可指虚拟图书馆，没有图书馆的实体，只是一个逻辑上的图书馆，其对用户来说是透明的。由此可见，数字图书馆是依赖于如下技术基础：

①计算机技术（电子计算、光子计算、分布式计算、客户/服务器计算等）；

②通信技术；

③计算机网络技术；

④存储技术（光存储技术、光磁存技术、磁存技术等）；

⑤信息编码和处理技术；

⑥智能化技术的发展；

⑦语言学、语义学方面的发展；

⑧图书情报科学理论的发展；

⑨多媒体技术等。

目前，美国政府支持由全美六所著名高校图书馆提出的“数字图书馆”计划（The Digital Library），拟投资2400万美元作研究经费。我国高校借助211工程，开展一些基本的网络服务、信息查询及检索，2000年成立了虚拟国家科技文献中心，使数字图书馆共享资源库的建设进入了一个实质性的发展阶段。随着网络的发展，各高校都在建立自己的数字图书馆。清华大学、华中科技大学等相继开通了数字图书馆信息服务、随机检索服务。

三、数字图书馆建设的几个关键问题

1. 规模型数字资源库建设

数字资源库建设不仅是数字图书馆的核心，同时也是占领Internet网上中文信息阵地的有效手段。要本着整体规划、统一标准、分布建设的原则，在资源建设方面必须防止重复建设，采取措施加强宏观调控与协调。随着多媒体技术的发展，已有众多商家提供常规的数字化图、文、声、像的制作工具，软硬件的支持，但这只能满足一般化的要求。将存储在物理介质上的信息转化为数字信息，是信息时代的最大挑战之一。

（1）图书数字化。在图书馆情报检索系统的建设中，图书文档的数字化是很重要的，要把如此多的图书全部数字化，其工作量是很巨大的，将传统的介质转换为数字化馆藏，有利于节

省空间和为信息网络化奠定基础，此过程可以用扫描仪和数码相机辅助完成。

(2)对象数据的置标过程。当文献数字化完成以后，如何进行数据置标、如何工业化地置标是解决数字图书馆资源建设的加工程度的关键。

(3)海量数据引擎。对于数字化图书馆技术中，需要海量检索工具。一个由上亿个包含50个字段、1500字节的条目组成的海量数据库需要更大的查询工具来满足用户多并发、多条件的检索要求。

(4)信息集藏地的合作。数字图书馆的主要功能是将资源按照某一个主体性有序地组织起来，而且可能是在多个信息集藏地之间进行的，所以对每一个主体用什么资源是很重要的。

2. 信息安全与权益管理

数字图书馆建设涉及众多知识产权问题，其中最为突出的问题是著作权问题。著作权主要有两类，一类是原始著作权(一般以20年为限)，即数字图书馆建设中直接使用的资料的著作权;另一类是编辑权，即将原始资料按照数字图书馆的方式进行重新组织与加工后所形成的新作品的著作权。

从国外数字图书馆建设情况来看，在互联网上发布的基本是不在著作权保护期内的资源。这部分资料虽具有史料价值，但对于当今社会而言，随着科技的发展和社会的进步，对于最新的信息的需求更为迫切。因此，数字化图书馆工程建设必须解决知识产权问题。要通过联合立法部门、出版管理部门、出版单位，结合公共数字图书馆的建设，研究知识产权问题的解决方案。数字图书馆应该在遵守国内外法律法规的前提下，寻找一条平衡作者与使用者之间关系的途径。

3. 数字图书馆管理技术

图书馆的数字化、信息化、网络化对图书馆的工作人员提出更高的要求，只有不断更新知识、不断提高文化素质，才能赶上信息产业发展的潮流。与传统的图书馆相比，数字图书馆除继承保留部分纸质印刷品文献等非数字化资料外，数字化的信息资源将成为其主要资源。

数字图书馆的管理工作大致可以分为两类:一是业务管理(宏观管理与调度);二是信息资源管理。因此相应地涉及两类管理技术。业务管理技术和信息资源管理技术，业务管理技术主要是先进的管理软件与计算机管理系统，信息资源管理技术重点在先进的存储管理技术，如何在高效利用存储空间、方便传送的前提下又不影响存储速度与信息的利用，这些都是目前研究的重点，解决的方案也是无止境的。

四、数字图书馆的建设策略

1. 基于面向客户端的互联网层面

数字图书馆是整个图书馆的一个重要组成部分，依托于网络的建设和发展，不仅提供全球数字化信息服务，重要的是提供图书查询、文献检索、文化交流等。特点是提供更高速的带宽接入和可提供大量有效的电子信息(包括音像)资源。除了各种文字电子期刊外，可以提供高速高清晰的实时录音、录像等，充分发挥图书馆对教育和科学研究的作用。

数字图书馆建设包括网络硬件建设和软件建设。硬件建设主要指与广域网的连接和内部局域网的建设,该系统应该与 CERNET 或金桥网连接,以共享网上资源。作为分步建设的一部分,目前主要是能自动和手工地检索互联网上的信息,并提供内部的网站,以便用户在家里或办公室访问图书馆的数据和超文本图书,同时提供相关信息论坛。数字图书馆提供给用户的不再是传统的图书,而是多媒体图书,并能提供给讨论的空间。软件主要是信息资源库、图书馆检索系统、图书浏览工具、播放工具及管理系统等。

2. 数字图书馆的网络结构建设

一般来说,典型的数字图书馆系统应该包含三个部分:信息资源服务器、客户服务器、读者客户机。数字图书馆建设应满足以下原则:

①具有现在和以后一段时期内充分满足要求的硬件资源;

②有清晰合理的层次结构,便于维护;

③采用先进成熟技术,降低系统风险;

④保证系统良好开放性,能够和其他网络互联;

⑤有较好的扩展性,便于升级;

⑥布线系统能够在将来适应技术的发展。

3. 数字图书馆的信息检索优势

网上信息量大且类型复杂,为了快速、有效地获取网上信息,人们研究了很多信息检索系统——“搜索引擎”。然而,由于 Web 的快速发展,以及网络的动态性、分布性等特征,目前的搜索引擎大多还不能满足用户的需要,主要不足之处有:

(1)每个引擎的覆盖面都相当有限。研究发现,没有一个搜索引擎的索引量超过整个网页总数的 1/6,并且其覆盖面大小还随重要性而变化;

(2)搜索的结果不精确。搜索结果的精确是由检索词与网页的相关性来确定的;

(3)目前的搜索引擎都是服务器端软件,用户需严格按照各种引擎所要求的格式输入检索词,这些词不具备智能性,不能反映用户的兴趣。

回顾搜索引擎发展历史,第一代搜索引擎基于倒排索引,通过计算基本的文字相关性向用户返回检索结果,代表产品为 Infoseek。第二代搜索引擎基于超链模型,得益于权威性问题的较优解决,检索质量和用户体验大为提升,其代表性产品为谷歌与百度。它们的快速成长期同时也是搜索引擎快速普及并大规模商用的时期。第三代搜索引擎从两方面入手提升效能,一方面运用先进的自然语言处理技术改良易用性,一方面运用深度学习和用户行为分析强化引擎后台,其代表性产品为升级后的谷歌、百度等通用搜索引擎和垂直搜索引擎如亚马逊、推特、微博内置搜索。

当前,更先进的搜索引擎尝试理解自然语言问题,并直接给出结构化信息与知识答案,其代表性产品为 Wolfram Alpha。为了进一步满足用户查询的需求,研究人员正在研究开发智能检索技术,发展智能信息检索系统,以满足信息发展的需要[2]。

五、结语

公共图书馆作为一个传统上以保存人类文化遗产、开展社会教育、传递科学情报、开发智力资源以及提供文化娱乐为主要职能的综合性场所，在面对以互联网为技术手段，以数据化为特征和标志的深度信息化时代，不仅要为全面提升图书馆社会化服务能力，增强图书馆的服务功能与服务效果，更要进一步深入探讨如何更好地发挥图书馆资源、技术、空间、人才等多方面要素的作用。公共图书馆应该紧密结合"互联网 +"时代的特点，努力向大数据时代的全媒体复合型图书馆转型，还要学习互联网精神，培养互联网思维，在"互联网 +"的大环境下，实施"互联网图书馆 +"战略，让阅读借着互联网的春风，潜入到社会的各个角落，使公共图书馆成为最不可或缺的公共空间之一。

参考文献

[1] 丁宁宁. 从"三大公共数字文化工程"的实践看中国数字图书馆发展[J]. 图书馆理论与实践，2017(3)：80－83.

[2] 孙茹. 搜索引擎的智能化发展方向[J]. 科技传播，2015(1)：129，125.

公共图书馆特色数据库建设研究

姚迎东(湖北省图书馆)

阿根廷著名作家博尔赫斯曾说,“如果有天堂,应是图书馆的模样”。人们对图书馆的印象往往只停留在借书与看书上,其实图书馆还是保护、发掘与传承地方文化以及传统的机构。目前,全国共有县级以上独立建制的公共图书馆3139个,其中省级公共图书馆39个,覆盖率达100%,在全国公共图书馆已经遍地开花,成为各个城市、地区独特的文化景观和标志。在“互联网+图书馆”时代,保护、发掘与传承更需要借助数字化平台。如何打造独具特色的公共图书馆数字化特色服务平台,为爱书的读者找寻一个静谧的阅读港湾成为当前图书馆亟须解决的问题。

一、公共图书馆特色数据库建设的内涵及政策背景

1. 公共图书馆特色数据库建设的政策背景

根据十八届三中全会关于“进一步深化文化体制改革,构建现代公共文化服务体系,统筹公共文化服务设施网络建设,促进基本公共文化服务标准化、均等化”的精神及《文化部、财政部关于进一步加强公共数字文化建设的指导意见》《文化部关于建设国家公共数字文化支撑平台的通知》要求,为推进湖北公共文化服务体系建设的现代化,湖北省文化厅决定建设湖北省公共文化数字服务平台。湖北省图书馆作为公共文化服务体系平台建设中的重要一环,承担起完成公共文化数字门户网站建设,初步建立省级公共文化数字服务平台的重任。2017年11月4日,我国颁布了《中华人民共和国公共图书馆法》,是党的十九大之后全国人大常委会通过的第一部文化立法,对进一步促进公共图书馆事业的发展将起到里程碑式作用。

习近平总书记在十九大报告中强调:“要深化文化体制改革,完善文化管理体制,加快构建把社会效益放在首位、社会效益和经济效益相统一的体制机制。”文化事业在文化建设中起到满足人民群众对美好生活的期待的重要作用,公共图书馆是文化事业的有生力量,天然具有提供公共文化服务产品的独特优势。

为统一调度全国各级图书馆建设的数字资源,实现数据库的无缝跨库链接,2011年,文化部、财政部实施了数字图书馆推广工程。该工程实施以来,中央财政累计投入8.308亿元,重点提升中等城市图书馆的信息化水平,建设覆盖全国的数字图书馆服务网络,推进数字图书馆业务与传统业务的融合发展,建设海量分布式数字资源库群,面向全社会提供服务。

2. 公共图书馆特色数据库建设的内涵和特性

公共图书馆数字化服务是一系列的信息资源以及相关的将这些资源组织起来的技术手段,如创建、检索、利用信息的技术,涵盖了现有分布式网络中所有的数字媒体类型(文本、图像、声音、动态图像等)的存储和检索系统。

数字图书馆系统按照数据库的所有权可以分为本地数据库和远程数据库;按照数据库的来源可以分为商业标准化数据库和自建数据库;按照数据库的内容可以分为普通库和特色库。

特色数据库的建设首先不要一味地追求大而全、小而全,过分强调收录文献的数量,而应该求“精”、求“特”,也就是说内容不要太杂,面不要太广,避免数据资源重复、标准不一。其次,重点关注某一领域的专题性,尽可能地将该领域该专题内的有价值的东西收录进来,体现数据库的专题性和独特性,使其具有不可替代性[1]。

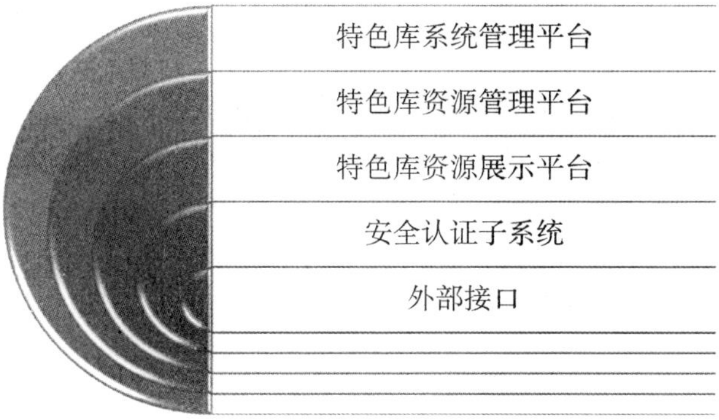

在知识环境中的数字图书馆特色服务平台还有许多与传递信息和馆员参与教学和科研相关的特征,这些特征主要包括:

(1)学术检索。学术信息日益增长,在网络上可以实现全文检索。

(2)资源整序。泛在图书馆信息应用程序将为用户提供经许可的资源和网络免费资源,以使用户能够将这些杂乱无序的资源整合、序化。

(3)专家咨询。用户通过网络参考咨询服务可与学科专家馆员取得联系。

(4)机构合作。本地和地区内机构对共享资源的合作、利用发挥重要的作用。

二、公共图书馆的特色数据库建设的内容及存在的问题

1. 特色数据库建设的层次关系

(1)省级平台建设。省级平台建设以省图书馆公共文化数字服务平台门户网站为基础。以湖北省图书馆为例,由省馆负责平台建设基础设施、硬件设备,包括服务器、存储设备等的招标、采购、安装、调试等工作,并在此基础上更新、升级原有“湖北数字文化网”为“湖北省公共文化数字服务平台门户”,设置“公共文化服务信息发布系统”“公共文化服务供需对接系统”“公共文化网上办事窗口”“公共文化数字资源服务”和“公共文化服务调研统计系统”等栏目。除网站外,整合利用部分核心功能,开发手机 APP 软件,开设微信公众服务号、官方微博,推进全媒体服务,形成公共文化服务现代传播体系。

(2)市(州)级文化单位建设。市(州)图书馆、博物馆、美术馆、群艺馆负责本馆的电脑配备、联网、数字资源建设和本馆及对应县级馆上报服务信息的审核筛选,通过互联网与省公共文化数字服务平台实现互联互通,最终将筛选后的数字资源、各类服务项目信息、服务需求信息及服务统计数据在省公共文化数字服务平台上实现上传、管理及发布。

(3)基层网点建设。基层网点包括县级图书馆、博物馆、美术馆、文化馆、乡镇(街道)文化站及村(社区)文化室,要配备电脑等终端设备并联网。村级(社区)文化室基层点将本地重大

服务项目信息、重大服务需求信息及有关服务统计数据上报乡镇(街道)文化站。乡镇(街道)文化站对村级(社区)文化室上报的信息进行筛选,并和本级各类信息汇总后根据工作门类分别上报对应的县级馆。县级馆对乡镇上报的服务及需求信息和数据进行筛选并与本馆各类信息汇总后统一上报相应的市级馆。

2. 特色数据库建设的内容

特色资源数据库有三个基本要素:特色资源的建设、特色资源建库发布系统和个性化服务,三者缺一不可。

(1)特色资源的建设。湖北省图书馆依托丰富的湖北红色旅游资源和代表性的历史事件,进行特色资源的建设,如《辛亥革命专题资源库》《湖北红色历史文化多媒体资源库》等特色资源数据库,建成后在湖北数字文化网上发布,读者可从题名、关键词等方面进行检索,并提供相关图片的链接。数据基于XML标准,以利于资源的整合与利用,每条数据均按元数据标准进行著录和标引。文献书目数据遵循ISBD国际标准,采用CNMARC格式,使用中图分类法。提供题名检索、著者检索、主题检索等多种检索途径和馆藏情况,便于文献资源的获取。

(2)特色资源建库发布系统。通过特色资源建库发布系统,首先可以对珍本、善本等珍贵资料用数字化的形式保存下来。其次可以实现资源共享,公共图书馆数字化资源比印刷型信息资源更便于检索,使用户能快速地获取所需的信息资源,对宣扬区域文化、传承历史文化都有很大的意义。

(3)服务个性化。特色服务平台提供的服务要具有个性化,为满足用户对空间、资源和服务的综合需求而营造的一站式信息环境,要创建以用户为中心、以资源为基础、以技术为依托、以共享为平台、以空间为坐标、以服务为导向、以创新为目标的新型公共图书馆服务。其特点是资源的数字化、用户的社区化、服务的人性化、平台的网络化、空间的知识化。

3. 特色数据库建设存在的问题

(1)特色数据库是否具有特色。公共图书馆特色数据库的建设的基础是特色馆藏资源的整合。包括静态的馆藏文献资源,还有动态的社会化服务资源。例如:湖北省图书馆廉政文化图书馆、阅读平台、长江讲坛等。

(2)导航功能是否完备。导航功能通过网站地图、导航工具条、导游线路、导航图等各种技术对数字图书馆特色库内外的各种资源进行整合显示。对于公共图书馆的特色库而言,它也是必不可少的,它能引导用户完成特色库各内容页面间的跳转、理清网站各内容与链接间的联系并能定位用户在网站中所处的位置。因此,公共图书馆特色库门户必须具备导航功能,引导用户沿着正确路线查找信息,防止“迷航”。例如:对于那些初次到图书馆的读者如何快速定位并获得所需文献呢?湖北省图书馆提供三维导航检索系统。该系统通过一个三维的定位技术,利用智能书架结合图书馆业务系统,智能架位服务能够在读者查询到目标图书后为读者呈现生动、立体的导航图,使读者清楚方便地了解到图书所在位置,大大节约了读者找书的时间。

(3)界面设计是否体现可用性。公共图书馆特色库应保持界面的一致性,在界面上有的放矢、重点突出地设计用户甚为关心的主栏目,每个主栏目下的子栏目相对集中,在控制数量的同时,详略得当,体现“以用户为中心的设计”理念,使用户感觉界面清爽,一目了然,操作起来简单方便,不容易出错,而且对使用方法也无须有过多的学习。

(4)网站是否注重 VI 视觉设计。VI(Visual Identify)视觉识别系统引入公共图书馆数字图书馆,逐渐成为图书馆宣传自己、展示自己的全新的模式,它有助于吸引用户了解图书馆,展示图书馆的内部文化、管理和服务理念,使图书馆内部管理上一个台阶,并对图书馆起到良好的宣传作用,实现其社会效应。

(5)知识产权的归属问题。公共图书馆应通过合理适度的法规,调整、解决好特色数据库建设与知识产权保护之间的关系,这是建设特色库前必须注意的问题。在为读者服务,不以营利为目的时,公共图书馆可以在著作权法允许的范围内合理使用信息数据,无须征得著作权人的同意,也无须支付报酬,涉及产权归属的可以协商付费。要做到合理利用、法定许可、适当 IP 限制等,才能规避可能产生的产权风险。

(6)数据库格式是否标准化。由于目前国内的特色数据库建设还属于起步发展及探索阶段,还未规定统一的标准格式,图书馆只能按照自己的方式进行操作,以致元数据形式多样,有描述简单的,也有极其复杂的,造成数据兼容差、整合困难等问题。从长远来看,这必然阻碍特色数据库的健康发展,也不利于其使用价值的充分实现。标准化是目前特色数据库建设中亟待解决的一个问题,很有必要建立统一标准的元数据库实现整合检索、检索结果实现多种智能排序等[2]。

三、公共图书馆的特色数据库建设的对策

1. 公共图书馆特色数据库建设的组织保障

(1)加强组织领导。各级文化局要根据省总体工作目标和工作部署,认真抓好落实工作。要整合图书馆、博物馆、文化馆、美术馆等资源,形成合力,共同促进平台建设工作。

(2)落实经费保障。各地要积极争取地方党委政府的重视和支持,争取地方财政资金,确保根据需要足额按时到位,并做好经费管理和使用,使财政资金充分发挥效益。

(3)注重人才培养。各相关单位要建立人才配备和培养机制,为平台建设提供人力资源保障。要有步骤、分批次地开展与平台建设和服务相关的培训,不断提高从业人员业务水平。省级单位对地市级以下单位进行数字资源建设的统一培训,做好技术指导。同时,要根据工作需要切实做好人才配备工作,推动和保障平台建设的实施。

2. 公共图书馆特色数据库建设的技术保障

(1)利用信息化技术。利用特色资源建库发布软件及资源数字化加工平台,可以实现特色数据库信息采集的全面性、多样性、系统性和连续性,并将图书馆拥有的地方特色文献由印刷型文献转换成数字化文献。

特色数据库的质量控制是一项集管理与技术于一体的综合性工作,它贯穿于特色数据库建设的整个过程。主要包括三个方面的内容:面向数据源的质量控制、面向系统建设的流程控制以及面向具体应用的技术控制。此外,数据修正、数据维护、数据更新和系统维护等后续工作也是保证数据库质量的必要手段。要定期对数据内容进行更新、追加、清理和修正,经常对系统的运行状况(如存储空间状况)和响应时间进行分析,结合用户在使用过程中发现的问题确定改进措施,使系统逐步完善。

(2)加强资源整合,提供基于知识内容的数据关联服务。跟踪信息技术与信息服务模式

的发展，加强对“互联网 +”“大数据”“宽带中国”“云计算”的研究，加快分布式数字资源库建设，特别是加强地方特色资源、少数民族资源和少儿适用资源的建设，形成我国公共数字文化资源的规模优势，整合资源，提供个性化的、基于云端的特色数据库服务[3]。

(3)完善技术培训。图书馆首先确定特色库的运行维护人员。一般分成三类人员：一是具有决策权的领导，可以设置最高权限；二是系统管理人员，能对特色库的网络环境、硬件、系统等进行维护的人员；三是图书馆工作人员，能执行一般的业务操作和功能。

必须打造一支具有特色数据库建设经验技术服务团队，通过社会化合作，充分调动工作积极性，形成良性互动，提供全方位的技术支持及技术培训，使特色数据库的建设工作更顺畅、高效地推进。

3. 鼓励社会力量参与，形成政府主导、社会参与的格局

据不完全统计，目前我国有几百家民办图书馆，其中有些也向社会提供免费开放服务。将社会力量兴办的、具有公共图书馆特征的这些民办图书馆纳入法律调整范畴，是《中华人民共和国公共图书馆法》的一个重大突破，也是对社会力量参与公共图书馆建设热情的积极回应，符合当前社会发展阶段人们对公共事业越来越关心、越来越希望能够参与其中的愿望，也将进一步拓宽社会力量参与公共图书馆建设的途径，有助于形成多元投入、多元主体的建设局面。

4. 特色数据库建设的具体措施

(1)页面设计。公共图书馆特色数据库页面设计应简洁、直观，易操作。

(2)功能设计。明确用户需求和网站目标是做出切实可行的功能设计计划的依据，也是设计用户体验过程中做出每一个决定的基础，更是一个特色库上线以后是否满足用户和读者的需求的重要指标。成功的用户体验，其基础是特色库目标和用户需求被明确表达，对于公共图书馆数字图书馆特色库而言，明确图书馆与用户双方对特色库的期许与目标，有助于确立用户体验其他层面战略的制定。

(3)程序开发。在特色数据库程序开发过程中，有几方面值得引起重视：一是考虑特色库系统的后期升级及与其他信息系统的对接；二是数据库表结构的合理设计，方便查询管理；三是数据库优化，保证页面访问速度及数据库安全。

四、结语

公共图书馆建设自己的特色数据库，以适应数字技术、网络技术和新兴媒体的迅猛发展，加强和改善公共文化服务，更好地运用现代信息技术对公共文化服务提供有力的支撑，打造服务品牌，构建影响广泛的公共数字文化服务体系。

参考文献

[1] 张学梅. 公共图书馆特色数据库建设的思考[J]. 吉首大学学报(社会科学版)，2017(S1)：116 – 119.

[2] 申晓娟，周晨，韩超.《数字图书馆资源建设指南》解读[J]. 中国图书馆学报，2011(1)：38 – 46.

[3] 胡绍军，刘翔. 谈数字图书馆建设与特色资源创新管理——ZADL 建设及特色数据库管理模式的实证探索[J]. 图书与情报，2010(6)：79 – 81，112.

“互联网 +”时代公共图书馆培养读者数字素养的路径思考

姚潇潇(湖北省图书馆)

21 世纪是数字信息化的时代,个人需要使用不断更新变化的技术、认知和技能,才能在数字环境中完成任务和解决问题,由此衍生了数字素养这一全新的概念,它可用以衡量学习者有效工作的质量。与此同时,公民也可借助数字素养,在生产生活中获取更为行之有效的方法。公共图书馆是人民获取知识,提升自身素质的重要途径,在数字素养的教育中起到了重要作用。

一、数字素养概述

1. 数字素养概念发展

在此之前,亦有学者提及这一概念,但都未深入细致归纳出数字素养的定义。数字素养的概念,传播较广的是 Paul Gilster 在其 1997 年出版的著作 *Digital Literacy* 一书中的表述。后来 Yoram Eshet Alkalia 在其论文中总结了数字素养的概念框架,得到了普遍认同,它包括五种类型的素养:

(1)图像—视觉素养。这要求人们有认知、分析并解读图像的能力,理解图片类型的静态文本传递给我们何种信息,并能将其解码,转换成更通俗易懂的语言形式。

(2)再造素养。再造素养是一种创造性地回收利用现有资源,并将其功能最大化的艺术。在数字资源浩如烟海的现代社会,将零散资源整合利用,从而培养资源与信息再造能力。

(3)信息素养。即人们通过学习,用有效方法正确获取、辨别、评估信息的认知技能。现代社会中,人们能轻松获取海量数字信息,因此合理地评估与使用信息的能力就成为决定成败的关键。信息的可信度、新颖性及其呈现的专业性、完整性是信息评价的主要落脚点,也是未来的发展方向。

(4)分支素养。现代超媒体技术环境让人们意识到培养数字素养的新挑战。这种技术环境的重要性未必是它提供给用户多任务处理能力,更多的是通过在不同领域中,利用这种环境进行联想、分支和非线性引导的可能性。这种可能促进了多维思想的发展,并引导出了一种新型的数字素养,即分支素养,或者说超媒体素养。

(5)社会—情感素养。互联网和其他数字通信系统平台的跨越式发展,为协作学习和信息共享的多样化发展创造了新的维度与机会,例如各种形式的学习型社区、讨论小组和聊天室。而在现如今的通讯空间中,如何在大量的信息交互中生存,抓住真正的机会,是如今的互联网用户必须考虑的问题。具有社会—情感素养的用户,即为愿意与他人共享数据和知识,能够进行信息评估和具有抽象思维,并拥有协同构建知识的能力[1]。

2. 数字素养与信息素养概念辨析

通过梳理数字素养概念的发展变化，可看出其与信息素养这一概念是密不可分的。关于信息素养，早在1974年，美国信息产业协会主席保罗·泽考斯基就率先提出这一概念，并将其解释为：利用大量的信息工具及主要信息源使问题得到解答的技能。1989年美国图书馆协会下设的"信息素养总统委员会"在其年度报告中将信息素养定义为："要成为一个有信息素养的人，就必须能够确定何时需要信息并且能够有效地查寻、评价和使用所需要的信息。"2011年美国图书馆协会数字素养特别工作组对数字素养概念进行了梳理，提出数字素养是利用信息和通信技术来发现、评估、创造和交流信息的能力，要求具备一定的认知技能和技术技能。2017年8月发布的《国际图联数字素养宣言》认为，数字素养是指利用数字工具并发挥其潜能的能力[2]。

由此可见，数字素养与信息素养都是在信息化时代的大背景下，要求人们具备基本的发现、分析及处理海量信息资源的能力，并将其合理运用于生产生活之中。然而通过对比我们可以发现，数字素养要求人们不仅具备基本的信息素养，更要有认知技能上的突破，即对信息的输出要符合人们的认知及情感需求，在信息的输入与输出的过程中，凸显构建数字化社会建设基于信息，但高于信息的原则，共创和谐的社会共同体。

3. 数字素养概念界定

通过以上分析可知，目前为止，关于数字素养的概念并没有一个明确的界定。在笔者看来，数字素养是数字时代下的生存技能，是全面参与知识社会所必需的能力。一般来说，数字素养包括定位、评估和使用数字信息的能力和行为，以及能有效地利用数字设备，以便进行交流、表达和协作。数字识字者可以有效地找到他们所寻求的信息，评估这些信息，并有效地使用这些信息。

二、新时代公共图书馆开展数字素养教育的必要性

作为公共文化机构的图书馆，始终立足服务大众，通过各种方式为社会各种文化层次的读者服务。在快速发展的今天，图书馆更应重视自身的社会教育职能，准确把握读者的数字需求，创造性地为读者服务，以适应快速变化的信息社会。公共图书馆开展数字素养教育是大势所趋。

1."互联网+"时代发展的需要

国务院在2015年7月4日的印发《国务院关于积极推进"互联网+"行动的指导意见》指出，"互联网+"是把互联网的创新成果与经济社会各领域深度融合，推动技术进步、效率提升和组织变革，提升实体经济创新力和生产力，形成更广泛的以互联网为基础设施和创新要素的经济社会发展新形态[3]。在当今信息时代、知识社会不断推动创新发展的基础上，"互联网+"的提出不仅是顺应时代的发展变化，更强调了创新的重要性。将互联网的信息通信技术运作与思维方式渗透到各个传统行业中，同时进行自行业的变革，以互联网为切入点，由"新"入"旧"的逆向式对传统行业进行结合发展。"互联网+"与传统行业的融合发展，契合创新2.0时代

特征，与“继承—创新”的历史逻辑高度吻合。

在当前文化大发展、大繁荣的背景，互联网与公共文化的融合发展是大势所趋。公共图书馆的公益性与服务性决定了它必须以广大人民群众的需求为目标。而在如今的数字时代，每时每刻都有海量的信息不断涌入，如何在各种信息之间快速寻找到自己所需，加工信息并内化为知识，同时不为无关信息所扰，维护信息安全等的问题，每一个身处信息时代的人都曾遇到过。如若人民的数字素养跟不上时代发展步伐，很可能在信息伦理道德等方面出现问题。由此看来，提升数字素养迫在眉睫，而公共图书馆以人民的需求为最高服务准则，更应抓住新时代“互联网+”的发展机遇，充分认识到数字素养匮乏的严重性，将培养读者数字素养问题提上日程，从制度建设、人才发展等方面创新服务方法，以读者需求为发展之本。

2. 图书馆社会教育职能的要求

图书馆作为公共文化服务机构，在不断适应社会变化发展的过程中，不仅要强调其公益性与服务性，更应注重图书馆的社会效益，即能否产生良好的社会影响，为社会的健康稳定发展贡献力量。国际图联 1994 年发布的《公共图书馆宣言》中指出，公共图书馆的服务核心包括信息、教育、文化等方面，应支持各级各类的教育以及个人自学教育。同时，图书馆的社会教育职能启示我们，图书馆是社会文化生活的中心之一，它不仅仅帮助人们增长知识、获取信息来源，更重要的是在人人平等、终身学习的前提下，向公众免费传授知识，帮助人们提升自我，增强创造力，更好地适应社会的发展需要。现今图书馆的社会教育职能往往被忽略，或是仅被看作服务效益的附属品，这对图书馆的长期发展极为不利。2013 年 1 月，美国图书馆协会信息技术政策办公室发布了《数字素养、图书馆和公共政策》报告，指出了各类图书馆在个人数字素养的发展过程中有着举足轻重的作用，并推动全美图书馆开展培养公民数字素养的项目。数字素养的教育已经引起了广泛的关注，数字信息时代的公共图书馆开展数字素养教育势在必行。

三、公共图书馆数字素养培养路径

不同于其他类型的图书馆，公共图书馆是面向所有居民，秉承平等与公益的原则运行的。因此公共图书馆在培养读者数字素养的过程中，也应依据自身特点，利用资源、人才等方面的优势，探索并优化数字素养培养策略。

1. 注重新技术的应用

现代科学技术正深刻地改变着图书馆的发展业态，“互联网+”时代下的图书馆更应合理运用新技术、新方法，使其更好地契合图书馆的服务理念。当代公共图书馆中早已处处可见互联网的融入，但在数字素养培养上的探索却并不多。笔者认为，在共享、体验与互联大行其道的今天，图书馆可以此为切入点，着眼数字素养，通过互动平台、线上体验等方式，让读者充分参与数字素养培养过程中。例如图书馆准备进行一场关于数字素养的讲座，从前期准备、讲授到后期反馈，均可利用互联网新技术让读者充分参与：前期的内容准备、讲题的确定，可通过编写数字素养网上小测试，对读者素养状况进行基本的了解，或者通过网上平台在线问答的方式，找寻读者感兴趣的知识点，进行课前准备；讲座过程中，则可以通过直播平台与线上读者实时互动,或是以读者实际操作为讲解点,开展体验式讲授,增强读者之间的交流体验。这样的形式相较于原先的讲座,互动体验更强,读者参与度也更大,利用互联网技术,传播范围也更广。

2. 以读者需求为本

公共图书馆的读者群广泛分布于各年龄层,这对数字素养的培养提出了新的挑战,如何满足不同类型读者的需求,在有限的资源中让人人学有所得。在组织方法上,笔者认为可以按照老中青幼的类型来划分,组织不同主题的学习,各自针对不同人群。但这并不代表其中没有交叉内容,对学习活动主题的安排不能单纯地以读者年龄来划分,素养的培养是持续性、长期的过程,遵循渐进性的原则虽好,但绝不能忽略对知识的反复学习才能内化并输出的观念。因此,图书馆在组织数字素养项目的过程中,尤其需要考虑的是各类人群需求的共同点和差异之处。

在数字素养的培养上,以读者需求为本体现得尤为突出。以中老年人为例,图书馆里中老年人所占比例并不小,但他们所需要的知识和年龄并不呈负相关。正好相反,终身学习理念在数字社会对老年人尤为重要,数字素养早已成为生活中不可或缺的能力之一。通过馆藏大数据的分析,以及馆员与读者接触的经验,可总结出中老年读者的特点与喜好,并以此定制相应的学习内容。同时可拓宽思路,打破资源、空间等的局限性。例如美国费城图书馆针对电脑资源不足的社区或距离较远的社区,组织专人将网络基本知识与技能的培训带入社区,并提供简易的电脑设备和数字资源培训师。我们可借鉴这一做法,将数字素养的培训或讲座带入中老年人较多的社区,组织读者共同学习,让图书馆走出去,积极参与到公民社会中,为建设活力型社区、信息化共同体及共建共享社区做出贡献。

3. 资源利用多样化

公共图书馆之所以能担负起培养数字素养的任务,离不开它掌握的大量资源。合理利用自身优势资源,公共图书馆才能更高效地培养公民的数字素养,使其可以更独立地进行思考,并参与到数字经济和数字社会当中。

(1)馆藏资源。公共图书馆正是因其馆藏资源之广,才能为数字素养的培养提供强大的理论支撑。但此处的资源不仅指纸本资源,更应加以重视的是数字化资源。数字时代高度发展的大前提下,馆藏纸本早已不能满足读者的需要,但对于图书馆的数字化资源,许多读者只是了解或者简单使用,这并未最大限度地发挥馆藏资源。正因如此,公共图书馆近些年不间断地开展诸如数据库读者培训一类的活动。然而笔者在参考咨询岗位上,仍能感受到部分读者数字素养缺乏带来的极大不便。例如一读者反映为寻找某本 20 世纪 80 年代出版的书籍,他已在包括图书馆等各个机构往返多次,两年多来仍未找到纸本。然而在某数据库网站上,只要输入书本名称,就能找到他需要的研究内容。鉴于此,笔者认为公共图书馆还应加大数字素养培训的宣传力度与培训强度,在网站首页、宣传手册或宣传栏中大力推广,让公民从思想上认识到,提高数字素养是帮助他们更好地融入现代社会的便捷方法。

(2)活动资源。我国公共图书馆发展至今,每个馆基本都打造了多样的特色活动,很多活动因其良好的社会效应形成了图书馆的品牌活动。公共图书馆部门众多,活动也是各式各样,然而活动与活动之间,并没有一根主线将其串联起来,受众群体局限性由此凸显。笔者认为,打造一条活动主线的方法，使得各个活动强强联手，可以让受益群体更加广泛。以数字素养的培育为例，少儿活动中可以引导孩子合理利用数字资源及设备，遵守网络道德及规范，培养孩子良好的数字素养；每周的讲座中可请专家讲解数字安全问题或数字时代的基本技能，引起广大读者对数字素养的兴趣；大型展览亦可以数字时代为主题，进行多样化的宣传与展示，等等。这种方式不仅可以满足不同类型读者的共同需求，同时以线串珠，使得主题更加突出，充分打造图书馆活动的集群效应。

（3）人才资源。读者数字素养的培养同样离不开图书馆员，而馆员自身必须具备一定的数字素养，才能在对读者的数字素养引导中发挥作用。然而馆员的数字素养参差不齐，这就要求公共图书馆重视全体馆员的培养，通过在线课程学习、同行业间交流、联合培养等模式，提升馆员数字素养。同时，对馆内数字素养较高的馆员，例如计算机专业、图书情报专业的人才，应充分合理地利用。一方面可以提升内部人员的数字素养水平，另一方面可作为数字素养培养的储备人才，长期为读者提供数字素养方面的指导，强化读者服务的针对性与高效率，为公共图书馆的持续发展做出贡献。

参考文献

[1] Eshet-Alkalai Y. Towards a Theory of Digital Literacy: Three Scenarios for the Next Steps[EB/OL]. (2011-07-11)[2018-04-01]. http://www.eurodl.org/materials/contrib/2006/Aharon_Avi-ram.htm.

[2] International Federation of Library Associations and Institutions. IFLA Statement on Digital Literacy[EB/OL]. (2017-08-18)[2018-04-01]. https://www.ifla.org/files/assets/faife/statements/ifla_digital_literacy_statement.pdf.

[3] 国务院关于积极推进“互联网+”行动的指导意见[EB/OL]. (2015-07-04)[2018-04-01]. http://www.gov.cn/zhengce/content/2015-07/04/content_10002.htm.

顺应移动新媒体发展趋势　构建新型综合阅读服务平台

郭　芹(安徽省图书馆)

一、移动新媒体给阅读带来的变化

移动新媒体是所有具有移动便携特性的新兴媒体的总称，它主要是通过移动互联网进行信息传播的媒体传播方式，移动互联网进入我国时间并不长，但在短短的几年时间，移动互联网技术的发展和数字阅读终端的普及却给传统介质的传媒产品带来了巨大挑战，它们已经极大地挤压了传统媒体的生存空间，越来越多的年轻人选择通过手机、平板电脑等移动终端，借助互联网满足自身资讯、娱乐等需求。在这样的情形下，似乎移动客户端能够满足用户随时随地获取信息的刚性需求，为阅读推广带来了新的契机。移动新媒体已经渗透社会的各个方面，也深刻影响人们生活的方方面面，移动端用户当前的主要浏览平台是各种 APP、微博、微信等，用户基本上通过客户端进入网络就能快速准确地获取所需信息。

1. 国民综合阅读率得到提升

中国新闻出版研究院发布的第十三次全国国民阅读调查数据显示，国民综合阅读率再创新高，达到 79.6%，数字化阅读率上升到 64.0%，人均纸质图书阅读量增加至 4.58 本。“读屏”并没有影响纸质书阅读的“存量”，反而成为阅读的“增量”。据第十四次全国国民阅读调查报告的数据显示，2016 年我国国民人均图书阅读量为 7.86 本，较 2015 年增加了 0.02 本。人均每天微信阅读时长为 26 分钟，较 2015 年增加了 3.37 分钟。数字化阅读的发展，提升了国民综合阅读率和数字化阅读方式接触率，整体阅读人群持续增加，但也带来了图书阅读率增长放缓的新趋势。数字化阅读(网络在线阅读、手机阅读、电子阅读器阅读、平板电脑阅读等)方式的接触率为 68.2%，呈现持续八年增长。新媒体的盛行，是与它信息传播及时、信息海量存储、信息无限放大的主要特点分不开的，这些特点造成了新兴媒介读者群人数的倍增，通过不同介质阅读不同内容，国民的综合阅读率必然得到提高，也必然有利于全民阅读氛围的形成。

2. 碎片化的时间可以得到高效利用

移动新媒体大大拓展当代青年人的阅读方式，在我们的身边，人们在上下班路上、工作间隙、散步健身、临睡前等时间使用手机、电子阅读器等移动终端看书、听书、浏览新闻、看博客等，这些方式是利用碎片化时间获得信息知识，虽然获得知识是零散的，但是可以立即获取我们生活工作中需要的答案。而移动环境下的阅读，使碎片化时间的利用率和灵活性达到了较高的程度。

3. 营造“陪伴式”阅读氛围，让阅读变得轻松方便、省时省力

各种移动端 APP，也以不同形式伴随我们身边。在国内，目前有超过 200 家听书网站，国内音频平台有喜马拉雅、企鹅 FM、蜻蜓 FM、懒人听书等。听书，是一种有创意的阅读方式，本文以国内知名音频分享平台喜马拉雅 FM 为例，该平台下设付费精品、有声书、音乐节目、娱乐、相声评书、儿童、历史、人文、教育培训、商业财经、电台、名校公开课等 31 个分类栏目，引导当代人尤其是青年人实现了阅读方式的拓展、延伸和创新；此外，该平台下的直播——“人人都能做主播”模式也颇具特色，通过该模式用户可以分享自己的想法和作品，实现产品的自发传播，因此受到了年轻人为主的时尚一族的喜爱，在此平台上积累了大量原创作品。读者对“纸听同步”（即纸书与有声电子书同步上市）的潜在需求，将会使未来通过“听书”这种阅读方式来读书变得越来越普及，“陪伴式阅读”会让我们终身受益。

二、移动端媒体下阅读推广的策略

王显燕认为“阅读推广是公共图书馆实现其效用和服务的重要内容，阅读推广扩大了文化的辐射及服务范围，阅读推广有利于社会阅读公平性的实现、促使公共文化均等化目标的实现概率”[1]。中国图书馆学会阅读推广委员会于 2006 年成立，迄今已经有 11 年的时间了，举办了多种多样的阅读推广活动，包括讲座、展览、读书会、演讲会、朗诵会、报告会、主题论坛、专题陈列、新书推荐、网络竞赛、音乐欣赏、影视观摩等，也取得了一系列重要学术成果，很多图书馆都设立了读者活动部或类似部门，或者由专人负责阅读推广活动，图书馆事业现在呈现出快速发展的态势，那么在移动端媒体下如何扩大服务覆盖面，不断提升图书服务体系化建设水平是亟须我们解决的问题。

1. 充分利用微信公众号平台，构建内容丰富的阅读推广方式

于姝、杨辉等认为：“微信信息服务平台具有用户群庞大、收费低廉；信息即时推送，阅读无处不在；双向交流，服务个性化；数据统计功能、助推广效果评估等潜在优势。”[2]虽然微信公众号在阅读推广中占有重要优势，但是目前大部分的图书馆的采用单一的信息推送方式，推送内容多以读书活动和讲座的宣传、书刊推荐、交流互动等，可将部分传统的阅读推广活动转化为即时在线的“微活动”，开展个性化的读者和馆员的交流服务，组织有共同阅读喜好和品位的读者在网络中形成固定的读书小组（阅读经验交流、开展好书分享）以及开展读者调查、各种展览等。

2. 构建线上线下随时随地进行阅读的氛围

虽然新媒体下的“碎片化阅读”可以大大提高信息的获取效率和速度，人们对电子书等数字资源的需求飞速增长，这种阅读方式“普及率”越来越高。但对纸质图书和资源的需求始终存在，书籍、期刊等传统纸媒给人精神世界带来的享受与体验是无可替代的，“碎片化阅读”不可能完成深度阅读。“碎片化阅读”的特点即阅读模式不完整、断断续续，长期的碎片电子阅读确实会让人们注意力难以集中，影响人们的理解力和思考力。笔者认为存在即合理，电子阅读和纸质阅读各居一端，它们不是冲突关系，而是一种相互补充的关系，虽然新媒体盛行，但是

新媒体只是工具,我们要具备较强的辨别能力和自我控制能力,要做时间的主人,当我们需要某些资讯类阅读、某些行业的新知识这类短期无法从书本上得到的信息,碎片化阅读可以起到很大的作用。当我们对所需要的问题有了浅显的了解,我们再有目的地找寻书籍,将之前看到的碎片化的信息总结归纳、系统梳理,进行深层次的阅读,只有也仅有图书馆能够按照学科、专题来收集和积累文献,为读者提供全方位的图书文献资源和数字资源。

移动媒体是未来媒体的核心趋向,移动媒体在资讯获取中有时效快、便捷、娱乐性强等特点,具备着传统媒体很难超越的优势,也必将显示其巨大的潜力。在新媒体时代,如何将传统阅读与新媒体下的阅读更好地融合在一起,是我们探索的核心,相信多种阅读方式并存会创造了更多的阅读机会,让更多人在指尖畅享了阅读的快乐。

参考文献

[1] 王显燕. 图书馆阅读推广与公共文化服务均等化[J]. 河南图书馆学刊,2016(11):6－7.

[2] 于姝,杨辉,姜婷婷,等. 图书馆微信公众平台阅读推广现状与发展对策[J]. 四川图书馆学报,2015(3):44－47.

大数据时代下公共图书馆服务效能的提升研究

沈娟斐(湖南图书馆)

一、概述

在互联网技术的不断发展并在各行业中广泛应用和融合的形势下,“互联网 +”引领了各行业创新、迅猛发展的大潮流,大数据也因此走入了我们的日常工作和生活中,尤其是政府管理决策、企事业单位的科研服务、商业机构的运营创收等领域。作为社会文化保存、传递以及提高公民阅读素养的重要组织之一,公共图书馆的服务效能的提高也变得越来越依赖于互联网技术。而大数据的出现,为传统公共图书馆向未来智慧图书馆转变提供了必要条件。本文结合大数据环境,就公共图书馆如何提升自身服务效能,更好地为社会服务展开研究。

麦肯锡全球研究所对大数据的定义是:一种规模大到在获取、存储、管理、分析方面大大超出了传统数据库软件工具能力范围的数据集合,具有海量的数据规模、快速的数据流转、多样的数据类型和价值密度低四大特征[1]。而对于公共图书馆来说,其馆藏资源所具有的数据特性也在逐步显现。图书馆数字资源规模庞大、类型多样,科技的进步对数字资源在挖掘程度和应用价值要求也提出了越来越高的要求。大数据时代的出现,为公共图书馆的稳健发展带来了巨大的机遇,但同时也带来了一定的挑战[2]。

二、机遇与挑战

1. 大数据带来的机遇

随着大数据时代的到来,政府和企事业单位越来越重视大数据,大数据技术与行业的深度融合也逐渐成熟,在科技高度发展的今天,大数据所显现的优势是其他技术无法比拟的。随着经济的高速发展,在大数据环境下,与以往相比,人们对文化的需求也发生了一些变化,公共图书馆作为社会文化传递的重要组织之一,图书馆事业的发展也因此迎来良好的机遇。

(1)大数据能提高公共图书馆的服务水平,大数据时代,图书馆的数据存储、分析和管理等都将发生革命性的改变,图书馆的核心竞争力将由电子资源转变为以用户为核心,以更好的服务效能向民众提供服务。图书馆利用大数据技术对信息系统中检索关键词、借阅记录等数据进行深度挖掘和分析,从而制定出针对用户的个性化服务方案[3]。通过大数据分析微博、微信等媒介用户的相关数据,图书馆可以提升其服务水平。

(2)大数据成为图书馆核心资本,未来智慧图书馆的核心资本是对大数据技术的成熟运用。海量资源数据、读者借阅数据、检索数据等都需要大数据技术的支撑,而这些数据综合起来可以为未来智慧图书馆的发展和服务提供有力的依据。未来智慧图书馆对大数据技术的应用程度必将成为衡量其综合服务效能的关键指标之一。

(3)大数据能为图书馆制定长远发展规划提供指导方向，当前公共图书馆的主要目标是实现馆藏资源的数字化、网络化和共享化。但是大数据时代的到来使图书馆的目标需要做出相应的改变，图书馆只有利用大数据技术，通过对海量数据的深度挖掘和全方位分析，精准把握读者的需求，才能制定出最佳的服务方案，为读者提供最好的服务，扮演好社会文化传承者的角色。

2. 大数据带来的挑战

大数据既改变了传统的IT架构，也改变了原有的数据存储和服务模式，这必将为传承社会文化的公共图书馆带来一定的挑战。

(1)海量数据集群对图书馆信息存储能力带来了巨大的挑战，以往通过服务器数据库管理、长时间物理存储的数据处理方法在大数据面前已显得力不从心，因此图书馆需要有新的方法来满足异构数据的接入和实时数据处理的需求。经历了多年的发展，图书馆积累了大量的图书、电子资源和数据库等资源，这些资源不仅数量上十分庞大，且每年成倍增长。图书馆如何保存好、管理好这些资源，是一个难题。

(2)大数据为图书馆的服务模式提出了挑战，大数据时代下，信息资源的竞争力不再以信息数量和范围为评判标准，而是取决于海量数据的挖掘和分析程度。大数据时代的到来，将彻底改变图书馆已有的工作流程和服务模式[4]，“根据现有资源提供服务”将转变为“根据用户个性化需求提供特色服务”。

(3)海量数据将为图书馆信息服务系统的稳定性和数据安全性带来挑战。海量数据涉及数据在云端数据库的存储，大数据时代公共图书馆云服务平台的系统结构趋向于复杂和开放，图书馆基础设施服务效率和运行稳定性、数据安全的均衡，是大数据环境下，图书馆必须直面的一个问题。图书馆系统的开放性与用户隐私保护也会产生冲突，系统产生的海量数据容易成为黑客攻击的目标。

3. 机遇与挑战并存

大数据为公共图书馆事业的发展带来的机遇与挑战并存，要利用好大数据，就要求图书馆抓住机遇，集中解决大数据带来的难题，促进大数据与公共图书馆事业的融合，提升公共图书馆的服务效能，以用户为核心，充当社会文化知识传递的旗手。

三、大数据时代提升图书馆服务效能

1. 优化现有服务，建立评估机制

优化现有服务，针对查找和借阅纸质文献花费时间较长的现象：

(1)可利用RFID技术(射频识别技术)，及时为读者提供文献的具体位置，方便读者借阅。

(2)利用自助移动终端简化用户查找和借阅图书的具体步骤，节省操作时间。

(3)利用微信公众号、手机APP等服务，为用户提供借阅提醒和逾期情况查询等个性化借阅服务。

(4)利用微信公众号、微博等媒介向公众发布即时消息，方便用户通过网络渠道及时了解图书馆的最新动态。

2. 针对图书馆馆藏资源优化配置的举措

(1)转变固有思路,实现馆藏资源的多维分类。如将用户的年龄、性别、兴趣等信息与文献主体、涵盖的知识等方面相结合进行多维分类,为用户借阅提供科学、合理的建议,最大限度地节省读者的查找时间。

(2)在满足读者需求的前提下实现服务空间的人性化规划,如合理划分各个区域,满足读者学习和休闲的需求,降低混合空间对读者活动造成的影响。

(3)重新定义咨询岗位的工作职责,为满足读者的不同需求而提供个性化服务,从而提升咨询的服务效能。

在现有基础上优化服务流程:以公众获取图书馆动态信息的便捷程度、公共图书馆的管理成本以及相关的技术支持为依据,不断优化服务流程,实现图书馆服务效能的有效提升。

3. 建立服务评估机制

建立服务评估机制,由于馆员评估机制、读者对图书馆工作人员的满意度、馆内借阅设备的用户体验度以及图书馆对自身服务能力的评估制度等方面尚存在完善的空间,图书馆应当建立读者参与的服务评估小组,让其参与评估内容、考核方式以及考核过程的辅助监督,让读者切身了解图书馆的管理机制,这有利于提高图书馆工作人员的服务水平。完善工作人员激励制度,在从借阅窗口到设备维护的各环节对工作人员进行绩效考核的同时,适当给予绩效奖励,切实提高服务效能。

4. 利用现代科技,扩展服务途径

利用现代科技结合大数据技术培养市民健康的阅读习惯,借助公共图书馆的数字资源建设项目,对电子资源进行优化配置,针对青少年、中年人和老年人制订合理的电子阅读计划,通过以智能手机为载体的微博、微信等媒介向大众传播健康、积极的电子文献资源,让青少年读者获得健康、有益的电子资源,让中年人享受电子资源阅读的便捷,让老年人学习养生、旅游等方面的知识。

配合政府、公益组织为失业民众提供再就业服务,利用公共图书馆的资源优势,为失业民众提供继续教育和考试资源,从而提高失业民众的综合素质,为其再就业提供机会,这也是公共图书馆利用现代科技为社会的进步和发展而服务的有效途径。

5. 利用信息技术,扩大服务宣传

利用微博和微信公众号等媒介定期发布图书馆相关信息,利用微博和微信问卷调查渠道,采集用户需求,精准把握用户关注焦点,为后续的图书馆活动推广提供依据。

邀请知名学者和作家在图书馆官方网站、微信公众号和微博等媒介开通交流窗口,对图书作品、写作经验等进行交流,图书馆充当名人与读者之间的桥梁,达到相互宣传的目的。

与各级政府、主流媒体的官方网站达成战略合作关系,在其网站上设置图书馆交流板块,即时更新图书馆相关信息,借助政府和媒体扩大服务宣传。

在地铁、公交车站、会展中心、广场等设置图书馆网络接入热点,使广大市民使用移动设备即可接入网络获取图书馆的馆藏电子资源,享受图书馆的创新服务,从而提高市民的阅读素养。

四、构建基于用户需求的响应机制

1. 在科技高度发达的今天,大数据使得人们日常生活丰富多变,这对公共图书馆的发展提出了更高层次的要求,人们的需求也变得更加个性化。为了响应这种变化,公共图书馆应当构建一系列的机制以满足人们日益增长的文化需求。例如:通过将已有的信息服务系统和微博、腾讯微信等信息媒介相结合,改善用户需求和建议的收集渠道。构建一个与读者即时交流的平台,实现读者需求和建议的有效响应,定期开展问卷调查和读者回访工作,以便对现阶段服务工作的总结、评估和改善,为服务效能的提升提供有效依据。

2. 优化数据收集和分析,及时收集读者检索关键词和借阅书籍等数据,上传至图书馆云端服务器,通过大数据管理和分析,筛选出有效的数据,有效判定读者的实际需求和潜在需求,及时提供满足读者需求的服务,提升读者满意度和好感度,最终达到提升服务效能的目的。

3. 不断提升图书馆员的服务技能水平,全方位地对其进行培训,鼓励参与继续教育,提高馆员对读者需求的灵敏度和反馈能力,提升读者对图书馆服务的满意度。

4. 基于数据分析的馆藏文献和数字资源采购。馆藏文献和数字资源是公共图书馆资源的重要组成部分,馆藏文献和数字资源的数量和质量将直接影响到读者的借阅体验,更加关系到图书馆提供读者服务的水平。图书馆每年相对有限的专项采购经费、图书出版混乱、图书价格的上涨等给图书馆的馆藏文献和数字资源采购带来了一定的挑战。在大数据的环境下,有效分析和读者相关的数据从而获取读者的需求成为可能。在图书馆的流通系统和 OPAC 系统中每天都会产生大量的读者检索、借阅等信息,以及图书馆官方微博、微信公众号、读者朋友圈等媒介都有大量的数据,这些数据反映了读者的潜在需求,日积月累,这些数据将汇集成海量数据集群,存储在云端服务器。利用大数据技术,通过对云端服务器中存储的海量数据集群进行有效挖掘和分析,精准定位读者的需求,从而为图书馆提供有价值的有效资源需求,为图书馆馆藏文献和数字资源的采购提供可靠的建议,实现图书馆资源的优化配置。

5. 基于地方特色的文化资源共建共享。近年来,省级公共图书馆在地方特色文化资源建设方面取得了一定的成绩。在提升公共图书馆服务效能上,利用大数据时代海量数据的高效管理,加强各县市公共图书馆在地方特色文化建设中的参与程度,利用大数据构建基于云计算的文化资源数据库,实现地方特色文化资源建设过程的多方参与,高度共享,实现数据的有效利用。如湖南图书馆建设的"湖南地方戏剧多媒体资源库",为地方特色文化的传承与保护提供了有利条件,同时实现地方特色文化资源数据库的动态更新,内容不断丰富。利用大数据技术,根据用户数据有选择性地推送具有地方特色的文化资源,能有效加强地方特色文化的宣传,丰富公众的生活。在提升公共图书馆服务效能的同时,要紧密联系国家扶贫脱贫战略,使文化服务在国家扶贫脱贫政策中扮演关键角色,有利于提升公民的信息素养。

6. 基于用户定制的移动图书馆。根据 360、豌豆荚等手机助手的大数据分析,越来越多的移动终端用户由传统的网页搜索、阅读转向了阅读类和听书类 APP 的下载与使用。鉴于用户需求的改变,利用互联网技术和信息技术,开发具有相应功能的公共图书馆移动终端 APP,在移动终端 APP 的使用过程中,采集用户数据进行数据分析,根据用户习惯向用户推送相应的电子资源。同时,用户可以根据自己的需求,个性化定制公共图书馆专属的移动终端 APP 界面,有效筛选个性化资源,提高阅读效率。用户可根据自身需求,通过定制的移动图书馆向公共图书馆有偿申请数字资源的下载。

五、结语

大数据时代,公共图书馆在服务质量、核心资产和战略规划等方面迎来了良好的机遇,同时,在数据资源存储、数据安全和数据资源竞争力等方面面临挑战。面对机遇与挑战,公共图书馆必须充分利用信息科学技术带来的便利,立足于根本,围绕如何提高公共图书馆服务效能制定科学合理的战略规划,优化现有服务,提高公共图书馆的核心竞争力。

由于大数据技术与公共图书馆的融合尚在发展中,对大数据技术的研究也有待进一步的深入。目前,大数据在公共图书馆的实际应用还处于初级阶段,关于大数据时代如何提高公共图书馆服务效能的途径和结论还有待进一步的验证和完善。

参考文献

[1] 孙骁骁,韩海涛. 大数据时代图书馆服务创新研究[J]. 信息服务与知识服务,2015(59):28 - 30.

[2] 韩翠峰. 大数据带给图书馆的影响与挑战[J]. 图书与情报,2012(5):11 - 13.

[3] 杨海燕. 大数据时代的图书馆服务浅析[J]. 图书与情报,2013(3):117 - 118.

[4] 晁明娣. 大数据背景下图书馆服务模式创新研究[J]. 情报探索,2016(2):89 - 92,97.

“互联网+”环境下公共图书馆的移动服务

王义翠(湖北省图书馆)

一、互联网发展的历史

互联网发展到现在主要经历了三个阶段。第一阶段是传统网络,也就是人们常说的Web1.0时代。这一时期各大网站都是由静态页面构成,网民只能被动浏览、阅读网站所提供的内容,即网站提供什么,网民就接收什么。如搜狐、新浪和网易这类门户网站就是典型的代表。随着互联网技术的发展Web2.0随之出现,在Web2.0之中网民不再是互联网信息被动的接收者,而是主动参与到了互联网的发展之中。用户不再是一个单纯的浏览者,而是成为互联网这块大网的编织者、使用者与传播者。从Web1.0到Web2.0的一个最显著的变化是广大网民即用户的角色发生了根本性的变化。网民可以把自己的喜好和想法以及身边发生的新鲜事以文字和图像的方式传播到网上,这不仅丰富了网络资源,同时也提升了个人的社会存在感。当前的Web3.0时代随着智能手机以及各种移动应用的普及而悄然来临。

Web2.0是Web1.0的延伸,但Web2.0在普及化和泛在化方面还没有达到像电网和水网一样是人人可用的程度,它只是让信息的制造和传播发生了变化,而Web3.0体现的更多的是网民的一种新的思维方式。Web3.0以移动化、智能化、存储的云端化及LBS(基于位置的服务)为主要特点。在Web3.0时代,互联网已经融入了人们的日常生活,和水、电一样成为生活的必需品[1]。

二、图书馆的移动服务发展历史

计算机及网络技术的发展深刻地改变了人们的生活习惯和思维习惯。而图书馆行业受其影响尤为深刻。近十年以来,随着智能手机、PAD和移动阅读器Kindle的普及,图书馆开通移动服务的条件已经非常成熟。我国最早开通移动服务的图书馆是国家图书馆,而现在各省级公共图书馆的移动服务开通率达到了100%。在移动服务发展历程中,图书馆的移动服务一般都经历了短信服务、手机网站、手机客户端应用三个阶段。短信服务内容主要是以通知提醒为主,如活动通知、图书到期提醒、电话短信续借等。手机网站主要是基于WAP的方式,采用“WAP+短信”的方式提供服务,读者通过手机网站可以实现基础的OPAC查询和简单的信息发布。第三阶段为手机APP阶段。根据工信部2017年上半年发布的通信行业运营数据显示,目前我国手机上网用户数已经突破11亿[2]。智能手机早已成为人们生活中的必需品。这一时期的各类移动服务早已覆盖了人们生活的方方面面,从购物、娱乐到学习等都可通过各类APP完成。各大公共图书馆也在网站上发布了自己的APP,并积极和各类社交媒体合作。如湖北省图书馆开通了“掌上鄂图”APP,APP基本上涵盖了图书馆线下提供的所有服务,除了基本的查询服务还添加了长江讲坛、公开课、有声读物、在线展览等栏目。

三、图书馆移动服务发展现状分析

1. 移动服务的发展势头方兴未艾

Internet 的意义并不在于它的规模,而在于它提供了一种全新的全球性的信息基础设施。信息作为继材料、能源之后的又一重要战略资源,它的有效开发和充分利用,已经成为社会和经济发展的重要推动力和取得经济发展的重要生产要素,它正在改变着人们的生产方式、工作方式、生活方式和学习方式。作为人类智库的图书馆在插上了“互联网+”翅膀之后的移动服务在近几年也发展得有声有色。首先,网络使用户和图书馆跨越时空的距离,大大加快了信息资源的传递,使所有的在线图书馆的馆藏资源的共享成为可能。用户手持智能移动终端在任何地方、任何时间都能访问图书馆,在方便了用户的同时也极大地拓展和延伸了图书馆服务的时间和空间。其次,网络创造出了更多的机会,提高了图书馆服务的效率,极大地改善了用户体验,使得用户使用图书馆移动服务的频率较之线下到馆服务提高很多。再次,网络也为图书馆用户文化交流提供了良好的平台。移动服务的开展借助 APP 或是微信公众号,其实这些应用要么本身就是社交性的媒体,要么就是依附于某些社交性媒体,用户在这些媒介上可以和主体互动交流,也可以和其他用户进行交流互动。实体图书馆可以给读者提供交流空间,线上的移动服务也可以给读提供移动的交流空间。

2. 移动服务的发展普遍存在资源瓶颈

任何技术都是把双刃剑,网络的开放性和全球化促进了人类知识的共享和经济的全球化,但同时也加大加深了信息鸿沟,谁拥有资源谁就占驻了胜利的制高点。图书馆拥有的资源包括纸质资源和电子资源。纸质资源若要提供移动服务,则图书馆需对其进行数字化加工,电子资源则可以直接使用。以湖北省图书馆为例,省级公共图书馆的电子资源还是很丰富的,基本可以为图书馆的移动服务提供资源支撑。笔者做了一个简单表格,列出了湖北省图书馆现有的部分电子资源。在这张表里,我们可以对图书馆资源的来源窥一斑而见全豹,图书馆电子资源多数通过购买获得,少部分由文化部信息资源共享中心制作,还有极少的是由图书馆自主制作。

名称	电子图书	电子期刊	外文数据库	影音数据库	工具索引类	古籍类数据库	专题类数据库
种类	博看超星 方正读秀	万方 CNKI	PressReader EBSCO NETLIBRARY	库客	万方新方志	中国基本 古籍数据库	辛亥革命革命 专题数据库

首先购买所得的资源来自于专业的数字资源供应商,这些供应商在把资源使用权卖给图书馆的同时,他们本身也在进行着商业化的运营,与图书馆竞争用户。这些商业化的资源制作精美,内容丰富,操作界面友好,又有商业公司的广告宣传,知名度高,有时用户只需付很少一点成本就能顺利在智能移动终端上获取。而图书馆提供的移动服务由于受程序本身的限制,不可能包涵全部内容,用户的相当一部分需求还得依靠门户网站来实现。其次,数字资源的版权问题也是图书馆供提移动服务所不能回避的话题。除文化部全国公共文化发展中心提供的

以及图书馆自制的数据库资源之外,其他数据资源的所有权都不属于图书馆,图书馆只是在购买的有效期内有使用权,既无保存权,也无传播权,这点与图书馆的一贯宗旨是背道而驰的。互联网的发展使得传统文化产业迅速实现了运营的产业化,应用的商业化,以前成本高昂的通信交流费用,在互联网时代变得经济,快捷,即时互动,产品的商业化范围迅速向全球化扩展。图书馆的移动服务在“互联网+”的助推下也扩大了服务范围,在向全球方向化发展。

四、图书馆移动服务发展未来展望

1. 移动服务将会成为图书馆未来服务的主要手段

图书馆移动服务主要体现在移动OPAC、移动阅读、移动特色服务这三方面。移动OPAC是第一批加入图书馆移动阵营之中的,功能从最初的简单检索发展到现在的一键续借、阅读全文、下载、文献传递,甚至查询某本图书的全国馆藏。移动阅读是图书馆提供移动服务的重点领域。移动阅读在网络技术的支撑下正在向泛在化方向发展,主要体现在用户的泛在化和内容的泛在化两方面,现在图书馆移动智能终端提供的移动阅读包括电子书的借阅,这里的资源包涵图书、报纸、期刊和视频等;移动公开课一般包涵各大高校名师的讲课视频等,在这里从阅读的读已经扩展到听和看的范畴,几乎各类读者在图书馆的移动服务终端上都能找到适合自己的阅读方式。特色服务是让用户记住你的服务,也是让用户知道你与别人不一样的服务。在当前的信息爆炸时代,特色服务显得尤为重要。这其中包括特色展览、特色讲座论坛等,如湖北省图书馆的长江论坛和长江读书节已成为该馆固定的特色品牌栏目。

2. 数字化资源将会成为支撑移动服务的主要基石

移动服务框架的搭建与开展对目前的图书馆来说不存在任何技术上的难题,但想要做好移动服务是一项任重而道远的工作。一个APP或是公众号的寿命取决于它们依附的平台的创新程度。艾媒咨询发布的《2015年中国手机APP市场研究报告》指出,移动应用的生命周期平均只有10个月时间,85%的用户会在1个月内将其下载的应用程序从手机删掉[3]。该报告还显示,即时通讯与社交应用成为最受欢迎的移动应用,占比达到64.1%。手机QQ、微信、新浪微博在熟人社交方面位列三强,陌陌、豆瓣则在陌生人社交和垂直社交领域各领风骚。专家指出,社交需求仍是移动用户的“刚需”,社交功能越来越为非社交类APP所青睐。移动化、社会化、多媒体化、云化成为APP的发展趋势。行业APP需做到极致,内容为王。

无数经验证明要想在手机APP市场里做一个长销APP,首先要满足目标用户的基本需求;其次要有极致性,尽可能成为该类别APP中最全面最好的;此外,要个性化。中国人民大学新闻学院喻国明教授指出一个长寿的APP要满足以下两个方面的特征,一方面是满足人们需求的方式个性化,别人无法完全复制,具有独特风格;另一方面是针对大众人群中的某一阶层,具有其他APP无法代替的能够满足目标阶层需求的功能。图书馆移动APP是典型的行业APP,图书馆丰富的馆藏资源是它得以长期存在的坚实基础,凡在线下受用户欢迎的资源和服务,图书馆都可以把它们搬上移动终端,如特色馆藏、特色栏目等。

3. 移动服务会随着技术的发展变得更加多业务综合平台化、智能化

随着电信、电视、计算机“三网融合”趋势的加强,未来的互联网将是一个真正的多网合

一、多业务综合平台和智能化的平台，未来的互联网是“移动 + IP + 广播多媒体”的网络世界，它能融合现今所有的通信业务，并能推动新业务的迅猛发展，给整个信息技术产业带来一场革命。图书馆的移动智能服务在先进技术的支撑下将会走得更远。首先用户的使用体验将会改善，用户的访问速度将会大幅度提高。其次 APP 的功能会进一步优化，它会集成图书馆各种制式的资源，利用云端存储技术高效率地为用户提供服务。最后智能化将会是图书馆移动服务发展的终极目标，它会提供声音和图像的识别，它会智能推送用户所喜欢的内容，它会为用户提供阅读报告，为用户打造个性化的阅读方案等。未来的第三代图书馆也将会以智慧的形态呈现在用户面前。

参考文献

[1] 互联网发展史[EB/OL].[2017-08-13]. https://www.douban.com/note/155844179/.

[2] 工信部:2017 年上半年国内手机上网用户破 11 亿[EB/OL].[2017-08-13]. http://www.techweb.com.cn/news/2017-07-22/2561937.shtml.

[3] 平均寿命 10 个月手机 APP 缘何“短命”[EB/OL].[2017-08-13]. http://news.xinhuanet.com/politics/2015-12/03/c_128493030.htm.

“互联网+”背景下图书馆微服务创新案例分析与启示

张钰梅(湖南图书馆)

一、微服务定义与特点

随着互联网技术的深入发展,信息的产生和传递方式发生深刻变化。移动终端的普及,催生了一批以“微”为特征的信息发布和获取形式。微博、微信、微课、微视频、微电影等层出不穷,形成信息社会“微时代”发展趋势[1]。图书馆敏锐捕捉读者需求的变化并予以满足,是以读者为中心服务理念的体现。因此,图书馆必定成为“微时代”的弄潮儿。为读者开展微服务,已然成为图书馆服务创新的讨论热点,受到了业界的广泛关注。微服务作为影响图书馆业务发展的重要服务项目,代表着新方法、新技术的应用,彰显了服务能力的提升,引发图书馆整体服务格局的变革。

图书馆微服务是在微时代背景下,以用户为中心,依托全媒体信息技术,通过便捷的移动通信设备,发挥图书馆文献资源服务优势,加强碎片化和即时信息的收集、整理和发布,为用户提供图文并茂的精细化、个性化、多层次、全方位的服务[2]。图书馆微服务具有服务理念人性化、服务范围社会化、服务内容宽泛化、服务过程嵌入化、服务形式移动化等特点。图书馆微服务不仅提升了服务工作的效率,也促进了信息资源的流通共享。研究图书馆在微服务领域的实践创新,不仅有利于促进图书馆服务质量与服务效率的提升,也有利于微服务技术的革新与进步,实现图书馆服务效益的最大化。在这个以数据化为特征和标志的深度信息化时代,图书馆不仅要与互联网做加法,加快向大数据时代的全媒体复合型图书馆转型,还要借鉴互联网思维,不断推进“互联网+”环境下的微服务创新,让阅读和服务无所不在,使图书馆成为社会最不可或缺的公共空间,让它在现代公共文化服务体系中具有无可替代的地位。

二、微服务案例分析

2017年6月,第四届图书馆微服务研讨会在上海召开。会议主题聚焦“微阅读新生态”,来自全国125家图书馆的230多位同仁参会。与会代表围绕微服务平台的打造、微服务内容的制作,共同探讨了图书馆微服务在新媒体时代的阅读推广,形成了从传播自身价值到关注读者价值的共识,完成了从内容为王到服务至上的转变。笔者有幸参会并做分享报告。在和兄弟馆同仁交流的过程中,了解到不少有独特价值的图书馆微服务创新案例,兹记录于此,并对其创新点予以揭示分析,希望能对业界今后的微服务工作有所启迪。

1. 上海图书馆微服务创新

自2014年上海图书馆组织召开全国第一届微服务会议,迄今已举办四届。上海图书馆作为国内图书馆界微服务领域无可争议的领头羊，一直引领着微服务的创新与发展。2010 年，上海图书馆注册新浪微博“上海图书馆信使”，掀开在社交网络提供图书馆服务的新一页。7 年的旅程，“上海图书馆信使”的服务从新浪微博发展到微信公众平台。目前“上海图书馆”微信服务号为读者提供参考咨询服务，“上海图书馆信使”订阅号则以推广新服务、介绍新资源为主。上海图书馆通过微信服务号提供的虚拟参考咨询服务，成为该馆诸多微服务创新中最突出的项目。

上海图书馆微信服务号开通于 2013 年，将图书馆业务系统与微信平台进行深度整合，用户一键操作即可获得相关服务。自定义菜单第三栏的“咨询 & 反馈”，是该馆参考咨询服务在微信平台的入口，用户可以在此提交各种问题，属于即时在线咨询服务。针对用户频繁咨询的问题，服务号开发了“图小二”自动回复系统。上海图书馆微信咨询服务流程如下图所示[3]：

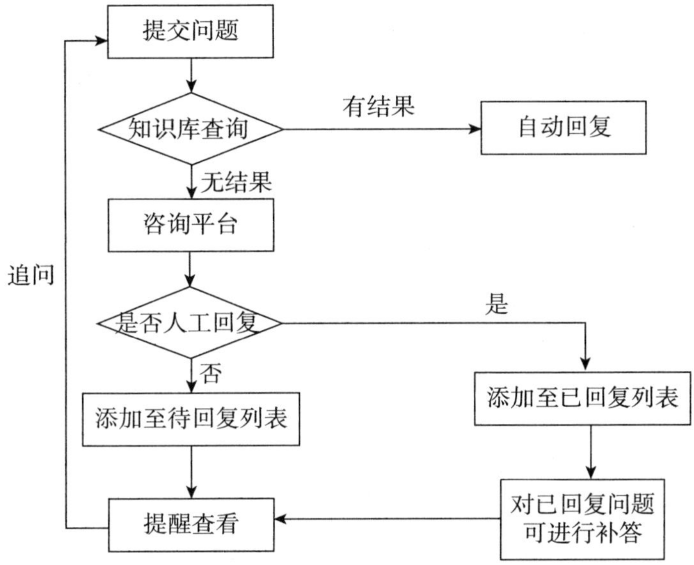

上海图书馆微信咨询服务流程

当读者从微信输入问题时，系统会将问题进行分词、过滤，提取句子中的关键词，随后从词库中匹配相应的词条。馆员从未回复列表中查看待回复的问题，并予以回复，随即系统会提醒读者查看相应的回复内容，对已回复的问题，馆员可进行补答。由于自动关键词回复可能存在准确性问题，系统会将提问和自动回复内容归并到咨询平台供馆员二次确认，若有误，则通过补答形式进行人工回复。除咨询功能，系统还为馆员提供了一个词库编辑系统，馆员可以添加咨询过程中发现的相应的词条，并可根据实际情况调整关键词的权重，以提高匹配检索的准确性。截至目前，上海图书馆服务号“咨询 & 反馈”版块已人工解答用户咨询问题数万个，成为该馆参考咨询最重要的服务阵地。

虽然微信平台提供后台客户服务功能，但功能设置简单，参考咨询有 48 小时回复时间限制，超过 48 小时则无法给用户发送消息，回复其消息。加之未提供响应接口用于数据收集，大量的提问容易淹没在庞大的使用数据中，不利于图书馆现有的参考咨询服务模式在微信平台上为读者提供服务。通过开发设计，上海图书馆的“咨询 & 反馈”可以实现读者问题单独接收，确保馆员能第一时间看到读者提问并予以回答。在经过四年多的发展后，“咨询 & 反馈”

模块的运行已经十分稳定成熟,占据了上海图书馆网络参考咨询的绝大多数份额。这说明新型的服务平台将个性化咨询服务的功能发展得更便利、更人性化,赢得了大量的用户。

微信作为移动互联网时代流量的最大入口,覆盖了94%以上的智能手机,它的功能大大优于图书馆自行开发的各种参考咨询服务软件。它的定位、属性和庞大的用户群为图书馆服务提供了一个广阔的服务空间。微信为图书馆实现读者个性化服务提供了空间,移动平台为图书馆数字资源移动服务提供了舞台,图书馆微信服务可以将数字资源移动服务与微信服务号服务无缝对接,读者可在微信平台登录进入图书馆数字资源远程平台获得服务,实现从资源检索到数字阅读的一条龙服务,并有效地将参考咨询服务无痕地渗透其中。图书馆只有充分研究微服务的规律和特点,才能更好地迎接新一轮的技术变革,才能更充分地利用技术发展的成果,不断推陈出新,将图书馆信息枢纽的作用发挥好,在社会发展洪流中始终立于不败之地。

2. 浙江图书馆微服务创新

2016年,浙江图书馆传统业务全面在线化,办证、缴费、转借业务,均可在线办理。2016年5月,该馆在支付宝开通了在线办理读者证服务,对芝麻信用在650分以上的读者免押金办理,并在微信服务号开通了在线转借服务。2016年底,在支付宝、微信服务号、官网开通了在线缴滞纳金、停车费的服务。2016年,浙江图书馆办证量如右图所示:

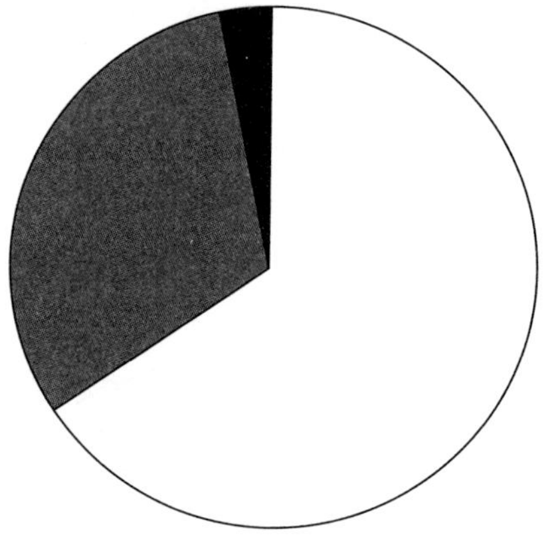

浙江图书馆2016年办证来源分布图

地处移动支付最发达的地区,浙江图书馆率先在全国图书馆界实现了传统业务滞纳金的微信、支付宝多渠道在线支付。除此以外,浙江图书馆还开创了众多创新服务,如:

(1)方便周到的停车服务。进入该馆微信服务号自定义菜单“服务”一栏,可实时查询图书馆停车位使用情况,读者证和车牌号绑定,可享受1小时免费停车,超过1小时,则可通过微信在线支付停车费用。对于不熟悉路况的读者,公众号还提供导航功能。

(2)在线转借服务。需要还书的读者和需要借书的读者通过当面扫码方式办理图书转借手续。读者可以通过微信公众号查看其他读者想要转借的图书信息和位置信息,根据距离远近与对方直接联系,约定见面当面扫一扫图书二维码信息,经双方确认即可转借成功,图书将从一个读者名下转借到另一读者名下。读者可以自行发布求书信息和转借信息。

(3)“U书”快借服务。2017年3月推出的这项服务,是借助互联网与物联网技术打造的线上借阅平台,在全国首次实现了省域范围内的“你选书,我买单”。不管读者在浙江哪个地方,无论是海岛还是山村,只要是浙江图书馆的读者,通过网站、支付宝服务窗、微信服务号就可以像“淘宝”一样,足不出户,方便地借到中意的新书,且完全免费,真正缩短了图书馆和读者的距离,实现了省内读者无差别借阅、零距离服务。服务推出后,仅3月16日一天,读者下单突破370单,购入图书850余册。与“U书”快借产生连锁反应的是,读者在支付宝上办理图书证的数量激增。据统计,“U 书”快借推出前,浙江图书馆在支付宝平均每月的办证量为1000 余张,而3 月10 日至27 日,支付宝办证高达5500 余张,3 月15 日一天办证2000 余张。“U 书”快借服务作为“读者选书,图书馆买单”活动的升级版,促进了图书馆业务的线上线下融合,让图书馆的图书“活”起来,为读者找书,为书找到了读者。

(4)“经史子集”集卡活动。2017 年4 月23 日,浙江图书馆发起“图书馆之夜”活动,像支付宝集“福卡”一样,让用户收集“经史子集卡”。关注浙江图书馆微信服务号,即可通过“集卡”栏目参与。世界读书日前一周为集卡时间,每天登陆和分享,均可随机获得卡片一张,亦可转赠。4 月23 日晚到馆参加“图书馆之夜”活动,找到藏在图书馆内的集卡二维码,可获卡片一张。集齐“经史子集”四张卡片后,可于当晚获随机微信红包。

从浙江图书馆在新技术条件下的实践可以看出,图书馆的创新必须有意思,有意义。无论是内容还是服务,做到“有意思”,就能让用户产生参与的欲望。“有意义”的内容和服务能满足用户的高层需求,内容服务才能做得好,走得远。如在线转借服务,读者可以通过在线平台自由地交换自己从图书馆借回的书,书和书、读者和读者之间产生了关联,让以书会友成为可能,这样有意思的活动,自然能吸引广大读者参与。“经史子集”集卡活动也是如此,让读者以游戏的心态参与到图书馆的活动中来,线上线下联动,有趣好玩,又能有所收获,进一步提升读者参与度和整体影响力。

浙江图书馆的服务创新,是一个囊括了方方面面,涉及线上线下的综合创新,和浙江省雄厚的经济实力、发达的移动支付和物流网络基础密不可分。移动互联网时代的到来,使微服务进入图书馆服务范畴,为读者需求的嬗变提供了平台和条件。图书馆开展微服务是社会进步和科技发展双重作用的必然结果[4]。移动互联网技术使图书馆的服务项目、服务领域、服务范围、服务对象等得到了前所未有的拓展。浙江图书馆的服务对象、范围大大拓展,就得益于其传统业务的在线化,使传统的图书借阅服务不再受到服务半径的局限。目前国内提供类似“U 书”快借服务的图书馆越来越多,如苏州图书馆、杭州图书馆、厦门市图书馆、宁波图书馆、重庆图书馆、济南图书馆、广州越秀区图书馆、上海杨浦区图书馆等,均采用了苏州嘉图公司的信用网上借阅服务,服务对象、服务范围大大拓展,服务能力显著提升。“互联网+”环境下,图书馆服务的核心依然是阅读,应通过无所不在的“互联网+”战略来实现让阅读无所不在的愿景。无论技术如何发展,图书馆要主动服务所有的人群,积极主动地把阅读文化服务送入一切可以进入的区域。欠发达地区图书馆也需紧跟时代步伐,不断向发达地区图书馆学习,采用新技术、新方法,满足主体服务范围内用户的各种信息需求。

3.“中图悦读会”网络直播

“中图悦读会”是在整合广东省立中山图书馆中文借阅部在现有资源优势的基础上,借力省内高校、爱心组织和企业,打造的一个广角式、全方位的阅读推广平台。“中图悦读会”旨在以丰富多元的主题形式,激发公众阅读兴趣,鼓励公众阅读行为,培养公众阅读习惯,提升公众阅读素养。活动口号是“让阅读流行起来”。活动特点包括主题定位多元化、展现形式时尚化、宣传渠道新媒体化、组织管理智能化、活动建设品牌化、志愿服务馆员化。

2015—2016 年,各类型直播层出不穷,移动直播平台相继上线,全民直播时代到来。在这样的背景下,广东省立中山图书馆于2016 年4 月进行了第一次网络直播——“琅琊榜上的海宴”,此后,不定期推出各类网络直播进行阅读推广。2016 年12 月推出的“圣诞全球大直播:

广东双‘蛋’晒书单”，因契合圣诞主题，得到网易直播首页推荐，累计260万人参与该直播。

该案例还总结了图书馆网络直播的具体流程，其规范性值得参考。直播前期准备包括：主题的确定，网络直播宣传海报的设计，图文直播稿件的拟定，手机、电脑、摄像机、相机、无线路由器等硬件设备的准备，人员的安排和培训，直播的提前预热等；直播的过程如下：登录直播账号、进入直播室、开启视频直播、拍照上传、编辑图文信息、发布图文信息、与直播观众互动；直播结束后，关闭直播室，截图备份网络点击数据，收集直播反馈及建议。

快节奏生活方式下，很多读者无法现场参加阅读推广活动。利用新媒体技术进行网络直播，开创阅读推广传播新模式，突破时间和空间的限制，扩大阅读推广影响力。“中图悦读会”借助网络直播平台，依托图书馆强大的信息资源，选取热门主题，区别于传统的阅读推广模式，没有使用生硬的文字描述，使用更加动态直观的视频、丰富活泼的图文内容、亲切及时的聊天室互动等新媒体手段进行阅读推广，效果显著。

通过分析“中图悦读会”全年直播点击率，可以发现，体育、文学、教育、亲子是排在前四的热门选题，图书馆在试水网络直播时，可优先考虑这四类选题，积累初期粉丝。另外，图书馆的网络直播必须做好准备充分，组织有序，紧跟热点，才能吸引更多关注。图书馆网络直播选取合适的时间节点也十分重要，下午发布比上午发布更“吸睛”，能赢得更多网友的关注。综上，网络直播通过影像接触，图书馆与用户进行双向交流，读者参与感强、内容传播迅速、即时性强、交互感强，应成为今后图书馆微服务的重要内容。

4. 深圳图书馆微服务创新

除了在微信和支付宝开通网上缴纳滞纳金、图书转借和快递到家服务，深圳图书馆的微服务推出了二维码读者证。关注深圳图书馆服务号，点击“二维码证”，即可获取专属二维码读者证，通过扫码，可以登录“我的图书馆”，实现图书的借还。深圳图书馆在微服务方面最突出的特点，是对短视频和H5页面的运用非常纯熟。

2017年4月15日，深圳图书馆官方微博推出了“朗读亭亮相深圳”系列短视频，以采访为主，穿插活动剪影，引发广泛关注。在H5页面的应用方面，深圳图书馆采用易企秀平台进行制作，典型案例有：深圳图书馆30年馆史展、深圳图书馆全民阅读展、2016年深圳图书馆年度数据、2017年共读半小时邀请函。

和广东省立中山图书馆以网络直播作为微服务重点内容不同，深圳图书馆微服务侧重于短视频的制作和传播。短视频具有生产流程简单、制作门槛低、参与性强等特点，超短的制作周期和趣味化的内容能吸引更多的读者，凭借其“短平快”的传播模式更容易形成二次、多次传播。短视频相对网络直播来说，时效性稍有滞后，但可后期加工，可以剪辑掉一些比较浪费读者时间的片段。对短视频可以进行更多的尝试，资源推介、活动宣传推广等皆可做出创新性的视频，从某种程度上说，短视频比网络直播具有更大的传播价值。随着互联网用户碎片化使用趋势的延伸以及对多媒体内容消费习惯的深化，未来短视频用户还将继续扩大。短视频作为移动互联网时代内容创业的一大风口，应成为图书馆进行资源、服务推广的重要手段。

大型活动、读者参与度较高的活动，使用转发推广H5页面的方法加强宣传能取得很好的效果。好的H5页面，合理运用技术，准确传达活动内涵，为用户打造流畅的互动体验，让广大用户参与进来，进而提高图书馆微服务的用户黏度，提高图书馆服务的知名度和影响力。

图书馆业务的发展，始终需要两股力量的助推。其一是新技术、新方法的运用以及由此带来的服务能力的提升；其二是读者需求的嬗变和由此引发的服务格局的改善。微服务作为探索移动互联网时代图书馆服务转型的重要方式，虽尚处于起步阶段，但只要图书馆人具备敏锐眼光并善于吸纳新技术、新方法，关注业界新动态，了解行业新趋向，微服务也能成就大事业。

参考文献

[1] 刘丽萍，庞彩云.图书馆微服务研究[J].图书馆建设，2013(4)：61－63.

[2] 李厦，孙小梅.微时代公共图书馆的微服务[J].兰台世界，2017(11)：81－83.

[3] 金红亚，李颖，谢影，等.图书馆与微服务[M].上海：上海科技出版社，2015：24，1.

[4] 孙肖灵.浅析图书馆在微服务领域的实践成果——评《图书馆与微服务》[J].图书馆工作与研究，2017(10)：107－109.

大数据背景下基于Spark计算模型的碎片资源推介研究

屈艳玲(湖南图书馆)

互联网的高速发展为人们获取数字资源提供了极其便利的通道,智能手机、平板电脑等手持设备的广泛普及使得读者随时随地便可获取所需的资源与服务。数字资源总量的急速增加和用户访问量的不断攀升,加重了服务器端的负载使得系统的响应速度迟缓、用户等待时间延长、数字资源无法获得更好的推介,进而产生了资源访问量降低和用户满意度下降等问题。云计算的诞生,解决了传统方法通过更新、升级、扩容服务器端存储与计算能力所带来的大规模资金消耗的弊端。近来,Hadoop作为可对大量数据进行分布式处理的主流软件框架,具有高可靠、高扩展、高效、高容错、低成本等特点。然而这一计算技术的应用并未能解决根本性的问题,究其原因在于此种计算模式依然采用传统的B/S(浏览器/服务器)或者C/S(客户端/服务器)计算模式,提倡"胖服务器瘦客户机"机制,这就导致由大规模PC和手持终端构成的网络边缘环境中蕴涵的存储和数字资源被忽视与浪费,并且存在着迭代计算效率低、操作单一等不足。本文针对这些问题,通过研究当下流行的Spark计算模型提出一个用于数字资源推介的平台,该平台能够实现快速而通用的集群计算,可以简单而低耗地把各种场景的批处理、迭代算法、交互式查询、流处理等整合在一起,既减轻了对各种平台分别管理的负担,又提升了数字资源的利用率和用户的服务接收体验。

一、Spark与相关技术

1. Spark计算模型

Spark作为一个研究项目于2009年诞生在加州大学伯克利分校的RAD实验室(AMPLab的前身)[1],基于弹性分布式数据集(Resilient Distributed Dataset,RDD)实现对数据的分布式计算,Spark兼具Hadoop MapReduce的所有优点。但是,不同之处在于Spark的中间输出结果直接保存在计算内存中,不像Hadoop那样需要读写分布式文件系统(HDFS),因此Spark采用的内存分布数据集,除了能够减轻迭代负载,还可以在大数据环境为用户提供更加便捷的交互式查询。

Spark计算模型如图1所示,其中Driver是由用户撰写的数据处理流程,此流程由Spark Context、ClusterManager、Executor、WorkNode构成[2]。Spark Context是用户数据处理流程与Spark集群的主要交互通道;Cluster Manager主要完成集群中数字资源的管理、调度任务;Work Node负责集群中计算任务的执行;ExecutorExecutor是监控和执行Task的容器;Task是计算任务单元。用户编写的Spark Context通过与ClusterManager进行交互,实现计算资源的申请等任务。计算任务最终在计算节点的Executor容器中执行。

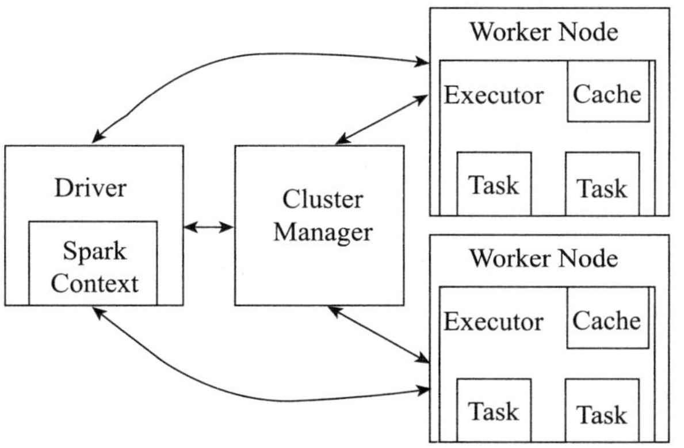

图 1　Spark 计算模型

另外，RDD（Resilient Distributed Datasets，弹性分布式数据集）是 Spark 对数据的核心抽象，它只提供了有限的只读记录分区集合（即共享内存模型），而且只能在其他的 RDD 执行既定的转换操作（如 map、join 等）时进行创建，具有伸缩性强、容错消耗低等优点。可以把 RDD 看作 Spark 运行于内存中的一个对象，例如读取文件，对文件进行计算以及最终的结果集都可以看作是一个 RDD。因此，当 RDD 分区数据丢失或出错时，Spark 能够参照相关的日志信息对数据进行重建。

2. Spark 计算平台下碎片数字资源描述

在 Spark 计算平台下，提供数字资源服务的大型公共图书馆通常以虚拟机技术为基础，通过将聚合在物理设施上的数字资源分割成大小不一的模块为用户提供服务[3]。但是，在实际的资源服务过程中，用户的资源需求与服务平台上所提供的资源规格往往不能保持供需一致，系统中便产生了一系列规格不一的碎片资源；另外，若用户的需求不断调整与变化，现有的资源基本规格与用户所需不符，也会有一定数量的碎片资源产生，因此，基于 Spark 计算平台对碎片资源进行重组、推介是本文研究的重心。

本文构建的“碎片数字资源池”（以下简称碎片资源池）是将资源服务提供过程中被切割、闲置或丢弃的资源碎片收集重整成一个“矩形资源池”。由于碎片资源间具有一定的耦合度，所以可依据其耦合度、资源间距等参数对碎片资源进行重组、推介，使得资源利用率最大化。Spark 计算平台下碎片数字资源池构建模型如图 2 所示。

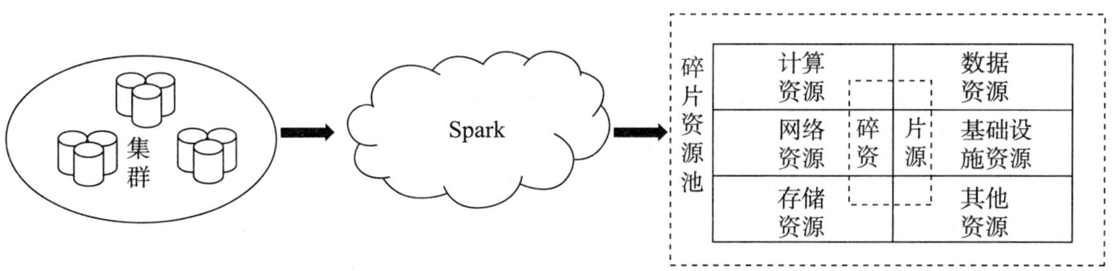

图 2　Spark 计算平台下碎片资源池描述

3. Spark 平台下碎片数字资源归类重组

通过对碎片资源的分析与量化，筛选出了可二次利用资源与不可利用资源，为后续任务调度与资源重组提供了一个具有实际意义的参考依据。在本文研究中主要以同构任务为对象，即系统在执行过程中资源预留和接收的都是同一类型的任务。但是，在庞大的数字资源库中各类碎片资源之间的交互程度大相径庭，后续任务的接收也不可能一直保持同构，Spark 平台下不同位置放置的任务也会产生离散的碎片资源。因此，本节在碎片资源构建、分析、量化的基础上对其进一步完善，依据量化后可用资源的耦合度和其所在网络节点间的距离进行资源重组，以实现碎片资源的推介。碎片资源重组流程如图 3 所示。

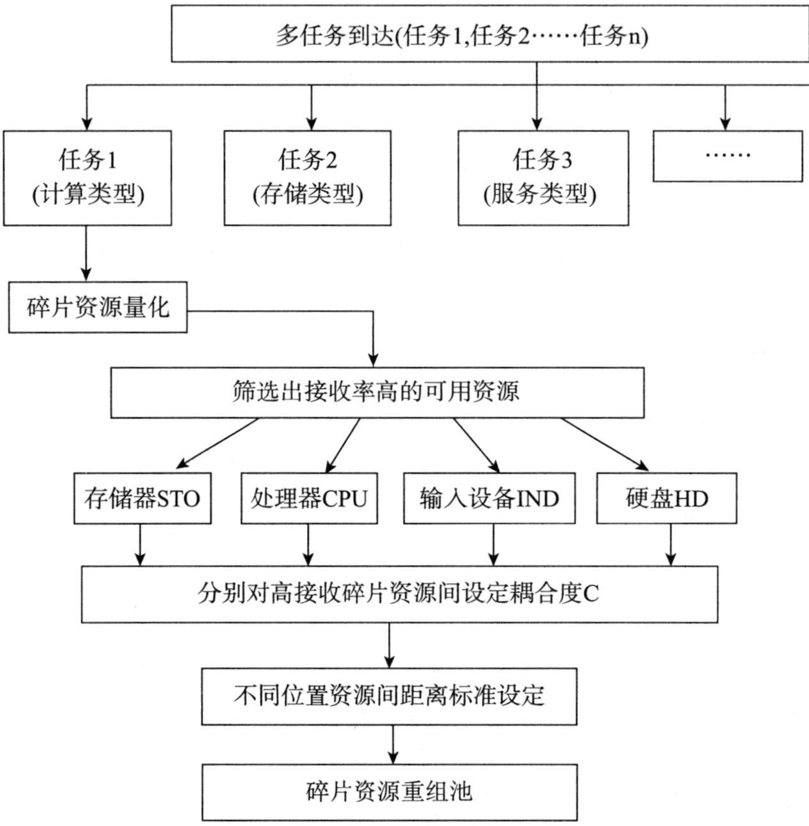

图 3　碎片资源量化后重组流程

不同资源间耦合程度的不同，直接影响着碎片资源对后续任务的接收能力，是碎片资源重组利用的重要影响因素。文中硬盘与处理器之间的耦合度低，设定为 1，即"C(Ccpu,Hhard) = 1"；存储器与处理间的耦合度最高，设定为 7，"C(Ccpu,Ssto) = 7"；输入设备与处理器间的耦合度，设为 3，"C(Ccpu,Iinput) = 3"；输入设备与硬盘间的耦合度，设为 1，"C(Iinput,Hhard) = 1"；硬盘和存储器间的耦合度为 5，"C(Ssto,Hhard) = 5"。硬盘、存储器、处理器、输入设备间其他形式的组合则不予考虑耦合度。

碎片资源所处网络节点间的距离也是资源重组过程需要考虑的重要因素。以处理器计算资源和存储资源为例，两者节点间距离的数学表示为"D(Ccpu,Ssto)"，当两个节点处于相同集群里的同一个物理设备上时，则距离为 0，即“D(Ccpu,Ssto) = 0”，耦合度也最高“C(Ccpu,Ssto) = 7”；当两节点位于相同集群里的不同物理设备上时，则距离变大为 1，耦合度则相应减弱；两节点处在同一网络上的非同一集群时，距离变大为 5；两者处于同一区域但非同一网络时，则距离为 10。

最后分别对耦合度、距离依据公式(1)进行权重值计算，进而按照计算所得的权重值对碎片资源分类组合。权重值最小，意味着资源距离、耦合度最小，便能更好地跨域将同种资源碎片进行整合。完善后的重组“碎片资源池”，如图 4 所示。

$$\begin{aligned} W = &\min\{C(Ccpu,Ssto)\times D(Ccpu,Ssto)\} + \\ &\min\{C(Ccpu,Hhard)\times D(Ccpu,Hhard)\} + \\ &\min\{C(Ccpu,Iinput)\times D(Ccpu,Iinput)\} + \\ &\min\{C(Ssto,Hhard)\times D(Ssto,Hhard)\} + \\ &\min\{C(Ssto,Iinput)\times D(Ssto,Iinput)\} + \\ &\min\{C(Iinput,Hhard)\times D(Iinput,Hhard)\} \end{aligned} \tag{1}$$

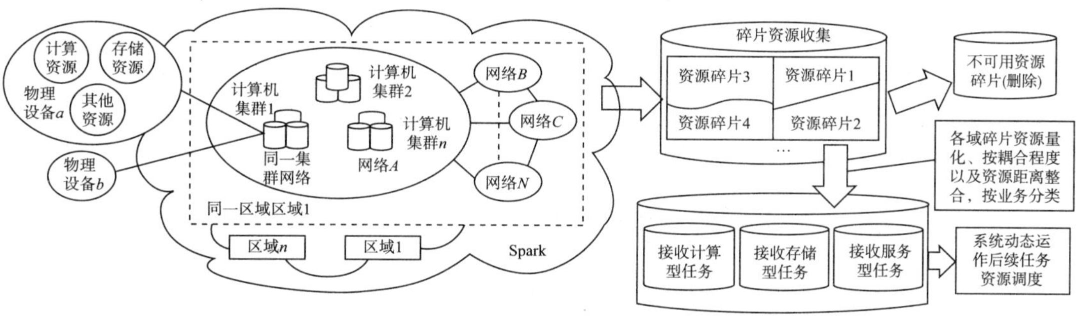

图 4　Spark 计算平台下接受后续任务重组碎片资源池

4. Spark 平台下的推介算法

本文采用朴素贝叶斯推荐算法实现资源的推介，以此来降低数据缺失率(用户评价较高的数据)和数据稀疏性所导致的存储量和计算量等问题。该混合推介模式通过聚类的方法对数据进行聚类分析，快速有效地找出相似数据群，以降低数据缺失对模型精准性的影响；通过使用朴素贝叶斯算法将每个任务看成是相互独立的点，计算某个属性隶属于某个分类的概率，并建立详细条件概率表，最后选取概率较高的类别作为分类结果，实现预测、推介。详细的混合算法内容如下：

(1)利用 Pearson 相关系数法，把 URM(用户矩阵)转换为 SimMat(相似矩阵)。

(2)把相似矩阵 SimMat 看作图的邻接矩阵对角矩阵 D 进行计算。

(3)依据图谱理论进行 Laplacian 矩阵计算。

(4)参照 Normalized cut(归一化割)算法分割 Laplacian 矩阵，得出特征矩阵。

(5)对于(4)得出特征矩阵利用特征值分解函数进行特征分解。

(6)选取多个特征向量(如 K 个)表示一个全新矩阵，利用 K-means 算法进行聚类分析并求解相似 Clusters(数据群)。

(7)最后使用朴素贝叶斯分类算法对相似 Clusters(数据群)进行预测分析。

混合推荐算法:

①$SimMat = compute_simMat(URM)$

②$D = \sum_{j=1}^{n} SimMat_{ij}$

③$L = D - SimMat$

④$L' = D^{-\frac{1}{2}} \times L \times D^{\frac{1}{2}}$

⑤$[val, eigen] = eigen(L')$

⑥$Clusters = kMeans(S')$

⑦$predictList = naiveBayes(Clusters)$

二、基于 Spark 的碎片资源推介实现

将资源部署到 Hadoop 基础云环境中,同时对去资源进行分析、整合构建资源池,最终基于 Spark 平台实现对资源的推介。资源推介的实现主要分为三大步:①环境准备,包括基础硬件的搭建和软件环境的部署等;②数据准备,包括数据选定、数据的整合、数据预处理、数据的清洗与加工以及 URM 用户评价矩阵的构建;③数据计算与推介,通过聚类分析,利用朴素贝叶斯分类算法对数据进行计算,基于 Spark 平台实现资源的快速推介。具体流程如图 5 所示。

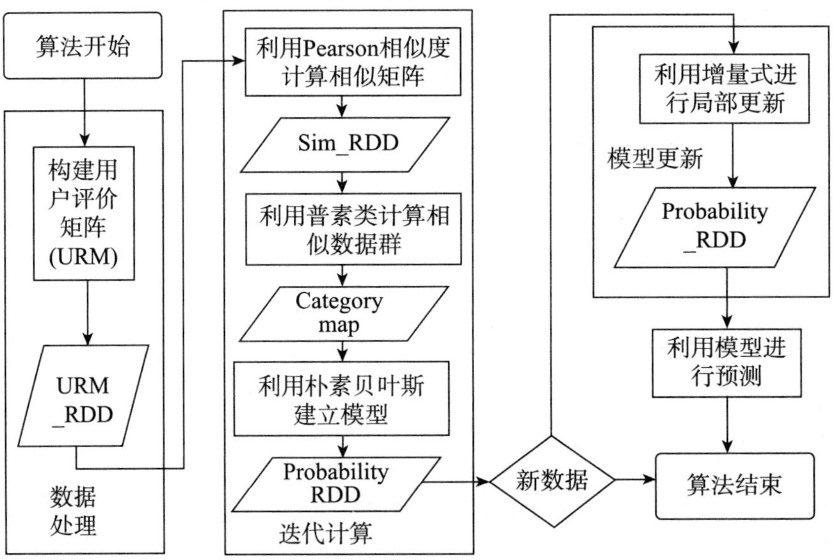

图 5 Spark 平台下基于朴素贝叶斯算法实现资源推介

1. 环境部署

选取为多台配置、型号相同的电脑组成实验平台,在 Hadoop 基础环境下将资源包装成 SaaS,基于 Spark 软件平台搭建 Hadoop 集群。

2. 数据处理

首先将原始数据集处理后存储在 HadoopHDFS(分布式文件系统)上;然后读取 HDFS

上的原始数据，即由用户（User）、资源（Resource）、评分（Rating）组成 rating_RDD；其次再将 rating_RDD 转换为行号代表资源编号，行是由稀疏数组（下标代表用户，值代表评分）组成的 sparse_rating_RDD（即用户评价矩阵 URM）。

3. 数据计算

（1）计算相似矩阵（SimMat）

利用 Pearson 相关系数（Pearson Correlation Coefficient）求解相似度，把用户评价矩阵 URM 变换为资源之间的相似矩阵 SimMat。嵌套使用映射函数 map 将 URM 之间的相似度映射为求解每一个资源对整个用户评价矩阵 URM 的吻合度计算的集合，再把单个资源对全部用户评价矩阵 URM 的相似度，映射为求解单个资源与每个资源间吻合度计算的集合。最终的数据汇总即是资源之间的相似矩阵 SimMat。

（2）Laplacian 矩阵

将每个资源视作图中的点，资源间的吻合度看作点与点之间的权重，从而实现从相似矩阵到邻接矩阵的转换。因权重的范围为[0,1]，所以需要对 SimMat 进行统一化预处理，即调用 map（Sim RDD）函数将 SimMat 中的吻合度范围从[-1,1]映射为[0,1]。在此基础上依据谱图理论，计算 Laplacian 矩阵并最终求解 laplacian_RDD。

（3）相似数据群分析

利用特征值分解函数分解 laplacian_RDD 矩阵，并将数据矩阵从 $n \times n$ 降维成 $n \times k$；然后利用 Spark 平台中 MLlib 自带的 Kmeans 函数对降维后的 $n \times k$ 特征矩阵进行聚类分析。建立资源与类别一一对应关系，即 category_map（相似数据群）。

（4）朴素贝叶斯模型

利用分析所得的 category_map（相似数据群）将 rating_RDD 映射成行由资源类别、用户、资源、评分所组成的 category_rating_RDD，然后调用归类函数 reduceByKey 以资源类别为 key（关键值）进行分类。根据不同类别，利用可扩展的线性回归（Extendiblelinear RegressionELR），通过朴素贝叶斯参数判别学习算法、梯度上升算法不断地进行迭代，以完成条件概率表格 probability_RDD 的求解。最后利用 probability_RDD 实现预测，选取第一个分类结果作为资源的最终分类，同时把这个新资源添加到相应的类别中并更新条件概率表格（CP_Table）。

4. 平台场景实验

（1）数据源。平台实验数据源采自湖南图书馆地方戏剧库提供的 15M 数据集（由比较分析得出的平均值）。15M 是比较常用的数据集，此数据集包含了 880 869 位用户对 1221 部戏剧视频的评价，用户评价可依次分为五个等级，用数组{1,2,3,4,5}表示，其中 1 代表不喜欢，5 代表非常喜欢。

（2）实验硬件环境。实验平台选取多台型号、配置相同的计算机搭建硬件环境，其操作系统为 Ubuntu17.10，Spark 版本为 2.2.0，处理器是英特尔酷睿 i7 系统双核处理器，4GB 内存，160G 硬盘。

（3）Spark 平台搭建

①Spark 是在 Hadoop 基础上搭建完成的，首先需在 4 台机器上搭建 Hadoop 集群。

②安装部署 Spark 平台需要的基础软件。

③构建分布式的 Spark 集群。

a)安装 Scala:Scala 是一种类似 java 的多范式编程语言,要先安装 Scala 而后才能部署 Spark 集群。

b)配置 Spark 分布式模式。

Spark 集群在配置时大部分的设置使用系统默认值,另需关键配置一下 conf 目录下的 slaves 文件,把 worker 节点(s1、s2、s3)全部添加进去。

(4)启动 Spark

①启动 Hadoop 集群。

②启动 Spark 集群。

a)进入到启动文件 sbin 目录下:/usr/soft/spark-2. 2. 0-bin-hadoop2. 4/sbin/。

b)启动 Spark:. /start-all. sh。

c)使用 jps 命令查看进程(节点)在 spark 集群中的运行情况,s0 节点中出现了名为"Master"的新进程,在节点 s1、s2、s3 中均出现了"worker"新进程。

d)进入 http://s0:8080/,访问 spark 集群的用户界面查看集群的状态等相关信息,如图 6 所示。

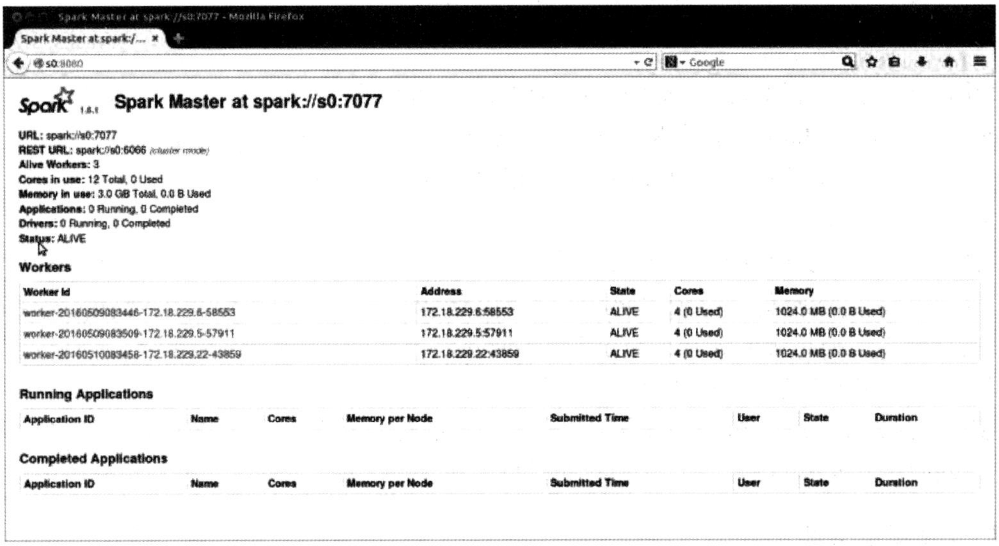

图 6　Spark 的 web 界面用户信息

三、实验结果分析

该实验数据分别选取 50—1000MB 间不同大小的数据进行测试,结果如图 7 所示。若保持数据大小不变,随着节点数量的增加算法的时间复杂度也随之降低,由于 Spark 的中间结果直接存在内存之中,节省了从磁盘读取数据的时间,所以即使用户数量在不断增加,Spark 集群响应时间增长的波动却很小。

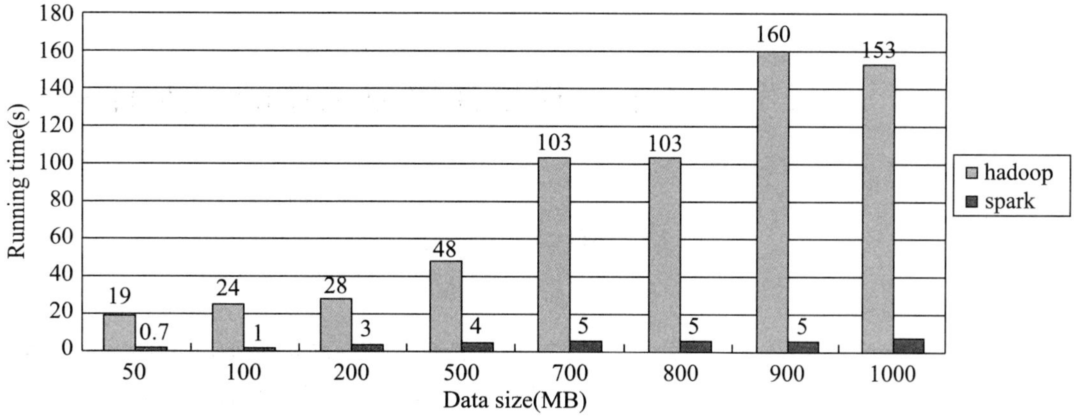

图 7　Spark 和 Haoop 性能对比

从两种环境下的实验结果分析可得,两者虽有相似之处,但 Spark 采用了开源集群计算环境,计算过程中将集群数据直接缓存在内存中进行内存计算,以缩短访问响应时间,提升了资源推介的精度与速度。

本文以 Hadoop 为底层环境,构建基于 Spark 平台融合资源整合与推荐算法的资源推介模型。以 Hadoop 平台为基础运用普通 PC、闲置服务器便可轻松构建云计算环境,使得碎片数字资源可以重组(构建资源池)得到了更加有效的利用;Spark 平台具有 Hadoop 的所有优势同时兼具并行计算以及大数据处理机制,能够满足资源推介过程中对时效性的要求。实验中通过与 Hadoop 的计算性能对比表明,基于 Spark 平台的资源推介算法在很大程度上克服了数据的离散性,提升了数据的分析计算速率,缩短了系统的响应时间。因此,在后续的研究中将选取多种类型的资源作为研究数据源,对本文提出的基于 Spark 计算的数字资源推介模型进行大数据快速推荐优化。

参考文献

[1] Karau,Konwinski,Wendell,等. Spark 快速大数据分析[M]. 王道远,译. 北京:人民邮电大学出版社,2015:5－6.

[2] 项亮. 推荐系统实践[M]. 北京:人民邮电出版社,2012:41－43.

[3] 陈康,郑纬民. 云计算:系统实例与研究现状[J]. 软件学报,2009,20(5):1337－1348.

基于鄂州市数字图书馆工程延伸服务工作的调查研究

吴兵文(鄂州市图书馆)

随着信息技术的飞速发展和普及,数字资源在图书馆文献资源体系中的比重和地位越来越高。数字资源具有信息海量存储、检索快、查找方便、节约空间、及时性强、可多人阅读、存取方便等诸多优点,越来越赢得广大读者的青睐。如何做好数字图书馆数字资源对外延伸服务,是图书馆人当今应研究的课题。

一、鄂州市数字图书馆资源体系建设概况

鄂州市图书馆高度重视资源数字化建设,馆藏的数字资源得到迅猛增长。2014 年 6 月鄂州数字图书馆开始建设,总投资 150 万元,建成了数字图书馆硬件平台、网络平台和数字资源平台,拥有先进的网络设备、存储设备和服务器设备,100M 的独立光纤接入,大型的服务器数字资源网络发布系统。首批采购数字资源 50 万元,包括期刊 4000 种、报纸 2000 种、电子图书约 50 万册、视频学术讲座 4000 集。数字资源全部免费对外开放,读者凭读者证登录数字图书馆,即可获得数字资源服务。同时开通图书馆业务集群管理自动化系统,实现一卡通、通借通还,读者轻点鼠标,就可以实现数字资源在线阅读和移动阅读,办理相关的网上读者服务,感受数字化阅读的新体验。鄂州数字图书馆工程,是以分布式公共文化资源库群,搭建鄂州数字图书馆虚拟网(数字资源网址:www. ezhoulib. cn/diglib. asp),建设优秀吴都文化集中展示平台、开放式信息服务平台和全民文化交流平台,同时,借助虚拟网,最终实现与国家图书馆、各省市级馆在虚拟网络上的互联互通,便捷地进行数据传输,实现数字资源与服务的共建共享,并把其作为数字图书馆工程今后发展的重点。

二、鄂州市数字图书馆资源服务特点

为了让用户了解、利用数字图书馆数字资源,充分认识、体验数字资源的优势,鄂州市图书馆通过不同方式和途径加大了对数字资源作为现代化服务手段的宣传。一是馆内宣传。设立读者现场咨询服务窗口,由专业管理人员现场为读者操作和演示数字资源的使用。在图书馆一楼大厅摆放宣传牌,张贴数据资源宣传海报,介绍现有馆藏数字资源内容、种类、使用方法。在电子阅览室设立数字资源阅读、使用体验区,全方位为读者提供数字资源利用现场咨询活动。二是馆外宣传。向市民发放数字资源使用手册和操作指南。在公交站、商场、超市门口设立宣传牌,在市内人员密集的场所,如:凤凰广场、万联广场、观音阁公园,开展数字资源阅读工具使用操作宣传活动,让用户以现代化技术手段来阅读、使用数字资源。三是用户培训。数字资源的宣传与读者培训工作密不可分,只宣传而不培训,读者依旧不会利用;只是培训而不宣

传，培训也不能收到很好的效果。所以鄂州市图书馆采取宣传和培训相结合的方式，帮助读者培养其利用数字资源的意识和习惯，每月定期在电子阅览室举行一次用户数字资源使用技巧现场培训，达到用户会操作、会利用、会阅读的目的。

三、鄂州市数字图书馆延伸服务调查分析

读者服务是图书馆永恒的主题，如何将图书馆服务在信息化时代逐步深化、多元化？如何更好地利用数字图书馆资源，为读者提供更多的创新服务呢？为解决上述问题，笔者就鄂州市数字图书馆工程资源利用度，实际使用情况、延伸服务情况进行了专题调查，目的是为了推动数字化资源建设，打造基于新媒体的公共文化服务新模式，最终实现数字图书馆的服务惠及鄂州全民。

1. 基于网络服务方式调查分析

鄂州市数字图书馆工程延伸服务主要是通过现代化信息技术手段，来满足广大读者信息时代多元化阅读需求。图书馆在资源服务的方式中，笔者对网络的服务方式设计了 4 项指标，分别为馆藏书刊的检索、站内资源集成检索、网上参考咨询、网上讲座来衡量基于网络服务方式对读者需求的满足程度进行抽样调查。

2. 馆藏书刊检索服务

馆藏书刊检索服务是数字图书馆最基本的服务模式，是指图书馆按照一定的规范对馆藏图书、期刊等纸质文献资源书目信息进行标准化、数字化著录，形成书目数据库，供读者在网上查询书目信息的服务，它是传统服务在网络环境下的延伸。馆藏书刊检索服务是图书馆开展得最为普遍的一项服务。从传统图书馆到数字图书馆，从抽样调查结果中发现，传统图书馆读者对馆藏书刊检索仅限于到馆进行手工、纸质卡片目录检索，读者检索书刊的比例只占馆藏10%，而数字图书馆读者通过网络对馆藏书刊进行检索，只要有网络的地方，读者自助即可进行全馆馆藏书目的检索服务，读者对馆藏书刊检索比例占总馆藏的 90%，不但如此，读者还可随时关注图书馆馆藏的更新情况，进行有针对性网上检索、网上预约、借阅和续借。数字图书馆建设、文献资源的数字化是传统图书馆走向网上图书馆服务基本延伸。

3. 站内资源集成检索服务

站内资源集成检索服务指图书馆对各种类型的信息资源进行一定程度的整合，以便为读者提供一站式的检索服务。鄂州市数字图书馆建成以后，通过各种途径整合数字资源，并建立数字资源一站式检索网络服务平台，目前可供读者使用的数字资源包括有：电子期刊 4000 种、电子报纸 2000 种、电子图书约 50 万册、学术视频 4000 集、有声读物 2000 集、网上讲座 200场。在实际调查过程中，笔者发现将各型数字资源整合在网络平台进行一站式检索的图书馆非常少，鄂州市图书馆在地市州图书馆中排在前列，鄂州市图书馆按照资源类型、载体类型、媒体类型、内容层次、用途等对资源进行了整合，在数字图书馆数字资源网络服务平台上实现了一站式检索，并免费对社会读者开放，读者通过网络就可免费访问和阅读平台上的数字资源，不受时间、空间和地点的限制。鄂州市图书馆通过数字资源网络服务平台对读者使用数字资

源的服务情况按区域进行统计分析，市内城区用户对数字资源访问量平均每月为2000人次，而城区外，乡、镇用户对数字资源访问量平均每月不超过100人次，相距较大；按用户的社会职业性质进行分析统计，教师学生用户访问量偏高，占访问总量的60%，机关、事业单位、科研用户访问量中等，占访问总量的35%，工人农民用户访问量最低，占访问总量的5%；按用户使用目的进行统计分析，学习型用户访问量占总访问量的80%，研究型用户访问量占总访问量15%，娱乐型访问量占总访问量的5%。

4. 网上参考咨询

参考咨询是图书馆的一项传统服务方式，网络环境下的双向交互性使用传统参考咨询服务向网络空间扩展成为网上参考咨询。鄂州市数字图书馆建成，网上参考咨询应运而生，而且服务方式多样，如Email及Web表单服务、FAQ服务、BBS服务等形式，并向着交互式、个性化、广域化、合作化服务方向发展。它依托数字图书馆及数字资源平台，通过网络为用户提供咨询服务，解答读者提出的问题，为读者提供所需的信息服务及资源服务，是图书馆咨询服务在网络上的延伸，读者足不出户，便可咨询图书馆的服务、活动、讲座、馆藏更新及参考信息。它可为领导提供决策信息，为工人提供工业生产参考信息，为农民提供农业科技信息。从网上参考咨询统计的结果来看，用户对馆藏纸质资源的咨询量逐步下降，而对数字资源咨询量日益增长，图书馆信息服务将逐步成为用户主流，图书馆网上参考咨询提供信息服务越来越受到读者的欢迎。

5. 网上讲座

图书馆讲座是指图书馆运用演讲、报告、座谈等形式对用户进行知识传播和教育的活动。网上讲座是图书馆运用现代化技术、在征得主讲人同意的前提下，将讲座全过程摄制下来，通过数字化编辑处理成为视频资源，在网络上向用户提供的一种新型的公益性服务。从调查中发现，自从图书馆开展网上讲座以来，吴都讲坛这一讲座品牌辐射效应越来越大，吴都讲坛联合湖北省长江讲坛、市直机关大讲堂实现网上讲座资源的共享，湖北省长江讲坛的讲座通过网络进行现场直播，或是将其上传到网站，或是购买一批知名专家的讲座上传到数字资源服务平台，为用户提供了时间和空间上的灵活性。从用户访问和收看网上视频讲座的统计数字来看，网上讲座渐渐成为为用户开展教育、传播知识和信息有力工具。

6. 移动服务

为满足读者对移动信息服务的需要，实现移动阅读，拓展图书馆与读者的沟通渠道，加强与读者的亲密互动，优化信息资源呈现方式，给读者提供方便快捷的移动服务，鄂州市图书馆移动图书馆、微信图书馆服务平台全面开通使用，读者通过移动终端在平台上除了可以随时查询自己在鄂州市图书馆的借阅信息，办理续借图书，查阅图书馆的所有馆藏书目，推荐、荐购自己所喜欢的图书，了解图书馆的最新动态、新书通告等信息内容外，还可阅览或下载100万册电子图书、7800万篇报纸文章、3亿篇中外期刊文献。

自从图书馆开展信息资源移动服务方式以来，经统计，加入微信图书馆的用户达到1000人，下载移动图书馆客户端的用户已超过5000人，从这些加入图书馆移动服务方式的用户调查中，笔者了解到用户利用平台获得鄂州市数字图书馆数字资源服务逐步向深度延伸。移动阅读如雨后春笋般涌现，特别是电子报纸、电子图书的移动阅读更成为用户的首选，图书馆数字资源移动阅读将为读者服务带来一个创新的亮点。

四、鄂州市数字图书馆延伸服务经验

自从鄂州市数字图书馆建成以来,数字资源向社会提供信息服务取得显著的成效。在加强数字资源建设的同时,鄂州市图书馆一手抓宣传、一手抓服务,从而进一步加强数字图书馆的影响力,使数字图书馆数字资源服务惠及更广泛的社会公众。

2016 年 12 月份,鄂州市数字图书馆开展数字资源进网吧活动。为网吧免费提供内容健康、丰富,知识面广泛,具有教育、学习意义的数字资源(包括各类电子图书 50 万册、电子期刊 4000 余种、视频讲座 1600 多集,以及部分试用资源等),并向网吧提供数字资源的使用权限和数字资源使用指南。

2017 年春节期间,鄂州市数字图书馆举办"网络书香过大年"活动。增添了节日的喜庆气氛,提升了数字图书馆知名度和影响力,受到了市民的一致好评。吸引了广大市民对图书馆的关注,使读者进一步了解鄂州市数字图书馆全新服务方式。

2017 年 3 月份,鄂州市图书馆举办数字图书馆、微信图书馆、移动图书馆、我的图书馆、网上图书馆读者使用操作有奖竞赛活动。使读者了解、使用、熟练操作鄂州市数字图书馆、微信图书馆、移动图书馆、我的图书馆、网上图书馆,让读者用现代化技术手段查找、利用图书馆馆藏文献资源、数字资源,获取图书馆信息服务,营造全民阅读、数字阅读的新高潮。为向基层推广数字阅读,鄂州市数字图书馆将一批数字资源(包括电子期刊 4000 种,电子报纸 2000 种,电子图书约 50 万册,农业视频讲座 4000 集),发挥了鄂州市数字图书馆在现代化网络时代保障人民群众基本文化权益的重要作用。

总之,鄂州市数字图书馆推广工程建设,是鄂州市公共文化服务创新的重大举措,是图书馆实现现代化、数字化、信息化的必由之路。数字图书馆数字资源服务平台的搭建,以现代化的服务手段、便捷的服务方式为市民提供数字化阅读服务,实现数字化阅读新时代。数字图书馆的服务惠及鄂州全民,切实保障鄂州公共文化服务的公益性、基本性、均等性、便利性,最大限度地发挥数字图书馆在文化建设中引导社会、教育人民和推动鄂州经济跨越发展提供智力支持的作用。但鄂州市图书馆数字化建设还在初步阶段,面临许多问题,一是资金问题,每年需要大笔资金来更新数字资源。二是技术问题,数字图书馆是一项高科技工程,是以高新技术为支撑,这就要有高科技人员队伍来做保障实施。三是宣传推广问题,数字图书馆向社会推广,需要大力宣传,使人们用现代化技术手段利用图书馆,就要逐步改变人们传统图书馆的观念。这些问题也是图书馆人在现代化信息技术时代改变观念、改革创新的动力。

湖北省图书馆网络信息资源保存浅析

何　珂(湖北省图书馆)

目前,网络信息资源已经成为世界上最大的信息资源库,许多网页具有重要的社会、经济等价值;然而由于网页不断更新,其寿命一般较短,因此对网络信息资源进行保存十分必要。

一、提高对网络信息的认识,理解网络信息保存的必要性

1. 网络信息资源的价值性

互联网是当今社会信息交流的一种主要方式,人类的许多生产实践、社会经济活动、日常生活等都在互联网上有着丰富的反应。实际上互联网已经成为现代文明的一种主要载体。互联网上的信息处于一种不断更新变化的状态,很多信息随着时间的流逝被删除和更新,如果没有有效的网络文献保存机制,反映在互联网上的人类文明不被有效记载,那么互联网将只有今天,没有历史。不论是网络出版物还是一般的网络歌曲等资源,只要是人类创造的结晶,就有必要加以保存,为未来的利用做准备。

2. 网络信息资源的易失性

随着网络信息提供机构定期对网页内容的更新,使新建的网页代替旧网页造成网络信息内容的变换或消失,或是在建立新网页时对网络信息内容进行结构调整,许多旧的内容会被删掉,导致信息的丢失。根据权威机构统计,网络信息资源的平均寿命仅为 44 天。

3. 网络信息资源保存的重要性

网络信息资源作为一种新型的文献资料,逐渐开始被世界各国的图书馆确定为收集和保存的对象。但是由于互联网信息的庞大的数量和无序、缺乏格式标准等特征,使得对于网络信息资源的保存的研究非常复杂,科研人员一直在探求更有效地保存网络文献的方案。网络信息资源保存不仅是要为后世保存现在的文化遗产,同样也能满足当前人们的研究和查考的需求。世界各国都意识到网络信息长期保存的重要性,纷纷开展各种网络信息资源保存研究,如澳大利亚的 PANDORA 项目、挪威的 Paradigma 项目、英国的 CEDARS 项目、美国国会图书馆的 NDIIPP 和 MINERVA 项目、丹麦的 Netarchive 项目、日本的 WARP 项目、中国 Web 信息博物馆(Web InfoMall)、网络信息资源采集与保存实验项目(Web Information Collection and Preservation,WICP)和网络数据库导航项目。2003 年,国家图书馆开始了网络信息资源保存的试验,开启了网络信息资源采集与保存实验项目———WICP(Web Information Collection and Preservation),希望通过此次试验探索出适合中国网络信息存档的实现路径。到目前为止该项目已经存储了大量专题信息,包含政治、经济、文化发展等信息的网站,涵盖北京奥运会、非典、中国

非物质文化遗产等专题，截至2012年国家图书馆互联网信息资源保存保护中心保存的全部专题数据量为6252.213G，全部专题数据网站为2785个，全部网站数量为88 705个，其中政府网站数量为85 920个。2014年开始，采取与全国各省市级公共图书馆联合建设网事典藏项目，采集并保存反映所在行政区域的政治、经济、文化发展的重要网站和热点专题资源。国家图书馆负责对数字资源联合建设工作的牵头管理与组织实施，各馆负责对本机构制作、发布的信息及其发布网站进行长期维护，保证数据准确无误，显示正常，同时做好数据备份与长期保存工作[1][2]。

二、湖北省图书馆的实践

1. 新馆建设中采购软件，启动网络信息保存试验项目

湖北省图书馆以新馆建设为契机，搭建全省数字图书馆云计算服务中心、全省数字图书馆统一门户，利用以Heritrix、Wayback为基础开发的网络保存平台，对部分主流媒体网站进行周期性归档保存项目，提供原版原貌展现，实现归档内容全文检索，支持URL、网站名称、关键词检索，也可按主题分类、专题浏览。通过VPN网络与国家图书馆相连，只要是湖北省图书馆或国家图书馆读者都可访问保存的资源。

2. 搭建政府公开信息平台，积极推动政府信息整合服务

新馆建成后，通过实现公共图书馆在政府公开信息的整合开发方面的统筹协调发展，实现对各级政府信息资源的收集、整理、保存、开发、利用并服务于公众。湖北省图书馆负责湖北省政府公开的政府信息在中国政府公开信息整合服务平台湖北省分站上的发布；对分站的数据进行审核，确保数据具有较高质量；对分站页面进行及时维护、更新；在条件具备时，积极推动政府信息整合服务工作在全省公共图书馆中的发展。湖北省分站收集整理了湖北省级行政区域41家政府网站上的政府公开专栏、政府公报和其他栏目下的公文信息，按照“政府公开信息元数据著录规则”对采集到的政府信息进行编目审核，已发布数据36700条，为读者提供政府信息的浏览、检索和集中展示。

3. 实施数字图书馆推广工程往事典藏项目，推进网络信息保存

为保存具有重要价值的互联网资源，数字图书馆推广工程2014年度资源联合建设工作中，首次开展网络资源保存——网事典藏项目。湖北省图书馆积极与国家图书馆有关部门沟通，成为网事典藏项目首批五个（北京、浙江、湖北、吉林、新疆）实验省级图书馆之一。湖北省图书馆整体规划全省政治、经济、文化发展的各类型网络资源，以政府及重要事业单位为采集重点，以共建共享为目标，努力构建网络信息保存新格局。2015年湖北省图书馆网事典藏项目以政府和重要事业单位网站为重点，涵盖13个市级政府网站，保存政府网站92个、事业单位网站10个、主流媒体网站2个，专题网站2个，数据总量达到63.5G。

按照网事典藏项目建设内容，湖北省图书馆对湖北省内符合收录要求的政府及事业单位网站进行梳理，确定采集范围，将需要采集网站的网址制作成采集列表，利用网络采集软件进行全面采集，采集频率为半年一次。2018年，湖北省图书馆又尝试采集了一些专题事件，在“国内知名网站”或“省内网站”有5个以上含有该专题的相关报道，对其集中采集展现，如“湖

北两会""长江中游城市群"等。每个网站单独采集,采集结果以文件夹形式存储在本地服务器上,采集的文档格式遵循 WARC1.0 标准。

三、存在的问题

1. 网络资源的选择

信息资源的膨胀使得单个图书馆不可能依靠一家的力量去收藏完整的文献信息,网络信息资源的保存亦是如此,分析这些保存项目,发现网络信息的搜集策略主要有选择性搜集和全部搜集,只有挪威的网络信息选择策略是全部搜索,其他各国都选用选择性搜集策略,我国的 Web 信息博物馆也只是对国内的中文网址信息进行保存,而不提供如 archive 全球网站的历史网页信息保存[3]。合适的网络信息搜集策略,明确清晰的收藏范围,可以大大降低计划实施的难度,确保网络信息保存计划的可行性以及良好的效果。面对繁杂的信息网络资源,图书馆应该根据自己的实际情况,制定适合我国国情和地方特点的搜集策略。

2. 网络信息归档

对采集来的数据要进行归档存储,这里首先就需要选择合适的存储介质。由于网络信息的海量性与脆弱性,需要存储介质具有高容量、高耐久性和技术稳定性等特点。近年来存储介质的性能明显提高,这给存储带来了有利条件也带来了技术更新的挑战,如何预防存储介质的意外损坏、精确预测存储介质的寿命,在存储技术过时之前自动地把数据迁移到新的存储媒体上是难点之一[4]。笔者认为在网络信息资源保存过程中,图书馆不应该是保存主体,应建立网络信息资源管理机构,来负责全国的网络信息资源管理、营运和协调工作,集中有限的人力和财力资源联合建设。图书馆、档案馆、高校、企业等可作为重要组成部分,进行各行业各地区的网络信息资源建设、管理及分布式存储工作。

3. 运行模式

由前面的分析,我们看出网络信息长期保存需要大量的经济投入,且它是一项长期的系统工程,需要有持续稳定的经费投入。目前,网络信息的保存项目多是由国家图书馆、非营利性机构在做,经费来源主要是国家拨款、捐赠等,随着网络信息量的不断增加和时间推移带来的长期保存需要,经费需求将不断增加,给图书馆带来了挑战,单靠国家拨款很难维持,且国家拨款的持续性问题也难以确定。因此,亟须建立稳定的经费来源机制,如可以通过立法设立国家网络信息长期保存专项经费,通过非营利性机构运作网络信息保存专项基金,构建网络信息保存的资源开发与赢利模式,吸引资本的介入,利用市场化机制运作网络信息保存项目等,这些尝试都将存在诸多困难,需要在实践中不断探索,寻找合适的经费来源与运作模式。

四、发展思路及展望

1. 扩大服务范围

提高网络资源的发布与利用,满足用户多样化需求。在这个网络信息飞速发展的时代,无论是图书馆的服务内容,还是图书馆的服务技术都发生着巨大的变化。图书馆服务内容不再仅限于印刷型书刊资料、缩微资料、视听资料,而是延伸到各种网络信息资源,并为了实现海量网络信息资源的保存,图书馆需要采取各种技术来提高网络信息存储的质量以及保证大量数据的永久性保存,同时改善服务,开发这些保存信息的价值,提高其利用效率。利用政府信息平台,提高自身服务能力,在对政府信息文件组织、整理、序化的同时进行深层次的开发,为公众提供完整、权威的政府信息和方便、快捷的服务。

2. 建立分布式合作的采集存储机制

建设全省多层级网络信息服务体系,建立分布式合作的采集存储机制。网络信息的采集保存是一项复杂的工程,单单靠一个机构或者部门很难完成,应以"合作共建"和"合理共享"为原则,将采集任务分散到各级图书馆,有重点地共建各地市优秀数字资源库。

3. 制定统一标准,提高工作效率和规范化管理

网络信息从采集目标选定、采集、加工编目、审校、发布、保存等工作流程需制定一系列的标准规范,只有标准统一,才能保证网页的长期可读取性与完整性,并减少网页管理与保存的费用,保证项目顺利开展。

对于网络信息保存项目建设,湖北省图书馆尚处在起步阶段,在技术、管理等众多方面需要进一步探讨,要汲取国家图书馆网络信息资源保存的相关经验,积极参与网络信息资源保存工作,丰富数字馆藏,维护历史本来面目。

参考文献

[1] 张炜,张文静. 中国网络信息采集工作研究现状分析——以国家图书馆为例[J]. 图书馆建设,2008(7):43-46,51.

[2] 向菁,吴振新. 网络信息资源保存发展现状及趋势分析[J]. 中国图书馆学报,2009(2):34-41.

[3] 刘青,孔凡莲. 中国网络信息存档及其与国外的比较——基于国家图书馆 WICP 项目的研究[J]. 图书情报工作,2013(18):80-86,93.

[4] 张炜,敦文杰,周笑盈. 国家数字图书馆网络资源保存的实践与探索[J]. 数字图书馆论坛,2017(6):32-38.

未成年人与弱势群体服务

公共图书馆的儿童阅读推广研究

——以安徽省图书馆“英文童书阅读会”为例

梅新慧(安徽省图书馆)

一、儿童阅读和儿童阅读推广的意义

1. 儿童阅读

儿童是国家的未来和希望。儿童阅读不仅关系民族文化的传承,更关系国民德行和素质的提高。儿童所读的书,如同通向世界的窗口,影响着他未来人生的走向。当代教育学者朱永新认为,儿童用于构建未来成人内心世界的正是他在14岁以前所阅读和体验到的东西。儿童时期是一个人品格、习惯养成的重要时期,也是学习技能奠基时期。因此,在这一时期,儿童若能接触并阅读书籍,将会有助于日后精神世界的发育。

2. 儿童阅读推广的特点和意义

儿童阅读推广指的是通过各种方法,向儿童和有引导能力的成人介绍优秀阅读素材、阅读指导方法和阅读理念,逐步引导儿童爱上阅读,帮助儿童成为“自觉的,独立的、热诚的终身阅读者”,并同时改善儿童阅读环境的过程。儿童阅读推广,从对象上包括儿童和成人,从性质上表现为主动传播。

儿童阅读推广的特点有三。一是以儿童为本,尊重儿童,关注儿童的阅读兴趣。我们过去教过孩子很多阅读技巧,却忘了教孩子“想要阅读”。

二是强调成人对孩子的影响,强调成人对儿童阅读所负有的责任。儿童是阅读的主体,而有经验的成人是阅读过程的引导者和推动者。成人可以通过主持和引导孩子进行有关阅读的交流,来促成优良的阅读反应,从而实现阅读的良性循环。西方儿童阅读推广研究的重点和热点是亲子阅读和分享阅读。

三是在儿童阅读推广的实践上,西方学者研究出了很多适合学校和家庭的阅读指导方法,如持续默读、朗读、阅读记录、作者见面会、结交书友与笔友等。

在儿童阅读推广中,如果抓住培养阅读兴趣的关键时期,我们就有可能将儿童培养为热爱阅读的终身阅读者。反之,错过了这个时期,儿童就有可能终身缺乏阅读兴趣。因为,儿童阅读推广具有更深远的战略意义。在很多西方发达国家,儿童阅读推广作为国家项目由政府主导,并往往成为全民阅读工程的突破口。

作为保证公民阅读权利和阅读公平的社会机构,公共图书馆理应成为儿童阅读推广活动的重要平台。

二、安徽省图书馆“英文童书悦读会”活动案例

1. 活动简介

“英文童书悦读会”作为安徽省图书馆特色服务品牌之一的“英语沙龙”的少儿活动，吸引了许多家长和小读者前来参与，反应良好。目前，该活动的形式和参与读者群日渐稳定，也有越来越多的志愿者加入到活动中来。

如果说以前的少儿英语是死记硬背、哑巴英语，属于1.0时代。而2.0时代的少儿英语是老师带领着孩子蹦蹦跳跳，通过单词游戏学习的碎片英语。那么以绘本为载体、阅读为先导，培养孩子自主学习力的少儿英语学习已经进入到了3.0时代。

2. 实施步骤

互联网作为现代人信息传播和交流的主要平台，为少儿阅读活动的顺利开展提供了极大的便利。策划人员首先在合肥市的各个知名论坛发布安徽省图书馆组织“英文童书悦读会”活动的信息，同时在国内知名的社交平台QQ上，创建一个“省图英语沙龙—少儿群”，以便参与者随时加入进行线上交流。

随着“英文童书悦读会”活动的持续开展，加入QQ群的人越来越多，目前已经达到近千人。线下，众多群友的热心付出为“英文童书悦读会”的开展奠定了基础。有的家长发来原版绘本的PDF文件和音频，有的家长做好分角色扮演的脚本，还有一些志愿者主动要求担任“英文童书悦读会”的主持人，带着孩子们一起读绘本、做游戏，形成了“开心哥哥”团队等公益小分队。每次活动结束，活动组织者都会同家长和孩子们交流，询问他们参加活动的感受和建议，积极地对活动进行持续改进。

线下活动前一周，安徽省图书馆会在“英语沙龙少儿QQ群”、安徽省图书馆的网站主页以及合肥市的主要论坛、“豆瓣网”的“同城活动”板块进行预告，同时也制作海报在图书馆内预告，让大家及时了解下一期“英文童书悦读会”的阅读书目、时间、活动地点等相关信息，并在少儿QQ群里上传本周活动的绘本电子版相关资料，供参与者下载，提前熟悉内容。

3. 活动形式

（1）绘本讲读。“英文童书悦读会”每期都会推出阅读书目，大多为意大利黑猫系列分级读物和牛津树系列读物。活动开始，主持人先带着小读者们通读全文，必要处给予适当讲解，丰富和生动的画面往往能迅速抓住孩子们的注意力，使他们沉浸在美好的童话故事中。活动场面积极活泼，气氛温馨怡人。

（2）角色朗读。讲读完绘本的主要文字后，主持人会将故事中的主要角色理清，并由小朋友们自由认领角色，进行分角色朗读。主持人会提示大家，不同的角色和情境下一些朗读的基本技巧。更多的时候，孩子们能自觉融入故事中，出色地完成角色朗读。一轮角色朗读之后，大家还可以互换角色，进入到下一轮。主持人可以根据参与人数的多寡，安排2—3轮。

（3）故事表演。角色朗读结束之后，主持人可以邀请一些模仿能力和表现力较强的孩子们上台将这个故事表演出来。这个时候可能要更多地依赖孩子们的记忆力和复述能力了，大多数孩子的表现出人意料的好。

(4)问题抢答。故事表演完之后,孩子们对整个故事基本烂熟于心了。这时候主持人再趁热打铁,进一步提几个启发性的问题,将童话故事的寓意进一步揭示清楚,鼓励孩子们用英文表述他们稚嫩但却充满想象力和创造力的答案。这个环节常常也是高潮迭起。

三、“英文童书阅读会”的意义

1. 推广了英文绘本图书阅读,提高了图书馆外文报刊资源利用率

图书馆举办“英文童书悦读会”以来,越来越多的青少年英语学习和爱好者走进图书馆,了解并喜欢上原版英文绘本。此外,图书馆外文报刊资源利用率也得以提高。许多孩子参加完活动都主动会去翻看一下适合他们阅读的英文报纸和期刊。

2. 锻炼了参与者的英语听说能力

很多参加“英文童书悦读会”的家长和孩子们表示,活动为孩子们创造了一个听英语、说英语、用英语的语言环境。这样的不同于传统课堂教学,平等、友好、温馨的氛围对于提高孩子的英语口语水平产生了积极的作用。许多小朋友刚参加活动的时候,还需要家长在边上陪着,缺乏自信。参加过一段时间之后,孩子们之间熟悉了,成为朋友,也就可以独立参与整个活动流程了,英语的表达也就自然而随意了,消除了紧张感和陌生感,英语听、说能力也得到了提高。

3. 体现了图书馆的社会教育职能,增加了图书馆的美誉度

公共图书馆开展“英文童书悦读会”活动,充分体现了图书馆的社会教育职能,得到了广大家长的一致好评,同时也吸引了省内媒体的关注,他们多次报道“图书馆英文童书悦读会”的活动新闻,增加了图书馆的美誉度。

4. 为爱心志愿者提供了一个活动平台

“英文童书悦读会”在开展的过程中,逐渐吸引到一些英语爱好人士和热心教育的人士。他们愿意利用业余时间参与“英文童书悦读会”的策划和组织,形成了开心哥哥公益团队,越来越多的孩子加入到公益活动中来。

正是由于志愿者们的热心付出,共同参与每一期“英文童书悦读会”的相关事务,如活动的策划、主持、协调、宣传以及现场秩序的维护等,我们的活动才得以如期、顺利、高质量地举办下去。

正是因为有了来自社会各阶层,拥有不同知识背景和技能的志愿者的参与,图书馆人力不足的弱点得到了有效的弥补。

“英文童书悦读会”是安徽省图书馆创新服务理念、完善服务模式、树立服务品牌的有益尝试。今后,“英文童书悦读会”将朝着更加有利于青少年读者阅读兴趣培养、阅读能力提高、阅读习惯养成的方向发展。

儿童阅读推广意义重大。作为提供公共阅读场所和公共阅读资源的社会机构,公共图书馆理应成为儿童阅读推广的一个重要支点。公共图书馆界应当保持开放的视野、宏观的高度,

摆脱封闭的行业界限,了解西方发达国家儿童阅读推广的状况和经验,关注中国儿童阅读推广运动。积极寻求与社会各界的充分合作,共同发挥合力,大力推广儿童阅读。

参考文献

[1] 朱淑华. 儿童阅读推广研究[J]. 新世纪图书馆,2012(3):88-90,21.
[2] 颜虹. 图书馆开展分享阅读活动的意义与实施策略[J]. 河南图书馆学刊,2007(1):51-53.

武汉市外来务工人员阅读需求调查及分析

邓　超(湖北省图书馆)

一、背景与目的

1. 调查背景

截至2016年底,我国外来务工人员总数已达28171万人,占全国总人口的20.37%。武汉市的外来务工人员达到215多万,约占武汉市1072万常住人口的20.1%。为真实了解外来务工人员的阅读情况,关注城市外来务工人员的阅读趋势,有效服务于外来务工人员,公共图书馆应该对其基本情况、阅读内容和阅读期许进行全面了解,以便有针对性地为外来务工人员开展阅读服务活动,从而进一步提高城市外来务工人员的文化素质,提升其就业竞争力,实现社会和谐发展[1]。

2. 调查对象

本次调查以武汉市区的外来务工人员为调查对象,在外来务工人员流动量大的地点(如武昌、汉口火车站),工作集中的地点(如武昌某些建筑施工工地、汉阳一些机械制造厂)共发放问卷320份,回收问卷308份,回收率为97.5%,其中实际有效问卷276份。被调查的276名外来务工人员中,湖北省内的外来务工人员占了大多数,共有147人,占总人数的53.4%;河南省籍有25人,占8.8%;湖南省籍有18人,占6.5%;安徽省籍则有13人,占4.8%;江西省籍则有19人,占6.7%。总体上,湖北及周边的地区的外来务工人员占多数。

3. 调查目的及方法

调查目的是全面真实了解外来务工人员的阅读需求,从而有针对性地对外来务工人员的阅读进行必要辅导和援助。

调查方法主要是随机抽样发放问卷,辅以访谈、座谈。调查问卷分四个部分:(1)外来务工人员基本情况(单选);(2)外来务工人员阅读需求情况(多选);(3)图书馆利用情况(多选);(4)自由表述。

二、外来务工人员的基本状况

1. 基本状况

外来务工人员的基本情况主要涉及外来务工人员的性别、年龄、户籍、文化程度、婚姻状况、职业、收入等(见表1)。

表 1　调查对象基本状况

基本情况	调查类型	人数(人)	百分比(%)
性别	男	193	69.9
	女	83	30.1
年龄	20 岁以下	28	10.1
	20—30 岁	70	25.4
	30—40 岁	95	34.4
	40—50 岁	67	24.3
	50 岁以上	16	5.8
婚姻状况	未婚	79	28.6
	已婚	197	71.4
文化程度	小学	28	10.1
	初中	181	65.6
	高中及中专	57	20.5
	大专及以上	10	3.6
职业	建筑业	73	26.4
	制造业	70	25.4
	运输业	40	14.5
	餐饮家政业	31	11.2
	其他	62	22.4
收入	2500 元以下	44	15.9
	2500—3000 元	199	72.1
	3000 以上	33	12.0

调查数据显示，武汉市外来务工人员样本男性多于女性，主要从事以建筑业、制造业为主的体力劳动，月收入大多不足 3000 元；多数人为已婚人士，年龄大都在 20—40 岁之间，以青壮年为主；外来务工人员的文化程度以中学为多。结果表明，大多外来务工人员文化程度不高，工作技能低下，如何实现终身学习，提升综合文化素质，增强工作业务能力，从而提高收入水平，对于作为家庭经济支柱的他们来说，是一个亟须解决的问题[2]。

2. 业余时间媒体接触

外来务工人员群体的业余时间多，业余时间的活动安排影响着他们发展与生活幸福程度。下面对他们业余时间接触的媒体进行调查分析（见表 2）。

表 2　外来务工人员业余时间接触媒体

类型	电视	互联网	报纸	广播	纸质图书
时间(min)	105	43	15	7	8

在进城务工的外来务工人员群体的业余时间里，他们每天接触最多的前五类媒体依次是电视、互联网、报纸、纸质图书、广播。外来务工人员知识文化水平不高、经济收入低、工作时间长、工作环境恶劣等是导致他们不能经常阅读纸质书的主要原因。从表 2 可以看出外来务工人员看电视的时间最多，其次是手机网络阅读，纸质图书阅读时间较少。图书馆可以走进社区、工厂，向外来务工人员实地宣传阅读的重要性，多角度、全方位提升外来务工人员对阅读的趣味性，进而挖掘潜力，使外来务工人员成为真正的图书爱好者。还应向他们普及图书馆知识与使用借阅服务的说明以及图书检索、借阅流程等，使他们在有限的休息时间内，查借到所需的文献资料，缩短图书找借时间，提升图书借阅率。

三、阅读需求情况

1. 阅读书刊时间

外来务工人员阅读书刊的时间长短也与年龄有关系，表 3 是对不同年龄阶段的外来务工人员阅读书刊的平均时间的调查结果。

表 3　阅读书刊时间与年龄关系

年龄(岁)	25 岁以下	35—40 岁	41—51 岁	51 岁以上
平均时间(h)	2.6	2.4	1.85	1.9

可以看出，年龄在 40 岁以下的外来务工人员每天看书刊的平均时间相对较多，他们精力更加充沛，在完成工作后的休息时间，有精力有兴趣去阅读书刊、报纸，消遣时间的方式更加丰富。

2. 阅读书刊状况

为了解外来务工人员缺少阅读生活的原因，对此进行了调查(见表 4)：绝大多数的外来务工人员认为没有时间是其缺少阅读生活的最主要原因。其次是没有阅读条件，譬如临时居住地环境嘈杂、阴暗等。

表 4　缺少阅读生活的原因

原因	频次(人)	比例(%)	排名
没有时间	177	64.1	1
没有条件	92	33.3	2
没有兴趣	61	22.1	3
没有能力	24	8.7	4

此外，阅读书报的时间与外来务工人员的文化程度呈正相关性(见表 5)，即学历水平越高的外来务工人员，书刊阅读上的时间就越多。

表 5　每天阅读书刊时间与学历的关系

学历	小学及以下	初中	高中或中专	大专及以上
平均时间(h)	1.9	2.2	2.4	2.7

3. 书刊的来源

外来务工人员所阅读书刊的来源，有自己购买、从朋友手里借、从图书馆（室）借、从工作单位借、手机网络阅读等几种方式（见表6）。

表6 阅读书刊的主要来源

书刊来源	单位借	朋友借	图书馆借	自购	手机网络
频次（人）	7	117	73	125	121
比例（%）	2.5	42.4	26.4	45.3	43.8

外来务工人员阅读纸质书刊的来源主要是自己购买，从图书馆借阅的很少，网络手机阅读的比例明显提升，这些情况为图书馆向其免费服务提供了重要现实依据。值得关注的是，网络阅读已成为城市外来务工人员不可或缺的业余活动。随着信息时代和网络社会的来临，城市外来务工人员的阅读方式发生了巨大的变化，即网络阅读和数字阅读为主。城市外来务工人员中超过四成的人表示，通过手机网络阅读等现代化的数字阅读方式，来获取各种信息和相关资料。由此可见，外来务工人员的阅读方式也正在发生转变。图书馆应该重视这一变化，在做好传统图书借阅工作之外，还应完善数字图书馆建设，充实和丰富数字图书内容，尽量满足外来务工人员的阅读需求。

4. 阅读书刊的主要内容与目的

“生活娱乐”类纸质图书是城市外来务工人员最喜欢阅读的图书种类，其中有52.5%的外来务工人员表示喜欢这类图书（见表7）。

表7 阅读书刊的主题分布

书刊类型	文学艺术	时事政治	经济法律	历史地理	工业技术	生活娱乐	工具图书
频次（人）	98	126	89	29	62	145	22
比例（%）	35.5	45.6	32.2	10.5	22.4	52.5	7.9

在阅读内容上，外来务工人员的阅读内容还是以各种通俗易懂的读物为主，呈现通俗化趋势。由于受阅读条件和阅读环境的限制，加上缺乏正确和科学的阅读指导，以及受自身文化素质等因素的影响，目前外来务工人员的阅读倾向盲目化，普遍存在很大的阅读误区。

表8 阅读书刊的目的

目的	工作需要	提升知识	维护权益	寻求信息	消遣娱乐
频次（人）	54	109	30	35	145
比例（%）	19.6	39.5	10.9	12.7	52.5

从阅读目的上来看，外来务工人员通过阅读希望实现的目的依次为消遣娱乐、提升知识、工作需要、寻求信息和维护权益，其中消遣娱乐是最主要的目的。因此，需要对外来务工人员的阅读目的加以正确引导，加强舆论宣传和知识普及工作，扩大外来务工人员的阅读范围、提升其阅读品质，树立较为科学与合理的阅读观，使他们的阅读素质和专业技能得到有效的发展

和快速的提升。这是图书馆提供服务时应该注意到的。

四、外来务工人员利用图书馆状况

1. 不去图书馆的原因

调查结果(见表9)显示,没有时间、不知道地址和误以为服务收费等,是外来务工人员不去图书馆主要的原因。

表9　不去图书馆的主要原因

原因类型	频次(人)	比例(%)	排名
没有时间	125	45.3	1
距离太远	105	38.0	2
不知道地址	102	36.9	3
误为服务收费	87	31.5	4
没有兴趣	86	31.2	5

本次调查显示,大多数外来务工人员因地址不清和以为要收费基本上不能利用图书馆,但去图书馆的愿望还是很强烈的。可以说,外来务工人员是图书馆有待挖掘的一个庞大的潜在读者群,外来务工人员本着进城挣钱的目的走进城市,但由于社会对劳动力的知识能力和业务技能要求越来越高,图书馆若能主动为其提供优质的服务,这对外来务工人员不仅有人力资本提升的意义,也有助于健全人格的培养,甚至对社会稳定起一定的保障作用。

2. 对图书馆工作的期望

外来务工人员对图书馆的期许,以及对图书馆工作的意见(见表10)。

表10　图书馆需要改善的工作

改善方向	频次(人)	比例(%)	排名
图书数量	145	52.5	1
服务态度	119	43.1	2
图书种类	109	39.5	3
其他	43	15.6	4
建筑设备	25	9.1	5

外来务工人员大多对图书馆不甚了解,因此提出的改善要求比较笼统、模糊。本次调查结果为图书馆有针对性地开展外来务工人员服务工作提供了重要的参考依据。调查结果表明,在尽量丰富纸质图书种类,增加纸质图书数量的同时,图书馆应改善服务态度,并普及图书馆基本知识,让外来务工人员对图书馆能清楚认识、全面了解,提高其满意度。

3. 外来务工人员希望图书馆提供的服务

外来务工人员希望图书馆提供的服务的最大需求仍是纸质书刊借阅(见表11)。

表 11 外来务工人员希望图书馆提供的服务

服务类型	频次(人)	比例(%)	排名
书刊借阅	141	51.1	1
信息咨询	107	38.8	2
影像电子	61	22.1	3
技能培训	48	17.4	4
其他	19	6.9	5

调查结果显示,纸质书刊借阅仍是外来务工人员最基本的服务需求,但对比从前,外来务工人员的需求更加多元化。其中信息咨询与技能培训的比重大幅上升,表明外来务工人员认识到:在信息时代信息的力量和技能水平的提高,在日常工作和生活中的重要性日益凸显,认识到知识可以改变命运、提升效率、增加收入。

五、完善外来务工人员阅读服务措施

外来务工人员与普通市民一样拥有利用公共图书馆资源的权利,应为其搭建具有普惠性的阅读平台,提升外来务工人员文化素质和技能水平。

1. 加强宣传与推广

公共图书馆应加强宣传与推广,促使外来务工人员认识、了解图书馆,进而有效地利用图书馆的各种资源。在具体工作中,图书馆可以采用印制图书馆宣传手册、举办展览、大众媒体宣传等方式,充分利用报纸杂志、广播、电视等外来务工人员接触较多的信息渠道,增加图书馆的曝光率,提高外来务工人员群体对图书馆的关注度。还应加强与外来务工人员直接的沟通交流,组织社区活动,通过开办社区讲座、举行文艺演出,吸引外来务工人员的主动参与,促进外来务工人员形成利用图书馆资源的自觉意识,从而将其发展为图书馆的真正读者。

2. 加强阅读引导

外来务工人员的文化程度不高,阅读方式网络化,阅读倾向通俗化、盲目化,阅读目的娱乐化。对此,图书馆有必要对外来务工人员的阅读内容与阅读倾向进行培训辅导,树立健康、正确的阅读观,提升外来务工人员的阅读品位。及时做好纸质图书推荐工作,定期向外来务工人员推荐健康、实用而有趣味性的书籍,提供思想健康、知识性强的优秀书籍,避免其因知识的局限性而盲目阅读。积极开展导读工作,引导外来务工人员更好地利用图书馆,提高外来务工人员的阅读兴趣与能力。

3. 强化和其他单位的合作

首先,图书馆应当加强与用工单位的合作。图书馆为外来务工人员提供上门服务,需要用工单位的积极配合与支持,采取图书馆提供图书资源,用工单位提供场地的形式,提供稳定、长期的服务,确保外来务工人员能够在临时住地就能够借阅图书。其次,图书馆要加强与其他文化机构的合作。图书馆可以借助文化馆、艺术团等文化机构的力量,开展一些图书宣传、推广活动，促进外来务工人员认识到文化知识与阅读书籍的重要性，刺激外来务工人员的阅读兴趣，让更多的外来务工人员走进图书馆，从而使其有效地利用图书馆资源。再次，图书馆应当加强与当地工会、劳动主管部门的合作。图书馆应和工会、劳动主管部门建立合作关系，定期免费为外来务工人员开展培训，开办实用技术培训、法律知识、计算机操作等培训班，也可适当赠送培训教材，帮助外来务工人员在激烈的就业竞争环境中，掌握生存发展的技能，取得竞争的优势。

4. 开展送书进工地活动

外来务工人员工作繁忙、枯燥单一，缺乏娱乐活动，没有足够的时间和精力去图书馆。因此，图书馆可以定期开展送书活动，送书进社区、到工地、入工厂，为外来务工人员学习知识、获取信息、提高素质提供方便。也可向外来务工人员子弟学校捐赠爱心图书，间接为改善和丰富外来务工人员的业余文化生活，提供精神食粮，让外来务工人员更真切地感受到社会的尊重和关爱。

参考文献

[1] 国家统计局. 2016 年全国外来务工人员监测调查报告[EB/OL]. (2017 - 04 - 28)[2018 - 03 - 01]. http://www. stats. gov. cn/tjsj/zxfb/201704/t20170428_1489334. html.

[2] 武汉市统计局. 2016 年武汉市国民经济和社会发展统计公报 [EB/OL]. (2017 - 03 - 27)[2018 - 03 - 01]. http://zy. cnhubei. com/dongxiang/jzJLzrH100.

浅谈如何提升公共图书馆残障人士公共文化服务水平
——以安徽省图书馆为例

陈振举(安徽省图书馆)

据第二次全国残疾人抽样调查统计,中国各类残疾人总数接近8300万,约占中国总人口的比例的6.34%,其中初中以下学历(包含文盲)的残疾人占比高达90.2%[1]。如何满足残疾人巨大的文化需求,为残疾人提供无差别的阅读服务,成为当下图书馆公共文化服务的重要议题。

一、我国图书馆残障服务现状

我国图书馆残障读者服务起步较晚,20世纪80年代以前还没有无障碍设施及专门的场所,更缺乏相应的延伸服务。90年代起,随着国家政策的支持以及政府的重视,图书馆残障服务开始兴起。1994年,中国残疾人联合会正式在其下属单位中国盲文出版社建立了中国盲文图书馆。2008年,由中国残联信息中心、国家图书馆以及中国盲文出版社共同建设的中国盲文数字图书馆正式开通。截至2016年底,全国省地县三级公共图书馆共设立盲文及盲文有声读物阅览室850个,共开展残疾人文化周活动6142场次,在很大程度上丰富了残障读者的文化生活[2]。

近年来,随着相关法律条例的颁布,残疾人的基本阅读需求得到了很大程度的保障,但仍存在许多不足:

1. 无障碍设施不到位

目前我国很多地方的公共图书馆兴建于20世纪,设计之初由于资金、场地以及服务意识等因素的制约,很多图书馆并未配备便于残障读者的无障碍设施,如无障碍通道、盲道等,导致肢残、视障人士进出很不方便,影响残障人士通过图书馆获取信息资源的热情。

此外,残障读者的阅读资料匮乏。中国盲文出版社是全国唯一提供盲文书籍的出版机构,一般没有零售渠道,只能通过预订购买,且其制作成本和价格较昂贵,因此各公共图书馆盲文图书藏有量较少。加之更新频率不高,很多盲文书内容单一、版本老旧,无法满足广大盲人读者的阅读需求。同时,我国大多数公共图书馆也缺少为聋哑人提供手语的视频资料。

2. 助残服务专业性不高

在发挥图书馆针对残障读者提供服务的过程中,图书馆的工作人员发挥着重要的桥梁纽带作用,服务对象的特殊性对于助残工作者的专业素养提出了更高的要求。除了残障室的维护、盲文资料的借阅等基础工作之外,助残工作者还应具备一定的手语、心理学等知识,以便与诸如听力及语言残疾、智力残疾、心理障碍等各类型的残疾人沟通。目前多数图书馆举办的各种助残培训活动教授的内容粗浅且培训活动不具备常态化，难以在真正意义上提高助残服务的专业性。

二、安徽省图书馆提供残障服务的举措

1. 无障碍设施配置

2009 年，安徽省图书馆与省残联联合为残障人士建立全省首个残障人士阅览室。阅览室占地面积 80 余平方米，藏有盲文书刊近千本，无障碍影片 117 部，此外阅览室还配备了视频助视器、盲文刻印机、盲文点显器等硬件设备及盲文读屏软件，为残障人士搭建一个读书、上网、交流的服务平台。

除了建立残障阅览室，安徽省图书馆在对外开放的馆区前还设有专门为残障人士通行的坡道、盲道以及助步车停车位，楼层电梯按钮旁贴有便于盲人读者使用的盲文标识，每个楼层都设有无障碍卫生间。

2. 打造残障服务品牌

为提供更加完善的均等化的文化服务，安徽省图书馆定期举办“残障人士读书文化日”品牌活动，获得了广泛好评。活动主题根据残障读者的需求反馈进行确定、形式多样，包括文化知识讲座、美容养生讲座、技能培训以及读书交流分享会等。

2016 年 11 月，安徽省图书馆申请的《盲人阅读推广与社会教育示范应用》项目获得中国残疾人联合会审批，并得到中国视障文化资讯服务中心项目支持项目资金 5 万元，为 2017 年安徽省图书馆更多地开展盲人文化活动和教育培训提供了保障。

3. 助残队伍建设

为提高残障服务水平，安徽省图书馆组建了一支以馆员为主体、有读者参与的助残志愿者队伍。并通过更好地为视障读者提供优质实效的志愿服务，使助盲志愿服务越来越贴近视障读者的需求，安徽省图书馆邀请合肥特教中心的老师为助残志愿者开展盲人志愿者服务知识培训。2016 年 12 月，在中国助残志愿者协会、中国盲文出版社和中国盲文图书馆联合举办的“文化助盲志愿服务经验交流活动暨首届文化助盲志愿者骨干师资培训班”上，安徽省图书馆被评为五星级文化助盲志愿服务团队、借阅部李蔚蔚同志被评为三星级文化助盲志愿者，安徽省图书馆文化助盲志愿服务累计时长达 996. 5 小时。

安徽省图书馆作为全省公共图书馆阅读推广联盟的重要组成部分，也十分重视全省各级公共图书馆助残队伍的建设。2017 年 6 月，安徽省图书馆举办了“文化助盲志愿者培训骨干班”，并邀请中国盲文图书馆及中志联的专家为前来参加培训的各市县图书馆的负责人与志愿者进行授课。

三、存在的不足

1. 服务面狭窄

由于对于图书馆服务的不了解、心理障碍以及出行不便等因素，部分残疾人并没有享受到

安徽省图书馆提供的均等化服务，而图书馆与其他社会助残组织机构的服务对象经常完全重合。残障服务过程中存在的"马太效应"使得服务资源配置不合理。此外受物理距离所限，残障服务难以惠及乡村，无法满足边远地区的残疾人需求。

2. 服务对象单一

目前安徽省图书馆面向残障读者的无障碍设施及个性化服务偏向于视障及肢残人士，由于沟通上的困难，面向听力及语言残疾、智力残疾等其他残疾类型读者的服务较少。

3. 服务效果难以评估

近年来，安徽省图书馆致力于打造残障人士读书文化日品牌活动，已累计举办63期，此外还有视障读者看电影等助残活动，均吸引大量的残障读者前来参加。但活动是否能够达到残障人士的期望，是否满足残障人士的需求，却难以知晓，缺乏有效的评估机制，很难对残障活动的成效进行精准的评估及针对性的改进。

四、对策

1. 加强社会宣传推广

对于图书馆的无障碍设施、残障服务以及残障活动，应加大宣传力度，拓展服务对象。通过传统媒体与新媒体、自媒体相结合的方式，提高图书馆的影响力与品牌知名度，利用报纸、微博微信等渠道提高图书馆信息的透明度，使更多的残障人士了解并加入到图书馆的残障服务中来。

2. 加强助残队伍建设

助残志愿者的服务水平决定了残障人士公共文化服务质量，残疾人由于在生理及心理上存在障碍，往往很难将自己的需求表达出来，因此与残疾人进行有效的沟通对于助残志愿服务而言尤为重要。提升助残队伍的专业性，不仅能更好地为残障读者服务，还能拓展服务范围，为更多不同残疾类型的读者提供个性化服务。

3. 加强与其他助残组织的合作

由于受编制条件等因素的制约，图书馆为残障服务工作配备的专职人员往往并不多，在提供公共服务尤其举办残障活动中人力资源配置上常常捉襟见肘。加强与其他助残组织的合作，不仅能壮大助残队伍，还能整合残障读者资源，扩大服务范围，提升影响力。

4. 健全服务机制

是否具备一套完善健全的服务机制决定了残障服务的生命力。健全服务机制，加入招募、培训、激励、宣传、评估等机制，发挥吸收人才、总结经验、改进方法等作用，为残障服务的持续开展提供坚实保障。

五、结语

图书馆是保存人类文化遗产的重要机构，也是传播信息、参与社会教育的重要载体，目前我国的弱势群体的总量已占到全国人口的11.86%，并仍有上升趋势。完善公共文化服务，改善弱势群体生存状况，提高残疾人社会竞争力，促进社会和谐，实现伟大的中国梦是每一位图书馆员的社会职责，也是每一位图书馆员的光荣使命。

参考文献

[1] 中国发布第二次全国残疾人抽样调查主要数据公报[EB/OL].(2007-05-28)[2018-05-01]. http://www.gov.cn/jvzg/2007-05/28/content_628517.htm.

[2] 2016年中国残疾人事业发展统计公报[残联发(2017)15号][EB/OL].(2017-03-31)[2018-05-01]. http://www.cdpf.org.cn/zcwj/zxwj/201703/t20170331_587445.shtml.

“互联网 +”环境下公共图书馆少儿读者服务新思路

吴　爽(湖北省图书馆)

在“互联网 +”浪潮的影响下,数字阅读将大大加快,互联网以及手机、平板等移动终端为读者提供了随时随地阅读的条件。集各类科技知识之大成的图书馆,在推进经济发展与社会进步的过程中,具有不可替代的地位和作用。公共图书馆越来越注重对青少年群体的阅读服务工作。

一、“互联网 +”环境对青少年儿童的影响

今天高速发展的信息社会,网络无处不在,广大青少年儿童深受影响。网民年龄结构已呈现低龄化的趋势,青少年已经成为上网的主力军。少儿图书馆的阅读推广工作的核心就是让更多的孩子爱上阅读。阅读不是孤立的,我们应大力推动数字阅读的发展,注重个性化服务,图书馆行业的延伸将推动全民阅读的进一步普及。适时把握青少年读者心理需求的发展趋势,倡导个性化、自由化、数字化的阅读服务方式,进行正确引导,激发阅读兴趣、丰富阅读体验、提升青少年素质是图书馆应当面对的重要课题。网络的兴起使少年儿童面临新的阅读环境,传统的少儿阅览室也受到很大冲击。少儿阅览室应及时调整工作的重点,做好阅览室的工作,提高少儿阅览室的社会地位。

据第三十九次 CNNIC 调查结果显示,我国网民以 10—39 岁群体为主。截至 2016 年 12 月,10—39 岁群体占整体网民的 73. 7% ,其中 10—19 岁群体占比为 20. 2% ,较 2015 年底略有下降。与 2015 年底相比,10 岁以下低龄群体有所提升,互联网还将继续向这部分人群渗透。

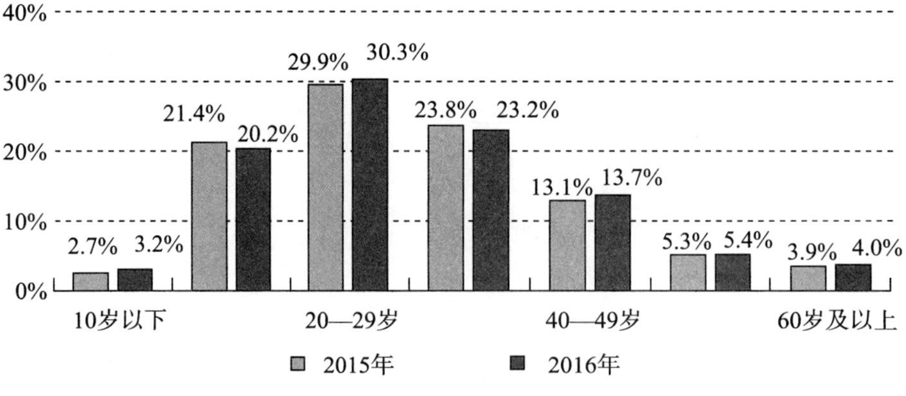

中国网民年龄结构

网民中具备中等教育程度的群体规模最大。截至 2016 年 12 月,初中、高中/中专/技校学历的网民占比分别为 37. 3% 、26. 2% ,与 2015 年底相比,小学及以下学历人群占比提升了

2.2%，中国网民继续向低学历人群扩散。

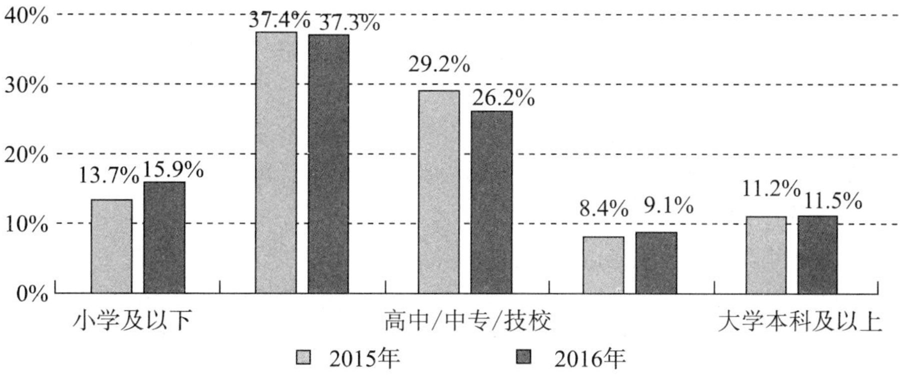

中国网民学历结构

在互联网信息时代里，少年儿童的阅读取向是多形式与全方位的。从阅读的形势来看，少儿读者汲取知识的途径从传统纸质出版物向网络阅读转化，并且越来越多的少年儿童从视听型文献中获取知识。从阅读的目的上看，绝大多数的少年儿童读者已经不仅局限于学习型阅读，在素质教育普及的大前提下，图书馆需要新增科普知识型阅读与娱乐休闲型的阅读，最终让图书馆的阅读形式丰富起来。

二、“互联网+”环境下少儿阅读服务现状

公共图书馆是社会信息、知识的集合、分析与服务机构，近十余年在国家重视文化、信息建设的环境下迎来了快速发展时期，图书馆的信息技术应用、互联网建设以及使之存在于现代信息社会的立足之本——资源建设与用户服务都有了长足发展，越来越多的图书馆不仅能够为用户提供便捷的互联网服务，还拥有门户网站、移动服务平台、微博等多种形式的服务平台，其服务内容、服务模式、服务途径都随着科学技术及网络的发展而发展[1]。

有些图书馆已将“互联网+”思维应用到了图书馆实践工作中。例如：河南工业大学图书馆通过部署端到端的戴尔“任意云”客户端计算解决方案，将图书馆传统事业变得现代感十足；济南市图书馆利用“互联网+”思维，采取24小时自助图书馆、数字阅读平台、手机图书馆等方式，让全民阅读不断向更多人群延伸，让阅读变得无处不在；上海图书馆推出“掌上图书馆”服务，成为国内首家入驻支付宝钱包的图书馆，用户通过支付宝钱包就可以享受相关信息服务。湖北省图书馆通过网站、微信、微博等为读者提供活动信息和相关服务，开通了微信报名系统、查询系统、读者证绑定等通道；读者还可以通过支付宝扫码体验掌上图书馆，查书、检索、借阅一键搞定。

“互联网+”所具有的“跨界融合、连接一切、创新驱动、重塑结构”的时代特征，不仅将使得“互联网+”时代的图书馆信息服务无处不在，而且还将使图书馆为了满足读者和时代的发展需求而延伸其服务内涵，重构其服务内容，以实现图书馆的信息服务与其他行业进行深度链接，吸引更多潜在的读者群体，实现其成为社会知识信息中心的目标。因此，在“互联网+”来临之际展望“互联网+”环境下的图书馆转型趋势，研究实现图书馆服务转型的个性化服务策略具有一定的现实意义。个性化阅读在青少年的学习及成长过程中起着至关重要的作用，它影响着青少年气质、性格的定型，促进青少年综合能力的提升，因此在“互联网+”环境下，图

书馆为青少年提供阅读推广及实践过程，尤为注重对其个性化阅读的指导与支持。

三、“互联网＋”环境下个性化少儿阅读服务的创新型策略

少儿阅读推广应该发挥信息推送的主动性和个性化作用，以少年儿童为中心，分析其阅读需求，通过对少年儿童进行有效的阅读引导，从而实施个性化的阅读推送和服务，保障阅读服务的扩展性，并且利用大数据思维建立相互阅读模块的联系性，从而达到培养儿童阅读的目的[2]。具体可以通过以下几个方面来实现。

1. 图书馆建立富有儿童特色的互联网平台。为了吸引青少年的眼球，引起他们的阅读兴趣，网站建设在保证实用性的基础上，要特别注重以新颖的形式、富有童趣的界面，提供新奇的阅读体验来吸引少儿读者。可以按年龄段设置菜单，如低幼馆、小学馆、中学馆等，进行分级阅读指导，为青少年提供个性化的网络导读。图书馆可以在主页上提供特定的导读服务，包括图书信息智库检索、各种分类信息、图书预约及续借服务，方便读者在网络上完成图书的预约与续借服务。同时还可以进行一些网络互动，比如设立读者分享平台，或者采取在线咨询方式及时解答读者的问题。青少年读者可以随意选择自己喜欢的交流方式，与图书馆员互动交流，提出自己需要的帮助或服务；馆员需要搜集有效信息，根据青少年读者的需要定制并发布相关信息，提供针对青少年读者的特定服务，使网络服务更加实用与个性化[3]。

2. 以少儿读者为中心，分析其阅读需求。将少年儿童作为阅读推广的主体，了解他们的心理发展特点，根据不同年龄阶段的少年儿童进行信息分类，以满足其阅读需求。只有对其阅读需求进行准确的分析和了解，才能够推送儿童感兴趣且合适的信息内容。少年儿童的阅读需求应建立在其对信息浏览量的基础上，传统的数字图书是通过结构化的数字采集，对读者的浏览量和满意程度进行统计，这种方式不能够实现对大量数据的快速处理。因此，在分析少年儿童阅读需求时，可以通过大数据技术将大量的数据进行快速的统计、分析，从而准确地获取少年儿童对信息的需求。通过对少年儿童阅读需求的分析，为其阅读推广提供有效的信息方向。

3. 开展个性化阅读推送，实现阅读服务的扩展性。大数据提高了人们对个性化阅读推送的要求，传统数字背景下运用过滤技术来进行阅读推送的方式已经不能够适应人们的阅读需求。大数据技术能够通过多种渠道实现跨平台信息的获取，将多种信息进行分析、整合，满足人们对个性化阅读推送的需要，给人们提供优质的阅读服务。个性化的阅读推送能够大大提高少儿读者的阅读量，激发儿童的阅读兴趣。阅读推送可以根据少儿读者心理发展特点进行个性化设计，可以利用儿童感兴趣的文字作为信息推送的题目，激发少年儿童的好奇心，引发阅读兴趣，从而达到阅读推送的目的。移动终端是目前主要的信息交流方式，通过 APP 软件进行阅读信息推送，既扩展了信息获取的平台，又保障了阅读的多元化服务。

4. 倡导家长协助，对少年儿童进行有效的阅读引导。少年儿童的心理发育尚未成熟，对很多事物还没有形成良好的认知。在此期间，家长作为他们的抚养人和监护人，有义务对他们进行积极的引导，使其能够形成正确的价值观、世界观。良好的阅读习惯及阅读内容对少年儿童的身心发展有着非常重要的作用。家长在教育引导要重视阅读对儿童的重要性，家长应该适应当今的时代发展趋势，给予儿童一个全新的阅读空间。除此之外，应该根据家长浏览网页所留存的痕迹，分析家长的需求，及时地进行数据筛选，为家长提供所需要的有用数据信息。根据这些信息，可以周期性地将类似内容推送给家长，让家长能够关注到信息的连续性发展动

态。家长的有效引导能够帮助少年儿童筛选不良的信息内容，从而为他们营造一个绿色的阅读环境。

5. 加大少儿数字资源共建共享力度。少儿数字资源建设需要考虑不同年龄层次儿童的特点，选择适合不同年龄段儿童的阅读文献，并通过图书、音频、视频、图片等多种形式展现出来，让儿童通过视觉、听觉来学习知识、加深印象。数字图书馆推广工程自实施以来，已经联合全国省、市级公共图书馆在资源建设和联合采购方面开展了合作。各地少儿馆可以借助和依托国家重大数字文化惠民工程，如数字图书馆推广工程，在对外购买资源方面，可以通过联合采购等方式，实现数据库一次购买、多地使用[4]。在资源自建方面，全国少儿馆可以联合开展数据库建设工作，充分整合各地图书馆本土特色资源和社会的优秀文化数字资源。对于同一主题和内容的少儿资源，可以集中各馆力量加工、整合成一个满足少儿学习、智力开发、娱乐的专题少儿资源库群，在全国范围或者某一区域内共享，避免资源的重复建设，这将会极大地提升我国图书馆面向少儿的服务水平。另外，各地也可利用地方特色资源，进行特色数据库的建设，借助地域文化平台，推动本土文化建设。让本土文化滋养青少年成长，传承地域文化。

6. 加强专业技能人才的培养和招募。人才是数字图书馆建设的基础，是事业长期发展的根本保证。少儿馆建设应重视工作人员的素质及能力，定期为少儿读者服务的馆员开展涉及数字图书馆技术、资源建设、服务推广以及心理学等方面更为全面、专业的培训。数字图书馆推广工程目前已经通过组织专题培训班、馆员研修、在线培训、区域培训等方式，为全国公共图书馆的从业人员提供业务技能培训，将我国数字图书馆建设成果和发展前沿惠及基层数字图书馆。少儿数字图书馆建设不仅需要工作人员具备图书馆的专业技能，还需要馆员了解少年儿童阅读的阅读需求和喜好以及儿童心理需求，掌握与少儿读者顺利沟通交流的方式。优秀人才队伍是提升服务效力的保证。随着少儿读者工作服务观念、服务内容、服务方式的变化，少儿图书馆人员的素质结构及其内容也要随之发生新的变化。

现代信息技术的飞速发展，给图书馆带来了全新的网络环境，网络成为人们获取信息的主要途径之一。在这个网络环境下，少儿图书馆传统的服务内容与服务方式已不能满足少年儿童读者的需求，必须由传统的服务方式向多元化服务方式转变，充分利用计算机网络技术，开发利用信息资源，实现资源共享以及个性化阅读服务适应社会发展趋势，这样才能更好地为广大少儿读者服务。在“互联网 +”环境下各地图书馆电子阅览、多媒体阅览、数字体验等高科技含量的阅读形式已逐步开展，网络环境给少儿图书馆服务工作带来了机会和挑战。

参考文献

[1] 韩翠峰.“互联网 +”环境下的图书馆服务转型与发展[J]. 图书与情报，2015(5)：29 – 32.

[2] 张慧英. 大数据时代少儿阅读推广的创新型策略研究[J]. 图书情报导刊，2016(9)：86 – 88.

[3] 文玲. 探究网络环境下少儿图书馆读者服务工作[J]. 合作经济与科技，2014(10)：110 – 111.

[4] 姜晓曦. 数字图书馆推广工程背景下少儿图书馆网络信息服务对策[J]. 图书馆理论与实践，2016(7)：101 – 104.

移动增强现实技术在少儿图书馆中的应用初探

陈冰清(湖北省图书馆)

2017 年,全球增强现实技术(AR)市场规模将增长至 52 亿美元,年增长率逼近 100%。随着国家政策的扶持、居民收入水平提升、"互联网 +"时代的飞速发展、数字原住民的时代到来、兼容并蓄的 AR 生态圈发展,AR 市场越来越生机蓬勃。在"互联网 +"环境下,少儿图书馆如何适应形势的变化,结合时代特点,寻求一条与移动增强现实技术相结合的应用道路,是现阶段少儿图书馆发展需要思考的问题。

一、移动增强现实技术的基本含义

AR,它是一种将附加的图形或文字等虚拟信息和对周围真实场景进行的渲染增强"无缝"集成的新技术,是以真实的环境作为基础,然后将虚拟物体与真实环境相叠加,实现虚实融合的效果,从而增强人们对实体事物的认识、理解和交互。虚拟物体随着真实环境的变化或随着用户在真实环境中的活动而发生改变,使真实环境与虚拟物体进行有机的结合。增强现实技术包含了多媒体、三维建模、实时视频显示及控制、多传感器融合、实时跟踪及注册、场景融合等新技术与新手段。可广泛应用到军事、医疗、建筑、教育、工程、影视、娱乐、广告、旅游等领域。

随着"互联网 +"的快速发展,可移动设备的价值和市场将是巨大的。智能手机上的 APP 也逐渐将 AR 技术带入到我们的日常生活当中。在 AR 原有的特点上(三维注册、实时交互、虚实结合),移动增强现实技术还扩大了使用空间,不再仅仅局限于某一个小区域。

二、移动增强现实技术于少儿图书馆的应用价值

移动增强现实技术的出现,进一步推动了现实与虚拟的融合,并将虚拟世界的优势充分发挥。根据"互联网 +"及媒体数字信息发展可以看出,从静态向媒体的转变,从单一到多元革新,从虚拟向现实靠拢的技术发展,都充分地体现了这种趋势。现在我们的日常生活已经离不开所谓的"互联网 +"以及数字信息技术了,在漫长的人类社会发展史中,移动增强现实技术只会扮演者越来越重要的角色,因为它不仅摒弃了虚拟与现实两者的缺点,同时,将两者的优势都充分地加以利用融合[1]。

当今时代文化越来越成为民族凝聚力的支撑,是构成综合国力的重要组成部分,丰富精神文化,特别是少年儿童的素质培养成为少儿图书馆工作的重中之重。新时代的少儿图书馆人应该将移动增强现实技术广泛地应用于少儿图书馆的发展中来,提升图书馆的服务能力和服

务质量，努力做到多元化、科技化的为少年儿童打造一流的阅读环境。

三、移动增强现实技术在图书馆中的应用现状分析

现阶段，移动增强现实技术在国内外的图书馆，都没有得到大范围规模性的投入应用，只有一部分图书馆、组织机构以及个人进行了尝试性的应用[2]。

1. 图书定位功能

图书馆对移动增强现实技术的经典应用是Shelvar程序，该程序利用定位功能，提高了对书籍排架管理的效率和正确率。这种程序的应用非常简便有效，工作人员来到书架前，利用智能手机或者平板电脑的摄像头对准书架扫描一下，如果这些书的位置和顺序都是正确的，所有的书脊感应标签处会显示绿色，如果图书摆放不正确，Shelvar程序会计算整理出书籍快速整理的有效方式，用橙色疑问标记标出那些需要重新整理的图书，并用箭头的方式指出图书应放的位置。Shelvar程序除了具有书籍排架管理功能外，还可以对图书进行清点，方便馆员及时了解图书在架库存。图书管理经验较少的馆员借助Shelvar程序同样可以快速而准确地进行书架管理。

2. 实时查看图书馆信息资源

“强化旅行”是一个应用移动增强现实技术的程序，它可以在用户旅游时，随时随地查看图书馆的数据库，了解旅游地的相关信息和资料，比如，旅游地的照片、历史记载、音视频等资料。在弗吉尼亚海滩有一所公共图书馆，通过与Tagwhat公司技术合作，利用Tagwhat公司所提供的多媒体以及移动设备将本地与景区相关的资料进行数字化，开发出名为“伟大景点故事”的信息程序。用户可以使用智能手机，将手机的摄像头对准景区景点或者要查询的某物，就可以进行相关资料的快速查询，还可以根据用户所选择的不同角度和方向，查到所需的准确信息。

3. 馆藏资源开发和利用

图书馆作为公共文化服务的阵地，具有社会文献整序；传递文献信息；开发智力资源，进行社会教育；搜集和保存人类文化遗产；丰富群众文化生活的五大社会职能。移动增强现实技术为图书馆资源的开发和利用提供了一个很好的途径，不仅可以为旅游行业提供资源服务，还可以将此项服务应用于教育领域，为学生提供丰富的互动教学资源，利用AR设备进行扫描，增加学生获得教育资料和教育途径的机会[3]。这些所提供的资源都离不开图书馆和移动增强现实技术的支持。

四、移动增强现实技术在少儿图书馆中的前景展望

1. 少儿图书馆个性化导航服务

当前所设立的少儿图书馆，因为功能区分和社会职能较多，更需要为少年儿童提供个性化路线的指引，做好各方面的导航工作。以湖北省少年儿童图书馆为例，其功能区分划为：亲子

玩具屋、少儿科普教室、少儿多功能厅、绘本借阅区、儿童文学区、中小学借阅区，应用移动增强现实技术导航之后，少儿可以根据移动设备上显示的指引信息和一些相关介绍内容对这六个区域范围进行随时随地的查询，根据自己的需求和所在的位置不同对系统发出不同的指引请求。

2. 少儿图书馆可视化信息检索

移动增强现实技术还可以为少年儿童提供可视化信息检索服务，可视化信息检索是传统图书情报领域对于信息检索的重大发展。它将传统的抽象信息（如文本信息）通过一定的模型、技术转换为人们更容易感受的可视化状态。并改变传统的检索方式，以更具人性化的搜索和更有启发性的图形图像代替传统的检索方式。最大限度上挖掘少儿读者最深层次的检索需求[4]。当少儿读者来到少儿图书馆输入想借阅的书名，当即就能在屏幕上利用3D技术直观地看到书本在哪一架书柜，根据画面的引领很快可以精准地找到所需书籍。

作为全民阅读推广的重要活动基地，湖北省少年儿童图书馆每年都会推出大量形式各异、内容丰富的少儿活动，有效地运用系统进行可视化活动报名导航，可以让少年儿童感受到一种身临其境、虚实结合的活动介绍，更加直观地去选择自己想要体验的阅读活动。

3. 丰富少儿读者阅读体验

阅读主要是通过纸质书籍文献和电子资源两种途径，纸质书籍的传播方法和受众群体比较单一，在整个"互联网+"的时代背景下，电子资源显然更加符合人们日益增长的各方面需求。移动增强现实技术的主要特点是虚实结合，那么作为少儿图书馆怎样把纸质与电子阅读进行完美结合，找到符合少年儿童特征的一种虚实结合的阅读模式就是少儿图书馆的重要任务。现在，有些通过AR技术处理的图书已经开始出现在亚马逊网站上，这类图书在外观上和一般图书没有什么区别，但是通过手机下载AR APP并扫描图书的指定区域就能表现出不一样的特点，例如将恐龙的平面图片转变为可以操控奔跑的3D模型；平面世界地图转变为可以活动的地球仪；点击书本上的知识点，会有虚拟的老师动态地为你讲解等。少儿图书馆可以将这类图书进行推广，并在少儿阅读推广活动中加以利用宣传。

4. 少儿图书馆信息推送服务快捷

移动增强现实技术具有平台信息推送的作用并能保证信息内容丰富，传递更新比较及时。比如，少儿读者扫描借书证，可以得知少儿图书馆新书以及自己借阅的情况；扫描图书可以得知这本书借阅方法、内容概括、作者介绍、读者反馈等；扫描活动区域，可以得知历史活动、活动版块、活动内容、活动形式、活动预告、活动主讲人。而且移动增强现实技术的信息推送操作便捷，只需用移动设备的摄像头对准指定区域扫描就可以获取所需要的信息。

五、移动增强现实技术在少儿图书馆中的推广障碍和解决方法

1. 移动增强现实技术在少儿图书馆中的推广障碍

移动增强现实技术相对于普通的信息技术而言还是比较高端和复杂的，如果想将图书馆的自动化管理系统、数字馆藏信息与真实场馆、纸质文献结合起来技术难度更大，一般的少儿

图书馆员如果没有进行过专业和系统的培训和学习，很难熟练地掌握这门技术，所以如果在少儿图书馆中大量运用这项技术，那么对专业人才的需求也是很大的。另一方面，全面运用移动增强现实技术需要大量的资金成本购买所需硬件设备和对专业技术人员的培养和聘用，前期成本太高。不仅如此，当前社会各方面对移动增强现实技术的支持还不足够，成果反馈也不丰富，如果贸然投入到实际运作中，容易无法收到预期的成果。

2. 少儿图书馆对移动增强现实技术关注不够

移动增强现实技术在世界范围内发展迅速，但是国内的少儿图书馆乃至一些重点省份的图书馆对于这项技术的关注度还不够高。时代在发展，信息在爆炸，知识以前所未有的速度在更新，未来移动增强现实技术已成为发展的趋势，必定会在各个领域引领潮流。少儿图书馆人需要提高重视，紧跟时代的步伐，提高对这项技术的关注度。

3. 少年儿童需要智能手机或平板的支持

结合当前移动增强现实技术的应用，离不开硬件支撑，少儿读者必需使用手机或者平板电脑扫描对应项目，才能呈现相应的图书馆 AR 资源。虽然手机已经非常普及，但是在一些家庭里，家长不主张过早地给孩子使用电子产品和移动设备。就算孩子有手机，在图书馆来获取 AR 资源，但是设备的限制和网络的不稳定性都可能导致 AR 设备及资源利用度不高。

六、AR 在少儿图书馆中的推广方法

1. 整合资源，多方合作

移动增强现实技术现阶段还处于发展阶段，还远没有达到技术上的成熟，因此少儿图书馆应整合资源、多方合作，实现利益最大化的共赢局面[5]。依托专业 AR 技术公司和人员，利用图书馆的数字信息资源的优势，联合博物馆、科技馆、动物园、旅游业等，全面发展移动增强现实技术，让少儿读者享受更加丰富的资源。

2. 提高关注度，加大宣传量

社会各界需加大对移动增强现实技术的关注，少儿图书馆也要在其中起到宣传作用，不仅要各个平台的信息推送介绍移动增强现实技术，更要在实际的少儿阅读活动中展示 AR 操作系统，全力普及 AR 相关知识盲点，让广大的少儿读者了解 AR、熟悉 AR、习惯 AR，让 AR 技术不知不觉融入日常生活中来。

3. 开发推广 AR 眼镜

现阶段 AR 技术的硬件支撑更多的是手机和平板电脑，随时科技的不断发展一些可穿戴设备也会随着技术提升被广泛应用。例如微软公司于 2015 年 1 月 22 日发布的 HoloLens 全息眼镜或其他“可穿戴设备”的发展，未来少儿读者可以不需要手持设备，仅是一副方便携带的眼镜就可以随时随地利用 AR 资源，从而更好地利用图书馆的馆藏资源。

4. 加强对少儿馆员专业培训

少儿图书馆应在“互联网 +”这个领域申请足够的经费，来培养和训练更多的移动增强现

实技术高精尖人才,帮助少儿馆员更好地利用和发展 AR 技术,最终为少儿读者带来更优质、更科学、更丰富的服务。

参考文献

[1] 付跃安.移动增强现实 AR 技术在图书馆中应用前景分析[J].中国图书馆学报,2013(3):34-39.
[2] 廖宇峰.增强现实 AR 技术在图书馆中的应用研究[J].情报资料工作,2017(1):62-66.
[3] 李震,李艳诚.图书馆应用移动增强现实技术(AR)探究[J].图书馆学研究,2014(21):17-21.
[4] 王璞.移动增强现实技术在图书馆中的应用研究[J].图书与情报,2014(1):96-100.
[5] 王斌英.增强现实技术在图书馆移动信息服务中的应用研究[J].情报探索,2015(6):78-81,85.

公共图书馆文化助盲服务工作的建设和思考

李蔚蔚(安徽省图书馆)

在为残疾读者(特别是盲人)文化服务工作中,安徽省图书馆践行"公益性、基本性、均等性、便利性"无差别服务的要求,发扬"奉献、友爱、互助、进步"的志愿者精神,充分发挥自身优势,开展了形式多样、内容丰富的志愿服务活动,取得了良好的社会效益[1]。回顾服务历程,发现问题,探讨创新服务模式,有利于文化助盲活动的深入开展。

一、安徽省图书馆文化助盲服务工作简介

安徽省图书馆于2006年建立盲人阅览室,2009年在此基础上将其扩建成残障人士阅览室、活动室,通过组织开展系列残障读者阅读推广活动,吸引了一批忠实的盲人读者走进图书馆。为了更好地为盲人读者提供优质实效的志愿服务,安徽省图书馆面向社会公开招募盲人文化服务志愿者,倡导社会各界关心、支持并积极参与社会公益事业,组建了一支以馆员为主体、有读者参与的文化助残志愿者队伍。志愿者们长期坚持为盲人读者提供送书上门、到馆接送、讲电影等文化服务。在阅读推广活动中,志愿者们从活动策划、前期筹备到现场服务协调,都发挥了积极的作用。

2015年,安徽省图书馆与中国盲文图书馆开展了常态化的合作,中国盲文图书馆向安徽省图书馆免费赠送了盲用阅听设备和文献资料,为安徽省图书馆针对盲人读者的服务活动注入活力,并带动安徽省内各级公共图书馆文化助盲服务的开展。安徽省图书馆带队参与了"全国盲人百科知识竞赛"活动,活动中涌现出刘春红、赵淑芳等全国优秀盲人读者,该馆还组织了全省公共图书馆助盲志愿者骨干培训班。文化助盲得到了省内外新闻媒体的关注,逐渐成为安徽省图书馆读者服务中的一项品牌活动,安徽省图书馆及其下属的部门和员工也因此获得了多项政府奖励,如安徽省"十一五"期间"扶残助残"先进集体、"安徽省青年文明号""学雷锋活动示范点""岗位学雷锋标兵"等。

二、文化助盲服务是公共图书馆的社会责任和使命

1. 文化助盲的意义

文化资源和教育资源在社会政策制度安排下的公平配置是保障社会和谐、稳定的重要因素。公共图书馆自创立之初就被视为公共文化服务体系不可或缺的组成部分,是为公众提供终身教育的场所和传播社会文化的机构,是保障公民自由获取信息、实现信息公平的制度安排和实施机构,是社会公众尤其是残疾人等弱势群体能够负担得起的获取信息和知识的重要乃至唯一途径[2]。因此,联合国教科文组织的《公共图书馆宣言》和我国的《公共图书馆服务规

范》都明确要求公共图书馆为残疾人提供平等服务。

《中华人民共和国残疾人保障法》中定义的残疾人包括视力残疾、听力残疾、言语残疾、肢体残疾、智力残疾、精神残疾、多重残疾和其他残疾。受制于图书馆传统的书刊文献,相对于大多数其他类型的残疾读者,盲人可利用的资源较少和享受的文化服务较少。随着我国经济的快速发展以及信息技术设备在公共图书馆的广泛应用,为盲人读者服务逐步受到重视,省、市、县级公共图书馆都设立了独立的盲人阅览室。

2. 公共图书馆为残疾人士(包括盲人)提供服务是法律法规层面的要求

为残疾人服务,不仅仅是公共图书馆内在的社会责任感的体现,也是国家法律层面的强制要求。2013 年全国“两会”期间的《全民阅读促进条例》建议:“进行全民阅读立法……以法律法规的形式将推动全民阅读工作纳入法制化轨道,确定政府为促进全民阅读的责任主体。”如今,《中华人民共和国公共图书馆法(征求意见稿)》已经向社会公布。与文化助盲相关的主要法律法规主要有:

1990 年《中华人民共和国残疾人保障法》:“根据盲人的实际需要,在公共图书馆设立盲文读物、盲人有声读物图书馆室。”

2008 年修订的《中华人民共和国残疾人保障法》:“国家保障残疾人享有平等参与文化生活的权利。残疾人在政治、经济、文化、社会和生活等方面享有同其他公民平等的权利……根据盲人的实际需求,在公共图书馆设立盲文读物、盲人有声读物图书室。”

2011 年《残疾人事业宣传文化工作“十二五”实施方案》:“各级公共图书馆全部建立盲人阅览室,配备盲文图书馆及有关阅读设备,做好盲人阅读服务。”

2015 年,《中华人民共和国公共图书馆法(征求意见稿)》第三十二条:“政府设立的公共图书馆还应当考虑老年人、残疾人等群体的特点,提供适合其需要的文献信息资源、设施设备和服务。”

3. 文化助盲服务切实为盲人读者融入社会起到帮助作用

文化助盲活动,不仅加强了盲人与盲人之间、盲人与社会之间的交流,更是为盲人的文化水平和社会认可度的提高起到了积极的作用,这也是公共图书馆开展文化助盲服务的出发点。刘春红、赵淑芳等优秀盲人读者通过“全国盲人百科知识竞赛”活动极大地锻炼了自己的社交能力,被评选为“全国百名优秀盲人读者”和“阅读达人”,更加自信地参与和组织各类活动。通过安徽省图书馆多年来的关心和支持,王香君成为安徽省首位盲人参加普通高考并被录取的大学生,激励了更多的盲人学子勤奋学习。

三、深入开展文助盲服务的思考

1. 重视服务品牌的作用,扩大服务品牌的影响力

知识信息的获取不再以图书馆为唯一渠道,主要源于社会经济的发展和信息技术的应用,信息和资源的获取不再为图书馆专有,读者有能力自己购买一些文献信息资源,也可以通过网络便捷地获取和使用部分资源。面对新媒体、自媒体、书店等的竞争,公共图书馆要创建服务品牌,以优质的品牌服务赢得读者良好的口碑、获得社会的广泛支持,从而为自身发展营造出

良好的外部环境。

相比之下，盲人可使用的文献信息资源和相关技术设备仍然欠缺，图书馆仍是为盲人读者提供文化服务的重要渠道，这是公共图书馆核心竞争力的一个重要体现。公共图书馆应该把文化助盲服务当作一项服务品牌，在硬件设施、环境布局、业务能力和组织文化上长期努力，保持和发扬服务优势。同时，图书馆要充分运用网站、海报以及与媒体、残疾人社会组织的合作，加强对文化助盲服务的宣传推广，提高文化助盲在社会上的认知度和读者的参与度，促使更多的盲人读者了解文化助盲的内涵，进而更多地参与图书馆的服务活动。

2. 提高馆员队伍的素质，保障文化助盲服务的长期健康发展

文化助盲服务并不是简单地开放盲人阅览室而后撒手交给盲人和志愿者去自娱自乐。盲人读者是图书馆的特殊读者群体，相应的图书馆服务工作也具有特殊性，活动的形式、内容、组织都需要精心策划和安排，对参与文化助盲的馆员也提出了更多和更高的要求：热爱文化助盲服务，热情主动，具有较强的人际沟通交流能力，能与社会组织和媒体良好协作，具有朗读、文稿写作等专长。配备高素质的馆员队伍是保障文化助盲服务长期健康发展的基础。

3. 搭建文服助盲志愿服务平台，推动志愿服务在图书馆的开展

安徽省图书馆文化助盲开展十多年来，志愿者们长期坚持为盲人读者提供送书上门、到馆接送、讲电影等文化服务。在阅读推广活动中，志愿者们从活动策划、前期筹备到现场服务协调，都发挥了积极的作用。志愿服务不但在弥补工作人员与经费不足、促进图书馆与社会的开放交流、推动公共图书馆精神传播等方面发挥了作用，而且为志愿者实现自我价值，培养社会责任感搭建了平台，产生了一定的社会效益。公共图书馆志愿服务平台可以在完善志愿者服务的工作机制和管理制度、开展多层次服务项目、提升志愿服务的知名度、营造浓厚的志愿服务氛围、吸引更多专业人才加入志愿者队伍等方面进行规范化建设[3]。

4. 扩大服务范围，提升服务水平

由于盲文文献资源的特殊性，公共图书馆馆藏相应的文献数量极其有限，极大地限制了公共图书馆文化助盲服务的开展。公共图书馆一方面应该加强与中国盲文图书馆等机构的合作，努力增加盲文图书、大字版图书、视听资料和相关软件的配置，另一方面，开展讲电影、座谈会、交流会和娱乐活动，创新服务形式，吸引更多的盲人读者参与和策划盲人阅读活动。

2017 年，中国盲文图书馆主办、安徽省图书馆承办的安徽省公共图书馆助盲志愿者骨干培训班活动，是一次非常有益的尝试，为建立完善文化助盲志愿服务队伍，建立健全上下联动的文化助盲志愿服务工作机制以及文化助盲活动的普及开展创造了条件。

参考文献

[1] 蒋建林. 我国图书馆人文精神研究综述[J]. 图书馆，2004(1)：30－34.

[2] 刘鑫，王政. 公共图书馆残疾人无障碍阅读服务研究[J]. 图书馆研究，2015(5)：47－50.

[3] 丁若虹. 搭建文化志愿服务平台打造公共图书馆特色志愿服务品牌[J]. 图书馆理论与实践，2017(4)：1－5.

“互联网 +”时代怎样充分发挥图书馆社会职能

——长沙图书馆青少年分级阅读活动探析

黄　兵　陶慧琴　李墨君(长沙图书馆)

长沙图书馆秉承着一贯的阅读服务理念,在充分发挥新馆硬件优势的基础上,利用“互联网 +”的阅读推广新模式,并按照少年儿童不同年龄段的智力和心理发育程度,采取分级阅读,将阅读从纸上阅读向视听阅读延伸,将文献与延伸的实物服务相结合,变单一型平面教育为复合型立体教育,推陈出新,激发青少年阅读兴趣,以此提高青少年整体综合素质。

一、新馆在发挥社会教育职能方面的探索

1. 场馆基本情况

场馆在空间设计上就采用了分级阅读的模式,以 8 岁为界,分为少儿阅览室和青少年阅读中心(青少年借阅室)。

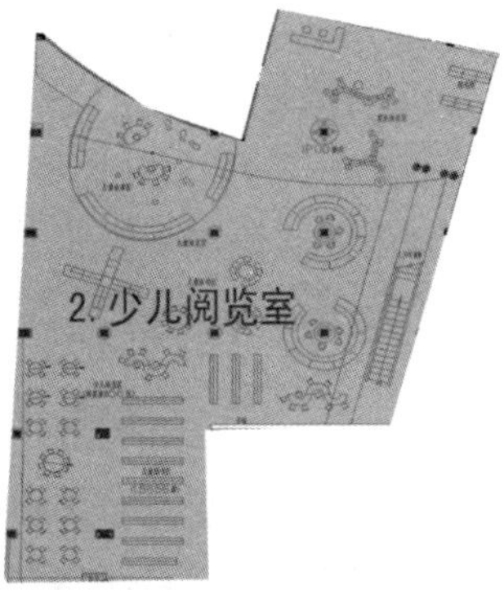

(1)少儿阅览室,面积 2000m²,主要针对 8 岁以下儿童提供服务,分为 3—8 岁少儿阅览区、3 岁以下低幼阅览区、手工制作区、儿童影视区、儿童游戏区以及少儿视听室等。少儿类图书现有馆藏 8 万余册,同时也引进了一些会唱歌的书、不怕撕的书、立体书等创意读本,定期开展影视欣赏、儿童诵读会、手工制作等读书活动。整体空间以“下一代长沙人梦想和想象的场所”为主题设计,每一个角落都是充满童趣的、互动的知识和想象空间,孩子们在这里毫无拘束地思考和学习。

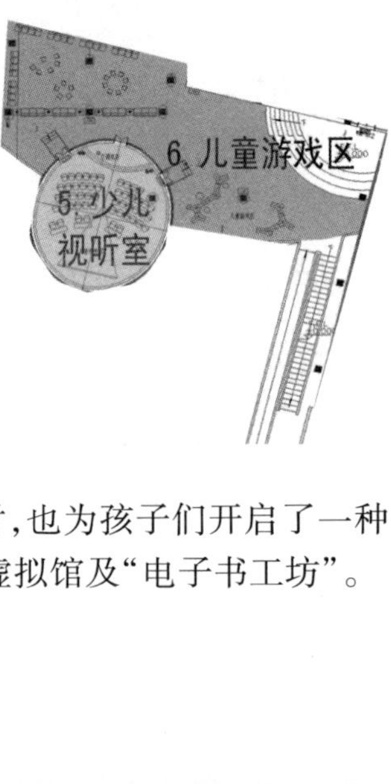

二楼夹层还开设了玩具图书馆,专为 3—8 岁的低幼儿提供各类益智玩具的借还服务,定期举办玩具游戏活动来提高儿童动手能力,协作能力,同时针对幼儿园、小学开设阅读指导课程,让孩子们在温馨故事和趣味游戏中学习知识。

少儿视听室(故事城堡)也设在二楼夹层,主要针对 3—8 岁少儿读者举办小型的绘本阅读课程,根据不同年龄阶层的儿童成长需要,举办各类生活、科技、自然科学等多方面知识的亲子阅读活动,这里也是开展少儿及家长读书分享会的重要场地。

(2)青少年阅读中心(青少年借阅室),面积 1700m²,主要面向 8—16 岁青少年读者,藏书多达 9 万册。在开展传统借阅服务的同时,也为孩子们开启了一种新的阅读模式,在原图纸的国学馆位置即动漫剧场的右角设置国学虚拟馆及“电子书工坊”。

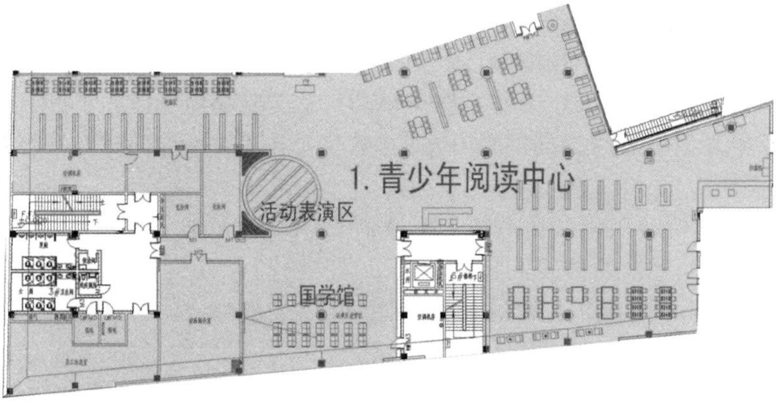

“电子书工坊”由两组圆形电脑台组成，推出了“原创电子书制作区”，孩子们创作的作品可以将其制成真正的实体书籍并被图书馆永久收藏。电子书工坊配置有高档耳机，以及有声绘本漫画，识字不全的小朋友也能自己“阅读”，降低了阅读门槛。场馆内还引入了“梦想树”的设计元素，让小读者在梦想的林间任思绪飞翔、驰骋。

新馆整个未成年人区域在场馆空间设计、家具配套、书籍调配上都充分考虑了孩子们的年龄特点及阅读习惯，最大限度地满足不同层次青少年的阅读需求。

2. 利用“互联网＋”推广阅读新模式

（1）全方位推广线上和线下阅读，形成了稳定的、初具规模的阅读小读者群

长沙图书馆自新馆开放运行以来，全方位推广线上和线下阅读，已经形成稳定的、初具规模的阅读小读者群，分别开设了“长沙图书馆少儿活动群”“青苗计划”“经典诵读群”等各类QQ及微信群。

经过这几年的探索实践，长沙图书馆少儿服务部的阅读系列活动基本已经形成品牌趋势，在每一项活动组织开展的实践中也形成了一套完整的线上线下模式和经验，所有的少儿活动都通过长沙图书馆公众微信、微博以及本地纸媒和网络媒体对外发布，让读者不出家门就能快捷全面地充分了解图书馆的各类活动资讯。不仅如此，长沙图书馆的每一场少儿阅读活动都充分利用了新媒体新颖和便捷的优势，活动前期以“微视频”的方式发布活动预告，可爱、有趣的画风和萌萌哒的声音，让所有爱听故事小朋友根本停不下来。通过这样轻松有趣的方式指引读者在指定的时间进入长沙图书馆微信公众号的“微服务大厅”，然后点击“活动报名”，进而选择自己喜欢的活动进行报名参与。微信后台数据显示，少儿活动报名信息在微信平台一经发布即遭秒抢，形成了“黄金11秒钟”的抢报神话。

在活动结束后，为保证每一场阅读活动的效果以及让更多没能参与现场活动的读者了解本场阅读活动的内容，长沙图书馆会在每场活动结束后在微信公众号上推出“活动回顾”以及长沙图书馆在线论坛里的“少儿园地”发布活动总结。并且在微信后台及时与读者互动，对于读者的反馈与宝贵建议一并及时处理与采纳，真正实现线上线下无缝对接，获得了读者极高的转发率和点赞。

（2）利用“故事城堡”开展绘本之旅活动，实施“阅读从娃娃抓起”的启蒙教育

心理学研究表明：幼儿的可塑性较大，容易“先入为主”，是培养良好习惯的最佳时期，而阅读是伴随幼儿一生成长的重要活动。图书馆特别针对3—8岁的学龄前儿童，结合场馆特

色，开展了一系列的读书活动。在长沙图书馆二楼有一座美丽的“故事城堡”，那里住着一位美丽的堡主丹丹老师，丹丹老师在每周日上午都会在“故事城堡”开启绘本之旅新旅程。故事主题包括最新最经典的绘本故事、中外经典童话等。在“故事城堡”堡主的带领下，4—6岁的幼儿们从听读故事开始走进阅读的世界，通过这些生动形象的绘本阅读，让低幼儿学会聆听、学会分享、学会模仿。

(3)成立“少儿微电台”，将阅读从纸上阅读向视听阅读延伸。长沙图书馆作为公共图书馆，在“故事城堡”绘本之旅的传统阅读引导下，不仅要与互联网做加法，还要发扬互联网精神，借鉴互联网思维，同时实施“互联网+”和“图书馆+”战略，让阅读无所不在。特推出长图少儿微电台首档节目——“堡主驾到”。

该节目将以故事为载体，为孩子们传递好书，与之分享阅读的快乐。同时，通过长久的听书、谈书不仅可以培养孩子读书的良好习惯，还能够让家长收获到很多教育孩子的方式方法，而长图少儿微电台也将成为小朋友成长道路上最忠实最真诚的伙伴，成为他们最钟爱的品牌节目。为让更多的人参与到线上阅读中来，长沙图书馆也会招募喜爱听故事讲故事的孩子和家长们来长沙图书馆录制故事音频，然后再通过长沙图书馆的微信公众号对外发布。少儿微电台的故事听读已通过长沙人民广播电台向更多爱读书的小朋友传递阅读之声，让更多的小朋友随时随地都能参与阅读，真正体会到阅读之美，将阅读当作生活的一种习惯。

(4)开设“电子书工坊”，将文献与延伸的实物服务相结合。除了将传统的绘本阅读转化为线上视听阅读之外，长沙图书馆还引进了一种新的读写阅读方式——电子书工坊。电子书工坊是图书馆的一种创新服务方式，它是集数字阅读、数字创作、数字馆藏、现场展示于一体的平台，可以将手写作文、绘画、摄影、视频甚至日常生活照等素材，制成精美的电子书，放在图书馆永久珍藏。

首届电子书工坊共10期的教学课程已经圆满结束，通过对6—9岁孩子面对面的培训，孩子们在爸爸妈妈的陪伴下基本都能快速制作出属于自己的电子书，实现了人人争当小作家的新体验，深受孩子和家长们的喜爱。

(5)发掘潜在读者群，开展了“走出去与引进来”相结合的阅读推广模式。在全民大众创新的大形势下，图书馆的阅读推广服务也应该与时俱进，将传统阅读活动做出新趣味新气象。长沙图书馆充分利用现有资源，发掘潜在读者群，将已有的阅读活动玩出新花样，继而开展了“走出去与引进来”相结合的阅读推广模式。

考虑到全市很多中小学和幼儿园的图书馆建设不够完善，藏书不够丰富，长沙图书馆率先打破传统的阅读模式，采取主动上门推广阅读的方式，定期下到幼儿园、小学开展丰富多彩趣味性知识讲座，通过自制课件、游戏，分年龄层次推广阅读，同时开展外借益智玩具及相关书籍服务，让更多的孩子能享受到长沙图书馆优质的阅读服务。

随着长沙图书馆新馆的开放，长沙图书馆提供了很多先进的阅读服务和阅读体验，并充分借鉴国外公共图书馆对未成年阅读服务的经验，尤其注重为5岁以下的学龄前儿童提供阅读服务，考虑到他们有更充足的时间享受图书馆服务，进而开展“观书海”活动，为全市几十所中小学以及幼儿园提供集体参观免费讲解。引导他们走进图书馆，带领小朋友参观各个服务窗口，使他们初步认知图书馆，学会利用图书馆。希望以这种参观的方式，可以将更多的孩子们吸引到图书馆，从小养成阅读的习惯，感受阅读的快乐，并成为图书馆的忠实读者。

(6)“悦读吧”手工课堂，变单一型平面教育为复合型立体教育。为了让孩子们全方位体会到书籍中所讲故事的寓意，也为了让孩子感受动手的乐趣，长沙图书馆一改纸质单一平面教育为复合型立体教育，开展各种创意的美学手工制作，通过亲自动手创作来提高儿童认知能力、动手能力和协作能力，现已成功开设"爷爷一定有办法""绘本中的美学"等绘本阅读与手工制作相结合的阅读新模式。

3. 初步取得成效

从2015年9月28日试开馆至今，近十个月时间里进入长沙图书馆的读者人数高达130万人，其中青少年读者有近80万。在节假日，少儿两个场馆一天接待读者逾6000人。我们面向青少年组织开展的"小小管理员"活动，报名成功并参与实践活动人数达万人之多；电子书工坊累计培训指导了200名小朋友；"观书海"活动共计接待近1500名小朋友参观；"故事城堡"绘本之旅课程共40次，参与人数多达1200人；启动"青苗计划"阅读实践活动，100组家庭参与了该亲子共读阅读活动，并成功开展了多次以"好书分享"为主题的青苗阅读分享会，获得家长和社会的一致好评。

2016年温州市图书馆公布的《2015年度温州市全民阅读调查报道》数据显示，成年人人均纸质图书阅读量为4.82册，而18周岁以下未成年人人均纸质图书阅读量为9.08册。从中可以看出，青少年的阅读量是成年人的一倍多，是阅读的主力军。以点代面，这不仅仅是温州市的情况，全国其他城市和地区的青少年读者人群在阅读总人数占比率都是很高的。

4. 存在的问题

（1）合作方式单一，宣传力度不够

从传统的少儿阅读推广方面来看，基本属于图书馆唱"独角戏"。在寻求合作企业或书商意识方面严重不足，欠缺操作经验，极大地制约了少儿阅读活动的进一步开展[1]。虽然长沙图书馆已经在有意识地利用新媒体、新设备、新技术开展阅读宣传工作，但仍存在推广力度不够的问题。比如有些人较少关注微博、微信，有些人甚至不知道本地图书馆在哪，如此就使得不关注图书馆公众平台的读者和不经常到馆的读者不能及时的参与到活动中去，图书馆社会教育的辐射力及社会关注力不足，读者的阅读市场占有率也有待提高。

（2）人员配备不足，馆员专业水平有待提高

随着社会对图书馆社会教育职能的需求提升，尤其在青少年分级阅读方面的要求逐渐精准化，就需要配备专业的阅读推广人员。而囿于公共图书馆事业单位的性质，且人员编制严重不足，就目前仅有的馆员数量，很难最大程度的发挥图书馆的教育职能。

（3）场地利用不够充分，阅读环境有待改善

在全民阅读推广的盛世之年，全国各大中小城市都非常注重全民阅读的普及，"高、大、上"的现代化图书馆比比皆是，但是在后期的运行和实践中，却出现各种各样的问题。长沙图书馆青少年借阅室内的"动漫舞台"就是因为置身于读者阅读区，未免干扰读者阅读，平日里也被闲置；场馆过多考虑了孩子们的舒适性、便利性，造成了整个场馆周边阅读环境嘈杂而影响到孩子专注阅读习惯的培养。诸如此类的问题在全国少儿类图书馆也并不少见，所以改善阅读环境，充分发挥场馆先进设备的优势很有必要[2]。

5. 改进措施

公共图书馆少儿阅读活动想要迈向一个新的台阶，除了图书馆本身的改进之外，还需要多

方面的支持和帮助。尤其在市场经济条件下,公共图书馆应适时改变活动的宣传策略,建立以政府、媒体、书商、出版商为基础的宣传途径,充分利用电视、网站、微信、微博等发布活动信息。"让图书馆的阅读活动能够更广泛地被社会所认识、认知、认同。"

同时,图书馆服务工作的开展都离不开人才的支持,为更好地发挥其社会教育职能,让更多的未成年人能随时随地享受阅读带来的快乐,享受图书馆带来的便利服务,长沙图书馆已经从社会招募各类专业人才,不止局限于图书馆专业的高校毕业生,对新闻、教育、广告、法律等各专业的人才都有引进,以保证能为读者提供更专业更优质的阅读的服务。

参考文献

[1] 王拓. 论公共图书馆阅读推广存在的问题及工作创新[J]. 赤子(上中旬),2015(17):218.

[2] 蔡健. 分级阅读推广的困境与策略[J]. 图书馆学刊,2013(11):75－77.

智库服务与知识服务

基于大数据的图书馆精准信息服务研究

娄　冬　娄策群(华中师范大信息管理学院)

大数据正在成为国家战略性资源,大数据应用已渗透到众多行业。大数据时代的到来既给图书馆信息服务带来了机遇,也向图书馆信息服务提出了挑战。本文在阐述现代社会"精准"理念的基础上,对大数据时代图书馆精准信息服务的含义、必要性、可靠性和行动方略进行探讨,以期对大数据时代图书馆信息服务创新有一定的指导作用。

一、"精准"理念及精准信息服务的概念

1. 现代社会中的"精准"理念

精准有精良、准确之意。精准的概念最早来源于精准武器(泛指使用高精确度制导系统引导,于远距离投射直接命中目标概率极高的导弹、炮弹和炸弹等)。如今,精准的内涵被大大丰富,精准理念在社会多个领域得到应用。迄今为止,主要有"精准农业""精准营销""精准医疗""精准扶贫""精准服务"等理念。

精准农业将 GPS、GIS 和 RS 等高新技术与现代农业技术相结合,对农资、农作物实施精确定时、定位、定量控制,最大限度地提高农业生产力,实现农业优质、高产、低耗和环保的可持续发展。20 世纪 80 年代末,美国等经济发达国家提出了"精准农业"的理念与设想,目前已有英国、德国、法国、荷兰、澳大利亚、巴西、意大利、新西兰、俄罗斯、日本、韩国等国家展开了精准农业研究和应用实践。2017 年 9 月,以"农业 4.0 时代下的精准农业发展"为主题的"第四届中国国际精准农业与高效利用高峰论坛在"中国常州召开,讨论时下有关精准农业的热点话题与最新技术解决方案,这表明精准农业的理念与实践正在扩展与深化。

精准营销就是在精准定位的基础上,依托现代信息技术手段,建立个性化的顾客沟通体系,实现企业可度量的低成本扩张[1]。或者说,精准营销是在精准定位的基础上,以客户为中心,运用个性化的方式,在恰当的时间、恰当的地点、以恰当的价格、通过恰当的渠道、向恰当的客户提供恰当的产品[2]。精准营销理念由美国营销大师菲利普·科特勒于 2005 年首次提出,此后便在国内外得到了广泛应用。

精准医疗是通过基因组、蛋白质组等组学技术和医学前沿技术,对于大样本人群与特定疾病类型进行生物标记物的分析与鉴定、验证与应用,从而精确寻找到疾病原因和治疗靶点,并对一种疾病的不同状态进行精准诊断,进而实现患者的个性化精准治疗[3]。2011 年,美国医学界首次提出"精准医疗"的概念,2015 年初,美国政府提出启动"精准医疗"计划。我国于 2006 年首先提出了"精准外科"的概念,并在"2015 首届清华精准医学论坛"上提出我国将大力推进精准医疗理念。

精准扶贫是在强调精准识别扶贫对象的基础上,进行分类施策,增加扶贫投入、出台优惠

政策、坚持全过程责任式管理的综合治理贫困的新模式[4]。2013 年 11 月，习近平总书记在湖南湘西考察时强调要“实事求是、因地制宜、分类指导、精准扶贫”。2015 年 6 月，习近平总书记明确提出扶贫的“六个精准”，即扶持对象精准、项目安排精准、资金使用精准、措施到户精准、因村派人精准、脱贫成效精准。2015 年 11 月，中共中央、国务院颁布的《关于打赢脱贫攻坚战的决定》明确要实施精准扶贫方略。

精准服务是在服务过程中，精确定位服务对象后采取的一种主动服务模式，具有层次性、针对性、专业化和个性化、主动性及创新性等特征[5]。2003 年 11 月 12 日，火辉彩报道了甘肃联通为广大用户提供精准的服务，正式使用了“精准服务”一词[6]。2005 年 7 月 20 日，姚意克在有关“中国高新技术成果交易会信息技术与产品展”的报道中认为，精准服务是“以人为本，专业服务”的核心内容之一，对展览会的成功与否起关键作用[7]。此后，精准服务理念与实践应用到众多服务行业，通信、供电、政府部门、工会、社区、金融保险、图书馆、创业就业等领域也均在倡导精准服务理论，开展精准服务实践。

2. 精准信息服务的概念界定

迄今为止，学术界尚未明确提出精准信息服务的概念，与之相关的概念有“图书馆精准服务”“军事信息精准服务”“任务信息精准服务”“农业精准信息服务”等。图书馆是当代社会主要的信息服务部门之一，图书馆精准服务是与精准信息服务较为接近的概念。近年来，一些学者提出了图书馆精准服务的概念，认为图书馆精准服务是指图书馆在普适服务基础上面向用户个性化需求而建立的以用户问题为导向的服务模式[8]；是以促进用户发展为目的，以用户需求活动为导向，采用科学的方法和策略，通过分析用户行为特征数据为用户提供针对性服务，满足用户个性化需求的过程[9]。蔡飞认为，军事信息精准服务是通过准确地分析军事需求，从海量信息中提取准确的信息，精准分析和预测各类军事用户关系，实现需求的精准获取、内容的精准推荐、时刻的精准控制、关系的精准分析和方式的精准利用，在合适的时间以合适的方式将合适的信息内容分发给合适的军事用户[10]。赵岳、黄光奇认为，军事系统中任务信息精准服务是在统一理解任务信息基础上，以用户和任务信息的关联关系、任务特征以及用户需求为导向，以用户关注的任务信息为中心，在正确时间以恰当方式为需求各异的用户提供准确任务信息的过程[11]。李安渝、杨培植认为，农业精准信息服务就是在对务农人员准确分类的基础上，依托现代信息技术手段向农民提供个性化的信息服务，有针对性地解决农民生产生活中遇到的问题[12]。

笔者认为，精准信息服务是在精确识别用户信息需求和信息行为特征的基础上，通过精良的信息服务渠道与方式，准时地为用户提供精准信息的信息服务模式。精准信息服务有别于粗放信息服务。传统的粗放信息服务的模式只提供一定范围内的信息内容，由用户在此范围内自行选择所需信息与服务，而不提供定制化、个性化的信息服务。精准信息服务也有别于个性化服务。个性化信息服务是根据用户的信息需求，利用现代信息技术，主动向用户提供具有针对性的信息。个性化信息服务的侧重点在于满足用户个性化信息需求的信息，而不强调信息服务的时间、内容和方式的精准。

二、大数据时代图书馆精准信息服务的必要性与可行性

1. 大数据时代图书馆精准信息服务的必要性

随着大数据时代的来临,可供用户使用的信息获取方法与途径不断增加。面对丰富多样的信息获取方法与途径,用户会倾向选择更加方便快捷的方式获取信息。图书馆作为一种以纸质载体信息为主、位置固定、信息查找相对不便的信息提供机构,有着用户不能随时随地获取信息、信息量有限、信息更新不及时以及信息载体过于单一的缺点。智能手机、平板电脑和4G网络普及之后,用户对信息随时随地获取、信息内容新颖、个性化信息定制的要求越来越高。图书馆曾是人们获取信息资源的最主要途径和场所,而现在人们使用图书馆信息服务的频率越来越低,图书馆在信息服务中的主导地位岌岌可危。精准信息服务是一项有竞争力的信息服务,在传统信息服务逐渐没落的情况下,图书馆掌握并做好精准信息服务,是维持图书馆在大数据时代信息服务地位的重要措施。

2. 精准信息服务是图书馆满足大数据时代用户需求变化的需要

大数据时代下的数据复杂化、信息多元化导致用户信息需求多样化和个性化,用户不仅需求针对性强且质量高的文献信息,还需要变化快、时效性强的社会实践活动信息。用户所需要的信息可能淹没在大数据洪流中,普适性的大众化信息服务难以满足不同用户的个性化信息需求。精准信息服务能够精准识别用户需求,为用户在海量数据中筛选有用信息,并将信息进行加工处理后,采用多样化的技术方法准时向用户提供。

3. 精准信息服务是图书馆提升大数据时代信息服务效率的需要

粗放信息服务是一种效益差、成本高的信息服务。若采用粗放信息服务方式,图书馆就不能准确地识别用户的信息需求,要使用户得到所需要的信息,只能多收集信息资料,给用户多提供信息资料让用户自己选择,也许在图书馆提供的一大堆资料中,很少是用户真正需要的。即使图书馆提供的资料能基本满足大数据时代用户的信息需求,图书馆和用户都得付出很大的代价。图书馆开展精准信息服务,通过精密的信息资源配置、精益的信息产品开发和精准的信息提供利用,既能准确地满足用户的信息需求并提高图书馆的信息服务效益,又能降低图书馆的信息服务成本且减少用户信息获取和吸收成本,从而提升图书馆的信息服务效率。

三、大数据时代图书馆精准信息服务的可行性

1. 大数据为图书馆精准信息服务提供指导

图书馆用户大数据是指用户的个性信息及用户利用图书馆形成的数据,主要包括用户基本信息和相关工作及生活的数据,用户到馆频次、时间和使用图书馆习惯的数据,用户纸质资源借阅和数字资源访问、下载的数据,用户对信息资源的评价、关注、推荐的数据。在现代信息技术环境下,各图书馆都采集和积累了大量的用户数据,采用大数据技术对图书馆用户数据进行筛选、统计和分析,可以精准识别图书馆用户的信息需求偏好,准确掌握图书馆用户的信息获取行为规律,为图书馆开展精准信息服务提供指导。

2. 大数据为图书馆精准信息服务提供保障

图书馆业务管理大数据是指图书馆开展资源配置与利用、用户服务与管理、馆际协作协调等活动中产生的数据，主要包括图书馆信息、人力、技术设施、资金等资源配置、管理、使用等数据，图书馆用户组织管理、用户服务方式、服务频次、服务质量、用户反馈等数据，图书馆之间合作共建、资源共享等数据。图书馆运用大数据技术对其业务管理大数据进行挖掘、分析，能够全面、精准、及时地从微观和宏观两个方面掌握图书馆相关资源配置与利用、用户服务与管理、馆际协作协调方面的运作状况及存在的问题，为图书馆信息本体资源、信息人力资源、信息技术资源等优化配置和合理利用提供科学依据，从而保证图书馆精准信息服务的顺利进行。

3. 大数据使图书馆精准信息服务落到实处

图书馆信息资源大数据是指图书馆拥有和可利用的各类信息资源，包括馆内拥有和馆外可利用的纸质信息资源、数字信息资源和智力型信息资源等。图书馆信息资源内容丰富，涉及面广，形式多样，质量良好，是图书馆开展精准信息服务的基础。图书馆可以根据用户的真实信息需求，将部分信息资源直接提供给用户，也可以经过不同程度的加工，开发出不同类型的信息产品提供给用户，从而使图书馆精准信息服务落到实处。

四、基于大数据的图书馆精准信息服务方略

1. 精确识别信息需求

精确识别用户的信息需求是开展精准信息服务的第一步。只有精确地识别了用户的信息需求，才能针对其信息需求精密配置信息资源、精益开发信息产品、精准提供信息服务。大数据环境下实现图书馆用户需求的精确识别，核心在于多维用户数据的有机融合、用户信息需求与行为特征的有效提取。

用户信息需求识别流程为用户数据采集、用户需求识别、建立需求模型。首先应对用户的信息需求与行为进行数据采集，如利用网络爬虫等技术采集与整合非结构化数据(用户电子借阅卡数据、图书馆网页与客户端数据等)，采集图书馆网站如网络信令、设备日志、互联网实时行为等流类型数据，并对非结构化数据进行数据清洗，剔除不完整数据、错误数据与重复数据，建立起用户需求与行为数据库。基于大数据的用户信息需求识别的关键在于选择有效算法，如AC多模匹配算法、“机器学习+关联规则”算法，并对用户特征进行权重计算与排序，建立用户特征偏好标签，并对用户标签进行归类，对用户类别比例进行分值，进行用户偏好判断，建立用户信息需求模型。

2. 精密配置信息资源

精密配置信息资源要求图书馆在开展精准信息服务的过程中，以用户为中心，以用户需求为导向，做好信息资源的有效配置与合理优化，使信息资源在时间、空间、数量与类型上布局合理，平衡馆藏资源的存量与增量，保证馆藏信息资源的全面性与完整性。

图书馆在配置图书馆信息资源时，要做到以下几点：一是信息资源数量合理。信息资源数量不应少于用户的信息需求量，避免造成信息缺乏；信息资源数量也不应超过用户的信息需求

量，防止造成用户信息吸收的困难和信息资源的浪费。二是信息资源内容合理，确保信息资源内容丰富，针对性强，准确可靠，精炼实用。三是信息资源形式结构合理，图书馆应在保证纸质文献资源和数据库资源合理配置的同时，重视智力型信息资源、用户大数据资源、图书馆业务管理大数据资源的采集和组织。此外，图书馆还应有效控制资源配置成本，避免信息资源的重复建设。图书馆可联系多个信息资源系统，形成信息资源网络，与其他图书馆或机构进行协调合作，形成一定规模的信息资源体系。

3. 精益开发信息产品

精益开发信息产品要求图书馆对现有信息资源进行深入挖掘、分析加工，以尽可能低的成本生产出针对性强、质量高的信息产品。

图书馆开发的信息产品可分为普适化信息产品和个性化信息产品两大类。普适化信息产品是图书馆针对大多数用户或某一类用户的信息需求而开发的具有较大深度和广度的信息产品，如图书馆借助其资源、技术和人才优势，跟进重点社会工程、重点建设项目、重大科研团队、重点学科基地，打破不同形式、不同载体、不同区域文献资源间知识信息离散的壁垒，有针对性地开展知识信息加工，开发有深度、有广度的知识库、方法库、推理库、战略库等信息产品[13]。个性化信息产品是图书馆基于用户偏好，针对个体用户的信息需求与行为而开发的个性化定制产品。

要实施信息产品精益开发，图书馆必须树立精益求精、追求卓越的思想。不投入多余的信息生产要素，但必须在适当的时间开发必要数量的用户急需的信息产品，这就要求消除一切无效劳动和资源浪费，同时提高信息产品质量，增强信息产品开发的灵活性。信息产品开发是一个持续性的长期工作。一个信息产品成型后，图书馆应对其进行优化，包括信息产品可视化优化、信息产品人性化优化、信息产品性价比优化等。当图书馆的信息产品达到一定数量时，可使用分类编码等方式，对所开发的信息产品进行分类管理，方便图书馆工作人员与用户进行查找和取用。此外，图书馆还应为其开发的信息产品负责，一旦信息产品出现质量问题，应有完善的机制和流程进行补救，对用户进行补偿。

4. 精准提供信息服务

精准地提供信息服务是图书馆精准信息服务的最终目的。精准的信息服务应当针对用户信息需求偏好和信息获取行为特征，采用贴合用户习惯的服务方式，在正确的场合与时间，提供精准的信息产品。

精准提供信息服务的流程包括预测用户需求、选择服务方式与信息产品、制定用户服务日程表、服务提供与接收服务反馈。对用户需求的预测可采用情感感知等技术，预测用户的即时需求，如用户信息需求的时间、方式与场合预测。得到预测结果后，图书馆选择合适的服务方式与信息产品，制定精准的用户服务日程表，与用户沟通协商后，按最终确定的日程表进行精准信息服务。图书馆精准信息服务的效果评价系统，用 Kano 模型等分析用户满意度，可接收用户反馈，改正服务中出现的错误和不足之处。

精准提供信息服务的方式主要有精准用户信息素质教育服务、精准定题信息服务、精准个性化信息推送服务、精准参考咨询服务等。图书馆开展精准用户信息素质教育服务，应在掌握用户信息素质状况和用户信息素质需求的基础上，对信息用户进行分类、分层，为不同类型和不同层次的用户传授不同内容和不同深度的信息获取、知识利用等技能。图书馆开展精准定题信息服务，应派馆员嵌入服务课题组进行深入调查，跟踪采集课题研究进展数据，掌握课题组不同成员的信息需求，主动搜集相关信息并根据需要开发信息产品，及时提供给课题组相应人员。图书馆开展精准个性化信息推送服务满足用户的个性化信息需求，通过用户习惯使用的方式，将用户所需的信息资源、图书馆开发的信息产品等告知或直接提供给用户。图书馆开展精准参考咨询服务，应在认真分析用户参考咨询请求的基础上，准时为用户提供针对性强、内容可靠的咨询报告。

五、结论

精准信息服务是在精确识别用户信息需求和信息行为特征的基础上，通过精良的信息服务渠道与方式，准时地为用户提供精准信息的信息服务模式。精准服务是图书馆在大数据时代维持其信息服务地位、满足用户需求变化、提升信息服务效率的途径。图书馆用户大数据有利于精确识别用户信息需求与行为特征，业务管理大数据有利于相关资源配置和利用，信息资源大数据有利于精益开发和精准提供信息产品，使图书馆精准信息服务成为可能。在大数据时代，图书馆应基于大数据精确识别信息需求，精密配置信息资源，精益开发信息产品，精准提供信息服务，从而实现图书馆信息服务创新，提高图书馆在大数据时代的信息服务竞争力。

参考文献

[1] 徐海亮. 论精准营销的体系及理论[N]. 中国邮政报,2006-07-18(5).

[2] 吕海平,刘克飞. 浅析精准营销理念对户外广告发展的影响[J]. 商场现代化,2008(22):194.

[3] 钱庆. 精准医学相关的数据管理与知识服务[J]. 情报工程,2015(6):17-22.

[4] 戴香智. 契合与嵌入:社会工作助推农村精准扶贫的定位与路径[J]. 中南林业科技大学学报(社会科学版),2017(5):32-36.

[5] 丁海容,唐成毅,王军,等. 高校图书馆精准服务研究[J]. 四川图书馆学报,2017(3):29-32.

[6] 火辉彩. 甘肃联通实施精准服务[N]. 人民邮电,2003-11-12.

[7] 姚意克. 精准服务沟通展会精准通路[N]. 国际商报,2005-07-20(5).

[8] 牛勇. 图书馆精准服务研究[J]. 图书馆学研究,2016(5):50-52.

[9] 唐斌. 图书馆精准服务:内涵、机制与应用[J]. 图书馆工作与研究,2017(5):9-13.

[10] 蔡飞. 面向信息精准服务的信息检索与查询推荐方法研究[D]. 国防科学技术大学,2016:1.

[11] 赵岳,黄光奇. 栅格网环境下的任务信息精准服务框架[J]. 指挥信息系统与技术,2016(1):41-46.

[12] 李安渝,杨培植. 3G时代精准信息服务改造小规模家庭农业生产方式[J]. 电子商务,2013(10):3-4.

[13] 刘丽杰. 大数据与高校图书馆服务功能新定位[J]. 大学图书情报学刊,2017(9):26-29,41.

基于内源驱动的基层图书馆馆藏信息资源建设研究①

芦婷婷(湖南图书馆)

一、引言

在我国,公共图书馆通常是指由国家中央或地方政府管理、资助和支持的,免费为社会公众提供服务的图书馆。一般按行政区划设置划分为国家图书馆、省(自治区、直辖市)图书馆、市图书馆、县(区)级图书馆、街道(乡镇)图书馆和村(社区)图书馆,其中县(区)级及以下图书馆经常被称为基层图书馆[1]。基层公共图书馆作为我国图书馆服务体系最基本的区域单元,是数量较多且离服务群体最近的一类图书馆,其功能主要是满足区域内居民的信息需求,培养他们的阅读习惯。馆藏信息资源作为基层图书馆为居民提供文化服务的立身之本和服务的基石,其重要性不言而喻。

笔者经大量调研发现,目前对推进基层图书馆馆藏信息资源建设的研究多从外在条件寻找解决方法,但从内源发展角度谈馆藏信息资源建设的相关研究还比较少,文章因此提出以内源发展理念对基层图书馆的馆藏信息资源建设进行引领,并对相关影响因素进行分析,给出在内源发展理念下如何促进基层图书馆的馆藏信息资源建设的相关对策建议。

二、内源发展理念和基层图书馆馆藏信息资源建设

1. 内源发展理念概述

内源发展"是在联合国教科文组织编制的《1977 年—1982 年中期规划》中被首次提出来的,完整的表述为'以人为中心的内源发展'"。它也是归属于发展的概念,作为一种发展理论,内源发展首先强调发展的内源性,即"起源于内部的发展"。其次强调"以人为中心的发展",其核心是强调发展的动力主要来自于内部而不能简单地从外部移植过来,是通过在其内部寻找发展的源泉和动力,要依靠人力和资源来进行发展,重视人的参与度,主张人成为发展的目的。"发展是起源于内部的发展",这包含两方面的意思,一方面是指发展是为了满足居民的实际需要,另一方面是指人民必须参与决策和发展过程,认为发展的内源性是同人民参与发展紧密联系的。第三提倡自力更生和接受外援、因陋就简与引进先进技术相结合的精神。发展是以人、人的能力和人的创造性为中心[2]。

① 本文系国家社会科学基金项目:"内源驱动的基层图书馆可持续发展研究(项目编号:16BTQ021)"研究成果之一。

2. 内源发展理念对馆藏信息资源建设的促进作用

内源发展理念对基层图书馆建设馆藏信息资源建设有重要意义。

第一,它要求改变一直以来的固有思想——期望外在因素的加入来促进馆藏信息资源获得发展。应在馆藏信息资源建设过程中充分利用好本身已经拥有的资源,盘活自身资源,最大化地发挥资源的效用;

第二,在馆藏资源建设过程中需要树立内源发展理念中"以人为本"的核心思想,需要做到对各类型载体的信息资源进行全面而又精确的控制,充分调研服务对象的阅读需求,以最大限度满足服务对象的信息需求;

第三,它要求充分发挥"人"的力量,不断激发服务对象参与的积极性,还需调动具体工作人员的工作热情,实现人与人之间的协调配合,缓解冲突成本,从而提高馆藏信息资源的建设效率;

第四,内源发展理念主张靠基层图书馆馆藏信息资源的内部因素进行循序渐进的持续性建设,这种方式具备可持续性,不会出现面子工程、形象工程等倚靠外在力量实现发展的结果。我国有很多民间图书馆在外在力量匮乏的情况下依然发展得很好,依然受到读者的欢迎,这其中的经验值得我们借鉴[3]。

三、基层图书馆馆藏信息资源实现内源式发展的影响因素分析

1. 馆藏信息资源建设政策

馆藏信息资源建设政策是一个图书馆以书面形式系统地确定本馆馆藏信息资源的长期发展策略以及具体实施规范的纲领性文件。我国基层图书馆一般都会编制本馆的馆藏信息资源建设计划,只是繁简程度不一。但经实地调研,基层图书馆的这些文件一般都不对外公布,读者要想了解其馆藏建设政策比较困难,这明显有违内源发展要求,内源发展理念明确指出需要读者参与馆藏信息资源的建设,需要读者有序参与进来,并发挥其主观能动性,贡献自己的智慧,实现和读者的互动与交流,使之符合馆藏信息资源建设的目的。因此基层图书馆需要制定清晰、明确的馆藏信息资源建设政策,并具体阐明其馆藏资源采访与选择标准,并要予以公开,让读者知晓,提供读者可以参与建设的平台或形式,以便读者明确其借阅需求能否得到满足,并可以积极参与进来,这种在内源发展理念下制定出的馆藏信息资源可以最大化实现其效用[4]。

2. 馆藏信息资源的选择与采访

基层图书馆馆藏信息资源的选择和采访之所以能成为其影响实现内源发展的因素,也就是选择和采访牵涉到是否有读者的参与,是否真正体现了读者的需求的方面。内源发展要求图书馆的各项服务均需体现"以读者为中心"的核心理念,馆藏信息资源作为基本设施服务当然需要体现这种核心理念,基层图书馆馆藏信息资源的选择和采访需要抛弃以前那种由馆里少数几个采访馆员负责的传统,要倾向于开放性、大众化、个性化的集合进程,不能只体现个别人的观点和想法。符合内源发展的理想情况是每次采购资源前都有读者的参与,参考他们的需求,这不仅体现了内源发展的要求,也实现了图书馆所倡导的获取信息人人平等的理念。

实现内源发展的馆藏信息资源的采访和选择由以前掌握采访选择权的少数人走向读者需求的全面开放，馆藏信息资源全面体现出读者的想法和意见，这种做法有效排除了相关性低、利用率低的问题，畅通了读者表达其想法的渠道，不仅减轻了采访馆员的工作量，也提升了采访馆员的工作成效[5]。目前很多图书馆采用的读者荐购系统、读者决策采购等模式其实质都是在实现内源发展理念下得出的产物。大部分基层图书馆虽说能保证基本运营，但其经费投入基本都是不够的，达不到充盈的程度，因此这种方式也大幅降低了资源浪费的情况，可以实现最大化利用馆藏采访经费。

3. 馆藏信息资源的管理

馆藏信息资源的管理体现内源发展指的是其外在组织形式如何方便读者利用，排除由于获取不便降低其利用率。目前大数据环境下，读者发现和获取信息的行为已然发生了很大变化，用户希望在任何时间任何地点以任何方式实现获取任何馆藏信息资源，但目前基层图书馆在信息资源的管理方式上无法适应此种变化。目前有很多图书馆积极践行 RFID 模式来管理馆藏信息资源，对其排架、流通等管理流程进行优化，并对资源实现了电子标签[6]。随着目前技术日新月异的发展，基层图书馆馆藏信息资源如果能充分应用技术，对读者的个人偏好和个性化需求实现实时跟踪，实现对资源的深度整合和分析，及时推送读者感兴趣的信息，利用数据分析提高馆藏信息资源和读者需求的适应度。

四、内源发展理念下推进基层图书馆馆藏信息资源建设策略

1. 内源发展的馆藏资源建设目的——满足读者需求，畅通交流平台

内源发展理念要求馆藏信息资源建设以满足读者需求为依归。在馆藏资源的建设过程中设置反映读者需求的模块。比如在采访环节，有些基层图书馆施行的读者决策采购（PDA）模式（PDA 是英文 Patron-driven Acquisition 的缩写），这是符合内源发展理念的馆藏信息资源建设措施，其将读者需求量化成一定的指标作为图书馆信息资源采购和馆藏建设决策的依据[7]。这种发展模式以读者阅读量为标准从而引发资源入藏的馆藏资源建设模式。它是对传统馆藏资源入藏方式的改革，其将读者的决策地位由末端提升到首端，让读者决定馆藏资源建设的内容和形式。当然以目前我国有些地区的基层馆的条件来说，实现 PDA 还有困难，但可以先尝试开展试点工作，比如可以和相关出版公司合作开发读者荐购平台，读者通过此平台进行荐购。不过目前随着信息技术的发展，很多信息化交流工具都可以成为荐购的工具，比如 QQ、Email、微信留言等平台都可以让读者用来荐购，甚至还可以通过当面打电话的交流形式实现荐购。虽然这种模式也存在一定的弊端，但这种方式无疑是实现内源式发展的一种良好模式之一。在实施过程中要注意加强对图书馆荐购的过程控制，最大程度反映读者的真实阅读需求。在 PDA 实施过程中也要加强跟踪服务，根据读者的需求不断调整完善，提高其实用性。2012 年 5 月 20 日，南京大学图书馆在其主页提供的“BOOK PLUS”中的荐购绿色通道，就是这样一种由用户向图书馆传达自己信息需求的平台，取得了良好的效果。这是图书馆在鼓励读者定制个性化的馆藏资源，实现读者和馆藏信息资源的互联互通，成为读者提供表达其资源需求平台的良好示范[8]。

对于基层图书馆来说，其建设馆藏信息资源的目的不在于追求馆藏数量和规模，而在于是

否能让当地居民切实利用上真正有价值的资源。首先这当然也和基层馆的实际现状有关，很多基层馆的经费来源十分有限，不可能追求数量和规模的同步实现。第二，其服务对象的特征也使得馆藏资源的关注点不同，基层馆的读者多比较实际，与生活、工作切实相关的资源才会吸引他们的兴趣。很多基层图书馆没有实践经验，往往都是按照自己的想法去猜测居民对馆藏信息资源的需求，按照自己的模式去拔高要求读者，按照内源发展要求，基层图书馆应该改变自己，在必要的时候放低自己，去迎合读者的需求，对馆藏信息资源可以从读者真正感兴趣的范围入手，思考如何在已有资源的基础上探索馆藏资源建设的新路子，促进馆藏资源为更广泛的读者使用，以最低成本最大化满足读者的需求。

2. 内源发展主张的馆藏信息资源建设宣传——优化宣传路径，创新衍生产品

（1）多渠道发布馆藏信息资源内容。随着多媒体技术的日益发展，信息传播的丰富程度已远超人们的想象。各类媒体宣传渠道围绕在读者周围，想不参与都难。基层图书馆可以充分利用这些新技术，对现有馆藏资源扩大宣传力度，盘活馆藏资源，将以前利用率不高的资源通过宣传手段的利用重新被读者使用，如今就有很多这样成功的例子可以借鉴。比如很多经典的热卖，或许是因为电视媒体的大肆宣传，进而引发了读者重新阅读经典的需求。这些资源重新被活用起来，这都是宣传所起的功效。基层图书馆可以借鉴此种方式，通过自身网站、博客、微博、微信公众号等多种渠道，创造新方式来发布馆藏信息资源内容[9]。

（2）开展馆藏信息资源相关宣传活动。基层图书馆要想实现馆藏信息资源的内源发展，需要做好宣传，宣传的手段有很多种，传统的有讲座、展览，最新的有各种新媒体。比较典型的方式就是基层图书馆员走进基层社区，利用拉条幅、发宣传单、设立宣传咨询台的方式宣传资源和服务，很多基层图书馆还喜欢用地方广播站来提升宣传效果[10]。但经实践检验效果一般，这其中可能是基层图书馆对这些宣传活动不够坚持，不能持续性的开展宣传，没有形成一种规范化的宣传，其效果当然一般，当地居民刚萌发的图书馆意识，就又会中断了。如果可以创新出几种持续性较强的宣传方式让读者获知图书馆的具体资源和服务，相信会有一定成果的。比如对宣传材料就可实现创新，基层图书馆读者一般需求的信息大多与生活密切相关，完全可以将有关馆藏资源的信息内容衍生成知识生活知识指南的形式发放给基层读者，利用馆藏资源内容衍生出来的产品实现间接宣传，不仅可以扩大读者群，还可以进一步实现对馆藏资源的充分开发。

基层馆可以在基层街道读者经常走动的地方张贴馆藏信息资源的内容海报，让来往读者不用专门跑到图书馆才会对信息资源有所了解。在张贴栏里可以选取一两个典型形象，通过利用图书馆资源实现了自己的目标，可以是学有所成或是发财致富都可以，让读者都能直观明白利用图书馆的资源可以有多大的实际效用。慢慢逐步实现读者的积累。要充分利用学校图书馆的宣传作用，利用学生对家长的宣传提高读者对基层图书馆的接受程度[11]。在宣传活动开展前还需要精准定位读者的需求，明确需要开展活动的主题内容、所要达成的目标，设计出符合读者特点的个性化方案、宣传活动后期信息需要利用各种媒体资源对活动详细情况展开宣传报道，进一步扩大活动的影响力，获得广泛的认可度，吸引更多的读者参与到馆藏资源建设中来。

五、内源发展主张的馆藏信息资源发展模式

1. 建设特色馆藏，凸显资源优势

内源发展理念要求的核心思想即是发展需要依靠自身资源去实现，打造区域特色馆藏恰恰是最佳的体现模式。基层图书馆一般都有很强的地域特征，有着比别的层级图书馆更多的便利优势实现特色馆藏建设。尤其是当前图书馆资源内容日趋同质化的今天，唯有发展特色馆藏才能从众多图书馆中脱颖而出，提高服务质量，为当地居民提供有价值的资源信息，满足读者对本区域的信息需求，节省读者大量的收集时间，从而提高资源的利用率。特色馆藏一般都是与当地的自然、历史、人文等信息实现融合而产生的资源，范围可以是史料、地方出版物、当地人的著述等，不受载体形式的制约，我国是一个多民族的国家，很多基层图书馆如果地处少数民族聚居的区域，这种天然的优势就会发挥得更明显。当地人肯定也会对本地那些有特色的资源充满兴趣，其需求也就可想而知，基层馆可依据这些特色人文、环境等信息，将这些纳入到馆藏信息资源建设的范畴[12]。

2. 大幅降低基层馆建设馆藏信息资源的资金投入

目前我国已进入信息社会，各类信息量呈几何级数增长，别说是基层图书馆，就是国家图书馆也难以将各类信息资源都收纳其中，而建设特色馆藏资源无疑是最佳方案，建设特色馆藏实现内源发展的优势就是既能大幅降低基层馆建设馆藏信息资源的资金投入，解决资源同质化的问题，进而节约经费，提高资金的利用率，还可以满足读者的借阅需求，实现馆藏资源的存在价值。这可以说是基层馆摆脱困境的一个有效举措。

业界很早就有对基层图书馆是否还有存在的价值发出过很多质疑的声音，各类信息机构不断涌现，基层图书馆作为提供信息资源的公益性文化设施，如何能在激烈的竞争环境中争得一席之地，建设特色馆藏将是其实现路径之一。

3. 特色馆藏的相关政策及作用

国际上发展较好的基层图书馆一般都有指定特色馆藏的相关政策，这对保证特色馆藏建设工作有序进行起着积极作用。

（1）重视制定关于特色馆藏的相关政策。基层图书馆要想建设特色馆藏，首先需要制度的保障，这需要基层馆制定出建设特色馆藏的相关政策文件，并在实际工作中严格遵循。比如对馆藏内容的收录范围、特色馆藏的采访、加工、合作建设以及特色馆藏的使用、复印政策等[13]。

（2）重视特色馆藏资源的积累。一旦基层图书馆着手发展特色馆藏，首先就需要对现有馆藏资源重新梳理，对其中的有关特色资源重新提供利用方式，可以根据当地读者的需求集中摆放、集中保存；其次注意扩大积累的渠道，尽量多样化，可以通过自身的整理积累，还可以有当地读者的捐赠，还可以是合作开发的对方共享，等等。

（3）重视创新特色馆藏的服务内容。在建设过程中切忌追求那种“大而全”和“一步到位”的思想，详细调研，避免重复建设，并针对本区域经济、文化等因素来挖掘重点馆藏[14]，一旦某一类得到读者认可，即可持续投入精力，对之进行系统化建设。当然面对建设起来的馆藏

特色资源,不能仅满足于现状,还需要进行充分的开发和挖掘,形成特色馆藏产品或是其他形式的特色数据库,为读者提供更深层次的馆藏资源,实现二次开发,最大化实现特色资源的利用价值。

(4)重视特色馆藏的推广。特色馆藏既然是基层图书馆区别于其他同级别图书馆的有力途径,当然需要得到读者的认可,需要对之开展有力的推广宣传,资源再有价值,如果连利用的人都不知道其是否存在,这可以说是没有建设。推广措施可以通过展览、讲座、相关会议等常规形式进行,通过发放宣传材料让大众知晓。展览的形式可以和地方特色结合起来[15],如地方文献征集成果展、地方名人的资料展、地方城市特色文化展,举办有地方特色的比赛以及利用当地的历史事件、人物开展活动,利用如今兴起的全媒体平台进行推广,比如微博、微信、网站等媒体渠道。当然在推广过程中需要创新推广方式,激发推广受众的积极性。比如可以采用受众欢迎的奖励措施,在利用展览、讲座等形式推广时要注意细节,努力实现特色馆藏和读者的近距离接触,扩大知晓特色馆藏的人群等;通过参会或举办会议的形式推广的时候,注意发放的宣传材料要真实反映特色馆藏最亮点的地方,使人能产生浓厚兴趣;通过全媒体形式推广特色馆藏,注意发布信息的连续性、及时性,有效增加受众群体的黏性,增强互动体验,对有任何疑问的反馈要及时。有些基层馆基础太差,只能单纯利用自身人力进行推广,效果也并不会差很多,因为有时候方式少也就意味着受众面也小,容易抓住的人群能够确定的情况下,更能针对兴趣有的放矢的开展推广活动,同样也会有好的宣传效果[16]。

六、内源发展主张的馆藏信息资源建设手段

1. 必须利用新技术,实现融合发展

在互联网的大环境下,几乎任何行业都脱离不了互联网所带来的影响,图书馆作为文化设施的一种,当然也会被席卷其中。但是目前在利用网络信息这个领域,图书馆的敏感性一直还不错,移动图书馆、无线射频识别技术(RFID)、云计算等技术都在图书馆得到了应用[17]。基层图书馆馆藏信息资源受到网络影响的表现形式就体现在其馆藏资源目前基本都有实体馆藏和虚拟馆藏。因为在网络条件下,读者接触的环境变了,其对馆藏资源的需求不可能仅局限于实体馆藏,但即便实体馆藏已不再是唯一的资源形态,但实体馆藏依然拥有广泛的读者,比如进行科学研究和深度阅读的读者。虚拟馆藏当然有实体馆藏在生产、存储、传播等方面所无法比拟的优势,读者花在利用虚拟馆藏的时间和精力日渐增长,大有取代实体馆藏的倾向。

基层馆建设虚拟馆藏按照数字资源的建设方式可分为:商业数据库资源、自建数据库资源、免费的网络资源。这和建设实体馆藏资源的要求一致,需要以用户的现实需求为依据,在获取了读者需求的相关数据后,结合馆藏的实际情况,确定实体馆藏和虚拟馆藏的入藏比例,确定好虚拟馆藏的内容、形式和种类,和实体馆藏形成合力为读者提供资源服务。因为我国基层图书馆所处地域的经济水平、文化环境都不一样,因此其建设重点也不一样。经济发达地区的基层图书馆其发展虚拟馆藏资源可以同时发展商业数据库资源、自建数据库资源、免费网络资源,因此经济发展较快的地区,对此类资源的需求也就更为迫切;经济欠发达地区的基层图书馆其虚拟馆藏应以自建数据库资源和免费的网络资源为主,开发独具地方特色的地方文献数据库,同时需要将网络上丰富的免费资源加以组织和管理,为读者提供网络资源数据库,重心放在节约经费,最大化发挥自身拥有资源的价值[18]。

基层图书馆虽说有了实体馆藏和虚拟馆藏，但如何实现二者的融合发展，开发利用，更有利于读者，这需要深入研讨。前文已有说明，基层图书馆的读者理解能力相对不强，并不需要非常具备专业性的虚拟馆藏资源，其内容可能需要注重实用性和普及性，在比如医疗、娱乐、养生、教育等这些读者更关注的方面强化建设虚拟馆藏。

2. 内容上注意满足读者需求，其形式上也不可掉以轻心。如今很多基层图书馆的虚拟馆藏资源和实体馆藏还没有实现智能化整合。但已有成功经验供借鉴利用新技术，开发相关平台对这些资源实现统一检索和利用，使之成为一个复合型的信息开放系统，并实现区域性、系统性的共建共享，在不同资源之间实现共联，使读者在利用资源的时候实现跨库、跨资源甚至跨领域检索，如东莞的"集约化集群管理模式"、深圳的"图书馆之城"等都在现实统一检索方面走在前面。基层图书馆也可以利用其中的成功经验开展试点项目实践，为同级别的其他基层图书馆提供理论和实践经验，最后固化为制度性保障，成为图书馆的常态发展[19]。

目前的研究热点如移动图书馆、手机图书馆、数字图书馆等都是以虚拟馆藏信息资源为主体，虚拟馆藏与实体馆藏有着它们各自独特的优势和局限，它们服务于不同的读者需求。因此基层图书馆要以这两种形态建设馆藏资源，共同构筑服务于读者的资源基础。基层图书馆需要在实体馆藏和虚拟馆藏间寻求合理的配置，二者不可偏废其一，实现融合发展，才能切实发挥馆藏信息资源的基础保障作用。

自媒体技术发展的如火如荼，基层图书馆对虚拟馆藏的信息源来源可以打开思路，借鉴自媒体技术开拓信息源，可以有效解决读者日益增长的资源需求。自媒体平台上蕴含着海量的信息资源，其传播方式不仅高速，而且范围也不受限制，更能实现读者和平台的交互共享[20]。这些海量的虚拟资源数量庞大且内容良莠不齐，如果能得到基层图书馆的重新分类加工和组织和整理，实现读者利用关键词、检索词的高效检索，可以大幅降低读者查询所需资源所耗费的时间，进而有效提升其服务质量。

3. 内源发展馆藏信息资源践行效果评估

基层图书馆按照内源发展理念建设馆藏信息资源，发展的结果必然是实现自身完善。这就需要对馆藏利用情况的结果实时进行评估，定期对馆藏资源的利用情况进行分析，利用有关技术措施，分析提炼出相关利用数据，依据一定的标准对馆藏质量和数量进行分析和评判。通过了解馆藏资源的数量、范围、深度、对需求的满足程度等信息，及时发现馆藏是否和当前图书馆的性质、任务相符合、是否有针对性的挖掘出读者的现实需求为制定或调整馆藏发展政策，实时利用反馈机制及时调整馆藏资源建设的实践行为，调整资源采访工作等提供参考。促使基层图书馆实现馆藏资源的充分利用，降低人为的主观盲目性和随意性，促进馆藏资源建设工作的深层次发展。

4. 内源发展理念除了对基层馆有要求，还需要基层图书馆将馆藏信息资源的质量和结构的权利交给当地读者，通过有效的方式将当地读者的参与热情调动起来，由读者来表达其使用效果。根据读者的反馈及时调整馆藏资源建设政策。评估指标的制定只能作为参考，无须机械固守着旧标准，以读者需求为主体的评估标准才能真正体现内源发展的要求，实现馆藏资源评估的功效[21]。

七、对内源发展促进馆藏信息资源建设的思考

我国基层图书馆馆藏信息资源建设要想实现内源式发展，其核心就在于要体现内源发展

的要求,以人为中心,强调人的重要性。就是要摆正读者在馆藏资源建设中的中心作用,从馆藏资源建设政策开始到馆藏资源利用评估,无不需要读者的参与,体现他们的需求。

内源发展理念对基层图书馆馆藏信息资源建设发挥的作用毋庸置疑,但也存在其固有的缺陷,虽然内源发展能保证做到以人为核心,处处以满足读者的需求为首位考虑要素,但也需要相关规则的引入,比如内源发展虽然强调依靠自身力量实现发展,但也不排斥外在力量的干预,相反,基层图书馆的馆藏资源建设过程中会出现很多难题,也需要外在力量援助,只是内源发展理念将内在因素强化,外在因素弱化了,基层图书馆要想在读者心中占有一席之地,馆藏资源作为其服务的基础,理应先从自身因素出发,将各种资源和条件融合发展,最大化开发出资源的价值,实现最低化成本运作,贴近读者需求,都是其实现内源发展所必须坚持的理念。基层图书馆的馆藏信息资源建设道路需要业界同人创新思维,找到符合内源发展理念核心坚持的路径,为基层图书馆的生存发展提供充分的资源保障。

参考文献

[1] 郭腊梅. 基层图书馆藏书建设质量研究[J]. 图书馆建设,2012(11):94-96.

[2] 杨曦. 西南地区少数民族教育内源发展研究———以贵州石门民族学校为例[D]. 西安:西北大学,2007:17.

[3] 钱宁. 文化建设与西部民族地区的内源发展[J]. 云南大学学报(社会科学版),2004(1):38-46.

[4] 孙立平. 传统与变迁———国外现代化及中国现代化问题研究[M]. 哈尔滨:黑龙江人民出版社,1992:38.

[5] 高巾,刘兹恒. 农村图书馆服务的可持续发展路径[J]. 图书馆论坛,2011(10):138-140.

[6] 卜文虎,陈惠菊. 少数民族农村内源式发展的经验和反思[J]. 曲靖师范学院学报,2011:69-71.

[7] 刘桂宾. 馆藏资源建设与图书馆服务质量定量评价———以南开大学数学科学学院为例[J]. 图书馆工作与研究,2015(1):69-71.

[8] 傅秀兰. 经济不发达地区乡镇图书馆发展问题浅析[J]. 图书馆,2011(3):133-134.

[9] 彭佳. 美国高校图书馆馆藏资源建设初探——以哈佛大学图书馆为例[J]. 图书情报工作,2006(2):80-82.

[10] 闫小斌. 农村图书馆建设:公共空间与社会伦理的双重建构[J]. 图书馆论坛,2015(5):1-7.

[11] 吴自勤. 乡镇基层图书馆可持续发展研究[J]. 晋图学刊,2016(8):47-52.

[12] 鄂丽君. 英国高校图书馆特色馆藏建设与服务调查分析[J]. 大学图书馆学报,2016(4):43-50.

[13] 陶小鹏. 西部地区基层图书馆服务困境及解决对策[J]. 图书馆工作与研究,2015(12):96-98.

[14] 李国新. 实现县级公共图书馆的全面协调可持续发展[J]. 图书与情报,2008(1):1-4.

[15] 谷参. 探讨图书馆特色馆藏资源建设[J]. 中国管理信息化,2017(1):198-199.

[16] 白广思. 基于大数据的图书资源智能采购系统研究[J]. 图书馆学研究,2016(19):37-41.

[17] 刘小花,张勇. 内源发展:“中部洼地”的思考与再突破[J]. 图书馆建设,2017(6):37-41.

[18] 杨玉麟,屈义华. 公共图书馆资源建设服务[M]. 北京:北京师范大学出版社,2013:29-43.

[19] 张忠凤. 基于微信的基层图书馆信息服务模式研究[J]. 图书情报导刊,2017(2):34-37.

[20] 王世福. 重视内源式发展[N]. 人民日报,2014-09-14(5).

[21] 王宗义. 基层图书馆可持续发展问题的探索[J]. 图书馆研究与工作,2012(1):1-4.

基于智库理念的党校图书馆服务转型思考

晏素汾(江西省委党校图书馆)

党校是培训轮训党员领导干部的主渠道,是党的哲学社会科学研究机构。因此,党校的性质赋予了党校具备为党政部门提供决策信息服务的有利条件,创建现代智库迫在眉睫[1]。本文分为三个部分进行研究,首先以江西省委党校图书馆为例,就党校图书馆的服务现状以及存在的问题进行深入的分析研究,其次由问题导向出智库理念与党校图书馆服务的融合,分析融合的优势以及必要性,最后总结提炼出智库理念与党校图书馆服务融合的三点对策。

一、党校图书馆的服务现状

总结和分析党校图书馆的现状及存在的问题,探索研究智库理念和党校图书馆服务的融合,具有重要的现实意义。首先,要突出干部教育的重要地位,要牢固树立起以应用促发展的理念,把应用和发展有机地结合起来,提升图书馆的知识服务能力,更好地发挥好"智库"角色。以江西省委党校图书馆为例,从图书馆现有的服务内容来看,纸本图书报刊服务、数字图书资源的应用、特色数据库的建设以及编印教研参考资料和咨政专题报告这几大块构成了党校图书馆的"四个核心业务",并取得了一定的成绩。其次,跟其他党校图书馆一样,江西省委党校图书馆也存在着一些共性问题,比如传统图书馆业务下降、到馆率低、经费不足、人员少、人才不足等,这些制约因素都是客观存在的,但撇开这些客观因素,更重要的是我们应该更多地从现有的人员和实际情况出发,提出切实可操作的方法,才能从根本上推进党校图书馆的转型发展。党校图书馆目前存在的一些亟待解决的问题才是我们工作中应重点思考的方面。

一是,创新服务能力较弱。图书馆现有的资源和服务已经远远不能满足读者的需求,读者到馆率和流通量的双低就很好地证明了这一点,以 2016 年度为例,江西省委党校图书馆接待读者,解答、咨询、借书、还书 1971 人次,图书流通 3601 册,虽然数字资源的使用率逐年有所提升,但是总体来说呈下坡趋势;另一方面,信息时代的读者已经不是没有信息,而是信息量太大、失真的问题,现在图书馆的读者已经不能从物理意思上指来馆的读者了,而是包含一切可以利用到图书馆网站、图书馆手机客户端、微信图书馆等的读者,对这些读者我们不能还停留在"复制"网上信息。图书馆应该迫切地思考、创新服务方式,提高资源的利用率,尤其是提高数字资源的针对性和实用性。

二是,特色数据库建设质量不高。虽然近几年加大了特色数据库建设的力度,也建成了像《井冈山·中央苏区革命根据地数据库》这样的高质量的数据库,但是俗语说"独木难成林",数据库的建设未成体系,也没有前期的系统性规划和设计,通常都是想到什么就做什么,这样建设的随意性大,而且不成体系也导致规模无法扩大,仅仅停留在自用小型库的水平上,导致这些问题的原因有很多:从事数据库建设的人员少,部分人员素质不高,专业性不够,缺乏宏观协调。另一方面,各单位建设的特色数据库成果大部分是保密的,不共享的,在资源的利用上缺乏交流和共享,各自设置壁垒。虽然也常提到开放、共享理念,但没有良好、有效的共享激励机制,共享只是空话,最终还是难以进行实质上的成果的开放和共享。这些问题都导致特色数据库建设的质量不高。

三是,“有效”服务产品缺乏。从图书馆的实际工作来看,智库产品在数量和质量上面都非常的匮乏。以江西省委党校图书馆为例,《教研参考资料》是图书馆唯一与智库沾边的产品,然而近些年销量也正遭遇着断崖式的下滑,从顶峰时期的每期发行 2700 份降至现在的几百份,图书馆也正在积极思考、探索提升产品的“有效性”,从咨政专题报告、智库产品提供等形式进行了一些初步的尝试,但由于智库建设起步较迟,智库意识还不够强,人员素质不高等原因,《教研参考资料》远未发挥应有的作用,还存在着许多先天的不足。

二、关于智库理念与党校图书馆服务的融合

图书馆所能提供的知识服务能力的高低决定着图书馆作用的发挥。就目前而言,图书馆的决策服务能力受到信息资源时效性、前瞻性不足,以及人员专业素养不高等问题的制约,还没有完全发挥应有的作用。在现阶段,党校图书馆转型需要和智库的为决策服务理念完全契合,将二者进行融合研究具有相当的理论和现实意义,然而融合过程中存在的许多问题也是要重点研究的内容。

1. 智库理念的提出及发展

智库(think tank),起源于美国,首次提出智库这个词是在 1967 年《纽约时报》中的关于介绍 lande 公司等机构的文章中,指二战时期美军用以讨论作战计划的保密室,在国内一般被翻译为“思想库”“智囊团”。如今,各类智库在全球范围内竞相发展,日益受到各国决策层的重视,在国家治理过程中扮演着重要角色,在政治、经济、文化、军事、外交等领域发挥着重要的支撑作用[2]。据美国宾夕法尼亚大学发布的《2016 年全球智库报告》显示,2016 年全球智库总数已达 6846 家。在智库国别排名中,美国 1931 家、中国 435 家、英国 288 家,分列前三名。

随着全球智库迅猛发展,中国智库的发展也迎来了良好环境。2009 年成立的上海社会科学院智库研究中心,是全国第一个专门开展智库研究的学术机构。中心自 2014 年以来,每年都定期发布《中国智库报告》,现已经连续发布了四期。《2014 年中国智库报告》显示:第一批试点启动的智库机构是以上海各高校为代表的高校智库,同年 11 月确立了复旦大学政党建设与国家建设研究中心等 17 家上海高校智库。主要是为聚拢高校学术和咨询资源,为国家和上海发展建言献策。而 2017 年发布的《2016 年中国智库报告》中 2016 中国智库综合影响力第 1—30 名中,中共中央党校排名由 2015 年第 7 名上升到第 3 名。《报告》最大的变化在于大学不再作为智库参与评价与排名,而只以二级机构参与智库影响力排名。《报告》说,尽管目前不少高校加入到了智库建设的热潮中,但高校以教书育人为本的初衷并不会改变,也不可能大规模地转向决策咨询服务。高校智库的淡出,正好给了政府机构、党校系统智库大发展的良机,这也说明党校系统智库大有所为。

2. 基于智库理念的党校图书馆服务的优势

虽然目前中国的智库机构已经达到一定的数量,但是由于中国智库发展起步较晚,且大多

数智库机构都是从社会科学院、政策研究室等转型而来，很容易受到旧有思维和运行模式的影响，而智库研究的范围、内容、方式和方法等都将影响智库产品的质量[3][4]。对党校图书馆来说，发挥智库功能是适应其转型的需求，更是其发展方向和理念的选择。在大数据的时代背景下，在传统信息服务已经不能满足党校教学科研发展需要的时候，党校图书馆思考如何转型发展，拓宽服务渠道，为党委和地方提供决策信息服务显得尤为重要。兼论二者融合的可能性，可以拓展破解“智库建设和党校图书馆转型发展”问题现实困境的理论视角，并且为相关政策建议的提出奠定理论依据。

历史上，图书馆建设与智库建设息息相关，如美国历史最悠久的思想库“卡内基国际和平基金会”、欧洲最负盛名的老牌智库“瑞典斯德哥尔摩国际和平研究所”等。有的智库则直接由图书馆情报机构发展演化而成，如美国著名公共政策智库胡佛研究所，其前身就是斯坦福大学内的图书馆。在当前智库建设兴起的时代背景下，服务好智库建设也成为图书馆转型发展的重要契机，提供智库服务不仅仅是图书馆发展转型升级的“促进器”，同时也是图书馆馆员价值的“实践地”。而党校图书馆开展智库建设也具有其他智库研究机构所不具有的得天独厚的优势和巨大潜力。党校作为党委的重要智库，在服务政府决策和地方发展中发挥着不可替代的作用，党校图书馆在现代智库建设的过程中能发挥怎样的作用能走多远，取决于今后图书馆转型的力度和方向。

3. 开发智库产品，推进党校图书馆服务转型

如何立足党校的教学和科研，开发新型智库产品，并与党校图书馆的转型紧密结合起来，是我们需要重点思考的问题。从现在存在的问题看，党校图书馆发挥智库作用还存在许多不足和亟待改进的地方。

（1）智库意识淡薄、研究动力不足。智库建设理念尚未深入馆员的心中，从事决策咨询工作的氛围不够浓厚，智库研究的意识非常淡薄，馆员缺乏敏锐性和创新性。另一方面，对图书馆馆员而言，智库是新型的服务方式，开展智库研究需要较高的情报资料收集、分析和整理能力，对人员的素质要求比较高，图书馆普遍存在研究动力不足问题。

（2）智库研究人才不足、能力不够。从党校层面看，智库人才总量较少，专家级人才更是稀缺。而同样的情况，在图书馆现有的人才结构中也有体现，年龄结构老化，流动性比较大，图书情报专业人员比较少，很多人没有相关的专业背景和工作经验，能从事智库研究的人更是凤毛麟角，智库的研究能力就显得尤为不足，这些都是制约党校图书馆智库研究的重要因素。

（3）智库成果不足、影响力不大。从智库研究的各个环节看，相关课题的研究者人数极少，深入调查研究的时间精力投入不足，最终智库研究成果的数量与质量都不高。图书馆要围绕党校教学科研重点和省委省政府的中心工作，开发出具有时效性和价值的智库产品，发挥智库作用，提高对党校教学科研以及党委政府决策的贡献率。党校图书馆如何克服这些突出问题，成为党校图书馆能否发挥好智库功能的关键。

三、智库理念与党校图书馆服务融合对策

虽然党校图书馆的智库建设还存在许多现实问题，但我们有理由相信，随着党校图书馆与教学科研融合度的加强，依托高端资源、借助社会力量、加强系统共建、挖掘自身潜力，定会在

智库建设中发挥越来越重要的作用[5]。图书馆应该加快智库产品的开发力度,推进党校图书馆服务转型。智库与党校图书馆服务融合应从以下几个方面着手。

1. 挖掘自身潜力,提升智库意识

由于种种因素的制约,智库建设理念尚未完全深入图书馆馆员的心中,图书馆从事决策咨询工作的氛围不够浓厚,智库研究的意识非常淡薄,馆员缺乏智库研究所必需的敏锐性和创新性,智库研究的能力和动力都有待于加强。图书馆应该在现有的人员和结构的基础上进一步挖掘自身的潜力,从提升智库的意识、研究动力和能力等方面下功夫,营造图书馆智库建设的浓郁氛围。另一方面,建设智库不仅自身需要大力提高馆员素质和研究水平,决策部门更需要自觉重视智库研究在决策程序中的不可或缺的地位。这不仅仅是一个改变决策方法的问题,更是一个更新决策观念的问题,是一件关乎决策机制革新的系统工程。只有智库建设者和使用者共同树立起智库意识,才能真正有益于智库产品建设的可持续发展。

2. 借助社会力量,提高智库能力

《教研参考资料》是图书馆的智库产品,部分咨政专题报告赢得了专家学者的好评,但是总体来说,图书馆智库成果不多,一方面我们要进一步加大教参智库产品的数量,同时还要加大力度开发其他智库产品类型。智库建设也不能单打独斗,要联合校内和校外的一切力量,借鉴和学习别人的经验,依托其他更为成熟的平台,通过协作、合作等方式,逐步总结经验,提升图书馆智库建设的水平。与此同时,智库人才建设也是智库能力的重要方面。俗语说"多士成大业,群贤济弘绩。"这也就是说,没有高端的成果,就没有高端的智库;没有高端的人才,就没有高端的成果;高端智库建设必须靠高端智库人才来支撑。因此,党校图书馆要成为党校和省委决策的重要智库,图书馆的智库人才只有具备较高的素养,才能担负起为党委政府决策服务的重要职责。

3. 依托高端资源,加强系统共建

从智库内涵上来看,智库是一个集成体系,是由不同的智库主体、平台、要素等构成的,具有专业性、系统性和整体性。建设现代智库体系,不能只用加法将许多智库组成要素进行简单叠加,而是应注重排列组合,追求集成创新,实现 1 + 1 > 2、"石墨变金刚石"的质变效应。同时,智库体系也是一个价值体系,追求信息共享与协同协作,是一种新的科研价值导向和取向。由此,图书馆智库建设也要融入体系建设中,联合一批相互关联的高端和专业智库,形成定位明晰、特征鲜明、规模适度、布局合理,能够彰显地方软实力、为经济社会发展提供强大智力支撑的有机整体。图书馆要依托高端资源,比如党校教学科研重点、省委省政府的中心工作、相关单位、科研机构的研究课题、其他智库机构等,开发出具有时效性和价值性的智库产品,更好地发挥智库作用,提高对党校教学科研以及党委政府决策的贡献率。

四、总结

党校智库建设还存在这样那样的现实问题,但我们有理由相信,随着党校图书馆发展转型之路的逐渐深入,随着党校图书馆与教学科研融合度的加强,图书馆进一步挖掘自身潜力、提

升智库意识、依托高端资源、借助社会力量、加强系统共建,其定会在智库建设中发挥越来越重要的作用。本文主要对党校图书馆开展智库建设的必要性和存在的问题进行了研究,下一步将具体就智库建设格局下的图书馆发展路径进行深入的研究。

参考文献

[1] 杨蔚琪. 现代智库建设视域下党校图书馆的服务创新研究[J]. 现代情报,2014(9):145-148.

[2]《全球智库报告 2015》:中国智库数量位居世界第二[EB/OL]. (2016-01-08)[2018-03-01]. http://yuqing.people.com.cn/n1/2016/0128/c209043-28093311.html.

[3] 彭恋. 基层党校智库建设研究[J]. 福州党校学报,2017(3):67-70.

[4] 刘爱华. 智库建设背景下党校图书馆服务转型思考[J]. 中共福建省委党校学报,2015(12):96-99.

[5] 刘大可. 党校行政学院智库建设的现状与对策[J]. 中共福建省委党校学报,2015(6):46-57.

公共图书馆学科服务的发展模式与创新变革态势

白稚萍　张建辉(湖南民族职业学院图书馆)

目前,我们正处于“互联网＋”时代,创新和信息技术在不断碰撞中融合。公共图书馆要从新的理念和思维角度出发,对未来可提供的学科服务进行规划与设计,从未来的角度对现在进行审视,寻找发展与创新的机会[1]。所以,图书馆必须对用户的需求进行重新认知,在现有的服务内容上进行创新变革,提升服务能力,建立用户与馆员之间的融洽的互动关系,方便用户快速获取科研信息资源。

一、学科服务背景及内涵

1. 学科服务背景

学科服务起源于传统的参考咨询服务,美国的卡内基—梅隆大学图书馆 1981 年率先提出“跟踪服务”。清华大学图书馆 1998 年以“学科馆员”为代表的形式进行学科服务与实践研究是我国最早的学科服务机构。随后北京大学、武汉大学等国内高校陆续开展此项服务。目前,我国高校图书馆开展学科服务已有一定成效,但我国的公共图书馆开展此项服务并不普遍。笔者经过文献搜索与梳理得知,只有国家图书馆、上海图书馆、天津图书馆、辽宁图书馆、湖北图书馆、浙江图书馆、南京图书馆建立了学科馆员制度并开展了相应的学科服务。可以说,我国公共图书馆学科服务还处于发展阶段。目前湖南还没有一家公共图书馆建立学科馆员制度提供学科服务。

2. 学科服务内涵

学科服务是指学科馆员依据自身掌握的专业知识,对文献经过信息筛选、去伪存真、分类汇总,最终提供给用户具有一定专业水准的科技文献的过程。学科服务是图书馆从传统的服务模式向知识化、个性化、智能化服务模式转化的必然要求,是图书馆服务的拓展与延伸。

二、公共图书馆学科服务现状

1. 重视公共图书馆学科服务程度不够

目前,由于对公共图书馆学科服务重视程度不够,对学科服务的重要性没有足够的认识和开阔的视角,许多公共图书馆没有建立学科馆员制度,也就缺乏相应的学科服务。少数公共图书馆虽然在形式上实施了学科馆员制度,开展了学科服务,但学科服务没有真正落实到位。

2. 公共图书馆学科馆员专业素质不高，学科服务理念低

我国公共图书馆由于历史的原因，提供学科服务的馆员绝大部分是由原参考咨询部的馆员兼任，受到其自身业务水平和信息素养的影响，他们无法在做好本职工作的前提下为用户提供满意的学科服务。大多数公共图书馆学科馆员处于“守株待兔”状态，他们没有构建学科服务的互动平台，缺乏与用户进行主动沟通的意识，不能了解科研机构、高校及研究者的信息需求。

3. 读者对公共图书馆服务质量提出了更高的要求

用户对公共图书馆的咨询服务质量的要求越来越高，特别是部分科研型和决策型用户，他们所委托的学科咨询服务具有很强的专业性，他们的信息素养和公共图书馆的馆员不相上下，而公共图书馆的馆员不具备专业学科背景，无法提供高水平的有针对性的咨询服务，使得这类用户不满意公共图书馆的服务质量与效率。

三、公共图书馆学科服务发展模式与创新变革

1. 公共图书馆设立大数据时代下的学科馆员制度

在大数据环境下，“快速、准确”的信息和知识服务成为用户的迫切需求，顺应时代要求，公共图书馆要改变目前不能高效、准确地为用户提供有针对性的学科服务现状，应借鉴高校图书馆学科馆员制度的成功经验，发展具有自己特色的学科馆员制度[2]。

（1）要根据公共图书馆的实际情况选拔和培养学科馆员。可以按照学科馆员岗位设置的要求和重点用户的需求在图书馆内选拔具有一定的学科背景和工作能力强的馆员进行培训。也可以引进具有学科背景和信息技术能力强的图书情报专业的人才担任学科馆员。

（2）要建立健全学科馆员管理考核制度。一是设置优厚的薪酬制度。相对普通的读者服务，学科服务更专业、更复杂、技术含量更高，付出的脑力劳动更多，只有实行较高的薪酬才能体现学科服务的价值所在。二是执行严格的资格审查制度。要对学科馆员的学历、资历、能力严格把关，建立高标准的准入制，做到任人唯贤，从而有效保证学科服务的质量。三是建立高标准的绩效考核制度。学科服务是一种高智商的智力活动，具有较高的技术含量。作为资深的学科馆员或信息咨询专家，往往需要具备许多隐性的知识和特殊的技能，这些能力一般情况下没有得到很好地呈现。通过对学科馆员日常工作绩效的考核，可以有效地激励和调动学科馆员的工作积极性和创造性，从而更好地为用户提供满意的学科服务。四是建立健康的成长激励机制。为了促进学科馆员个人成长，提高学科服务质量，公共图书馆应采取一系列的方法和手段来激励学科馆员提升个人素养和专业素养。如：物质奖励、精神鼓励、参加学术会议和短期业务培训等。

（3）要建设学科服务团队。为了满足用户的高质量的信息服务需求，公共图书馆应建设学科服务团队。考虑到公共图书馆预算经费和编制的不足以及学科服务范围的广泛性、涉猎行业的多样化，图书馆可以采取专兼结合的用工形式来解决，专职为主兼职为辅。专职学科馆员为公共图书馆编制内馆员，且具备一定的学科背景和专业知识、信息处理能力和计算机应用能力。另外图书馆可以在社会上聘请行业专家、学者、学术带头人、科研团队的骨干等兼职学

科馆员，他们熟悉专业、了解行业发展动态，能准确预测学科发展趋势，具有较强的判断能力。两者互补可以为用户提供满意的学科服务。因我国现有体制及客观因素的影响，学科馆员团队建设不可能一蹴而就，需要经过一个漫长的新老交替、循序渐进的过程。此外，还可以通过馆际协作和与大学建立横向联系以及建立学科馆员专家库来满足大数据下公共图书馆在资金、人员和技术不足的现象。满足用户对大数据处理要求，提升学科知识服务的效率。

2. 公共图书馆开展学科服务的发展途径

随着社会的高速发展、科技的不断进步，行业分工越来越细，由此派生的专业也越来越多，学科服务随之变得越来越复杂，公共图书馆为了适应新环境，从而更好地为读者或用户服务，必须深入到用户的科研和教学活动中，帮助他们发现更多的专业资源和信息导航。针对用户的研究课题和学科知识需求，图书馆主动提供学科专业化定制服务。

(1)公共图书馆的决策层要对学科服务高度重视。为了适应用户的需求变化，公共图书馆要开展业务重组和创新，在学科馆员培训、学科服务团队建设、特色馆藏数据库建设、宣传推广等方面做出规划与部署。公共图书馆要建立学科服务平台，结合当地实际情况优先提供有关政治经济法律、支柱产业、优势产业和文化遗产等社会热门专业的学科服务。

(2)公共图书馆要加强对学科馆员的管理与培训。学科馆员基本功的学习与培训要落实在日常管理中，学科馆员通过不断学习，获取新知识、新技术，不断优化自身的知识结构，提高个人的学科服务技术与服务水平。有条件的公共图书馆还可以选拔优秀学科馆员到有丰富学科服务经验的高校图书馆或公共图书馆参加相应的学科服务培训或跟班学习，学习新技术，及时补充优化知识结构，掌握先进的信息检索和数据挖掘技术，尽快提升知识发现的能力，开辟更多渠道获取知识信息。这些馆员学成回馆后要结合本馆的实际情况开展学科服务，并在学科服务过程中不断成长[3][4]。

(3)公共图书馆要丰富馆藏资源，为学科服务提供坚实的基础。随着数字图书馆的快速推进公共图书馆的数字资源建设得到了长足的发展，但公共图书馆服务的对象涉及领域广泛、行业众多、需求不一，不可能每个行业、每个专业都设置学科服务。公共图书馆可以通过以下方式丰富馆藏文献资源：

建设特色学科资源；建设与当地经济社会有关的文献和数字资源；建立本馆重点学科特色数据库；共享网络资源；加强与其他公共图书馆的业务协作关系。

此外加强一些特有的地方文献、收藏的地方志、地方年鉴、地方历史研究资料等资源的建设。这些重要的参考信息源为开展学科服务提供了雄厚的文献保障。

(4)公共图书馆要为用户提供个性化的学科服务。为了做到学科服务更有针对性和个性化，公共图书馆要根据用户需求，结合自身的学科文献优势、本馆馆员的专业学术背景和学科文献分析能力、本馆的特色馆藏以及本地区物质文化资源特点，找准定位，开展具有个性化的学科服务。因此，公共图书馆的学科馆员必须对当地的支柱产业、优势产业以及政府重点扶持的科研项目进行深入细致的调查与研究，掌握该地的最新科研动向，对所服务的项目做到有的放矢。

3. 公共图书馆创新变革学科服务方式

在现今“互联网＋”大数据更新发展的时代背景下，公共图书馆在学科服务上不得不通过创新变革以求适应广大用户在科研、决策、生产和学习中的不同需求和更高服务标准。公共图书馆在信息资源上要做到网络化、数字化、移动化。

(1)公共图书馆要推广宣传学科服务。因复杂化的知识体系、剧变的信息环境、多样化的读者需求使得学科服务的工作难度加大,公共图书馆有必要在用户中进行学科服务的宣传与推广。可以采用印刷品和网上宣传广告形式进行。公共图书馆的学科馆员要走出图书馆,主动与社会融合,与政府部门和科研机构、企事业单位以及社会大众等用户群体建立直接的联系。除此外,公共图书馆还可以组织大型的推广活动,不失时机地宣传推介图书馆的馆藏资源和学科信息服务,让更多的潜在用户了解公共图书馆的信息资源,随时有需要就可以利用和享受图书馆的信息咨询服务。

(2)公共图书馆提供的学科服务互动要更方便有效。移动互联网使用户可以对网页进行快速浏览获取信息,其通过搜索引擎获取信息的时效性更强、获取方式更便捷。公共图书馆面对这种情况和需求,必须继续反思,如何将图书馆和互联网有机结合,基于"互联网+"谋求图书馆的发展,真正落实图书馆与读者之间高效互动的学科服务。首先,公共图书馆要组织学科馆员对知识进行归类分组,根据用户的知识需求通过微信、QQ、学科博客等新媒体开展有针对性的有效沟通与交流互动。还可以根据用户的科研需求,提供智能化、个性化知识服务,围绕科研课题或教学主题搜集、分析、整理情报,提供情报跟踪服务。为用户提供学科服务时可效仿"今日头条",主动向读者或用户不断推送相近或相似的知识信息和学科服务内容,使用户获取更全面的知识信息,提高知识信息的利用率,增强学科服务的有效性。

(3)公共图书馆的服务理念和服务模式要以用户为中心。公共图书馆要以用户需求为出发点,为读者提供免费体验,做到服务细节精致化,用户体验极致化。树立用户意识和服务意识为一体的观念,改善图书馆与用户之间的关系,重视用户感受,以用户满意为宗旨,带给用户更具个性化的服务,获得较高的满意度,这也是检验图书馆学科服务质量的标准所在。考虑到公共图书馆服务对象的普遍性和广泛性,公共图书馆既要提供优质的线下传统借阅参考咨询服务,又要提供高效互动的线上互联网学科服务。所以,公共图书馆要创造条件,争取在政策上和经济上获得国家更多的支持,使公共图书馆的公益覆盖面更大,使更多的读者或用户受益。

(4)公共图书馆要利用新媒体传播模式提升学科服务的活力。移动互联网环境下,超星学习通、微信和QQ深入交流沟通模式有助于图书馆和用户之间建立直接互动关系,也有利于图书馆及时了解用户的知识信息需求,有利于直接收集用户的意见与建议,通过超星学习通、微信和QQ将学科服务信息精准送达用户,并能进行深度的互动,提高了学科服务的效率,也提高了学科服务对用户的忠诚度,更调动了学科馆员的创造性,能为用户提高更有价值的信息服务。此外,公共图书馆还可以借助于建立的微信图书馆来整合图书馆线上线下资源,通过微信公众号服务平台向用户推送学科服务内容、方法以及相关学科服务链接,展示和塑造公共图书馆学科服务形象。还可以通过超星学习通建立不同的学科服务用户共读或共研小组,方便用户随时随地进行学习和研究的交流,跟踪用户对学科服务的意见与建议,及时调整和完善学科服务内容。共研小组增强了学科服务的主动性,增加了学科服务的深度,提升学科服务的活力。

四、结语

学科服务没有固定的模式，随着时代发展，用户对学科服务的要求会不断变化，这需要公共图书馆在实际的服务工作中不断探索创新适合本馆特色的学科服务方式或模式。公共图书馆要充分了解用户需求，变被动为主动，增强用户体验，更高效更专业地满足用户对知识信息的需求，深化学科服务层次，以用户至上的理念实现公共图书馆学科服务的创新与变革。

参考文献

[1] 边国尧. 基于“互联网 +”思维的公共图书馆服务模式重构[J]. 服务经纬,2016(1):85 - 87.

[2] 钟杰,刘莉,吕海燕. 网络环境下公共图书馆学科馆员创新服务模式[J]. 网馆建设,2014(2):128 - 129.

[3] 张琳,黄红梅. 基于图书馆微信公共服务平台的学科服务优化研究[J]. 情报探索,2016(9):86 - 92.

[4] 程耘. 新时期高校英语专业学科化服务有效策略探究[J]安徽文学,2016(9):141 - 142.

新媒体服务助推公共图书馆文化影响力
——以湖北省图书馆为例

杨　萍(湖北省图书馆)

公共图书馆是公共文化服务体系的重要组成部分,公共图书馆服务是实现和保障公民基本文化权益、满足广大人民群众基本文化需求的主要形式与内容。在社会的整个公共文化服务体系中,公共图书馆在为公众提供学习知识和阅读场所、满足文化欣赏和娱乐消遣的场所、便捷地搜集和获取文献信息、公益性知识讲座、开展社会教育等各方面,发挥着其他文化设施不可替代的重要作用。伴随着互联网、智能设备等新媒体的不断更新,公共图书馆的新媒体服务也不断创新,给公共图书馆事业开辟了新天地。

一、湖北省公共图书馆新媒体服务现状

湖北省各级公共图书馆自2013年开启以“两微一端”为主体模式的新媒体服务,通过微博、微信、客户端等多元载体的形式报道图书馆活动与动向,进而形成全方位、立体化的报道矩阵,增进广大公众和用户对图书馆在社会生活中的地位和作用的了解。

截至2017年5月,全省共有22家市县级图书馆开通“两微一端”服务,开通服务的图书馆基本实现每周更新。其中襄阳市图书馆、襄阳少儿图书馆、十堰图书馆、鄂州图书馆“两微一端”服务能做到每天推送信息,而鄂州图书馆微信公众号关注人数已达5万余人,其文化影响力已逐步显现。但就全省112个市县公共图书馆新媒体服务建设而言,湖北省公共图书馆在新媒体服务建设中还存在巨大空间,有待我们的各级公共图书馆去开发应用,从而不断完善。

二、湖北省图书馆新媒体服务概况

新媒体时代,传统纸质阅读受到手机、电脑、电子书等阅读方式的挑战,如何把新媒体的优势与公共图书馆的服务有机结合起来,是考验图书馆人智慧的新挑战,而新媒体服务开创了公共图书馆服务的新篇章[1]。以湖北省图书馆为例,目前,该馆主要有以下形式的新媒体服务。

1. 微信公众号

微信公众号2013年6月投入使用,截至2017年7月,用户数为64000人,平均每篇图文消息阅读量2500人次。湖北省图书馆在建设微信公众平台的过程中,树立用户为导向的服务营销理念,针对用户对手机图书馆的需求开发出多样化、个性化、操作界面友好化的微信服务。“湖北省图书馆”微信公众号2016年被中国新闻出版传媒集团、中国全民阅读媒体联盟评选为“大众喜爱的50个阅读微信公众号”,已塑造出良好的公众形象与影响力。

2. 官方微博

湖北省图书馆腾讯官方微博 2014 年 9 月投入使用，截至 2017 年 7 月，粉丝人数为 2815330。其影响力、活跃度、覆盖度在同级公共图书馆中位居前列，微博推送的#湖北省图书馆#话题深受读者的喜爱，阅读量与讨论量占粉丝总人数的 74%，已具有一定知名度。

3. 掌上移动客户端

2016 年 1 月，湖北省图书馆开通了“掌上鄂图”服务，程序分为 iOS 版和 Android 版，读者在移动终端上可随时随地享受阅读乐趣，截止到 2017 年 3 月份“掌上鄂图”的点击总量达到 42304824 次，登录次数达到 1154217 次。

“掌上鄂图”是以移动无线通信网络为支撑，以图书馆集成管理系统平台和基于元数据的信息资源整合为基础，以移动终端一站式信息搜索应用为核心，以云共享服务为保障，通过智能手机、iPad 等手持移动终端设备，为图书馆用户提供搜索和阅读数字信息资源、自助查询和完成借阅业务，帮助用户建立随时随地获得全面信息服务的现代图书馆移动服务平台。“掌上鄂图”包括中外文图书、中外文期刊、中外文学位论文、会议论文、专利、标准等 3.8 亿条元数据，整合了 264 个中外文数据库、310 万中文图书书目，收录中文期刊 6420 万篇、外文期刊 10872 万篇、报纸全文 7800 万篇。利用这个专业的移动服务资源平台，读者可以搜索到图书馆所有的文献资料，包括纸本和电子资源形式的中外文图书、期刊、论文，标准，专利和报纸等。其基于元数据检索的搜索引擎将实现检索速度快、检索结果无重复、格式统一的优点，切实为数字图书馆移动服务提供资源保障。

4. 长江讲坛 APP 与视频直播

“长江讲坛”是由湖北省图书馆主办的大型公益讲座活动，为满足全省各地更多读者实时关注、观看“长江讲坛”的需要，“长江讲坛”在 2015 年 6 月开通移动客户端（APP），截至 2017 年 7 月“长江讲坛 APP”已经上传讲座视频 298 场，视频观看次数达到 86279 次，上传讲座预告 237 场，上传媒体报道 99 篇。下载安装用户已超过 30000 次。

另外，按照省文化厅的要求，2015 年、2016 年湖北省图书馆在全省 15 个市、州图书馆、2 个县级图书馆实施“长江讲坛”视频直播项目。截至 2017 年 7 月，“长江讲坛”直播系统已正常运行两年，共直播讲坛类栏目 186 场，为全省读者带去了各类精彩节目。同时，各市图书馆积极参与直播栏目的收看工作。“长江讲坛”直播系统的播出、管理服务工作，为全省读者带去更丰富多彩的节目。

5. 支付宝城市服务

“城市服务”功能是支付宝与各地政府机构合作共同建设的便民服务平台，其主要目的是为了方便用户对市政公共服务情况进行了解。

2017 年 3 月，湖北省图书馆在支付宝“城市服务”平台上推出了“图书馆服务”功能，成为湖北省图书馆又一个便捷的移动服务平台。读者只需登录支付宝 APP，进入城市服务，定位“武汉”，选择“综合”类目下的“湖北省图书馆”，即可利用手机获取图书馆资源与服务。

其主要功能有：资源一键查询——读者在图书馆服务的检索窗口输入书名、作者等关键词，即可一键查询湖北省图书馆的馆藏资源；个人信息查询——想要及时了解个人当前借阅情况，以及个人读者证信息、超期情况、图书续借信息等，手机登录支付宝城市服务就可做到（登录密码为在湖北省图书馆网站注册时自己设置的密码）；手机阅读、资讯天天看——进入图书馆服务的“获取更多服务”栏目，打开湖北省图书馆服务窗，可以查看杂志精选、微刊、鄂图资讯等信息。

三、新媒体服务助推公共图书馆文化影响力

对于图书馆工作来说，新媒体服务开启了读者服务的新模式，助推了公共图书馆的文化影响力[2]。对于公共文化的传播者——公共图书馆而言，新媒体服务正积极担任“文化传承者”的角色，给公共文化服务领域带来巨大变革。

1. 新媒体建构出公共文化传播的新环境

新媒体整合各种文化传播介质的技术优势，重新建构出公共文化传播的新环境。湖北省图书馆微信公众号中“我的图书馆”服务，以多渠道信息传输、多功能服务、多终端信息接收为切入点，塑造了多元化传播者、海量化信息、个性化受众，构建出全新的传播环境。

2. 新媒体创新公共文化服务模式

新媒体打破时空限制，实现跨时间、跨地域的文化传播，使及时、便捷、高效的公共文化服务成为可能，并构建出与传统公共文化服务体系交相呼应的数字化公共文化服务体系，使公共文化在移动中实现有效传输。湖北省图书馆“掌上鄂图”服务重点在于运用新技术，进而创新服务模式，为用户提供深度个性化服务。用户能通过多种方式对看到的文章或图片加以评论，并将其分享，激发“链式传播”，从而达成更好的服务效果[3]。同时，“掌上鄂图”服务在对传统图书数字化的过程中，发掘海量信息中有价值的内容，这恰恰是图书馆数字融合服务成为强势主流的关键原因。因其资源优势，已成为颇受关注的移动图书馆客户端。

3. 新媒体打造品牌化服务战略

对公共文化而言，新媒介重新发现其特质，集聚有价值、有特色的文化信息形成文化精品服务，使公共文化重新成为聚合民众的新领域，从而打造出品牌化服务战。湖北省图书馆主办的“长江读书节”自2016年创办之初，即借助新媒体优势，以整体形象打造阅读品牌，大大提高了受众对湖北省公共文化的关注度。

4. 新媒体拓展公共文化服务空间

新媒体丰富了公共文化的存在形态。以数字图书馆、数字博物馆、全国文化信息资源共享工程、数字图书馆推广工程为代表的公共数字文化网站有效推广了公共文化。新媒体开辟的新型文化传输模式，打造了不同于传统地理意义上的公共文化空间，使公共文化服务空间的无限拓展成为现实。这种网络公共文化空间更强调公共文化的整体性、公开性、一致性等内在公共性特征，其在加强公共文化服务职能的同时也扩大了公共文化传播的受众基础。

四、新媒体服务中还需完善的方面

1. 精准定位，突出优势。图书馆本身是一个信息体，随着新媒体的快速发展，新媒体服务将成为公共图书馆中极其重要的一部分，因此，在新媒体传播中图书馆要以“精准定位，突出优势”为导向进行服务。有效地利用新媒体，将先进的技术和管理理念应用到公共图书馆的日常中，突出公共图书馆资源优势、专业优势与人才优势，开辟新的公共文化服务领域，达到更好的服务效果。

2. 树立信息节点意识，提升读者主体参与地位。读者个人用户作为分布最广泛的信息节点，对于新媒体信息平台和内容的优化、生产、消费与传播有着巨大影响。因此，在新媒体建设中要不断对推送信息中“读者评论、补充、再生产、再流通”环节加以完善，了解读者阅读需求，不断提升用户的主体参与满意度。

新媒体技术开拓了人们的思维模式，交流方式和全新的观念，越来越融入人民群众的生活。在此背景下，湖北省图书馆与时俱进，积极探索并推动图书馆与新媒体合作，让新媒体成为读者快速便利享受文化权益的途径，实现公共文化服务标准化、均等化的重要目标，积极拓宽公共文化服务传播渠道，推动“新媒体”在公共文化社会的影响，以更加丰富、生动、多元的公共文化数字内容，以更为现代、科技、便捷的数字传播方式，满足人民群众不断增加的文化需求，树立公共图书馆良好的社会公益形象。

参考文献

[1] 郑志成. 论公共图书馆的新媒体服务[J]. 科技创新导报,2016(7):105 - 106.

[2] 宛建. 新媒体时代公共图书馆创新服务研究[J]. 图书管理,2016(9):178 - 179.

[3] 许建业. 公共图书馆新媒体服务的初步实践与若干思考[J]. 新世纪图书馆,2015(3):27 - 28.

网络环境下公共图书馆知识服务研究

张　晨(湖北省图书馆)

随着网络信息技术的高速发展,用户对图书馆信息服务提出了更高的要求,传统的被动式信息服务模式在网络数字环境下已经很难满足读者的需求。现代公共图书馆应积极利用互联网技术,结合传统的信息服务优势,为用户提供专业的、高品质的、深层次的知识服务。知识服务是公共图书馆发展的必由之路,然而如何有效地实现知识服务,如何在数字网络环境下为广大读者提供更实用的知识服务将是未来图书馆发展趋势,这值得我们每一个图书馆工作者进行实践与思考。

一、图书馆知识服务的含义

图书馆知识服务的过程实际上就是对信息资源进行分析、整理、创新,成为可应用的知识,利用这些知识帮助用户实现知识更新发展,最终帮助用户解决实际问题。知识服务不仅是一种观念和认识,更是一种服务形式。也就是说,无论为用户提供的是数据、信息还是知识,只要为用户解决了其需要解决的问题,就是知识服务。知识服务通过信息资源和专业能力为读者创造价值,在了解用户的实际任务和具体知识需要的基础上,对各类资源进行深层次的加工,即用户不仅关注知识内容本身、问题被解决的程度,而且注重提高“服务”的品质来实现知识价值。

“知识服务”是一切为用户提供所需知识的服务,是以用户需求为目标驱动的、面向知识内容的、融入用户决策过程并帮助用户找到或提出解决方案的增值服务。公共图书馆必须发展专业化、个性化的知识服务,打造出知识含量高,资源质量优,并且具有实用价值的个性化知识产品,全面提升公共图书馆自身的服务能力。知识服务的最大特点就是针对性强、实用性广、知识含量高、服务方式灵活多样。

二、图书馆知识服务的特征

1. 从信息服务到知识服务的转化

在信息技术高速发展的今天,面对海量的信息资源数据,如何能找到自己真正需要的知识内容,以解决当前的实际问题,成为许多用户应用资源的新难题。传统的信息服务可以提供快速服务,但难以简洁、系统地提供知识和针对性地解决人们的问题,也无法挖掘深度知识。在网络环境下的知识服务与传统的文献信息服务相比,是一种更具针对性更深化的服务。它弥补了信息服务的不足,是强调以用户为核心、注重知识增值和创新的动态、灵活的服务方式,也是信息服务的延伸与发展,是比“信息服务”更为高级和先进的服务形式。

2. 知识服务强调以满足用户需求为前提

知识服务的要素和评价不以是否提供了信息为标准，而是从能否通过挖掘知识，再进行服务以解决用户的实际问题为准则。知识服务以知识的收集、整理、分析、搜索、组织、聚合能力为基础，是有针对性地解决用户个性化问题的信息服务。知识服务理念要求图书馆的文献资源建设必须与读者的信息需求紧密结合，将信息用户、信息资源和信息技术结合起来，针对读者数量、结构和比例，以及阅读水平、方向等，分层次、多元化、有针对性地提供文献信息服务。

3. 知识服务是体现价值性的服务

知识服务强调用户需求中的知识体系和内容，图书馆从众多的数据中找出有用的资源，再对资源加以归类与整理，找出与用户需求相适合的信息，并把这些知识内容用不同形式展示给用户，使知识的价值性予以体现，同时也实现了图书馆的服务价值。知识服务人员通过发挥自身的管理能力、研究能力和创新能力为读者提供更具有创造性的服务，以提高用户的知识应用的效率，充分体现了知识服务的实用价值以及创新价值。图书馆知识服务应用面越广，其创造的社会或经济价值越大，知识的含量就会进一步体现和提升。知识服务是指从各种信息资源中适应人们的所需，将有价值的知识不断提炼出来、传播出去的过程，它是以资源建设为前提的特色化信息服务。

4. 知识服务具有更强的专业性

图书馆开展知识服务需要将各种资源整合起来。网络经济社会的不断发展，用户对知识的需求不断变化，对科学知识的要求更加深入，因此知识服务仅凭借单一的专业知识是无法满足读者的。图书馆需要将知识资源、服务资源、人力资源、技术资源以及其他资源予以整合来共同提供知识服务系统，建立一个综合的体系，保障对用户的了解和联系，对用户决策过程进行跟踪和信息服务，这样将提高知识服务的灵活性和专业化程度，提高图书馆服务工作的品质。

三、提升公共图书馆知识服务实施策略

当前，公共图书馆知识服务已经有了很大的发展，但在实践中仍然存在许多不足之处，主要表现在服务理念还需加强、知识服务的基础信息库还不完善、个性化服务还需要强化、读者知识服务意识不强、与用户沟通交流有待提高等问题。因此，图书馆必须树立知识服务理念，强化图书馆员的知识服务意识，丰富建立的知识资源库，创建知识服务需要的组织结构，加快人才培养，建立完善的用户反馈机制，将知识服务的理念和方法深入融合到图书馆读者服务工作中。

1. 强化知识服务意识

知识服务延续了以人为本，用户至上的图书馆中心宗旨，体现了人文关怀。知识服务以解决用户问题为己任。在知识服务工作中要站在读者的立场，研究不同用户、积极拓展知识服务的蓝海，不断探索图书馆知识服务工作的新模式与途径，实现图书馆的服务理念从“以书为

本”向“以人为本”转移,服务形式从“文献传递”向“知识传递”过渡。还需要更新图书馆信息服务人员的服务观念。通过加强宣传帮助图书馆员了解知识服务本质,认清信息化环境下图书馆知识服务的发展趋势,使图书馆从根本上改变过去被动服务用户的模式,进入为用户提供特色化、个性化的知识信息服务模式。

2. 建立完善的读者信息库

读者信息库是知识服务的基础,也是对读者开展个性化服务的前提,是用户个性分析的基础数据来源,它决定了整个知识服务质量的品质。公共图书馆读者信息库应重点关注读者的阅读兴趣及偏好,经常阅读的文献列表、个体专业背景、研究方向、年龄、感兴趣的问题、给图书馆的建议、希望得到的信息资源等。公共图书馆通过长期对读者或某类读者进行跟踪和数据库的完善,不断了解他们的学习、阅读及工作的特点,在该读者或该类读者向图书馆提出服务要求时,图书馆可以及时且有针对性地提供知识服务。读者的需求无论在数量上,还是内容上都是动态变化的,因此对图书馆读者库的信息属性要定期的跟踪管理,及时维护,同时还应补充相关信息。

3. 建立统一的导航平台

公共图书馆目前的馆藏中有较多的数据库,包括馆藏书目资源、各馆自建的特色数据库资源等,这些各样的数据库,极大丰富了资源,也增加了检索的难度。由于各个数据库在检索方式和结构上有一定的差别,用户有可能检索需要登录多个平台,这样不利于用户获取文献,而且还可能出现许多重复冗余文献。因此,建立统一的检索平台,实现异构数据库的有序检索,是图书馆提高知识服务的重要途径。用户在新平台下可以清晰地根据统一搜索的指引,层次有序地找到所需要的资源库列表内容,让广大用户充分、迅速、合理地利用图书馆海量信息资源。使一个检索入口就能完成所有文献资源的检索,并自动的过滤掉不相关的信息,这样会大幅度提高用户的检索效率。

4. 增强知识服务的个性化

知识服务具有很强的个性化服务特征。这种服务方式是站在用户的角度思考问题,为用户量身定做满足信息需求的知识。不同用户的问题解决方案不同,即使同一问题的用户也会根据问题解决过程中各阶段的不同特点和外在因素的变化而产生不同的方案。图书馆可以进行个性化资源推荐,根据读者兴趣偏好推荐图书或相关文献资源,依据读者要求定制需要的信息资源,读者可以直接在图书馆主页浏览文献资源的相关属性,比如基本信息,查询目前的借阅状况,也可直接在线阅读电子版本,同时可以对历史阅读资源列表进行管理。图书馆不仅能根据用户的需求提供具有个性化的信息,还能通过对读者历史阅读列表、研究背景的分析主动地向读者推荐其可能需要的最新信息资源,为用户提供差异化的服务。利用微信推送、电子邮件、QQ 群消息、主页公告列表信息等实时把查询结果自动推荐给用户,向读者推荐最需要的信息资源。

5. 加大读者知识培训

公共图书馆是为广大人民群众服务的图书馆,与专业图书馆不同,公共图书馆的服务对象较广，即所有的普通居民。由于公共图书馆的服务受众广泛，教育知识层次不一，每一类用户群体对图书馆知识服务的需求和认知各不相同。因此，图书馆必须做好对读者的知识培训，有计划的培训读者的信息获取能力，对用户进行信息素质教育，使其了解图书馆的技术、掌握获取信息资源的途径和技能，学会正确建立检索策略及分析信息的能力，充分利用图书馆的信息资源来完善自己的知识结构。比如根据读者的需求特点，开展网络化检索及利用课程，经常开展各类前沿的论坛或者专题讲座，进行各类的学术型、应用型的培训，帮助读者获取新的知识，在主页或者网站上建立详细的帮助信息，如各种资源检索方法、重点数据库的使用方法等，让读者有能力自我学习，提升能力，吸引更多的读者来图书馆学习与提高。

6. 与读者进行有效的互动

知识服务的发展方向是不断增强馆员、服务系统与用户的沟通。要在图书馆与用户之间架设交流的平台，让信息提供者与读者之间能进行有效的互动，不断的反馈有用的信息，以促进图书馆提高知识服务质量。知识服务要求围绕用户个性化信息需求，充分利用各种资源与工具，包括各种交互式的网络工具，如电子留言板、微信群、QQ 群、电子邮件、微博、即时通信工具等，用户也可以在图书馆服务页面直接点击这些工具给咨询人员留言。这些工具突破了传统模式的时间和空间限制，是更有效的服务模式。图书馆要及时地展示反馈信息的处理结果，以不断建立起与用户之间友善关系。有效的信息反馈机制有利于图书馆与读者的交流，用户反馈的信息也可以帮助图书馆改善服务质量，更好地为读者提供个性化知识服务。

总之，图书馆知识服务是知识经济、信息技术、网络环境下的深层次服务，是传统信息服务的进一步深化。在信息技术高速发展的今天，用户对公共图书馆的服务提出了更高的要求，图书馆只有迎接挑战，提升文献资源质量，持续创新服务模式、调整服务结构，适应与研究读者的个性化需求，利用自身的品牌效应及资源优势，不断加强资源、技术、人才建设，提升知识服务的水平和知识服务能力，为图书馆的可持续发展做出更大贡献。

图书馆推动中国文化走向世界的新思路

——以湖北省图书馆为例

曹星月(湖北省图书馆)

1840年,鸦片战争打破了古老帝国中国的大门,开始了近代中西文化的交流和冲突。不管是“师夷长技以制夷”的主动向西方学习,还是被迫接受西方文化的强势输入,中国人逐渐睁开眼睛看世界,被西方的先进和文明所吸引。然而,文化交流绝非是只是一方向另一方的不断渗透,尤其是当下中国已经成了世界第二大经济强国,历史性地被推到了国际舞台的中央,此时的文化工作者应该强烈地意识到大国自信和文化自信,积极推动中国文化走向世界舞台。

一、中国文化走出去的重要性

四大古文明中,只有中华文明传承至今,从未中断。历史经验表明:历史越往后发展,人类的创造物中文化含量越大,文化的渗透力就越大。党的十七届六中全文通过的《关于深化文化体制改革推动社会主义文化大发展大繁荣若干重大问题的决定》指出,要推动中华文化走向世界。让中华文化走出去,不为同化他人,而是与他人分享,在互相的学习、吸收中让文明共同繁荣和进步[1]。

1. 文化走出去,让世界睁开另一只眼睛

中国外文出版发行事业局前副局长黄友义指出,由于社会制度的不同、意识形态的差异,以及媒体宣传的主观性,使得西方人看待中国及其文化仍存在不少偏见。北京市政府新闻办公室主任、新闻发言人王惠也指出,中国的发展需要国际话语权,因为国际目前17%的媒体掌握90%的话语权,我们需要打破不利舆论的包围和封锁,提升中国的影响力,改变世界一只眼看中国的偏差。同时,国际社会对中国的声音有期待,我们要让世界睁开另一只眼睛。

2. 文化走出去,是文化自觉和自信的集中体现

经过40年的改革开放,中国的经济实力和综合国力都有很大的增强,我们对中华文化的自觉和自信也有了很大的提升。十七届六中全会提出建设社会文化强国的目标,这必将带来我们的民族、人民,特别是知识分子更进一步的文化觉醒和文化自信,使我们能更全面地总结中国特色社会主义建设特别是改革开放以来的实践经验,更准确地把握世界文化发展的潮流和趋势,更主动地参与并推动经济和文化的全球化。

3. 文化走出去,是实现中华民族伟大复兴的必然要求

当今世界,文化越来越成为综合国力竞争的重要因素。谁占据了文化发展的制高点,谁就

能在激烈的国际竞争中掌握主动权。没有文化的积极引领,没有人民精神世界的极大丰富,没有全民族精神力量的充分发挥,一个国家、一个民族不可能屹立于世界优秀民族之林。离开了文化支撑,即使有繁荣的经济,强国地位也难以确立,更不易巩固[2]。

二、图书馆在中国文化走向世界中的重要作用

提到文化走出去,可能很多人首先会想的就是到国外多做几场文艺团体演出、多办几次文物展,可能反而会忽略真正历史文明的守望者——图书馆。及其在中国文化走出去中所扮演的重要角色。

1. 图书馆是文化积累、保存、传播、发展的重要场所

伟大的哲学家卡尔·波普尔说过:“假如世界毁灭了,图书馆还在,很容易重建世界,如果图书馆也没有了,我们就会变成原始人。”

图书馆是文化积累、保存、传播、发展的重要场所,对于文化的传承有着与生俱来的使命感。图书馆作为人类记忆的工具,伴随着文化的发展而发展。我们可以在图书馆看到人类社会的发展进步,王朝的更迭,战争与和平,荣辱与兴衰……图书馆保存和积累的图书资料,是人类长期积累的一种智力资源,图书馆对这些资源的加工、处理,是对这种智力资源的开发,也是对文化的传播与发展。因此通过图书馆推进中国文化走向世界有着得天独厚的优势,发掘其馆藏瑰宝,将民族故事和精神传达给世界。

2. 图书馆的多元化服务可以全方位展现中国文化

如今的图书馆不再是传统的借阅服务,而是提供视听、感官和心灵的全方位盛宴。以湖北省图书馆为例,本着“读者第一,服务为本”的原则,湖北省图书馆为读者提供文献借阅、信息咨询、课题检索、公益讲座、文献传递、移动图书馆、数字资源利用等服务,打造“长江讲坛”“童之趣少儿读书节”“跨系统图书馆服务宣传周”“魅力文化公益展览”等服务品牌,形成“藏书之书”“讲座之书”“展览之书”三大系列,提供讲、演、展、阅一体化服务。用海量的纸质文献文字、直观生动的图像、大师现场对话和数字图书馆等多种方式为国内外读者提供多彩的文化大餐,让思想的声音、智慧的阳光直达每一个人。因此图书馆推进中国文化走向世界大有可为。

三、图书馆推动中国文化走向世界的新思路

文化的力量直指人心,中国文化走出去不可等、不可怨、不可自废武功。结合当下外宣和国际交流工作的具体情况,以湖北省图书馆为例,笔者对图书馆推动中国文化走向世界提出了以下思路。

1. 抓住机遇、借造并举、主动出击

图书馆应该借助有效渠道和桥梁多管齐下,借船出海、借台唱戏、借力发力。比如借助政府外交、国际图联、领事馆、中国文化中心、孔子学院、行业机构、其他国际协会等平台,搭建自身文化走出去的舞台,积极主动、抓住时机、强化合作关系,让文化输出得以实现,并且最终落地深根。

图书馆可以借助政府外交平台为外交活动提供文献支持、办专题展览和讲座；可以借助国际图联大会了解各国同行关注和思考的问题，并开拓国际合作途径；可以借助领事馆和文化中心的力量在海外开展文化活动，提高活动的影响力；可以与孔子学院一起在世界范围内推广汉语学习等。

2. 用世界的语言、讲好中国的故事

用世界的语言、讲好中国的故事。这句话几乎已成为所有文化交流工作的口号了，但是图书馆该怎样做？北京市政府新闻办公室主任、新闻发言人王惠认为：要打造融通中外的新概念、新范畴、新表达，注意核心内容和理念、表达方式、传播效果。核心内容是指要知道自己想说什么也要知道受众想听什么，这里可以提前做受众分析；表达方式体现在要善于讲故事，用国际潮流的方式展现民族独特的内容，其中不仅要有官方观念、也要有非官方观念，不仅自说自话还应有第三方，同时可以用比较的方法，比如说介绍武汉的大小，可以比 5 个伦敦、7 个纽约，这样就很容易让世界听懂。核心内容和理念以及表达方式合适了，传播效果自然就好了，当然，如果可以借助媒体造势、运用网络传播，借力国际公关那就更好了。

3. 打造专业外宣团队、掌握与国际社会的沟通技巧

习总书记说过，“打铁还需自身硬”。大多数图书馆内还缺乏专业的外宣人员，更不用说有专门的外宣团队，因此做起相关工作来还是不够专业，可能缩手缩脚，形成“多一事不如少一事”心理，导致文化走出去的工作做得非常的被动。可是过去没有不代表现在不可以有，图书馆也需要主动迎接新环境，积极做出改变，应对新的挑战。因此，为了配合中国文化走出去的战略，以湖北省图书馆为例的省级图书馆可以像国家图书馆和首都文化单位学习，建立自己专业的外宣队伍，强调团队协作，建立良好的培训制度，加强国学修养和外语水平、强化国际意识、了解内外部环境、内知国情、外知世界。主动寻求国际合作机遇、掌握与国际社会沟通的技巧、把好语言关和外交关。

4. 注重点典范效果：高水平、有特色、成气候

图书馆应该向成功案例学习，学会运用网络媒体，打造文化品牌。例如“双十一”嗨购节在淘宝的运作下，由一个不知名的“双十一 · 光棍节”摇身一变成为全国甚至全球的血拼购物日，这俨然成了新的文化，那么文化产业也可以从中有所启发，打开新思路。同时可以巧用名人助力、借助国际关系等为自身量身打造高水平，有特色、成气候的文化活动。以湖北省图书馆为例，可以深入发掘其自身文化特性，打造文化典范。

第一、以输出经典译作为起点，引发文化热潮。图书馆从古至今作为文献的收集场所，在文化输出中的一项重要任务就是输出中国优秀的文字作品。中国的各大图书馆在国际文化交流中都会为国外赠书，湖北省图书馆在与俄罗斯、澳大利亚、德国等国家设有“湖北书架”，展示湖北精品图书。

然而，能够阅读中文书的外国读者还是少数，因此能够真正让这些作品发挥更大的作用，还需要图书馆精心挑选一些翻译质量高的中国经典作品。同时，以挑选湖北书籍来说，有些本土的优秀作品因为各种原因还未翻译成外文，湖北省图书馆也可以搭建平台，助力一些经典作品的翻译，一方面促进湖北文学走出国门，另一方面让世界更多了解湖北文化。

以湖北为例，战国时期，楚国诗人、政治家屈原（湖北秭归人）以南方民歌为基础，采用楚地方言创作了一种新的诗歌体裁“楚辞”，堪称湖北文化瑰宝。如果湖北省图书馆可以以《楚辞》输出为出发点，配合楚文化的展览（服饰、出土文物等）、讲座（取两国文化的相似点、横向探讨其异同）、演颂（中文推广）以及表演（楚国歌舞）等，势必将会在世界范围内引起一场楚文化的热烈回响。

第二、配合地市文化特色，助力湖北文化走出去。湖北十堰市武当山自春秋战国时期以来就成为兵家必争之地。除了抵挡外敌之攻外，武当道教业形成了系统的武当道教文化体系，故有“武当派”之称。明代帝王更是把武当山视为“皇室家庙”，加封武当山为“大岳太和山”，位尊五岳之上。如今，武当山以其宏伟的古建筑群、珍贵的道教文物、神奇的道教医药、独特的道教音乐及玄妙的武术、深奥的道教哲理成为世人心中的圣山[3]。吸引众多国内外游客前来参观、感受道教文化、修习武当武术。

享有“世界硒都”美誉的湖北恩施是迄今为止“全球唯一探明独立硒矿床”所在地，境内硒矿蕴藏量居世界第一，还是世界天然生物硒资源最富集的地区，被誉为“世界第一天然富硒生物圈”。硒是人体最重要的微量元素之一，已被证明具有防癌抗癌与延缓衰老的功效，长寿地区土壤中大都富含硒元素，富硒食品是难得的营养和保健佳品。

因此，湖北省图书馆可以协助当地政府，指导并配合当地图书馆，提供专业的文献、讲座和展览支持，在推动武当文化和恩施硒文化的道路上开辟出新的道路。

第三、打造可持续的本土文化实力展览和讲座系列活动。湖北省图书馆“讲座之书”“展览之书”推出多元文化服务，以特殊的知识信息传播方式，将讲座和展览相互融合、相互促进，已成为文化湖北的一张名片，在全国各地展览和讲座，甚至多次受邀走出国门呈现“灵秀湖北”展览、湖北省图书馆专题展、“两条伟大的母亲河上的文学波涛”两大文明的对话演讲等。

然而，这些活动并没有自成体系，大多是零敲碎打，也缺乏战略性的后续深入持续交流合作，因此，建议由图书馆专业的团队进行系统化的整理和规划，以便形成本土文化系列活动在世界舞台可持续性的实力展示。

四、结语

图书馆推动中国文化走向世界大有可为，但这是一个长期持续的过程，永远在路上。随着时代的发展、国际环境的不断变化，我们也会面临新的机遇与挑战。而以湖北省图书馆为例的研究是为其他图书馆起到抛砖引玉的作用。图书馆人应该紧跟时代的步伐、保持敏锐的眼光、把握国内外环境、适应中国新的大国国际地位，以符合世界第二大经济体的身份站到国际舞台，提出更多契合时代需求的新思路，创造更多属于世界的中国文化盛宴，用中国独有的一脉相承的五千年灿烂文化引领世界。

参考文献

[1] 李艳彬. 试论繁荣图书馆文化交流的几个前提性观念[J]. 基础教育论坛，2015(10)：63－64.

[2] 中共中央关于深化文化体制改革推动社会主义文化大发展大繁荣若干重大问题的决定[EB/OL].[2018－04－01]. http://theory.people.com.cn/GB/16018030.html.

[3] 武当文化[EB/OL].[2018－04－01]. http://baike.so.com/doc/4180783-4381245.html/.

“互联网 +”时代公共图书馆舆情信息服务浅议

欧阳磊(湖北省图书馆)

“互联网 +”时代,公共图书馆拥有海量的信息数据资源,在立足于本身职能的同时,积极为政府提供舆情信息服务,既是应有之义,也可以满足自身提升参考咨询水平、拓展增值业务的需求。

一、公共图书馆舆情信息服务现状

我国公共图书馆较早为政府开展舆情信息服务的是广东省立中山图书馆,1991 年就创办《决策内参》系列内部刊物,“开创了我国图书馆界开发利用海外华文文献为党政军高层决策机关提供智囊性高端服务的先河”[1]。舆情信息是对社会动态和热点问题的直观反映,是社情民意的交汇聚集,是领导科学决策、民主决策的重要依据,是服务大局、维护稳定的“预警器”和“晴雨表”,越来越受到各级领导的高度重视,已成为了解民意、汇集民智、排解民忧的一种新方式、新途径[2]。随着社会发展,各地各级政府为进行决策与改进自身工作而对舆情信息掌控的需求与日俱增,同时公共图书馆在经过现代化、数字化、网络化发展后,信息的整合与分析能力得到提高,也有了开展社会服务、拓展图书馆服务功能的主观意愿。在两方面有利因素共同促进下,越来越多的公共图书馆投身到舆情信息服务的工作中来。

1. 舆情信息服务分类

一是决策服务类舆情信息服务。服务内容主要是通过编辑《决策内参》类型的舆情信息产品,为政府机关和领导提供舆情信息,帮助其决策服务。此种信息服务的代表有:广东省立中山馆的《决策内参》以其境外传媒筛选的全面性,把握广东经济的宏观性、前瞻性,高层领导赞誉度高而独步于图书馆界。山西省图书馆向党政领导提供《晋图快递 · 舆情参阅》系列产品已有 10 年,该内参早已成为山西省文化事业发展中优秀的服务品牌。山东省图书馆编辑的《公共图书馆微博监测月报》、浙江图书馆的《图书馆网站信息监测月报》立足业界发展,受到同行的肯定并传阅[3]。

二是立法服务类舆情信息服务。服务内容主要是为“两会”的代表及委员提供舆情信息服务。此种信息服务的代表有:湖北省图书馆 2003 年起开始开展“两会”服务,为湖北政协会议和人大会议的代表及委员提供舆情信息服务。在 2016 年“两会”期间,湖北省图书馆创新性地将“互联网 +”与“两会”服务结合,建设了专题网站和手机 APP 栏目。期间共发放《信息参考》《领导参考》《文化动态》等舆情信息产品 2054 册,回答相关咨询 216 次,为代表委员们打印复印提案议案 42 份。

三是事件专题类舆情信息服务。服务内容主要是针对某一具体事件或者活动提供专题舆情信息服务。此种信息服务的代表有:汶川大地震发生后,国家图书馆编辑《汶川地震灾后重建信息专报》,直接发送给中央领导和参与灾后重建的部委领导;2016 年长江“东方之星”号客轮翻沉事故后,湖北省图书馆连夜编辑制作《长江沉船事件文献》提交给省委相关部门,为重大灾难事件处理及应对提供参考。

2. 存在的问题

我国公共图书馆舆情信息服务经过不断地探索与创新,成绩斐然,也得到了来自政府和业界的积极评价,但在实践过程中笔者发现还存在以下几个方面的问题:

(1)服务理念不明确。虽然舆情信息服务工作在公共图书馆界越来越受到重视,但是对于这一工作如何开展和推进,业界并未有统一认识。还有不少声音认为,图书馆应当立足基础业务,舆情信息服务只是锦上添花,如果过于倾斜那是本末倒置。此外,在具体进行舆情信息服务的实践中,由于舆情信息服务的对象主要是政府部门,图书馆出于种种顾虑,工作开展始终束手束脚。要么被动地等待上级指示,亦步亦趋,要么“剃头挑子一头热”,得不到政府部门的意见反馈,工作评价和改进更是无从谈起。

(2)服务模式与机制陈旧。公共图书馆的舆情信息服务工作主要还是依托于既设的参考咨询部门,其服务模式还是以参考咨询工作为模板进行,只不过服务对象由读者换成了政府。这在舆情信息服务初级阶段并无不妥,可一旦工作继续深入,就会暴露出许多不足。由于舆情信息服务工作的特殊性,考虑到服务对象的阅读定式,舆情信息的编写需要有固定的专人负责,这涉及人员定岗定编问题。再例如某些即时反馈型的舆情信息产品,对于工作人员的工作时间、绩效评定方式都要灵活调整。此外,工作中需要利用的大型商业媒体数据库与信息开发与管理的软件都是不小的开支,这涉及图书馆对外采购的预算编制。面对这些或大或小的问题,现有的服务模式和机制显得陈旧,难以灵活应对。

(3)产品内容单一、时效性不足。目前大多数舆情信息产品主要以原始信息汇编为主,停留在对舆情信息的加工统计和编辑这一个层次上,缺乏对舆情的整体把握和解读。不同于几十年前信息来源单一、主要依托于剪报的时代,如今网络信息泛滥,在这个大数据时代针对信息进行深度分析和挖掘至关重要,这也是目前许多公共图书馆舆情信息服务的一个软肋。此外不少舆情信息产品,尤其是依靠邮寄途径报送的产品,其服务周期一般都是以月为单位,时效性不强。而且目前政府对舆情信息的关注有偏重实时舆情的趋势,这一类“月刊”性质的舆情信息产品劣势逐渐暴露。

(4)人员配置欠缺。目前,国内公共图书馆中,图书情报专业人员较为集中。舆情信息来源纷繁复杂,往往涉及政治、经济、科技、文化等诸多领域,图书馆复合型人才较为缺乏。还有图书馆配置的计算机人才大多从事馆内硬件及网络设备维护工作,缺少专门从事舆情信息分析的专业人才。另外值得注意的是图书馆年轻馆员普遍对于社情民情了解不够深入,虽然也是当代年轻人的一个通病,但对于舆情工作来说是非常不利的。

二、舆情信息服务提升策略

1. 重塑服务理念

首先要走出舆情信息服务工作是“不务正业”的认识误区。图书馆是财政拨款的公益性单位,为政府提供舆情信息服务乃是应有之义。从另一方面来说,借此让政府部门了解到图书馆不再仅仅是个“看书的地方”,而是具有综合能力的智库机构,这对于获取更多预算支持和谋求更多发展空间不无裨益,是非常有利于图书馆自身发展的。其次,应该树立主动服务的理念,克服畏难、怕事等情绪,迎难而上,积极与服务的政府部门沟通,获取确切服务需求,进而有效应对。另外,还需要和服务对象之间建立切实有效的联络机制,定期让服务对象反馈意见,使得工作不断精进,不断推向深处。

2. 服务模式与结构调整

面对舆情信息服务的特殊需求,图书馆必须设立专职舆情信息服务部门或者岗位,确保舆情信息服务的连贯性和一致性。优化人员组合,组建项目团队,以团队为单位对接不同服务对象,形成较强的团队意识。此外,图书馆在加强文献资源建设时,应有意识地增加获取舆情信息所需的文献、电子资源方面的比重,尤其是引入大数据方面的采集和分析工具。

3. 梳理需求,确立产品梯次

产品内容上,除了自身不断精进之外,还必须与服务对象进行充分沟通,掌握服务对象的特殊要求和规律。其后根据服务对象的需求,确定服务产品的梯次,从而制订相应工作计划、安排项目小组进行对接。例如湖北省图书馆,对不同服务对象的需求进行了全面的梳理,确立了产品多级梯次:《信息快报》为每日一报,《湖北文化舆情摘报》《要情要报》为每周一报,《信息参考》为每年“两会”期间定期投送。同时根据对象需求,每种产品的编写模式、篇幅、选题侧重也都有所不同。

4. 培养专业人才队伍

舆情信息并不是客观存在的信息本身,而是民众对信息的意识反馈和社会态度的缩影,具有一定的抽象性,需要鉴别、选择和理解。这对于从事舆情信息工作人员的素质提出了极高的要求。作为舆情信息工作者不仅要具备计算机、外语、文字编撰等具体的技能,更重要的是要有高度的政治敏锐度,了解社情民情,知道政府关注什么、群众关注什么。所以,图书馆对于人才的培养和使用不能满足于现有状态,应该引进一些懂得运用大数据分析工具的高层次舆情分析人才,补足短板。同时在内部建设一支专门的人才队伍,通过加强学习和提供培训,强化员工对舆情工作的兴趣与敏感度,提升工作质量和工作效率。

5. 探索与合作

放眼业界,舆情研究的服务机构比比皆是,而且各个实力不俗。如政府机构中有政研、外宣部门,媒体中有人民网舆情监测室,教育科研中有各地科技情报研究所,数据公司中的汤森路透更是赫赫大名。在这些强大的竞争对手面前,公共图书馆如何突出重围,并且能够做出特色、做出品牌,这就需要所有从事舆情信息服务工作的图书馆人不断进取和探索,在实践中不断总结经验和创新。

人民网舆情监测室发布的《2016 年中国互联网舆情分析报告》指出,主导互联网舆论生成从应用范围来看,微博、微信都已经超出单一社交应用范畴,成为平台级入口[4]。传统的搜索工具在应对新媒体信息数据时已经显得力不从心,这就需要投入更多的技术力量开发针对新媒体端舆情信息的全新监测、分析工具。这对于一般公共图书馆来说难度太高,所以需要公共图书馆主动与科研机构、商业数据公司合作,以需求为导向开发适合自己的定制化舆情信息工具。此外,在涉及信息深度加工、分析时,需要动用电子数据库资源。由于舆情信息包含政治、经济、文化、科技等诸多领域,单一公共图书馆所有的数据库资源难以应对周全,所以也必须依靠图书馆数字资源共享平台来实现。综上所述,公共图书馆在自己不断钻研的同时,积极与其他机构合作也是必需的选项。

三、结语

舆情信息是社会动态的反映,是群众呼声的体现,是政府部门立法决策工作的重要参考。随着信息技术发展,图书馆开展基于政府舆情信息需求的服务条件越来越成熟。公共图书馆拥有海量的信息数据资源优势,但同时也面临着服务模式陈旧、专业人才不足等难题。新时期公共图书馆应该发挥己之所长,补齐短板,转变思路,充分利用信息化工具与技术,积极探索,求新求变,从而更好地完成舆情信息报送工作,实现社会效益最大化。

参考文献

[1] 艾新革.图书馆政府舆情信息服务研究[J].图书与情报,2011(4):1-6.

[2] 北京市人民政府办公厅.北京市人民政府办公厅关于做好政务舆情信息报送和管理工作的意见[EB/OL].[2018-04-19].http://www.fawuzaixian.com/wenku/view/id/435832.

[3] 陈炎.公共图书馆政务舆情信息服务研究——兼论湖南图书馆服务实践[J].情报资料工作,2014(1):75-78.

[4] 2016年中国互联网舆情分析报告[EB/OL].[2018-04-19].http://yuqing.people.com.cn/GB/401915/408999/index.html.

公共图书馆特色文献建设

省级公共图书馆古籍工作初探
——以安徽省图书馆为例

王东琪　周亚寒(安徽省图书馆)

一、引言

中华人民共和国成立以来,图书馆古籍工作经历了几个重要的历史阶段。一是古籍的收集阶段。文化部1959年与1962年先后发布《文化部关于在废纸回收中注意抢救有价值的图书资料的通知》及《文化部关于博物馆、图书馆可以根据本身业务需要直接收购文物、图书的通知》,通过回收与采购将大部分古籍集中到公藏机构,尤其是公共图书馆中。二是古籍的编目阶段。1987年,《古籍著录规则》(GB 3792.7—87)问世,使各图书馆古籍书目有了统一的规则,为之后《中国丛书综录》《中国古籍善本书目》的编纂打下了基础。三是古籍的影印出版阶段。各图书馆以自行出版或提供底本的方式将馆藏珍稀古籍化身千万,从《四库全书》系列肇始,又有《中国地方志集成》《北京图书馆古籍珍本丛刊》等,2002年,"中华再造善本"工程的启动更是将古籍出版工作提升到新的高度。四是古籍保护工作全面铺开阶段。2007年,国务院办公厅颁布《国务院办公厅关于进一步加强古籍保护工作的意见》,"中华古籍保护计划"正式启动,计划内容涵盖古籍普查、名录申报、古籍存藏条件改善、古籍修复、古籍整理出版和利用、古籍数字化、古籍保护人才培养、古籍保护宣传等方方面面。作为古籍保护的主阵地,各级图书馆古籍工作也主要以此为依据开展。随着古籍保护计划迈入第十年,古籍普查工作全面收尾,图书馆古籍工作也应调整工作重心、改进工作方法以适应新时期新变化。尤其省级公共图书馆作为"整个图书馆事业的中坚力量",是"地区图书馆事业的领头羊"[1],其古籍工作具有自身的特点,只有找准定位,创新发展,才能更好带动区域内古籍保护工作的开展,实现保存和弘扬珍贵文化遗产的功能。

二、省级公共图书馆古籍工作的特点

古籍从性质上来说属于文物的一种,但与一般文物不同的是,图书馆的古籍是可被读者直接利用的"活的"文物。古籍工作通常来说有以下三个特点:一是安全性,即因为古籍的不可再生性,在古籍工作中古籍保护始终是放在第一位的;二是专业性,指古籍的编目、整理、修复等需要有一定专业知识的工作人员进行操作,且通常来说其面对的读者也是有特定阅读需求的;三是独立性,古籍的入藏、编目、阅览与图书馆普通图书的采编、典藏、流通是相区别的,有自己独立的体系。省级公共图书馆的古籍工作在此基础上还有如下自身特点:

1. 双重性

省级公共图书馆通常也承担着该区域内古籍保护中心的职责，其身份具有双重性。也就是说省级公共图书馆除了要完成本馆所藏古籍相关保护与利用工作外，还负担着全省古籍信息收集、古籍普查登记、古籍修复培训、古籍保护宣传与研究等工作。这种双重性使得省级公共图书馆除了对省内公共图书馆负有业务指导责任外，与高校图书馆、博物馆、科研院所等古籍公藏单位，甚至于私人藏书机构或个人都产生了联系，且这种联系是主动的。这既对省级公共图书馆古籍工作提出了挑战，同时也是其走出公共图书馆限制，开展更广泛合作的契机。

2. 地域性

省级公共图书馆古籍工作的地域性主要体现在两个方面：一是各地区自然环境与社会环境差异。自然环境导致的差异如南方气候闷热潮湿，北方则较为干燥，故而南方古籍的装具制作多使用夹板而北方多使用函套。社会环境导致的差异如经济文化欠发达省份古籍工作的重心主要在古籍普查和基础设施配套上，而较发达的省份则可以利用先进的技术和专业的人才开展对古籍更深层次的加工利用。二是各地区存藏古籍版本、源流、内容的地域性差异。如安徽地区古籍工作侧重围绕徽州刻书、“桐城派”、安徽家谱、安徽地方志等具有地方特色的古籍展开研究。

3. 前沿性

省级公共图书馆古籍工作的前沿性既是先进技术应用上的前沿性，也是古籍文献学术研究上的前沿性。省馆本身即具有“建馆时间长、馆藏资源多、从业素质高、读者层次高的特点”“应是学术研究型为主导的图书馆”[2]，作为省级图书馆工作的一个分支，古籍工作也应起到率先垂范的作用，同时注重将已掌握并通过实践的新技术、新理论通过培训、业务指导等方式传递给地市级图书馆，带动全省古籍工作全面发展。

4. 统筹性

全省古籍工作的有序进行需要省级公共图书馆的统筹协调，从古籍普查登记的推进到珍贵古籍的抢救性修复再到全省范围内共建共享的古籍数字资源库的建设，省馆应在摸清全省古籍家底的情况下分批分次、逐步推进，避免重复无效地劳动。

三、省级公共图书馆古籍工作的定位

明确定位才能明确省级公共图书馆当下的工作任务和未来的发展方向，一个准确、科学、合理的定位对未来省馆古籍工作的健康发展起着至关重要的作用。

1. 区域内古籍文献的保护中心

省级图书馆本身就承担着“全省总书库”的职能，而古籍正是这个“书库”中最能代表一个省历史文化传承的部分。安徽省图书馆在完成本馆古籍普查登记的基础上，通过举办全省古籍普查培训班、安徽省民国时期文献普查工作培训班，选派省内各单位古籍工作者参加国家图书馆举办的各类培训班培养古籍普查和修复方面的人才，同时对各馆普查完成情况积极进行督导，对完成确实有困难的图书馆申报协调志愿者帮助完成。在古籍修复上，安徽省图书馆也一直走在全省的前列，以国家级古籍修复技艺中心安徽传习所为依托培养未来安徽省古籍修复的领军人物，带动全省古籍修复水平的提高。

2. 区域内古籍资源的共享中心

省级公共图书馆应当对区域内已完成的古籍数字资源和古籍影印资源进行收集整理后，建设省内网络共享平台和资源交换平台。省级馆具有天然的平台优势和资源优势，可以自身资源为基础，先行建设古籍资源库，在形成一定的规模效应后逐步引导吸纳其他古籍相关机构加入，从而不断提高古籍资源库的社会影响力，发挥公共图书馆在文化均等化上的作用。随着安徽省图书馆馆藏书目的编修进入尾声，古籍数字化工作成果不断累积，基于馆藏特色的数字化资源库建设已进入筹划阶段，并以此为基础结合文化共享工程，建设以省馆为中心，以省内各联盟馆为支点的古籍资源共享中心。

3. 区域内传统文化的推广中心

文化部《“十三五”时期全国公共图书馆事业发展规划》强调要“充分利用馆藏资源，传承和弘扬中华优秀传统文化”，省级公共图书馆“应该凭借自身丰富的馆藏资源和完善的文献服务能力，充分发挥自身社会教育职能……承担更多的责任与义务”[3]。目前安徽省图书馆传统文化的推广工作由各部门分别开展，历史文献部有与古籍普查相结合的志愿服务宣传推广活动、古籍修复相关宣传报道；读者活动部组织传统文化系列讲座、展览等；数字资源加工部拍摄制作安徽地方特色文化资源；少儿部开展经典诵读活动；与公益机构合作开办国学讲堂，等等。但安徽省图书馆的传统文化推广还未形成品牌，推广活动也未能实现常态化。

4. 区域内地方文献的研究中心

学术研究能力是图书馆软实力的集中体现，深入的地方文献研究有利于图书馆参考咨询服务等业务水平的提高。省级图书馆建设研究中心一方面是要提高馆员自身学术能力，另一方面是要为专家学者的研究提供便利，进而举办地方文献相关的学术论坛和研讨会。经检索，历年来作者单位为安徽省图书馆，论文内容与地方文献直接相关的论文有近 30 篇，大多与桐城派和徽州藏书与刻书相关，同时安徽省图书馆还编纂了《桐城派书目解题》《安徽省图书馆馆藏章伯钧书志》等著作。2014 年至 2017 年 7 月，安徽省图书馆历史文献部服务的地方文献方向课题共 172 个，主要方向为安徽地区的历史及社会经济研究、清代皖人诗文集研究等。

四、省级公共图书馆古籍工作的发展方向

新时期，省级公共图书馆古籍工作要在“保护第一，藏用结合”的基础上深入挖掘古籍的地域特色和文化内涵，利用现代科技保护和开发古籍资源。安徽省图书馆作为中部地区的省级图书馆，在资金支持和人才结构上与发达地区的图书馆还有很大差距，因此古籍工作的重心首先还应放在古籍资源的保护与建设上，同时学习先进经验，进行一些探索性的尝试。

1. 完善古籍原本捐赠制度

由于古籍的不可再生性,当下已不能再大批量地入藏古籍原本,但在民间仍有相当数量的古籍因没有良好的保存条件而遭受着不可逆转的伤害。因此鼓励民间收藏者将古籍捐赠到有修复与保存条件的公共图书馆应是下一步的古籍保护工作。现有的古籍捐赠往往还停留在给予捐赠者捐赠证书或一定数额的奖金上,对捐赠者对古籍本身的感情及古籍后续开发享有的权利重视不足。在有条件的情况下可以利用数字化与宣纸打印技术为捐赠者提供仿制本古籍留作纪念,同时如后续捐赠本古籍进入影印出版或被收入相关数据库,则捐赠者也可享有相关权利。

2. 加大对影印本古籍入藏的投入

影印本古籍完整保留了古籍的学术资料性,并部分保留了古籍的艺术代表性,在内容上,未有的可以充实馆藏,已有的则可以通过利用影印本减少原本出库的次数,更好保护古籍。同时一些印制精美的影印本古籍也可以用于传统文化的宣传推广活动,让更多读者直观感受到古籍之美。

3. 购买与自建古籍数字资源

古籍数字资源主要有以下几种来源:一是古籍数字化公司,二是出版社,三是高校与科研院所,四是大型公共图书馆[4]。前三者以古籍全文数据库为主要特色,公共图书馆则以书影数据库为主。由于经费限制及古籍数据库使用人数有限,安徽省图书馆尚未购买商业数据库,自建的家谱数据库仅列条目而没有深入分明的体系结构,因此丰富馆藏数字资源是接下来省馆古籍资源建设的重中之重。

4. 建设传统文化推广的志愿者模式

目前安徽省图书馆志愿者队伍以省内高校学生为主,志愿服务内容多集中在流通部门,形式较为单一。随着传统文化推广活动的开展,省馆可以号召高校文史专业学生、各传统技艺协会、文化系统离退休人员加入其中,既能保证活动开展的专业性,也摆脱了人手与资金的限制。

五、小结

《“十三五”时期全国公共图书馆事业发展规划》将“中华古籍保护计划”“民国时期文献保护计划”“海外中华古籍调查暨数字化合作”“文化创意产品开发试点工作”四个项目列入其中,也为“十三五”时期省级图书馆古籍工作的开展指明了方向。省级图书馆古籍工作的开展既要有专业化的学术活动,也应有面向大众的文化推广,遵循图书馆的“共享精神”,为实现文化的均等化,提高全民素质,建设书香社会服务。

参考文献

[1] 王雪超.“十二五”时期我国省级公共图书馆服务体系构建——新发现、新成就、新问题、新方法[M].中国图书馆学会.中国图书馆学会年会论文集 2014 年卷.北京:国家图书馆出版社,2014:578.

[2] 李浩. 省级公共图书馆的科学定位与和谐发展[J]. 新世纪图书馆,2009(2):59.
[3] 贺森林. 公共图书馆传承优秀传统文化策略研究[J]. 图书馆学刊,2017(3):5.
[4] 刘伟红. 中文古籍数字化的现状与意义[J]. 图书与情报,2009(4):134-135.

湖南图书馆特色资源网宣传推广模式初探
——以"湖南地方戏剧网"宣传推广为例

宋　靖(湖南图书馆)

一、湖南图书馆戏曲类特色资源简介

地方戏曲凝结着某一地域的历史文化、风土人情,具有独特的艺术魅力和深厚的群众基础,是表现和传承中华优秀传统文化的重要载体。20 世纪 80 年代,湖南图书馆开始着力搜集湖南地方文献资源,并逐渐形成了丰富的湖南地方特色馆藏。2008 年,为响应"全国文化信息资源共享工程"关于地方资源建设的号召,湖南图书馆开始了文化部公益项目湖南地方戏剧网(又名"湖南地方戏剧资源库")的建设,将原有资源整合并数字化的同时又全力收集和抢救了一大批湖南地方戏剧资源。湖南地方戏剧网建成后,通过文字、图片、视频等全方位展示湖南 19 个地方剧种的源流沿革、流布区域、代表剧目、艺术概况等信息,经过近十年的建设,目前已收录湖南地方戏剧视频 1300 余部 3000 余集,人物 1800 余人,文字 5000 余万字,图片12000 余幅,是集图、文、声、像为一体的大型数据库。该网多次获得全国优秀数据库建设项目表彰[1]。

为普及地方戏剧知识,2016 年湖南图书馆又针对青少年编辑出版了《湖南地方戏剧知识读本》一书,该书依托湖南地方戏剧网,内容生动别致、浅显易懂,采用图文并茂的方式,全方位为读者解读湖南 19 个地方戏剧的精华,荣获"第七届湖南省优秀社科普及读物"。

二、湖南地方戏剧网以往宣传推广手段分析

湖南图书馆特色资源网宣传推广团队成立于 2016 年初,在此之前,馆内对于湖南地方戏剧网的宣传推广方式主要有以下几种:

(1)网站合作。湖南地方戏剧网在湖南图书馆网与天下湖南网首页进行链接展出。

(2)媒体宣传。2013 年,《湖南日报》刊登了《抢救湖南地方戏》一文,介绍了湖南地方戏剧网当时建设的基本情况,新民网、红网、凤凰网、搜狐网等网站进行了转载报道。同年,《中国文化报》刊登了《湖南省图书馆建设五大资源库立体展现湖湘文化》一文,对湖南地方戏剧网等几大特色资源网进行宣传,文化部、国家数字文化网、凤凰网等网站进行了转载报道。

(3)特色资源宣传手册。2014 年,湖南地方戏剧网宣传册设计制作完成,之后在一些特定场合中进行发放宣传。

(4)百度词条及搜索引擎排名。2015 年,湖南图书馆将湖南地方戏剧网等几大特色资源网相关介绍上传至百度词条。

(5)地方戏剧活动与讲座。多年来,湖南地方戏剧网不定期在馆内举办地方戏剧知识讲

座，邀请戏剧名家面向广大读者，通过活动形式对网站进行宣传推广。

一直以来，湖南图书馆在湖南地方戏剧网的建设过程中，并没有忽略其宣传推广的重要性，但受限于人力、物力、财力等因素的影响，宣传推广力度不够，所选用的方式也有局限性，在实施过程中还存在诸多不足，以至于影响力较弱等。可以尝试去改善的方法有很多，譬如网站合作方面，可以考虑争取更多文化类、戏曲类网站的合作互推；活动宣传方面，可以尝试深入学校、社区、地方部队等领域；加大宣传册的投放，等等。湖南图书馆特色资源网宣传推广团队成立之后，即着手调研，总结前人经验，努力探索寻求更强而有力的推广方式。

三、湖南地方戏剧网宣传推广新阶段初期所面临的困难与解决思路

1. 戏曲衰落带来的影响与国家振兴传统文化大号召下的新机遇

改革开放后，传媒技术的迅速发展和娱乐多元化使得传统戏曲备受冲击，戏曲观众流失严重，层次日趋老化。据调查，全国 50 岁以下的没有进剧场看过一场戏曲剧目的人约占 80%[2]，社会对地方戏曲艺术思想的认识薄弱在很大限度上影响了戏曲文化的传播。湖南图书馆收集、整理、保存湖南地方戏剧资源，建设湖南地方戏剧网并积极推广，也是为了能向社会传播优秀的湖湘文化，面对目前社会环境所带来的困难，抓住机遇，做好推广工作就显得尤为重要。

2015 年 7 月，国务院办公厅专门印发了《关于支持戏曲传承发展的若干政策》，确立了由政府扶持戏曲事业的方针，把戏曲的保护、传承和发展，提升到国家和社会发展的战略层面，同时还强调了传承与发展戏曲艺术，要从文化生态的源头出发，从新生代抓起，加强戏曲通识教育，强化中华优秀传统文化特别是以戏曲艺术为载体的教育活动[3]。同年 9 月，国务院办公厅又印发了《关于全面加强和改进学校美育工作的意见》，明确当前和今后一个时期内加强和改进学校美育工作的指导思想、基本原则、总体目标和政策措施，提出到 2020 年，初步形成大中小幼美育相互衔接、课堂教学和课外活动相互结合、普及教育与专业教育相互促进、学校美育和社会家庭美育相互联系的具有中国特色的现代化美育体系。对此，国内戏曲界和教育界都积极展开行动。在此机遇下，湖南图书馆也首次将湖南地方戏剧网的推广目标重点定位在象征年轻朝气的校园内。

2. 打破世俗观念，借经取径，开阔宣传推广门路

确定好推广的首个目标人群后，湖南图书馆的推广之路起初也并不顺畅。一方面，近年来戏剧进校园的活动例子虽有很多，但由图书馆主办，着重推广特色资源网的几乎为零，湖南地方戏剧网在戏剧进校园推广模式上无现成的路子可走，又受到自身专业、资金和体制的多重限制，实施行动可谓困难重重。另一方面，社会对图书馆的普遍认知依然还是“搜集、整理、收藏图书资料以供人阅览、参考的机构”为主，对图书馆开展戏剧进校园推广的能力心存疑虑，湖南图书馆在此观念下要获得各界的支持也并非易事。针对以上两种情况的阻碍，湖南图书馆特色资源网宣传推广团队积极开展调研，向商业营销推广模式借经；登门拜访各大相关机构与戏剧名家，力求获得多方支持与合作，用汗水与坚持证明湖南图书馆做好特色资源推广的决心。

四、线上线下相结合的宣传推广模式实践

1. 线下推广模式实践

2016 年 5 月 25 日，湖南图书馆联合湖南省戏剧家协会开展的“走近经典　戏韵三湘——湖南地方戏剧知识进校园”系列活动正式启动，已累计举办活动 12 场，先后邀请 18 位戏剧名家，为全省 400 余所高等院校和中小学校的音乐教师、学生举办湘剧、花鼓戏、昆曲等地方戏剧知识培训讲座，掀起了地方戏剧进校园的热潮。在此过程中，湖南图书馆将湖南地方戏剧网的宣传推广与活动紧密结合，并通过活动的带动和影响，成功走出了一条推广之路。

（1）活动策划与筹备过程中的推广。湖南地方戏剧知识进校园每场活动都会根据不同的主题与不同的机构合作，多场活动下来，湖南图书馆通过与之协作过程中的沟通宣传，让各方了解到湖南图书馆一直以来为湖南地方戏剧文化的传承所做的努力，得到一致认可与全力支持。在筹备过程中，湖南图书馆又精心撰写每位主讲嘉宾的个人传记，将之与活动信息编辑成软文进行推送，让大众在品读名家故事的同时了解湖南地方戏剧知识进校园系列活动，了解湖南地方戏剧网，了解湖南图书馆。

（2）活动环节中的推广。在湖南地方戏剧知识进校园活动开场前，湖南图书馆都会展示精心设计的具有代表性的活动主题，发放湖南地方戏剧网宣传册，借此强化该系列活动在大众心中的品牌感知。活动环节中，湖南图书馆还将自主编辑的《湖南地方戏剧知识读本》赠予学校，并现场推广“湖南地方戏剧网”公众号，鼓励在场师生关注以及加入“湖南地方戏剧知识进校园微信群”。该系列活动全程采用现场高清直播，借助新式流媒体技术与互联网的高效传播力，让更多人参与进这场活动推广之中。

（3）活动后期推广。每场湖南地方戏剧知识进校园讲座的结束，并不意味着该场活动推广工作的完成。湖南图书馆在讲座结束后及时推送活动新闻，并借助各大主流媒体进行宣传。活动后期，时刻关注社会各界的反馈信息，总结经验，为下一场活动取得更好的推广效果而努力。除此之外，湖南图书馆把活动过程中采集到的教学资料与视频资源进行源数据保存以及加工，预计后期也会做出相应产品进行推广宣传。

2. 线上推广模式实践

2017 年 2 月，“湖南地方戏剧网”微信公众号完成注册并取得官微认证，这为湖南图书馆戏曲特色资源的推广又增添一大助力。目前，该公众号正在起步阶段，设有三大版块：官网（用以直通湖南地方戏剧网网站界面）、活动（湖南地方戏剧网推广活动相关报道、主讲嘉宾风采、视频直播快捷通道）、教学课件（湖南地方戏剧知识进校园活动中采集并加工的资源，可供下载）。不久的将来，湖南地方戏剧网网站升级完成，将为大众提供更丰富的地方戏剧资源、更便捷的服务，“湖南地方戏剧网”公众号也将开设更多栏目。

五、结语

特色资源网的宣传推广虽然是目前国内各大图书馆共同面对的难题，但湖南图书馆人坚信只要肯尝试，勇于挑战，定然可以踏出一条成功之路。

接下来,“走近经典·戏韵三湘——湖南地方戏剧知识进校园”系列活动还将走进更多的地区与校园,为师生们送去湖南图书馆精心准备的文化大餐;湖南地方戏剧网网站和“湖南地方戏剧网”公众号的建设也将不断完善,让大众享用图书馆地方戏剧特色资源的同时拥有舒适的用户体验。

湖南图书馆今后仍将继续探索,努力做好特色资源的宣传推广,传播更多的湖湘特色文化,同时,也希望广大图书馆同人加入我们,一起携手并进。

参考文献

[1] 任荣.“我是梨园的一号龙套”——尚长荣先生与朱恒夫教授关于戏曲现状与未来的对话[N].中国艺术报,2011-07-11(4).

[2] 人民日报:抓住机遇振兴戏曲艺术[EB/OL].[2018-03-01]. http://culture.people.com.cn/n/2015/0811/c87423-27441678.html.

[3] 国务院办公厅印发《关于全面加强和改进学校美育工作的意见》[EB/OL].[2018-03-01]. http://news.xinhuanet.com/politics/2015-09/28/c_1116700414.htm.

“互联网 + 特色视频资源”公共图书馆服务模式创新发展研究
——对湘鄂赣皖四省公共图书馆地方特色视频资源建设的调研

王　彬(湖南图书馆)

一、引言

伴随着网络电子信息技术的飞速发展,多媒体资源的普及和应用,数据库技术的开发和支持,人类生活发生巨大的变化,获取信息的渠道也变得更为多元化。从传统的纸质传媒到现在的电子传媒,我们获得的信息也不再只局限于文字图片,基于多媒体技术的视频资源凭借其丰富的信息承载能力以及生动的图文并茂的表现方式,越来越受到读者的欢迎,同时智能手机和平板电脑的快速成长,为我们获得视频资源提供了更多的渠道与手段。

地方特色视频资源主要是以网络应用技术为支撑、以互联网为传播平台,为用户提供涵括地方特色文化的视频内容,满足用户文化需求。公共图书馆作为重要的公共文化服务机构,如何在“互联网 + ”的背景下,充分利用现代信息技术和信息资源的搜集整合能力,对目前所存在的地方特色视频资源进行整合并向用户提供服务,值得我们深思和探讨。

二、从积极到优化:国内外公共图书馆地方特色视频资源建设趋势

从建设角度来看,特色视频资源是地域文化的载体,建设开发特色视频资源,可以促进文化的新发展,增强公众的文化认同感。美国公共图书馆早期便重视视频资源建设的开发及应用,如美国国会图书馆所保存的视频资源数量目前居世界前列,仅视频资源就有 1400 多万件,并向公众提供目录[1],2015 年又发起“美国公共广播电视存储计划”的新网站并计划提供约 250 万件数字化音视频资源的元数据信息,包括国家地方名人访谈、演出等[2]。

相比美国公共图书馆特色视频资源的建设与开发,我国图书馆对地方特色视频资源的建设虽然起步较晚,但现在也积极参与建设并对现有资源不断整合优化,如国家图书馆的视听服务中心于 2017 年 9 月正式对外开放,并且支持用户远程访问,其中自建视频资源总量就达到 154. 780 小时,外购视频资源总量 95. 988 小时[3]。2002 年启动的全国文化信息资源共享工程(以下简称“共享工程”),其受众者主要是村镇居民,直观易懂的视频更能被他们所接受和喜爱,仅在 2011 年,共享工程通过卫星播出农村实用技术、地方戏、影视节目、文化讲座等视频资源 3285 小时[4],2016 年又公开向全国征集地方特色的电影、戏曲、微视频等特色视频资源[5]。互联网的飞速发展改变了公共图书馆的工作方向,而地方特色视频资源的开发与利用逐渐成为公共图书馆改善服务模式的一个新的增长点。

三、从融合到创新：湘鄂皖赣四省地方特色视频资源建设现状

目前全国各省市公共图书馆大部分都结合自己的馆藏优势建立地方特色数据资源库，收集整理了大批的特色视频资源。湘鄂赣皖四省以图书馆联盟的方式进行合作，2013 年正式成立了“湘鄂赣皖公共图书馆联盟”来促成资源共建共享[6]，作为中部地区的图书馆联盟，“湘鄂赣皖公共图书馆联盟”（以下简称“四省”）在图书馆事业发展趋势上有较强的代表性，通过对四省地方特色视频资源的数据调研及分析，能够总结其在建设及服务方面的困境，结合研究分析并提出针对性的改善措施，以期提升特色视频资源的服务水平。

对四省地方特色视频资源的建设及服务现状进行调研最关键的是对目前已有资源数据进行搜集和分析，在样本选择和确定上需满足三个要素：①属于自主建设或合作建设，外购特色视频资源不在此次统计分析内；②服务主体为专题视频资源库或包含特色视频资源的地方特色多媒体数据库，无视频资源的地方特色数据库不在此次统计分析之内；③视频资源均已对用户开放并支持远程访问。笔者通过访问门户网站及分析相关文献资源，经过筛选核实四省地方特色视频资源建设具体情况如表 1 所示：

表 1　四省特色视频资源建设现状

湖南图书馆	湖北省图书馆
1. 湖南近代人物	1. 湖北三国文化
2. 湖南地方戏剧	2. 荆楚名胜（专题片）
3. 湖南红色记忆	3. 问道武当
4. 湖南非物质文化遗产	4. 红色历史文化
5. 湖南古民居古村镇（专题片）	5. 湖北地域舞蹈作品
6. 湖南抗战老兵口述史（专题片）	6. 湖北获奖少儿文艺作品
7. 湖南少数民族风情（专题片）	

江西省图书馆	安徽省图书馆	
1. 江西地方戏曲	1. 安徽戏曲	8. 安徽花鼓灯
2. 景德镇陶瓷文化	2. 安徽非遗	9. 安徽民间工艺
3. 江西旅游文化资源	3. 安徽文化名人	10. 飘扬的红领巾
4. 赣南客家民居（专题片）	4. 徽州建筑（专题片）	11. 我爱你中国
5. 江西历史文化名人	5. 安徽古建筑（专题片）	12. 双百人物中的安徽人
6. 江西历史文化民镇民村	6. 将军的摇篮（专题片）	13. 洪学智将军纪念馆巡礼（专题片）
	7. 安徽红色记忆	14. 安徽馆藏文物（专题片）

通过表 1，我们可以看到，四省在资源内容的挖掘上基本涵括各地域的特色文化资源，种类丰富，包含戏曲、非物质文化遗产、红色历史文化、当地特色建筑等，在形式上基本都采用了多媒体数据库的形式为用户提供文化需求。各自都建设了专门的特色视频资源库来保存和开发地方特色视频资源。以安徽图书馆为例，截至 2012 年底，自建资源项目完成 48 个，共计视频 114 集、容量约 14.5TB。内容形式涵盖视频、图文多媒体等[7]。尤其是安徽图书馆自主拍

摄的安徽古建筑系列专题片无论从内容上还是视觉体验上均获得业界一致好评。其他以特色数据库为搭载平台的特色视频,同样在建设和与用户的互动上取得了较好的效果,如湖南图书馆建设的"湖南地方戏剧多媒体资源库"就涵括了1193部湖南地方戏剧视频,其中"湖南花鼓戏精彩片段"的视频已达到259 316次的播放量(统计日期:2017年11月1日),这些地方特色视频资源的建设无疑推动着我国视频资源有规划、有层次地进一步开发和利用。在2018年度共享工程的地方特色资源项目立项上,四省均有新的特色视频资源被立项,具体如表2所示:

表2 "四省"地方特色资源2018年立项情况

湖南图书馆	湖北省图书馆
1 湖南地方戏剧之湘剧系列微视频 2 湖南少数民族风情之苗族系列微视频 3 湖南少数民族风情之土家族系列微视频 4 中国儿童书法动漫	1 楚地拾遗(三期):回味经典——湖北老字号 2 湖北戏曲多媒体资源库(四期):黄梅戏 3 戏曲动漫 4 湖北古村落(二期)
江西省图书馆	**安徽省图书馆**
1《江西历史文化名镇名村(三)》专题片 2 中国戏曲经典动漫——江西篇 3 江西传统手工艺微纪录片	1"全民艺术普及"专题资源之安徽戏曲艺术普及专题片(二) 2"文化中国"微视频之安徽旅游微视频(二) 3"红色历史动漫"之《星火燎原》 4"精准扶贫"专题资源之"小候鸟"守护计划(一) 5"文化中国"微视频之"文化安徽"微视频征集和推广活动(四)

数据来源:全国文化共享工程数字文化网。

从表2可以看出,在内容上四省一部分延续对已建设的特色数据库再进行深度开发,完善内容,另一部分根据用户的需求加强现代公共文化服务体系构建,选择区域文化的新内容。但在形式上,四省全部选择以视频的形式对区域文化进行开发和利用,这也证实当前公共图书馆地方特色视频资源建设前景良好,能够提供基本的视频点播服务方式,基本实现关键词的一站式搜索,有的甚至提供高级搜索等个性化的服务体验。

四、湘鄂皖赣四省地方特色视频资源建设存在的问题

地方特色视频资源需要以互联网技术搭载为平台,用多样化的服务方式提供用户所需服务,包括视频的搜索、播放、下载、浏览等,因此在资源的开放性方面以及用户服务方面,要想实现地方特色视频资源服务的均等化和个性化,依然存在很多亟待解决的问题。

1. 跨平台性支撑不够,建设平台之间缺乏合作交流

图书馆之间在建设地方特色视频资源的过程中合作性不强,已经是图书馆界对地方特色资源建设一个老生常谈的问题,但这个问题依然没有得到较大的进展,公共图书馆在此方面做得远远不足,在自建各种类型的数据库上盲目建设、重复建设的现象极为突出[8]。同一系统

类的地方特色资源库各自为政，缺乏统一的建设标准。在构建现代公共文化服务体系的背景下，公共图书馆依托共享工程的视频搭载平台，向用户提供视频文化服务，但依然由于地域限制、制度设计、服务模式等多方面的问题，目前四省在特色视频资源建设方面相对独立，缺乏合作交流。

2. 版权维护不完善导致视频资源开放性差，用户访问权弱

当前我国对于视频资源的版权立法尚不完善，而图书馆参与地方特色视频资源的建设也是近些年来对其馆藏特色资源建设和服务方式的一种创新，对于特色视频资源的版权进行充分维护，也是图书馆面临的新挑战。随着图书馆特色视频资源建设的迅速发展，版权的维护和保障便成为其发展道路上的一个薄弱环节，地方特色视频如果不积极解决版权合法性的关键问题，很难在推广与服务的过程中让用户认可和满意。

四省所建设特色视频资源库，为了保护其版权，虽支持远程访问但依然只能在线浏览，不能支持用户进行下载，这在某种程度上限制了用户的使用，这与现代公共服务体系构建所要求的公平化、均等化相冲突，导致图书馆的地方特色视频资源利用受到极大的阻碍。满意度的缺失会影响用户的使用行为意向和使用态度，这导致的最直接的结果就是资源开放性较差[9]。

3. 网页布局不完善导致推广服务滞后，用户定位欠精准

当前我国图书馆的地方特色视频资源仍然处于发展阶段，服务模式和用户定位都不太清晰完善，但是随着共享工程的进行、现代公共文化服务体系构建，各级图书馆越来越重视对特色资源的建设和开发，地方特色视频数量在不断增加，但视频用户数量和访问量却没有随着视频数量的增加而大量增加，其中的原因既有地方特色视频资源用户定位及访问习惯原因，也有地方特色视频网站及数据库自身的缺陷问题，网页布局混乱，很多特色资源库甚至位于门户网站的二级目录之下，用户查询困难，对于特色视频没有进行重点推荐和展示，因此地方特色视频资源的服务推广难上加难。

4. 宣传意识薄弱，服务方式有限，造成点播量较低

伴随着视频时代的来临，用户接触视频信息和获取视频内容的渠道越来越多样化，这就导致用户对视频内容的自主选择权也越来越大，地方特色视频资源作为地方文化的一种载体，作为图书馆进行文化服务的一种方式，仅仅通过单一的播放渠道比如图书馆的官网或者特色数据库的搭载平台，已经不能满足用户的多元化需求。

各种新技术在图书馆的普及应用，图书馆的知识生产、传播与利用的形式也随之不断地变化[10]。因此，在新媒体环境中图书馆应该利用地方特色视频资源，以多样的服务方式和手段满足用户的需求，保证文化服务的可持续发展。

五、“互联网＋服务”建设与服务的未来趋势

在互联网迅速发展的大背景下，“互联网＋服务”的新模式将倒逼公共图书馆不得不重新审视地方特色视频资源建设的战略规划，探索以用户为中心的便捷服务方式，依据技术环境的新变化不断调整地方特色视频资源建设的方向及服务的策略，力求为用户随时随地地提供地

方特色视频资源的获取服务，努力在资源的开放力度、用户的访问权限、服务方式的多样化等方面不断取得新的突破。

1. 统一标准，扩大资源开放力度

除四省以外，其他公共图书馆地方特色视频资源建设方面也没有完整明晰的合作模式与规范，随着地方特色视频资源在建设模式、版权保护、服务方式等方面的问题越来越突出，图书馆开始利用互联网多元化技术和第三方系统的支持，让地方特色视频资源已经向整合并存的态势发展。在当前"互联网＋"的大环境下，统一建设标准，实现整合之路已成为地方特色视频资源建设及服务的一种有效选择，公共图书馆的标准化工作必须与时俱进，进而实现整个地方特色视频资源多层次、多方面整合，扩大资源开放力度，让地方特色视频资源的播放、下载、分享等可以轻松操作。这对公共图书馆地方特色资源建设的长期发展和地方特色文化的推广都具有积极的意义。

2. 跨平台支撑，增强用户访问权限

互联网之所以发展得如此迅速，是因为其本身的资源已经突破了时间和空间的限制，用户可以随时随地通过互联网获取自己所需要的信息，而地方特色视频资源的服务是建立在互联网应用技术基础之上的，因此地方特色视频资源也应该尽可能顺应时势扩大本馆的服务范围，增强用户的访问权限，提高其开发的程度。

比如四省在现有联盟的基础上，通过 IP 认证等方式取代借阅证号登录的方式，实现各馆之间的跨馆使用，用户可随时根据自己的需求获取不同的视频资源。用户如果需要对四省的戏剧视频进行对比研究，则可通过超链接对所有戏剧视频资源进行观看，而不需要反复登录查询，诸如此类的服务方式都需要图书馆紧跟互联网的时代步伐，把握大数据所带来的机遇，通过地方特色视频资源服务的驱动，将现代公共文化服务体系建设的目标一一落到实处。

3. 优化界面，提供个性化服务，注重用户体验

在图书馆官网首页进行推动是当前地方特色视频的主要服务模式，因此我们需要对首推的界面进行优化，让用户能够直观地看到地方特色视频资源的相关推荐，利用大数据分析提供个性化服务，根据用户的行为分析其兴趣爱好，建立个人信息库，通过这种个性化的信息库主动推送用户感兴趣的相关视频，用户可对自己获得的视频内容进行评价和反馈，系统通过对反馈信息进行分析，不断调整推送内容。再加上不断探索和完善如高级检索等新的功能，这在一定程度上增强了用户使用的交互体验感，也增强了地方特色视频资源的服务性功能。

4. 完善服务，实现多种服务方式同步

没有完善的服务，就没有高质量的地方特色视频资源的开放性。地方特色视频资源的输出有属于自己的传播渠道，那就是依托各个特色数据库及图书馆的官方网站，但是如果要实现全面的服务还是需要借助视频网站或其他信息传播平台，形成其独特的服务模式。比如延伸播放平台，不局限于数据库搭载，探索实现内容的同步直播；地方特色视频资源可借助新媒体社交工具如微信公众号等，推广与地域文化相关的特色视频资源，并且通过微信用户之间的分享，得到最大的传播。如湖南图书馆的"湖南地方戏剧多媒体资源库"成了单独的微信公众号，实时对用户进行戏剧内容的相关推送，依托该资源库所开展的“走近经典　戏韵三湘——湖南地方戏剧知识进校园系列活动”已有400余所中小学教师、学生，6万余名网络用户参加了活动，新华社、中央人民广播电台、《中国文化报》、湖南卫视等170余家媒体对该活动进行报道和转载[11]。

六、结语

以视频为代表的新媒体传播方式已经成指数级发展进步，其发展速度之快是我们始料未及的，而图书馆地方特色视频资源建设是伴随着互联网应用技术的发展而发展的，互联网思维中用户体验、链接互动等特性在视频传播的过程中会更突出地体现出来，这对图书馆的地方特色视频资源的服务无疑起到了一种加持作用。在现代公共文化服务体系构建的大背景下，图书馆对地方特色视频资源建设的重视也使地方特色视频资源得以生存发展，甚至探寻新的服务方式和宣传模式的可能性。

视频作为一定全新的传播形态，已经是大势所趋，图书馆开展地方特色视频资源建设及服务符合当下互联网时代的传播规律，对图书馆事业的发展也造成较大影响和改变，能够促使图书馆更好地为用户服务，增强图书馆与用户的互动程度，利用视频资源这种新的载体让每个用户都能够享受到均等的文化服务。

参考文献

[1] 司铁英.美国国会图书馆音视频资源保存及对中国的启示[J].科技情报开发与经济，2010，20(28)：1－3.

[2] “美国公共广播电视存储计划”新网站上线[J].国家图书馆学刊，2015，24(3)：109.

[3] 国家图书馆关于开放视听中心的公告[EB/OL].[2017－09－24].http://www.nlc.cn/dsb_zx/zxgg/201709/t20170907_157074.htm.

[4] 2012年文化共享工程概况[EB/OL].[2017－09－24].http://www.ndcnc.gov.cn/gongcheng/jishi/201309/t20130924_765112.htm.

[5] 文化部全国公共文化发展中心2016年电影、戏曲、微视频资源征集公告[EB/OL].[2017－10－01]http://www.ndcnc.gov.cn/gongcheng/dongtai/201612/t20161202_1279187.htm.

[6] 徐力文，王锦东，李红，等.湘鄂赣皖四省公共图书馆联盟建设概述[J].图书情报论坛，2014(4)：2－6，8.

[7] 安徽图书馆.自建资源介绍[EB/OL].[2017－10－01].http://www.ahlib.com/ahgxgc/contents/1001/11980.html&sm=.

[8] 许莉.基于多元合作视角下的公共图书馆信息资源建设研究[J].高校图书馆工作，2016(3)：47－48，87.

[9] 田丹.我国移动图书馆APP应用现状分析[J].国家图书馆学刊，2015(5)：74－80.

[10] 魏蕊，初景利，王铮，等.大英图书馆三十年(1985—2015)战略规划解读[J].国家图书馆学刊，2015(5)：16－24.

[11] 杨敏.文化共享工程地方特色资源推广有效途径探究——以湖南地方戏剧知识进校园为例[J].图书馆杂志，2017(9)：64－67.

图书馆视域下口述历史的理论与实践

宋　蓉（安徽省图书馆）

一、口述历史与口述资料

1948年，哥伦比亚大学口述历史研究室的建立是现代口述史学兴起的标志。经过近70年的发展，口述历史在美国、英国、加拿大、澳大利亚、新西兰和新加坡等国家相继得到发展，并广泛应用于众多学科领域。20世纪90年代开始，口述历史在我国各个领域受到广泛关注，图书馆界关于口述历史的缘起、发展、价值、意义等方面的论述已颇为丰富，在此不复赘述。作为后续系列相关文章的开篇之作，笔者在图书馆领域对于口述历史的研究始于21世纪初，发展至今，一直无法回避的一个关键问题是：如何准确定义口述历史？同样，这也是中外口述史学界长期以来争论不休的一个问题。综观图书馆业内相关文献，对于口述历史的相关表述有：口碑史料、口述史料、口述文献、口述资料等。如此概念不清晰、界定不明确，必然会影响到实践中的具体操作。

美国著名口述历史学家路易斯·斯塔尔认为，口述历史是通过有准备的、以录音机为工具的采访，记述人们口述所得的具有保存价值和迄今尚未得到的原始资料[1]。唐纳德·里奇认为，口述历史就是以录音访谈的方式搜集口传记忆以及具有历史意义的个人观点[2]。显然，二人都认为口述历史是通过录音访谈收集得来的口述资料，不同之处在于，前者强调的是“原始资料”，后者包括了对这些资料进行阐释的“个人观点”。我国学者钟少华认为，口述历史是受访者与历史工作者合作的产物，利用人类特有的语言，利用科技设备，双方合作谈话的录音都是口述史料，将录音整理成文字稿，再经研究加工，可以写成各种口述历史专著[3]。杨祥银则认为，口述历史就是指口头的、有声音的历史，它是对人们的特殊回忆和生活经历的一种记录[4]。可以看出，两者观点有很大差异。

通过上述学者对口述历史的阐释，我们可以看出，对于口述历史的概念存在着两种不同的观点：一是口述历史等同于原生态的口述资料；二是口述历史是在口述资料基础上经研究加工所得的研究成果。2014年中华口述历史研究会秘书长左玉河发表在《史学理论研究》第4期的《中国口述史研究现状与口述历史学科建设》一文，明确提出口述历史与口述资料的区别：口述史料是不需要加工的，但口述历史是必须经过整理者加工润色的。而这种加工润色，最重要的一项就是与文献史料比较后对受访者的口述内容进行筛选。左先生的这一观点得到了大多数学者的认同。其实，口述历史发展至今，已被广泛应用于图书馆学、档案学、社会学、人类学、心理学等众多人文社会科学领域。不同领域的学者，由于背景知识、研究对象、研究方式的差异，必然对于口述历史这一名词有着不同的理解。图书馆工作者郑松辉认为，口述历史简单地说，就是搜集、传播口头史料，并以此进行历史研究和历史写作的方法[5]。白君礼认为，口述历史是运用口述史料客观真实地再现某一历史阶段的事件的过程[6]。显然，二人主要是从方法论的角度对口述历史进行了阐释。笔者由于专业背景和学识素养所限,不敢冒昧提出新的观点,但是根据左玉河对于口述历史与口述资料的区分,我们可以看出,目前图书馆界的口述历史研究更多的是停留在口述资料层面,囿于多种因素的制约,并未提升到口述历史的层面。

二、口述历史研究面临的困境

1. 理论基础薄弱

图书馆领域对口述历史的碰触,最初是来自社会各界的外力。在各类冠以"口述史"的畅销书籍和电视访谈节目的强力推介下,图书馆界开始尝试运用口述历史这一方法进行图书馆史和图书馆学史的研究,更有学者将其应用于网络图林史的研究之中。业界将口述历史视为与地方文献、参考咨询同等重要的业务工作,收集整理口述资料,丰富图书馆特色馆藏,建立口述历史数据库。如此,图书馆学者大多是在不自觉的情况下先用了口述访谈的方法,继而模模糊糊形成或抓住一套基本的原则,再慢慢觉察到一个名曰"口述历史"的方法论或理论体系[7]。笔者在参与安徽省图书馆"新四军在安徽"口述资料收集整理的工作中,亦沿袭了这一过程。相比较史学界先引入西方口述史学理论,继而推动中国口述史学的正规化发展,并产生了一批较有影响的口述历史项目,图书馆界对口述历史的理论探讨则呈现出一种后知后觉的态势。现有的为数不多的结合了图书馆具体情境和实践背景的理论研究,感性的体会多而专深的分析少,缺乏独到的研究成果,导致图书馆口述历史实践缺少行之有效的理论指导。

2. 人才困境

口述历史研究最切实的困境是人才的困境。由于口述历史的跨学科性,它要求工作者既要有一定的研究能力,又要有较强的社会实践能力,既要有深厚的史学功底,又要有人类学、社会学、文学、新闻学的相关素养。我国图书馆目前无论在社会地位还是福利待遇上,都无法吸引具备上述能力的人才。而作为人才输送主要渠道的图书馆学专业,在课程设置和专业培养方向上都对口述历史研究缺少应有的关注,导致这一学科的学生缺少相关的理论支撑,很难满足口述历史实际工作的需要,这从当下口述历史已然是门"热学"的大环境看来无疑有些讽刺。

3. 资金匮乏

相比较图书馆的传统业务,口述历史研究无疑是项费时费力费钱的工作。购买各种录音录像设备、外出采访旅费、后期的转录费用都是一笔不小的开支。崔永元曾戏称,他做口述历史的第一个职责是要钱,"这十几年,大概要了至少三个亿"[8]。崔永元筹资凭借的是个人知名度和社会地位,这对于社会关注度不高的图书馆来说,困难可想而知。很多中小型图书馆迫于资金压力根本无法开展此项业务,一些大学和研究机构因为经费拮据也无法对一些主题进行大规模的采集。

4. 缺少统一的规范

1967 年正式成立的美国口述历史协会,其会员遍布全美,且该协会制定了专门的行业标准《口述历史的通用原则和最优实践》,统一的工作规范和法律规范是美国口述历史得以健康发展的有力保障。相比之下,我国的口述历史研究因发展时期较短,配套机构不完善,首先在国家层面就没有形成一套专业标准和规范,历史学、人类学、档案学、图书馆学各领域在实践工作中各行其是,局面杂乱无章。虽然由于终极研究目标的不同,各领域在实践操作的各个节点上必然有不同的侧重,但一套完善的选题、访谈、整理、编辑、保存、出版的工作规范依然是做好口述历史研究必不可少的基础和保障。

三、如何推进口述历史研究的发展

1. 加强图书馆学科内部口述历史方法与理论的研究

目前,国内学者对口述历史学科定位的思考,基本上是围绕口述历史与历史学的关系进行。左玉河曾在多篇文章中提出,应将口述史学作为历史学的二级学科加以建设[9]。但是,我们也可以清楚地看到,口述历史发展至今,早已广泛地应用于各学科领域,在推动跨学科研究中起到了非常重要的作用。唐纳德·里奇认为,人类学及其他社会科学有自己的田野调查访谈指导,口述历史也可能出现在图书馆系、新闻系或是历史系的美国研究计划中[10]。例如,美国匹斯堡大学图书情报学院就开设了“口述历史/口述传统”课程[11],口述历史研究重镇美国哥伦比亚大学口述历史研究室就设立在哥伦比亚大学巴特勒图书馆。

对于国内图书馆学界来说,口述历史多是作为一种研究方法应用于图书馆史和图书馆学史的研究之中。它在提供生动、丰富的口述资料的同时,也为学科史、图书馆史的研究带来了多元化视角,不仅关注学界的代表性人物,也专注于倾听更多普普通通图书馆人的心声,拓宽和深化了研究内容。我们不妨在学科内部将这一方法拓展开去,如图书馆建筑史、图书馆技术史、读者心理学都可以运用这一方法进行多维度探讨,逐步将口述历史打造成图书馆学界和业界常规使用的科学的研究方法。同时,口述历史研究工作应与教学相结合,在搜集口述资料的过程中,也为图书馆培养专业人才。现阶段,我国图书馆领域口述历史的理论研究尚处于初始阶段,有待进一步拓展和深化,在此过程中亦可借鉴相邻学科的成果,尽快构建具有图书馆学特色的口述历史理论框架。

2. 加强人才培训

哥伦比亚大学口述历史研究室从 2001 年开始,每年夏天都会在纽约市组织口述历史专家、学者、活动人士和其他爱好者进行为期两周的口述历史理论和实践高级培训。同时,定期举办会议、讲座和实践活动[12]。作为国内专业学术团体的中华口述历史研究会亦可参考哥伦比亚大学的做法,联合有意向的图书馆、高校,聘请国内外口述历史方面的专家学者,定期举办口述历史培训班,把各界有志于口述历史研究的人士组织起来,通过专业培训、实地调研等方式,让学员了解口述历史的基本理论和方法,访谈的技巧和礼仪等。经过这样的专业训练,加上一段时间的口述访谈实践,每位学员都会获得更为专业的工作技能,以更专业的方法投入到口述历史研究中。

3. 多渠道筹措资金

口述历史研究代价高昂,能够获得资助的仅有个别研究项目和研究机构,业界也只有实力雄厚的图书馆有能力涉足这一领域。因此,我们需要摆脱固有的、仅仅依靠财政拨款的方式,多渠道筹措资金。图书馆可以尝试为一些有社会影响的企业做口述历史,记录企业的发展历史与现状,传承企业文化;可以为有需求的家族以口述历史的方式建立家族档案,重建家族观念;还可以充分利用自身良好的社会形象,采用合作共建、冠名等方式开拓研究资金的来源,寻求来自社会各阶层或基金会的资金帮助。

成立于19世纪60年代初的美国班克罗夫特图书馆开发社会资本的方法较为多元化:成立"班克罗夫特图书馆之友"俱乐部,为图书馆发展提供精神和资金支持;设立"磁带捐献中心",鼓励访谈爱好者们自行录制访谈音像磁带捐献给图书馆;出版图书,出售访谈抄本等。相信这些举措对于我国图书馆开发社会资本从事口述历史研究会有一定的启发[13]。

4. 案例的梳理与思考

香港大学王惠玲博士在《香港经验分享——口述历史档案库的创建兼论图书馆的角色》一文中[14],分享了本人参与香港口述历史项目的研究心得。其中"香港口述历史档案库""香港记忆"、机构口述历史档案均是由香港大学研究机构负责主导的项目,图书馆或机构档案馆负责接收成果。香港大学图书馆将"香港口述历史档案库"融入图书馆数字化及检索系统之中,并在图书馆网页上设立"香港口述历史档案库"专页。"香港记忆"是多媒体数码平台,储存和使用均安排在网站上,香港大学研究团队负责开发内容,图书馆负责开发硬件和软件,现"香港记忆"网站由香港中央图书馆主持,任何互联网使用者都可从网站上浏览和聆听访谈数据。就图书馆在其中扮演的角色,王惠玲明确提出,口述历史项目应由研究机构带领,图书馆是辅助和技术支持角色。

赵惠等人对湖南图书馆自主建设"寻访抗日老兵"口述历史项目进行了详细解读[15]。该项目以丰富馆藏资源、抢救珍贵记忆、建设地方特色资源为选题思路,以独立挂牌、独立对外、独立责任的工作室为运行机制,工作流程严格按照前期准备、中期访谈、后期整理的程序,访谈采用中立性与中介性相结合的模式,最终在整理87篇抗战老兵口述资料的基础上,结集出版《湖南抗战老兵口述录》一书。赵惠直言不讳地指出,对个体受访者的可信度不应予以过多的信任,对于口述资料的采访与整理,要处理好"叙事的真实"和"历史的真实"的关系。同时,行业学会、协会等有关部门和学者应尽早对口述历史工作进行规律总结,对工作守则、工作规范、技术标准等进行制度规范,以保障图书馆口述资料收集整理工作的顺利开展。

香港项目中图书馆承担的是信息管理者的角色,湖南项目中图书馆则成为项目的建设者。当然,对于口述历史项目的参与程度取决于图书馆人的综合素养和专业技能,但是,因为能力的缺失导致主动权的丧失,毕竟不利于图书馆在该领域的推进。以保存人类文化遗产为首要职能的图书馆,有责任有义务去抢救、采集、整理、传播那些珍贵的、濒临消失的口头文化遗产。当信息技术在图书馆学中的地位已达到前所未有高度的今天,我们更加不能忘记图书馆本应具有的文化属性和人文精神,我们也期待借由口述历史这一具有人文倾向的研究,让图书馆的人文传统与人文精神重回公众视野。

参考文献

[1] 杨祥银. 与历史对话:口述史学的理论与实践[M]. 北京:中国社会科学出版社,2004:5.

[2] 唐纳德·里奇. 大家来做口述历史[M]. 王芝芝,姚力,译. 北京:当代中国出版社,2006:2.

[3] 钟少华.进取集——钟少华文存[M].北京:中国国际广播出版社,1998:414.
[4] 杨祥银.与历史对话:口述史学的理论与实践[M].北京:中国社会科学出版社,2004:5.
[5] 郑松辉.口述历史及其在现代图书馆资源建设中的作用[J].四川图书馆学报,2006(1):20-23.
[6] 白君礼.馆史研究中口述历史的几个问题[J].图书馆建设,2011(7):91-94.
[7] 肖鹏,张衍.溯洄的突围:图书馆学与信息科学视野下口述历史的纠葛、误区与可能[J].高校图书馆工作,2016(4):3-7.
[8] 崔永元做口述历史很拼命 四处找钱"众筹"了三个亿[EB/OL].[2016-12-25].http://news.163.com/16/1225/00/C93GIVEH00014Q4P.html.
[9] 左玉河.中国口述史研究现状与口述历史学科建设[J].史学理论研究,2014(4):61-67.
[10] 唐纳德·里奇.大家来做口述历史[M].王芝芝,姚力,译.北京:当代中国出版社,2006:212.
[11] 陈传夫.美国图书馆学情报学专业的课程调整与新课程模块[J].图书情报知识,2000(1):24-27.
[12] 韩显阳.探索口述史研究再看哥伦比亚大学口述史发展[EB/OL].[2016-06-20].http://www.cssn.cn/kxk/201606/t20160620_3076600_1.shtml.
[13] 王子舟,尹培丽.口述资料采集与收藏的先行者——美国班克罗夫特图书馆[J].中国图书馆学报,2013(1):13-21.
[14] 王惠玲.香港经验分享——口述历史档案库的创建兼论图书馆的角色[J].图书馆,2015(12):10-14.
[15] 赵惠,刘芳,蔡璐.图书馆口述历史工作探索与思考——《寻访抗日老兵》案例分析[J].图书馆杂志,2015(8):57-61.

公共图书馆地方文献资源建设与服务的思考

——以鄂州市图书馆为例

赵敏玲　王敬俐(鄂州市图书馆)

一、鄂州市图书馆地方文献征集原则和范围

地方文献作为人类社会珍贵的文化遗产和知识遗产,在整个文献资源中占有特殊的地位。它是一个地区长期以来精神生活和物质生活创造的结晶,是一个地区宝贵的文化财富和文明的体现。20世纪80年代,地方文献工作得到普遍重视,鄂州市图书馆已逐步形成初具规模的地方文献体系,在当地经济建设、社会生活等各个领域发挥着越来越重要的作用。

1. 征集原则

地方文献建设具有长期性和连续性,是一个长期、复杂而又漫长的过程,必须经过日积月累,才能逐步形成。因此,根据地域文化特色和需求,把握建设原则,明确地方文献征集范围,是鄂州市图书馆开展地方文献资源建设的重要基础,总体原则是突出重点,包括全面收集与突出重点相结合的原则、广泛联系与重点收集相结合的原则、采购为辅与征集为主相结合的原则、藏和用的原则,其中,藏和用的原则要贯彻以利用为主的原则。

2. 征集范围

在图书馆界,地方文献有广义和猛义之分,结合鄂州市图书馆藏书体系结构,从鄂州市图书馆实际出发,我们确立的地方文献的收集范围是:①地方出版物:本地历代刻印、石印的各种出版物;中华人民共和国成立后在本市正式出版和非正式出版的各种图书(含教材)、报纸、杂志、连续出版物以及编印成册的各种资料、宣传材料。②地方人士著作:历代鄂州籍人士的著作;在鄂州工作的外地人士著作;对鄂州建设有突出贡献的本地知名人士与外地重要人士的手稿、照片、传记、纪念文章等。③地方史料:历代编撰的地方和各种专志等;历次国内革命战争时期史料、传单、标贴、文告等;近几年编撰的地方志、行业志、单位志、地名志等;反映中华人民共和国成立后鄂州市各方面建设成就的各种文献(包括图书、照片、影像资料);党和国家领导人来鄂州视察以及全国知名人士在鄂州活动的各种文献记载(包括手迹、照片、影像资料);重要外事活动的文献资料;其他有关文献资料。④家谱。

二、鄂州市图书馆地方文献征集方式与途径

1. 履职尽责是做好常态化地方文献征集工作的前提

首先摸清家底,掌握馆藏情况,在地方文献采购过程中,做到有的放矢,确保地方文献采购

的质量。其次做好捐赠者或捐赠单位信息的建档工作，如姓名、单位、通讯地址、联系方式、成果等，这些是必不可少的，可以分析提供渠道和规律，与地方文献捐赠者保持长期互动、长期合作关系，不仅有利于今后为地方文献目录编制工作提供帮助，而且还有利于地方文献的收集，同时，注意资料来源的连续性，特别要注意社会各界中负责地方文献编制人员的人事变更，及时与后任人员建立起良好的业务关系，避免文献资料缺失。

2. 领导重视是做好地方文献征集工作的关键

（1）争取政府支持。鄂州市图书馆历来重视地方文献资源建设工作，历任馆领导更加注重与政府部门的沟通，20 世纪 80 年代，鄂州市图书馆就取得市政府对地方文献工作的政策支持，鄂州市及时建立和组织实施相关制度，并在出台地方性法规和政府规章中做出规定，1988 年 7 月，印发《市人民政府办公室转发市文化局关于搜集保存地方文献的报告的通知》（鄂州政办发〔1988〕59 号），此文首次对本市书刊呈缴本加以规定。2000 年，鄂州市相关部门相继印发《关于做好地方文献征集工作的通知》（鄂州政办函〔2000〕12 号）、《关于做好我市文献征集工作的通知等文件精神》（鄂州文联〔2001〕14 号），通过出台一系列政策法规，进一步确立和完善本市出版物呈缴本制度的执行，为鄂州市图书馆开展地方文献的采访收集工作奠定了基础，使馆藏逐步形成具有地方特色的馆藏体系。

（2）完善规章制度。要建立地方文献征集、整理、保存、开发、利用的一整套工作制度，确保地方文献工作规范化、常态化。鄂州市图书馆坚持以制度建设促进工作水平提升。先后制定了《地方文献阅览室制度》《地方文献工作征集制度》《鄂州市图书馆接收捐赠地方文献细则》等系列规则制度。修改《馆藏政策发展文本》，对地方文献采集的经费、目录、方向、方式等做了明确的要求，如对捐赠单位和个人金额达到上千元的，鄂州市图书馆举行捐赠仪式，利用媒体进行宣传报道；在千元以下的，对捐赠者颁发荣誉证书。极大地调动捐赠单位和个人的积极性，确保地方文献工作顺利完成。

（3）建立专门机构。做好地方文献征集工作是地方文献资源建设的第一环。就当地的地方文献而言，地方文献具有数量多，出版渠道多且分散，载体多样，传播范围小，不易搜集的特点。地方文献征集工作面广但数量大，旧的文献有待开发，新的资料不断出现，这是一项长期而艰巨的任务[1]。如何使地方文献的征集工作卓有成效，使图书馆的藏书具有鲜明的地方特色。鄂州市图书馆于 1988 年单独成立地方文献室，把地方文献的征集职能从检索部门独立出来，集搜集、整理、保管、展示和服务于一体，并确定专职人员负责，专职人员都具有中级以上职称，有丰富的专业工作经验。这些措施为开展地方文献工作奠定了基础。

3. 社会合作是做好地方文献征集工作的有效途径

（1）建立征集网络。在征集方面，鄂州市图书馆与相关部门加强联系。积极主动与市文体新广局、市社科联、市文联、市党史办、市档案局、市方志办等一批重点单位建立联系，在文体局的帮助下，建立了地方文献征集网络，通过网络渠道，开展专题活动，2014 年结合群众路线教育活动，与市文联、市社科联联合发文，向全市公开征集鄂州人著作，短短几个月，共征集地方文献 400 余册，并设专架对外展借，得到市委宣传部领导的充分肯定。

（2）加强与民间组织合作。民间力量作用大，鄂州百家姓文化发展有限公司于 2016 成立，藏谱达 1000 册，在挖掘历史文献，传承鄂州文化方面做出了贡献。民间历史文献在维系和构建社会文化传统中仍然扮演着重要角色，因此，系统收集和研究民间历史文献，深入揭示民间文化的传承机制，具有重要现实意义。2017 年，鄂州市图书馆与鄂州市百家姓文化发展有限公司成功举办了首届“六月六”晒谱节活动。晒谱节活动从发起到活动结束，在短短的两个月时间，有 200 余人报名参加该活动，活动当天共展示 100 余姓氏的家谱 400 余册，该活动将开启鄂州市公共图书馆地方文献资源建设的一个新起点。为推进鄂州市地方文献征集工作的有效开展，提升地方文献整理研究水平起到推动作用，同时，鼓励民间组织在地方文献征集工作中的先进个人和先进集体，充分利用民间组织力量，更好地发挥地方文献在读者服务、区域文化建设和经济发展等方面的作用。

(3)加强馆际合作。以馆际合作促进地方文献资源的交流，图书馆要加强与各兄弟馆之间的信息沟通与交流，主动访求或主动互赠，以共同充实馆藏，实现资源共享。

三、鄂州市图书馆地方文献服务与阅读推广

地方文献的采集和利用是图书馆工作的两大部分，随着特色馆藏数量的不断增加，鄂州市图书馆加大了对地方文献的挖掘和开发力度，取得了良好的成效。

1. 彰显地方文化特色，做好阵地服务工作

自 1988 年地方文献室成立以来，鄂州市图书馆注重地方文献资源建设，使本地区的地方文献基本收藏齐备，地方文献室由藏书、阅览区组成，并设有“三国文化”专架、“鄂州作家作品”专架，常年对外服务，近年来，鄂州市委市政府不断加大三国吴都文化的挖掘、保护与传播工作力度，2014 年启动了“中国三国文化之乡”创建工作，计划两年内完成。市图书馆地方文献室工作人员得知这一消息，主动为创建工作组成员翻阅大量文献资料，如《武昌县志》《武昌县志・艺文志》等，为鄂州市成功命名“中国三国文化之乡”提供佐证资料，除此之外，每年接待本市和外地读者前来查询资料，在接待过程中，工作人员不仅积极宣传地方文献工作的重要意义，宣传本地特色文化，而且对读者的研究课题提供支持和帮助，并且同时还为读者提供无微不至的服务及关怀，此举得到了读者的充分肯定，一位老读者还特地向地方文献室赠送了牌匾。

2. 重视阅读推广，不断丰富特色馆藏

阅读推广是做好地方文献征集工作的重要手段，媒体宣传固然重要，能让读者切身体会到的是活动过程，能让工作人员感受到的是活动的成效。图书馆每年定期举办特色文化讲座外，还举办叶贤恩、刘敬堂等知名人士手稿或作品捐赠仪式，反响很好，收获颇丰。如 2017 年 7 月举办的鄂州市首届“六月六”晒谱节活动，该活动共展出百余家姓氏的家谱，谱籍涵盖鄂州市各地区（各乡镇），活动中有 10 个姓氏持谱人，当场将家谱捐赠给图书馆，活动结束后的第二天，苏顺堂先生主动将自己的家谱也捐赠给图书馆，当工作人员将收藏证书颁给他的时候，他激动地说：“昨天偶遇此次活动，要不然我昨天就捐赠给图书馆了。”还有的持谱爱好者说，等新馆开张那天要再捐一批家谱。然而，阅读推广成功的标准只有一个——能被人们记住，为今后采集地方文献起到良好的宣传推动作用。

3. 推进地方文献数字资源建设，提升服务水平

信息技术的发展以及数字图书馆的发展，对地方文献资源的建设和服务提出了新的要求。在鄂州市图书馆的地方文献资源建设方面，纸质文献与数字文献并重，尤其注重地方文献的数字化，以便为读者提供更方便、快捷的服务。鄂州市图书馆采用现代信息技术手段，对本市优秀文化信息资源进行加工与整合，网站资源表现形式多样，视频资料丰富多彩，地方特色鲜明。2016 年鄂州市图书馆与超星公司合作，已完成以鄂州作家作品为主的《鄂州著作人传》、以铜镜之乡著称为主的《鄂州市古铜镜》、以中国三国文化之乡为主的《三国文化》以及《鄂州地方志》数据库等内容板块建设。另外，为贯彻信息资源共享工程的部署，进一步挖掘宣传鄂州地方文化资源，鄂州市图书馆借助群团社会力量，摄制组已完成《观音阁》《贺龙在鄂州》等专题篇的制作，节目播出后，反响良好，受到市领导和专家好评。

地方文献工作是一项长期持之以恒的工作，已经受到公共图书馆界普遍的重视，这是不争的事实，但工作进展不平衡，还有不少理论和实践中的问题尚未取得共识，主要是没有具体的条例和标准，鄂州市图书馆在地方文献资源建设上也存在不少问题，如地方文献理论研究上比较薄弱，只有开展理论研究，才能提高地方文献工作的水平，才能有效地发挥和指导实践的作用，才能更好地为读者提供优质服务[2]。

参考文献

[1] 吴建中. 浅谈公共图书馆地方文献工作[J]. 图书情报论坛，2015(6)：46－48.

[2] 李雪垠，宋晓丹. 市级公共图书馆地方文献工作实践方法论——以沈阳市图书馆为例[J]. 高校图书情报论坛，2015(1)：36－39.

图书馆文化创意产业开发初探

——以安徽省图书馆历史文献部为例

耿　宁（安徽省图书馆）

历史文献资源是中国传统文化的重要载体，主要包含古籍资源和民国文献资源。对其进行文化创意开发不仅发掘了历史文献的文化价值，更突出其社会价值。目前，为了使历史文献在人们的学习生活中得到更好的利用，安徽省图书馆通过纸本阅览、数字化、缩微、出版等手段将现有资源开放给读者，同时也通过举办展览、讲座等形式让民众更贴近、更了解中国传统文化。自从“图书馆文化创意产业”的概念被提出来之后，历史文献的社会经济价值也越来越得到重视。将历史文献中的文字、图像通过加值运用融入民众的日常生活亦成为安徽省图书馆文化创意产业开发的新课题。

一、图书馆文化创意产业开发背景

1. 图书馆文化创意产品的概念

联合国教科文组织将文化创意产业定义为：依靠创意人的智慧、技能和天赋，通过高科技的协助，对文化资源进行创新与提升，并通过知识产权的开发和使用，产生出高附加值文化产品，同时认为文化创意产业包括文化产品、文化产品服务和知识产权等内容。图书馆的文化创意产品便是与该馆的图书典藏以及与当地文化特征相关，并具有一定文化性和纪念价值的产品。文化创意产品作为图书馆的重要组成部分之一，同时具备地方特色，承载着与图书馆主题相关的历史、文化和人文信息[1]。

2. 图书馆文创产品开发的现状

一直以来，依托馆藏资源进行文化创意产品开发是很多博物馆、美术馆等文化文物单位的重点工作，然而图书馆界却一直鲜有相关理论研究和实践经验。在网络化时代的大潮中，2015年12月1日，中国国家图书馆依托“国家典籍博物馆”开创了第一家公共图书馆文创网店——“国图旺店”。店内售卖的商品大部分是以其馆藏古籍为灵感设计的文化周边产品。国家图书馆相关负责人张立朝说，“国图开发文创产品也有近两年的时间了，文创商店就是图书馆的最后一个‘阅览室’，是向读者传播知识、介绍古籍的特殊方式”，“‘国图旺店’刚刚开始起步，将借鉴故宫、国博等博物馆线上经营的方式，希望通过淘宝店让全国各地有兴趣的读者能够了解国图，通过产品与读者对话，把图书馆‘请回家’”[2]。截至2017年3月24日，该网店显示店内一共仅有92件商品，网店记录已售共55件商品，信用分921分，而故宫博物院的唯一淘宝店——“故宫淘宝”共有商品195件，已售109733件，信用分1154700分。由此对比可以看出，相对于博物馆，我国各公共图书馆文创产品的开发和推广仍处于起步阶段，具有很大的提升空间。

二、历史文献资源文创开发的必要性

1. 历史文献资源的文化价值和社会价值

历史文献的文化价值体现在“三性”，即文物性、艺术性、学术性。文物性指有些抄写或刻印的古籍，年代久远，流传又稀少，如宋版书存世不多，无论从纸张、墨迹、印刷方式、装帧等方面都具有很高的文物考古价值。艺术性指有些古籍字体雕刻精美，印刷水平较高，如精写本、精刻本以及各种套印本、红印本、拱花等，蕴含着大量中国传统文化元素。学术性体现在例如名家稿本、精校本以及在某一学术领域有独到见解或较为少见的稿本、写本、批校本等，都有很高的版本、校勘等学术价值。

历史文献的社会价值强调的是历史文献资源的商业利益和市场价值。主要是指在文化产业化的大背景下，打破传统观念，运用创新思维将历史文献资源进行深度开发，变成文化资本和具体的文化产品融入商品市场，带来社会效益。

2. 历史文献资源和文创产品开发相辅相成

历史文献资源与文化创意产品开发之间是相辅相成、相互利用与促进的关系。首先，每个图书馆都有自己的特色馆藏，如安徽省图书馆收藏大量桐城文派古籍和徽州文书等，经过多年的整理和保护，俨然已成为一个巨大的材料库，为文创产品的构思和研发提供素材，是文创产品开发的物质基础。

其次，读者对文创产品的体验与收藏有助于读者们更加形象生动地了解图书馆的历史和馆藏特色，从而拉近读者与图书馆的距离，增强图书馆的教育推广功能，同时也能为图书馆带来经济效益的最大化。有了经济上的支持，可以更好地保护、研究馆藏历史文献。如今，安徽省图书馆正在进行馆藏古籍的数字化，既方便读者又能保护古籍，还可以做进一步的加值推广。

三、安徽省图书馆历史文献资源的文创产品开发

1. 历史文献资源文创产品已开发情况

近年来，安徽省图书馆设计开发了一些带有安徽省图书馆标志的U盘、书签等，都是作为非营利性质的礼品在馆里举办的活动中赠予读者，拉近了读者与图书馆的距离，扩大了安徽省图书馆的影响力，文创产品的社会及经济价值，还有更多的潜质等待开发。

安徽省图书馆收藏古籍线装书34万余册，其中善本3万余册，是安徽省古籍收藏量最大的单位，在全国也占有重要地位。所藏古籍文献中，地方特色明显，尤其是徽州文献收藏独具特色，形成了具有浓厚地域文化的藏书特色。从2008年至2016年，先后有127部古籍入选《国家珍贵古籍名录》[3]。此外，本馆藏有民国文献74973册（不含少量未分编报纸），其中报刊3937种（17819册），图书25664种（57154册，含副本）[4]。基于丰富的历史文献资源，安徽省图书馆已开发的文创产品主要有以下两种类型：

（1）典藏出版物。图书馆利用文献资源的整理开发成果，出版具有地方特色和馆藏特色

的出版物和作品集，例如，安徽省图书馆近年来出版的《安徽省图书馆馆藏古籍珍本丛书》线装系列、《安徽馆藏皖人书目》《徽州名族志》《安徽历代古籍文献》等，还有仿古装帧宣纸印刷的《红楼梦图咏》《馆藏历史人物手札选》《包公故里遗踪》《新安画派精品选》《徽州版画精华》等，既具有学术价值又具有收藏价值。

(2)古籍资源复制品。古籍资源复制品是较常见的文创产品之一，可以直观展现古籍的模样，容易复制但成本较高。例如，安徽省图书馆高清仿制的手卷《观世音菩萨三十二相大悲心谶》，保留了珍贵古籍的原貌，可以作为收藏品和礼品书。

2. 历史文献资源文创产品待开发类型

(1)体验式特藏主题展。随着科技进步，3D、4D、VR技术的普及，历史文献的展览不单单局限于过去将书陈列在展柜里的形式，应该主动迎合读者需求采取更加多元化、多视角的体验式展览，使读者参与到展览中，使展览更加生动、活泼。安徽省图书馆毗邻包公祠，可以围绕安徽合肥最具代表性的历史人物之一——包拯，将有关包拯的古籍资源搜集起来，运用声像传媒技术对历史文献进行加工，使文献中的抽象文字转化为直观、生动、逼真的声像产品，让读者有偿观看。此外，安徽省图书馆作为安徽古籍修复技艺传习所，可以将这一非遗技艺推广宣传，适时举办一系列活动，让读者选择性参与制作古籍纪念品，如亲自拓印一幅作品或者亲手缝制一册线装书等。

(2)个性化定制服务。目前已开展起来的个性化定制服务主要包括古籍数字化预约和阅览。这里所说的个性化并不单指古籍文献的阅览，而是根据读者需求对业务的延伸，此处可以借鉴和学习的是：国家图书馆古籍馆对于居室陈设的装饰制作的代表性馆藏《永乐大典》《芥子园画传》等装饰件，成为很多读者喜欢定制的内容。英国国家图书馆及纽约公共图书馆则不单有简单的书籍复制，还将具有艺术韵味的馆藏资源，如图书插图、封面等数字化后供读者选择，并可按要求以不同尺寸及材质打印出来，购买者可以将其使用在家居装饰、服装装饰等用途上[5]。

(3)衍生纪念品。衍生纪念品来源于馆藏历史文献的内容、形式、图案等，目前是博物馆、图书馆的文创产品形式中最普遍、最受欢迎的。大致可以分为办公用品和生活用品以及邮品、服饰几种类型。例如办公用品有中国仿古线装笔记本、梅兰竹菊木质书签、圆形便签等；生活用品里较受欢迎的有抱枕、收纳帆布包、特色冰箱贴等；邮品有明信片、藏书票、邮册等；服饰有印有特色馆藏图案的卡通T恤。由此可见，衍生纪念品开发的方向要偏向于小件、带有馆藏特色且最好能够日常高频使用。再加上90后、00后消费群体逐渐成为消费主体，考虑到年轻人的消费观，更需要衍生纪念品能自带引力，有趣、自带萌点、造型别致等，能在一般物品中突出个性的点也是创意开发时需要考虑的。

(4)古籍元素APP。如今，移动设备的普及和移动技术的飞速发展为图书馆文创开发带来了新的契机和挑战，文创产品的开发不再局限于实体物品，更要着眼于移动端虚拟的线上实用软件，将历史文献中的各种元素分类、虚拟化，供读者欣赏和使用。第一款与古典文化元素相关的APP就是北京故宫博物院推出的“每日故宫”，这款APP是用电子文物日历带你梦回前朝，掌上观展。每一件馆藏珍品都对应当下岁时节气，高清图片与精简注释为你展示精致细节。图书馆古籍元素APP的开发也可以此为借鉴，将有代表性的馆藏历史文献资源开发制成各类信息产品，然后通过APP推送，为读者提供更加便捷、高效的使用平台。

四、历史文献文创产业的发展方向

通过解读2016年4月27日国务院总理李克强主持召开的国务院常务会议上确定的推动文化文物单位文化创意产品开发的四方面措施，可以总结出未来以古籍资源为依托的文创产业的发展趋势：

一要建立健全产业产品门类。不能光局限于现有的几种文创产业产品类型，还应拓宽文创产业的覆盖面，如教育方面，可与设置相关专业的学校合作，开设古籍修复、书画装裱相关的培训班，对社会招生，颁发结业证书和从业资格证书。

二要创立品牌，开发具有独立知识产权的产品。除了学习和借鉴国内外文物文化单位已有的文化创意产业产品外，还应积极探索和研究新的历史文献资源的加值项目，如将历史文献文字内容和图案元素与旅游业跨界融合，将文化资源与自然景观、人文景观相结合，创立具有地方特色的文创品牌，同时要积极研发科技含量高的具有独立知识产权的产品。

三要大力培养创意研发和营销推广方面的人才。历史文献资源开发是一项创造性的研究工作，一方面要通过各类培训加强历史文献工作者们的文化素养、科研创新、网络技术和计算机应用等方面的能力，同时也可以与大学院校里有关文创、出版、美术、设计等相关专业合作，既为文创产品的研发设计带来创意，也为文创开发储备人才。

四要强化政策支持，吸引社会力量参与文化创意产品研发、生产和经营。首先要加强古籍文创产品的宣传力度，提高知名度和影响力，吸引文化企业前来合作；其次要主动与文化企业联系，探索合理的收益分配机制，寻求长期合作。图书馆可以制定相关办法授权给文化企业公司代理销售文创产品，包括线上网店和线下实体店，拓宽销售渠道，增加经济效益。

五、结语

卷帙浩繁的历史文献承载着中华民族几千年文明史的内涵与精髓，为我国文化产业长期发展提供丰富的土壤和养分。历史文献资源的文化创意开发不仅揭开了其神秘面纱，拉近了与大众的距离，也为文化产业注入新的活力，增强文化产业的市场竞争力，实现了“让书写在古籍中的文字活起来”。与此同时，历史文献文创开发所带来的经济效益不可估量，为历史文献开展长久保护提供资金源泉，更是使各公藏单位实现了保护研究—开发利用—再保护研究—再开发利用的良性循环。目前，国内的公共图书馆文化创意开发正处于起步探索阶段，相信未来在国家政策的积极引导下将不断完善、不断成熟、不断创造新的成果。

参考文献

[1] 鲍枫，沈颂东，王以宁. 我国新媒体产业分析及发展策略研究——基于产业组织理论SCP范式分析[J]. 当代传播，2012，(2)：64－66.

[2] 北京晚报. 线上推广“古籍周边”，国图首开网上文创“阅览室”[N/OL]. [2016－04－06]. http://bj.people.com.cn/n2/2016/0406/c82846-28092091.html.

[3] 安徽省图书馆. 安徽省图书馆志[M]. 合肥：安徽美术出版社，2013：89.

[4] 张海政. 安徽省图书馆馆藏民国文献的现状及保护对策探析[J]. 图书馆工作，2011(4)：14－17.

[5] 莫晓霞. 图书馆文化创意产品开发探讨[J]. 图书馆建设，2016(7)：98－100.

浅谈"互联网+"时代古籍保护与利用
——以湖北省图书馆为例

彭余焕(湖北省图书馆)

"互联网+"是互联网思维的进一步实践成果,推动经济形态不断地发生演变,从而带动社会经济实体的生命力,为改革、创新、发展提供广阔的网络平台。通俗地说,"互联网+"就是"互联网+各个传统行业",利用信息通信技术以及互联网平台,让互联网与传统行业进行深度融合,创造新的发展生态[1]。图书馆作为一个传统行业,古籍的保护与利用则为图书馆的一项非常重要的业务工作,也只有与互联网有机结合,才能获得长足发展,更好地服务于读者。

一、"互联网+"时代到来的机遇

自从李克强总理在《政府工作报告》中首提"互联网+"行动计划以来,"互联网+"已受到社会各界广泛关注,正持续成为市场的风口、舆论的焦点。我们深刻地意识到,在互联网与传统行业的交融中,新时代的巨浪正滚滚而来,用新一代信息技术改造传统产业,一个更加激动人心的时代到来了!面对着席卷而来的互联网浪潮,各行各业莫能避之。作为图书馆社会职能之一的古籍保护与利用工作也不可避免地面临着各种机遇和挑战。如何将互联网技术深度融入古籍保护与利用中来,借助现代科技的力量,让古籍保护与利用工作走得更远,这是亟待深入研究的问题。

1. 古籍保护与利用的现状

古籍是古圣先贤们遗留的历史文化遗产,是中华文明的物质载体,是不可再生性的文物资源。多年来,政府非常重视对古籍的保护。2002年,文化部、财政部启动"中华再造善本工程"。2005年,文化部、财政部又启动"中华古籍特藏保护计划"。2007年,国务院办公厅颁布《国务院办公厅关于进一步加强古籍保护工作的意见》,拉开了中华古籍保护计划的序幕。经过数年的努力,全国范围内古籍普查工作已经取得了一定的成果,基本上对古籍收藏和保护状况进行了全面系统的摸底登记,为后续建立中华古籍联合目录和古籍数字资源库奠定了基础[2]。到2014年6月,已有28个省、市以及2家中央直属机关单位200余家古籍收藏单位完成古籍普查登记工作,全国共完成普查数据量130余万条,古籍普查阶段性成果首部全国古籍普查登记目录——《天津图书馆藏古普查登记目录》已正式出版,湖北省图书馆也于2017年8月完成全省的古籍普查工作,基本摸清了全省的古籍家底。通过古籍普查,形成馆藏古籍的一份"固定资产账目",为古籍保护与利用工作提供重要依据。为了确保珍贵古籍的安全,推动古籍保护工作,提高公民的古籍保护意识,国家已经颁布了四批《国家珍贵古籍名录》,有1137

部古籍入选，湖北省图书馆有多部古籍入选，确定了 166 家全国重点古籍保护单位，湖北省图书馆亦在其中。

在开展古籍普查登记工作同时，国家也进一步加强了对古籍修复工作的重视。2009 年底，文化部批准设立了以国家图书馆为首的 12 家国家级古籍修复中心，这些中心在人才设备上具有很大的优势，湖北省图书馆在国家图书馆的支持下也成立了古籍修复传习所，专门培养相关的古籍修复人才。为科学、规范地开展古籍修复工作，推动古籍保护工作发挥了积极作用。

重视古籍保护人才培养。到 2015 年底，国家古籍保护中心先后在全国各地举办了多期古籍普查培训班、古籍鉴定与保护高级研修班、全国古籍修复技术培训班，培养了一批古籍鉴定、修复人才。近年来，湖北省图书馆也在不断加强在古籍修复上的投入，购置专业先进设备，招聘培养相关专业人才。除此之外，积极响应国家古籍保护中心号召，举办各类古籍宣传推广活动。例如为了广泛宣传古籍保护理念，珍贵古籍走进民间，成功举办"册府千华"系列展览，展出了多部国家级珍贵古籍，成功地展示了近年来湖北省古籍保护的成果，也提升了公众古籍保护意识。

古籍数字化取得了一定的成果。数字化是古籍保护与利用的一个大趋势，借助于数字化，才能更好地保护和利用古籍。各个图书馆根据自身馆藏特点，开发出各具特色的数字化产品，如国家图书馆的"数字善本""宋人文集"，上海图书馆的"上图馆藏家谱目录"，北京大学图书馆"古籍数字特藏"等。商业机构开发的"中国基本古籍库""文渊阁四库全书"等数据库极大方便了古籍文献的研究和利用，到 2012 年，我国有 179 家单位从事古籍数字化，形成各类数据库 415 个。湖北省图书馆古籍数字化虽然起步较晚，但发展迅速，近年不仅购置了完整的数字化设备，还建设有专业化的古籍数字化队伍，成立湖北省图书馆缩微复制中心，将一批批神秘的古籍呈现在读者面前，让古籍中的文字活了起来，方便读者阅读。

2. 古籍保护与利用存在的问题

近年，古籍保护与利用工作虽然得到上级有关部门重视和大力支持，并取得了可喜的成绩，但仍存在诸多问题。

（1）古籍破损严重，古籍修复人员缺乏。在长期的流传过程中，因为水火兵燹、虫蛀鼠咬以及纸张的自然老化等因素影响，古籍破损情况比较严重。据统计，我国现存公藏古籍总量超过 3000 万册，其中有超过 1000 万册需要修复。而全国图书馆修复人员不过几百人，要修复完 1000 万册破损古籍则成为一项不可完成的工程，更何况每年都不断有新的破损古籍产生。以湖北省图书馆为例，几十万册古籍中有超过一半的都有不同程度的破损，而专业修复人员只有 5 人，修复完这些破损古籍，至少也要上百年。

（2）古籍利用成本过高，利用模式较为传统，缺乏主动创新意识。古籍收藏单位出于保护古籍的目的，一般会对复制古籍行为收取一定的底本费，高额底本费导致古籍利用的成本过高，古籍善本尤为突出。各个单位的底本费收取标准不同，因版本不同而异，每页从几元到几十元甚至上百元不等，这在国内是普遍存在的现象。很多单位古籍利用方式，主要还是工作人员与读者面对面对接，读者现场查询，现场翻阅，除此之外，通过电话接受读者咨询，较少有利用互联网技术展开咨询活动的，即便有，其参与度也较低。这与思维模式、行为习惯有关，但也与新技术应用缺少适用度及推广宣传有关。更多的还是传统的服务理念作祟，因循守旧，代代传袭，一般工作人员满足于做好本职工作，懒于思考和创新或没有创新的意识和胆量。固守现有的传统服务模式，没有从读者的角度去思考如何更好地服务读者，让读者更高效地利用古籍，这是目前较为普遍的问题。

（3）重藏轻用现象存在。一直以来，古籍的收藏和利用处于矛盾对立的状态。公藏单位为了保护古籍文献，对古籍借阅做出种种限制，约束读者使用，以达到减少使用来保护古籍文献的目的。这一点在善本利用方面尤其明显，很多珍本、孤本往往被束之高阁，退出流通环节，导致古籍利用率非常低。以湖北省图书馆为例，借阅古籍善本，必须经过部门主任、分管领导的层层审批。图书馆界这一思维定式，导致了社会舆论对图书馆业界的长期诟病，从而损害了图书馆的社会形象和声誉。

（4）古籍数字化重复建设，标准不一，检索不便。古籍数字化建设，在各界的共同努力下取得了很大的成绩，但不可否认的是，其中的问题也是不少。开发主体多重性，缺乏统一的规划，各自为政，古籍数字化内容重复，造成资源浪费。商业利益驱动下，一些机构和单位重复开发部分古籍，如"文渊阁四库全书""二十五史"，而一些古籍则无人问津。业界缺乏统一的技术标准，各单位自行其是，在数据格式、检索浏览方式等方面存在差异，给读者使用带来不便。

二、"互联网＋"时代古籍保护与利用的对策

1. 更新观念，重视创新

更新理念，创新古籍利用的服务形式和内容，利用互联网提供多元化服务，运用互联网思维与技术促进古籍的保护与利用，而不是固守传统的服务模式，一成不变。积极开拓思路，转变传统的服务方式，融合互联网技术，构建古籍信息资源共享平台，创新古籍借阅服务新形式，用更加鲜活的、公众喜闻乐见的形式展示古籍中蕴藏的文化，比如：制作一些小视频，通过讲故事或者微电影的方式来宣传古籍。利用新空间、新渠道如公众号或者网络平台，提供参考咨询、推送消息，通过线上线下多渠道加强与读者的沟通交流，有效地提高读者对古籍的利用，缓解保护与利用之间的矛盾。与此同时，在古籍利用过程中，借助互联网技术，工作人员逐渐从主导的角色过渡到引导角色，让读者在利用古籍时从被动地接受服务转换为自我服务模式，这可能会是一个漫长的转换过程，但是在"互联网＋"时代，这也是大势所趋[3]。

2. 充分利用互联网技术抢修古籍

古籍保护与利用工作任务艰巨，急需培养高素质专业人才。而在"互联网＋"时代可以充分利用互联网技术多渠道、多层次来培养专业人才。具有一定专业实力的单位如国家图书馆或学术机构，可以有针对性地举办一些培训班，各级单位可选派优秀骨干参加专业培训，从而带动更多的工作人员在实践中学习。培训方式可多样化，如通过网络远程教学来培训，也可利用微信、微博等移动终端开展教学、咨询等活动，突破时间和空间的限制，提高教育资源的利用和共享，让更多人获得教育的机会。目前，与互联网技术相结合来培养古籍人才方面，还非常欠缺，通常还是传统的培训方式，新的互联网技术未能应用其中，如中国古籍保护网上人才培养一栏，虽有网上教学一项，但是却无实质内容。就湖北省图书馆而言，近年非常重视这方面的人才培养，积极派员参加各类国家级的古籍培训班，自身也组织了多期古籍保护的相关培训，虽然成效显著，但力度仍然不足。所以，这方面工作任重而道远，还需大力加强。

3. 加强古籍数字化建设,提高利用率

在做好原生性保护措施的基础之上,加强古籍数字化建设,是做好古籍保护与利用工作的有效途径之一。古籍数字化之后,可以将古籍原件保护起来,减少甚或退出流通环节,最终达到保护古籍的目的。同时,数字化产品还可以资源共享,减少重复性资源浪费,使古籍得到更好的保护与利用。国家应该建立古籍数字化的领导机构,制定全国古籍数字化长期规划,统一协调,避免重复开发。可以建立一个全国性古籍数字资源咨询平台,通过这个平台可以整合古籍数字化资源,统一协调古籍数字化工作,从而避免重复性的资源浪费;设立行业标准和规范,全面协作,共同搞好古籍数字化建设。古籍数字化建设和发展,可为古籍文献资源共享提供可能,利用互联网技术,实现网络检索和阅读,进而提高古籍资源的利用率。

4. 树立藏用并重意识,加强制度建设

收藏的最终目的是为了利用,应该摒弃重藏轻用的观念,从思想上重新认识古籍保护与利用,与时俱进。图书馆应该在保护好古籍的前提下,保障公众获取知识的权利,积极开拓思路,协调好保护与利用的关系[4]。为了解决收藏与利用的矛盾,应加大相关方面的研究力度,探索解决两者矛盾的有效办法,化解古籍保护与利用之间的矛盾,更好地发挥古籍的社会效用。

参考文献

[1] 学者热议:李克强提的"互联网+"是个啥概念[EB/OL].[2017-06-20]. http://scitech.people.com.cn/n/2015/0305/c1007-26644489.html.

[2] 古籍普查目录[EB/OL].[2017-06-20]. http://www.nlc.gov.cn/pcab/gjpc/gjpc_cg/201412/t20141203_93255.htm.

[3] 李伟."互联网+"环境下的图书馆发展与思考[J].图书与情报,2016(10):80-83.

[4] 胡红贞.浅谈新时期图书馆估计保护与利用[J].农业图书情报学刊,2009(10):110-112.

廉政图书馆建设模式研究

贺　维(湖北省图书馆)

一、公共图书馆开展廉政文化建设的现实背景和重大意义

1. 廉政文化建设的内涵及其在党风廉政建设战略布局中的功能影响

(1)廉政文化建设的内涵。中国古代的廉政文化,是博大精深的中华历史文化的一脉清泉,源远流长,在今天,仍然极富教育意义。廉政文化建设就是以廉政建设和廉政活动为基础,通过调动和发挥文化的功能,将一个个"廉政建设"的基础要素辩证地、发展地、有机地整合起来,对廉政文化进行的哲学思考和创造性构建。新时期廉政文化建设,是面向全党全社会,以党政机关和领导干部为重点,以培育廉洁价值理念为根本,以廉政制度和规范为支撑,以群众广泛参与的廉政文化创建活动和丰富多彩的廉政文化产品为载体,在反腐倡廉建设中处于基础性地位。廉政,在国家层面是一种政治文明形态;对官员个人,则是一种从政品质和风范[1]。

(2)廉政文化的功能与理论。廉政文化是将廉政的特殊性与文化的普遍性相统一,是将政治文明与精神结合的特殊形态。廉政文化具有多方面的功能。廉政文化与腐败文化是相对的,是以建立廉洁政治、廉洁政府和规范公职人员从政行为目的所形成的各种思想、理论、制度、规范、价值体系、道德伦理、法治传统以及行为方式、价值评价等历史积淀,以"尚廉""知耻"为核心内容的一整套程式化设计。它作为一种无形的、潜在的精神力量,为反腐倡廉提供智力支持和思想保证,对党风廉政建设和反腐败工作有着重要的舆论、导向、凝聚、生成教化、实践约束等功能作用。廉政文化有助于净化人的心灵,陶冶人的情操,培养廉洁自律的价值观,同时强化人们对审美意识和审美能力的自我追求。廉政文化能够作为彼此之间交流与协商的载体,增强个人主体意识和共同文化意识。有助于防患和平抑廉政风险和腐败的发生,通过学习提高,使党员干部思想境界和理论水平得到净化提升[2]。

2. 公共图书馆开展廉政文化建设的意义

廉政文化建设作为党风廉政建设整体战略布局的一环,在反腐倡廉建设中处于基础性地位。在我国全面建设小康社会的新阶段,将公共图书馆的服务与廉洁从政活动紧密结合起来,在互联网数字化的浪潮中构建廉政文化专门信息交流平台,在公共图书馆日常服务工作中不断渗透廉政文化思想理念,强化廉政文化教育。在理论上,公共图书馆的廉政文化建设的理论成果和实践经验可以丰富廉政文化建设的思想理论基础,不断完善我们党廉政文化的思想理论体系;在实践上,公共图书馆在廉政文化建设的探索实践有利于提升本馆的中心意识和主体意识,有助于推动廉政文化建设深入进行,其成功经验势必会在公共图书馆领域乃至全国文化系统内产生积极效应,促进党风廉政建设与文化软实力建设实现良性互动,公共图书馆开展廉

政文化建设，可以更好地服务党风廉政建设整体战略布局，具有重大的理论意义和实践意义。

二、公共图书馆开展廉政文化建设的比较优势

1. 公共图书馆开展廉政文化建设的现状

当前，我国公共图书馆领域积极响应党的十八大以来全面从严治党的总体要求，正在全力以赴积极组织建设具有图书馆特色的廉政文化宣传教育阵地。纵观全国各级各类公共图书馆现状，在探索建立廉政文化宣教基地或平台方面相对滞后，这既有以往从思想文化宣传角度推进廉政建设力度不够的问题，也客观地反映出公共图书馆设施设备等硬软条件不足的难题。有学者指出："公共图书馆是主要的社会文化教育阵地。廉政文化占领这一阵地，就是占领了社会思想文化教育的制高点，对全社会有重要引领作用。"[3]然而，笔者在"清华科技期刊""维普期刊"等数据库中输入"廉政文化+图书馆"，进行主题检索，结果显示仅数十篇。在百度中搜索，除了湖北省的公共图书馆以外，依托公共图书馆建立廉政文化专题馆的也屈指可数。目前可资借鉴的有广东省立中山图书馆廉洁图书专区、浙江省湖州市图书馆廉政教育基地、舟山市普陀区廉政文化平台、中国地质调查局廉政文化图书馆以及湖北省武汉市反腐倡廉文献信息中心等，市级以下公共图书馆则以建立区域空间较小的廉政书屋、廉政专室（区）为主，功能作用不能全方位体现，影响力也不够大。而且上述廉政专门机构或偏向专题藏书展示，或专注廉政文献研究，针对这类廉政文化涉及内容涵盖不周全、读者参与度不高、方式方法不够灵活的突出问题，湖北省图书馆率先在全国建立了以全方位展示宣传推介廉政文化为特色的"馆中馆"——省廉政文化图书馆，并已初见成效，为全省乃至全国图书馆树立了典范，其廉政文化建设的成功经验可以复制、借鉴和推广到全国各级公共图书馆廉政文化建设中来。

2. 公共图书馆开展廉政文化建设的比较优势

我们党所倡导的廉政文化是"中国特色廉政文化"，即以先进的廉政制度为基础，以先进的廉政理念为统领，以先进的廉政思想为核心，以先进的廉政文学艺术为载体，具有深厚的历史渊源、广博的文化知识和丰富的社会实践的"廉文化"。而公共图书馆正是文化的集散中心，更应该配合党委和政府着力抓好廉政文化建设。以舟山市普陀区图书馆廉政文化平台为例，图书馆特意从馆内18万册藏书中搜集了1500本廉政专题书籍，让管理员意想不到的是，该平台成为全馆最受读者欢迎的地方，借阅率一直名列榜首。

三、建立廉政文化图书馆的重要背景和现实意义

1. 建立廉政文化图书馆的重要背景

在党风廉政建设和反腐败工作力度不断加大的新时期，怎样发挥公共图书馆文化资源平台优势，通过向社会大众广泛传播廉政文化知识，传播道统德治和廉政文化知识，助推党风廉政建设，以道德熏陶和警示教育营造风清气正的社会环境，促使党员干部灵魂深处"不想腐"，是近年来公共图书馆积极探索的重要课题。"文化而润其内，养德以固其本"。湖北省图书馆为探索建设"特色图书馆大馆"，立足文化工作战线，结合当前宣传思想工作新的特点和自身优势，引导党员干部从卷帙浩繁的历史典籍中汲取清廉文化涵养，从底蕴深厚的传统文化中继

承德政风范，遂有建设一座廉政文化主题“馆中馆”的构想。2013年12月，在湖北省纪委、省监察厅、省委宣传部、省文化厅的领导下，湖北省图书馆整合现有资源，率先垂范，举全馆之力筹建了全省党风廉政教育的新阵地和特色图书馆——“廉政文化图书馆”，并将其纳入省图书馆特色图书馆建设体系之中，打造国内一流的廉政文化教育基地。

2. 建立廉政文化图书馆的现实意义

公共图书馆作为人类文明的思想宝库，是人们接受再教育的理想场所，也是举办公益性文化活动、开展公共文化服务的重要阵地，对于全社会文化环境的形成和营造起着不可估量的引领和辐射作用。尤其是公共图书馆作为社会文化的重要设施、社会教育重要机构及精神文明建设的重要阵地，免费向全社会开放，对全社会成员实行普遍均等化的服务，它不仅满足人们不同层次的阅读需要，而且满足人们的专业知识需求、精神教育需求甚至文化娱乐需求，在提高全民族思想道德素质和科学文化素质方面，具有不可或缺的地位和作用。浙江省湖州市图书馆作为湖州市首批廉政文化教育基地，利用自身优势，结合实际情况，陆续打造了适合廉政宣传所需的文化品牌，精心设计载体，努力构建了以书屋、讲坛、展览、影院、网站为媒介的“五个一”廉政文化品牌，形成了具有一定规模的廉政宣传效应，为党员干部和社会读者打造廉政文化教育优秀平台，取得了良好的社会效应[4]。因此，各级公共图书馆理应在廉政文化建设中发挥自身优势，积极建立廉政文化类专馆，深入开展廉政文化主题的社会大众教育，为民族道德素质的整体提升、综合科学信仰的全面建立做出应有的贡献。从发挥公共图书馆的文献资源、信息咨询、活动阵地、组织网络和专业人才等优势，促进廉政文化建设的角度出发，结合自身条件创造新颖的文化载体——建立廉政文化图书馆。这是新形势下公共图书馆建设的一种新尝试，它将与社会公德、家庭美德、职业道德、法制教育和廉政文化有机结合起来，通过文化的力量提升广大读者的法治意识和文明道德，在全社会营造一种“以廉为美、以廉为乐、以廉为荣”的新风尚，促进全社会开展“人人思廉、人人保廉、人人促廉”的良好氛围。

四、湖北省图书馆建设廉政文化图书馆的模式

湖北省图书馆现有藏书700万册，馆藏资源极其丰富，文献种类齐全，覆盖面广，结构合理，拥有丰富的电子文献资源和综合性数据库。通过资源整合，主题归类，搭建起廉政文化图书馆基本构架。在创建廉政文化图书馆过程中，紧紧围绕中央和省委关于全面从严治党的总体部署和要求，坚持立足省图书馆自身比较优势，探索构建了以党风廉政宣教月活动、廉政主题书画展、廉政讲堂、廉政文化教育主题日等为主体内容的“图书馆 + 廉政文化”运行工作模式和运行机制。同时，充分发挥省图书馆的地位作用和影响力，扩大对外交流合作，不断完善廉政文化文献收藏体系，即同国内部分廉政文献收藏基地以及省市县图书馆合作，建立以文献传递、馆际互借的交流联动机制，共享廉政文化特色馆藏；联络全国20多家出版社，多渠道采购征集图书、报刊等优秀廉政出版物，确保最新文献及时入藏。

1. 创建廉政文化图书馆的缘起

各级党委对党风廉政建设的重视为创馆提供了重要契机。为贯彻党的十八届三中全会及中纪委三次全会精神，落实“两个责任”推进全省党风廉政建设，用先进的廉政文化理念筑牢

党员干部思想防线，省纪委监察厅、省委宣传部、省文化厅会商决定，依托省图书馆建设廉政文化图书馆，作为全省党风廉政建设宣教月活动重要阵地。筹建期间，省纪委监察厅、省文化厅领导同志多次过问，亲临指导，协调解决了一系列实际困难和问题，并捐赠廉政类图书和影音资料等。开馆当天，原任湖北省委常委、省纪委书记侯长安同志做出重要批示，要求充分发挥廉政文化图书馆的功能作用，将其建设成为传播廉政文化、弘扬社会主义核心价值观的重要阵地，在办好廉政文化图书馆、服务党员干部阅读研究上狠下功夫[5]。

2. 省图书馆丰富的优质馆藏资源提供了有利条件

廉政文化图书馆是依托省图书馆丰富的文献资源优势，位于省图书馆主体建筑六楼西区专门开辟的300平方米实体“馆中馆”。同时，立足省图书馆丰富的馆藏资源、电子文献资源和综合性数据库等天然优势，通过资源整合，主题归类，将廉政文化类图书集中归并，搭建起廉政文化图书专馆基本架构。在此基础上，为最大限度地满足党员干部和社会读者的实际需要，及时采购上架全国最新出版的优秀廉政书籍，重点采购中国方正出版社、中央党校出版社、党建读物出版社等权威出版机构的读物，征集全国兄弟省市区廉政类期刊如四川省《廉政瞭望》、广东省《广东党风》、陕西省《党风与廉政》等20余种，还通过采购或征集到《国务院公报》《中国党政干部论坛》《政策》等10多种党政类刊物。同时，注重发挥省图书馆的地位作用和影响力，扩大对外交流合作，不断充实完善廉政文化文献收藏体系，同国内部分廉政文献收藏基地以及省市县图书馆合作，建立以文献传递、馆际互借的交流联动机制，共享廉政文化特色馆藏；联络全国20多家出版社，多渠道采购征集图书、报刊等优秀廉政出版物，确保最新文献及时入藏，专馆馆藏资源与日俱增。另外，就省纪委每年定向赠送的廉政文化类书籍，专门设置省纪委赠书专柜，馆藏实物基本能满足党员干部和社会读者的需求。

3. 拥有一支专业化的图书管理员队伍

省图书馆现有一支年龄、知识结构合理的专业人才队伍，为创馆提供了人才支撑。其中专业技术人员200多人，具有高级专业技术职称40多人。通过强化责任分工，合理调配力量，为廉政文化图书馆配备一支高素质的专业化队伍，即由馆主要领导直管廉政文化图书馆，信息咨询部具体负责管理，并配备3名具有一定专业理论水平和实际工作经验的人员负责日常运行服务，省图书馆其他专业人才可根据工作需要随时抽调。截至目前，专馆工作人员的基础精务建设已逐步走向标准化和规范化，人员素质有了明显的提高，为廉政文化图书馆的运行管理和长远发展提供了强大的人才支撑。

4. 办馆的主要特色

(1)整合资源科学设置功能分区。为最大限度地满足党员干部和市民读者的实际需要，充分利用现有专馆区域建筑面积和现代化信息技术设施设备条件，廉政文化图书馆内设文献阅览区、电子阅览区、活动交流区、影视观摩厅4个主要功能区和阅览座席70多个，专藏廉政视听文献160余种、期刊300余册、图书1.5万余册。另外为满足读者个性化需求，还设立了3个小型DVD影视观摩座席。另外，馆内还附设荣誉陈列室，长期展出廉政文化图书馆相关文献、档案资料和实物。同时还开通了官方网站，将展览、讲座视频和图书推荐上传至网站，推送到馆内的平板电脑、读报屏、宣传屏、宣传栏、电视屏上滚动播放，确保点对点方便读者挑选阅读播放，增强趣味性和互动感。

（2）紧扣廉政文化主题开展宣教活动。作为省纪委和省直机关工委指定的廉政教育基地，依托软硬件设施和馆藏文献资源等优势，每年突出一个主题，主推书画、漫画、讲座等人文艺术大餐，通过廉艺互嵌等方式，融廉政文化于其中，深受广大党员干部和大众读者欢迎。2015 年 5 月，省纪委已将其正式命名为“湖北省廉政教育基地”。现已连续 4 年成功承办全省党风廉政建设宣教月活动，充分发挥其功能作用。其中在 2014 年第 15 个宣教月活动期间，布设省域书法大家廉政书法展、河北省武强县廉政主题年画展、安陆廉政漫画展等一批特色廉政文化展览，树正气，倡廉洁，促和谐，让观者在莞尔一笑之余，见贤而思齐，见不贤而内自省，收到了“引人开怀，发人深思，启人良知”的效果。在第 16、17、18 个宣教月活动中，重点推出“清风颂”省直机关廉政主题书画作品展。展览突出党风廉政建设和反腐败斗争主题，以清正廉洁、勤政为民、弘扬正气、惩治腐败为主要内容，旨在展现广大党员干部为民、务实、清廉的精神风貌，营造浓厚的廉政文化氛围。让大众读者在领略书画艺术独特魅力的同时，浸润廉政文化知识，在清朗雅逸中体味浩然正气，让心灵深处得到荡涤，对增进广大党员干部廉洁自律意识、齐心营造良好政治生态具有积极意义。

（3）依托“长江讲坛”平台开设公益廉政讲堂。省图书馆“长江讲坛”是在市民读者心目中较有影响力的周末公益性讲座，深受读者喜爱。为进一步拓展品牌效应，依托“长江讲坛”平台，另辟以交流传播廉政文化知识为主题的“廉政讲堂”，通过知名专家学者讲授廉政文化等知识，引领党员干部坚定理想信念，强化廉洁自律意识，筑牢拒腐防变的思想道德防线。自 2013 年 11 月开讲以来，先后邀请了《百家讲坛》主讲嘉宾蒙曼、焦利、张宏杰、王士祥等；反腐理论研究专家任建明、林喆、高波、周淑真、袁征、谢春涛、黄苇町和省内著名学者熊召政、陈洪波等亲临讲授。通过聆听讲座，帮助广大党员干部深入学习贯彻党内重要知识，准确把握党的政治纪律和政治规矩的深刻内涵，充分认识守纪律、讲规矩的重大意义，不断增强守纪律、讲规矩的思想自觉和行动自觉，具有重要启示和指导作用。廉政讲堂每季度开展一次讲座，每场讲座都受到了读者的极大关注，容纳 600 人座席的报告厅座无虚席，让“廉政讲堂”这部“讲座之书”日益显现出极大魅力，“长江讲坛 · 廉政讲堂”品牌效应得到进一步释放。

（4）协助开展廉政文化教育主题日活动。省委和省纪委赋予廉政文化图书馆一项重要的任务即是协助省直各单位开展廉政文化教育主题日活动。作为省纪委命名的“湖北省廉政教育基地”，为全面做好这一重要政治任务，馆党委组建由馆长、书记亲自挂帅的工作专班，党办、馆办和信息咨询部负责具体组织实施，抽调宣传策划部、中文图书馆借阅部、读者活动部、物业部、保卫部等多个部门力量，确保了活动有条不紊开展。为方便各单位前来参观，实行了电话预约制，同时明确专人专岗专责，做好参访单位次序衔接并登记排表。在服务接待工作的各个环节都安排一名工作人员驻守接待，如入口接待处设置嘉宾签到簿，供参访单位进馆签到；入馆后，针对参访单位时间集中、人员数量较多等实际情况，特地在一楼展厅常驻专业讲解员，随时为参访单位提供专业讲解服务；参访期间，安排专业摄像师，为参访单位提供活动现场影像资料；参访结束后，再将影像资料等发送至指定电子邮箱，确保活动服务接待工作形成闭环效应。活动举办 4 年以来，接待了包括省委、省政府、省人大、省政协领导同志、省直机关企事业单位、在汉高等院校和社会读者在内的共 530 多家 3 万余人次，彰显了廉政教育核心基地的聚集效应。

（5）通过交流互动增强图书专馆魅力。为扩大宣教月活动的吸引力和影响力，针对大众读者特别是机关党员干部的现实需求,依托省图书馆丰富的文献资源库,编纂了廉政文献摘编——《廉政视野》《廉政书籍推荐阅读》《廉政讲堂讲师辑录》等专题资料集供读者鉴学参阅。在第16、17个宣教月活动期间,恰逢台湾星云大师一笔字书法展巡回在省博物馆展出,廉政文化图书馆抓住机遇,积极主动与主办策展单位接洽,获得星云大师一笔字书法“心正人安”“天下为公”“福从心生”等“一笔字”书法墨宝,并制作成拓印版,安排专人现场拓印赠予参访人员,使其在领略书法魅力的同时,走近星云大师博大的内心世界,感受大师慈悲宽容的深厚情怀,遵从本心纯正,崇廉纳福的大道人生。为了捕捉并适时记载参访读者的现场感受和内心独白,专设廉政文化宣教月活动签名留言簿,鼓励每家单位参访结束后在上面留下观后感,或对廉政文化图书馆提出工作意见和建议,以便及时掌握读者心声,有针对性地调整改进接待服务工作,不断提高接待服务工作水平。

五、经验的总结

1. 向内部挖潜

依托省图书馆官网,专门链接了廉政文化图书馆网站,及时发布和更新廉政文化图书馆工作信息“长江讲坛·廉政讲堂”讲座视频、讲师简介、新书推荐、廉政专题文献摘编、外媒看廉政等。同时收集廉政文化相关文献、影音资料并整理成数字资源,上传到专属网站,传送到馆内平板电脑、读报屏、宣传屏、宣传栏、电视屏上播放。每次宣教月活动结束后,第一时间搜集媒体相关报道,整理成“媒体报道”和“活动记录”,并及时撰写活动综述呈报领导参阅。为扩大社会影响力,以读者喜闻乐见的形式,精心设计制作了廉政专用资料手提袋,版面绘有书画家手书的“廉政文化图书馆”字样和出淤泥而不染的荷花图样,并将附有廉政文化格言警句的书签赠送给读者,受到大家的喜爱。另外,前来参加宣教月活动的省直单位都做了专题宣传报道,并在各自门户网站重要信息栏登载。

2. 加强内引外联

积极与国内重要的廉政文献收藏基地以及兄弟省市区图书馆合作,建立联动合作机制,以文献传递、馆际互借等方式共享各类廉政文化特色馆藏资源。同时,以省廉政文化图书馆为龙头,大力倡导和推动全省各市州县图书馆联网、联盟,组织全省各市州县图书馆建立廉政文化专区或廉政文化室,现已逐步形成模式统一、资源共享、上下联动的全省廉政文化图书馆集群,将廉政文化图书馆打造成为廉政文化资源收藏中心、教育中心、服务中心、展示中心和研究中心,成为硬件一流、藏量丰富、特色鲜明、影响广泛的廉政文化教育基地。

3. 加强内外部环境建设

加强内外部环境建设是公共图书馆开展廉政文化建设工作的前提条件,因此建设和完善廉政文化图书馆不仅要美化其外部服务环境,更要优化其内部服务设施。如舟山市普陀区纪委多年前就要求依托区图书馆建立廉政文化平台,但限于区图书馆老馆条件简陋、空间狭窄,无法施展,新馆启用后,便在综合借阅室开辟出廉政书屋,精心打造廉政文化平台,成为区廉政文化宣教重地。为了提高廉政文化图书馆的影响力和美誉度,湖北省图书馆依托新馆优越条件,创新探索的廉政讲堂、廉政书画展等在社会上产生了良好的反响,使廉政文化图书馆具有典型模式意义，引领着廉政文化发展的方向和潮流。从实践中体会，必须以创建专馆研究级廉政文献收藏标准为支撑，从重从优构建廉政文化图书馆内外部环境。廉政文化专馆从建立到完善有一个必不可少的渐进发展过程，当前专馆馆藏资源门类还不够齐全，种类不够丰富，数量不够多，暂时还达不到研究级文献收藏标准，必须持之以恒地加大资金投入，加快建立廉政文化专题数据库，力争尽快使省廉政文化图书馆达到廉政专题文献门类齐全、品种多样、文献藏量达 5 万册件以上的研究级文献收藏标准。

4. 着力构建廉政文化图书馆信息集成大联盟

充分发挥公共文化图书馆的阵地作用，依托廉政文化图书馆建立廉政文化信息共享中心，加强基地建设、管理和使用，与全国文化信息资源共享工程、各类廉政文化教育平台相衔接配套，整合、挖掘国内外廉政文化资源，建立廉政文化图书、影音资料共享库，为从事廉政文化学术研究的专业机构、学者专家和基本廉政文化需求的社会大众提供信息咨询服务。如中国地质调查局廉政文化图书馆是首个在行政机关建立的廉政专馆，设有廉政文化教育展览、廉政图书报刊展阅和廉政文化视频教育三个功能区，建立了廉政文化专题网站和集理论书刊、警示、带动、普及于一体的廉政文化工作体系，但辐射影响面仅限于本机关系统，难以充分发挥其功能作用。因此，对比来看，应该以省市区为单元，逐步解决廉政文化图书馆建设在思想认识、组织建构、人员配备、财力保障等不够均衡的现实问题，以更大的气魄，下更大的决心，推动以省廉政文化图书馆为龙头的省市县廉政文化专馆联网、联盟，形成模式统一、资源共享、上下联动的省域廉政文化图书馆集群，并在条件成熟后，在国家图书馆的牵引下，实现全国省级公共图书馆互联互通共享廉政文化资源的大联盟格局。

5. 全力打造廉政文化图书馆特色品牌

馆藏是图书馆在长期的文献信息收集过程中形成的具有独特性的文献信息资源，它是最能体现一个图书馆存在价值的重要馆藏，在图书馆的馆藏中有重要的地位。如武汉市反腐倡廉建设文献信息中心利用图书馆的文献信息优势，广泛收集和保存反腐倡廉方面公开出版的专著、报刊、视听文献等各种文献资源，提供实地借阅服务及远程网络服务，成为全市党员干部反腐倡廉建设的信息交流、理论研究平台。从实践来看，保持廉政文化图书馆的魅力与活力，必须突出馆藏特色，向廉政文化聚焦，不断丰富馆藏资源，提升馆藏藏品质量。同时创新多种服务手段，以展览、讲座、征文比赛、读书节等特色鲜明的读者活动为载体，加强与读者之间的交流互动，吸纳读者参与，努力打造常做常新、人气大旺的廉政文化专馆品牌，使其成为读者公认的廉政文化知识学习好去处。注重对馆藏优秀廉政书刊合理有效地开发，加工为二次文献、三次文献，定期进行信息摘编，利用官方网站、手机 APP 等客户端及时向有关单位和广大读者推送更多更新的廉政文化信息，为党员干部学习廉政文化、开展廉政教育、推进廉政文化建设发挥廉政文化图书馆的积极作用。

参考文献

[1] 宋小珍. 儒家廉政思想与公共图书馆廉政文化建设[J]. 晋图学刊，2012(1)：51－54.

[2] 金雯艳. 我为廉政啄新泥——普陀区图书馆打造廉政文化平台纪实[J]. 今日浙江，2010(4)：42－43.

[3] 吉丽君. 浅谈图书馆的廉政文化建设[J]. 党建视野，2013(9)：90－91.

[4] 潘希荣.公共图书馆廉政教育基地建设的探索与思考——以湖州市图书馆为例[J].图书馆研究与工作，2015(4):18－19.
[5] 侯长安:充分发挥“一馆一堂”作用推进廉政文化建设[EB/OL].(2014－03－24)[2018－03－01].http://www.hbjwjc.gov.cn/lzyw/25346.htm.

后　记

随着互联网的发展，建设新型智能化的图书馆已成为图书馆创新发展、转型发展和可持续发展的新理念，数字化是智慧图书馆建设的技术前提、网络化是智慧图书馆的信息基础，"互联网 +"的理念与实践已经在国内外图书馆界有了初步的理论探索和实践成果，并成为未来图书馆发展的新模式。由此，当代图书馆管理特征和本质追求表现为：绿色发展和数字惠民。

当前，湖北省图书馆正依据"十三五"建设与发展计划，在建设数字化"航空母舰"大馆的基础上，培育出了一批自己的公共文化服务品牌，如"长江读书节""长江讲坛"等服务品牌，创建了"讲""阅""展""演"和"数"的"4 +1"服务新模式，运用现代科技手段促进全民阅读服务，以顺应社会公众对文化的新需求，尤其着力在"互联网 +"条件下图书馆创新服务方面下功夫，突出网络发展理念，加强网络管理，提升服务水平，全面实现"六个一流"的既定目标。为此，湖北省图书馆确定全面升级"五大馆"建设，并且列入"服务立馆、人才兴馆、科技强馆、特色亮馆"四大发展战略之中。

"互联网 +"理念下图书馆蕴含着巨大价值，图书馆智慧服务将深刻改变读者生活，充分激发读者潜能。为实现新环境下图书馆社会功能的积极转变，我们与湖南、江西、安徽的图书馆工作者一起，共同探讨在"互联网 +"背景下对图书馆信息服务要素进行优化配置和"再平衡"这一问题，以"满足群众精神文化需求"为出发点，对"互联网 +"背景下图书馆业态发展和服务创新展开理论探讨和实践探索，弘扬图书馆人的服务精神。本书汇聚了部分关心和参与当代图书馆建设的业界有识之士的最新论述，希望能为智能图书馆建设提供新的思路和方法，为今后的工作指明发展的方向。

一直以来湖北省各相关单位积极致力于"文化援疆"工作，湖北省图书馆与新疆维吾尔自治区博尔塔拉蒙古自治州图书馆建立了富有成效的工作交流和业务协作关系，因此我们也特别邀请了新疆维吾尔自治区图书馆和博尔塔拉蒙古自治州图书馆的同志参与这次讨论。

本书由张汉强、刘元珺、郑强三位同志负责全书统稿和文字校对工作，在成书过程中，得到国家图书馆出版社殷梦霞、金丽萍、张颀和刘奥林等老师的大力支持和帮助，在此一并表示感谢。限于能力和水平，本书难免有疏漏和错误之处，敬请专家和图书馆同行批评指正。

湖北省图书馆

2018 年 1 月